Georg Hirth

Freisinnige Ansichten der Volkswirthschaft und des Staats

Georg Hirth

Freisinnige Ansichten der Volkswirthschaft und des Staats

ISBN/EAN: 9783742894854

Hergestellt in Europa, USA, Kanada, Australien, Japan

Cover: Foto ©Suzi / pixelio.de

Manufactured and distributed by brebook publishing software
(www.brebook.com)

Georg Hirth

Freisinnige Ansichten der Volkswirthschaft und des Staats

Freisinnige Ansichten

der

Volkswirthschaft

und des Staats.

Von

Georg Hirth.

———

Dritte Auflage.

Mit einer lithographischen Tafel.

———

Leipzig.

Verlag von G. Hirth.

1876.

Vorwort.

Mit der Ueberzeugung, daß eines Jeden ureigene Ansichten über Gesellschaft und Staat ihre letzte Begründung in seinen besonderen Anlagen und Schicksalen haben, kann ich nicht so vermessen sein und sagen: was ich hier darbiete, sei unumstößliche Wissenschaft; ich sage bescheiden: es ist eine Frucht vom Baume meines Lebens. Ja, wenn ich mich ganz in das Wesen und Werden anderer Menschen hineinzudenken versuche, so muß ich beschämt gestehen, daß ich selbst mit denselben Anlagen, aber bei anderer Erziehung und auf anderen Lebenswegen vielleicht zu ganz anderer Erkenntniß gekommen wäre. Wie viel besser würden wir unsere Freunde verstehen, wie viel milder unsere Gegner beurtheilen, wenn wir uns immer die Mühe geben wollten, im Geiste uns dem Einflusse ihrer Erfahrungen auszusetzen. Und wie viel leichter würde uns das Verständniß mancher Erscheinungen und Bewegungen auf socialem Gebiete werden, wenn wir es vermöchten, uns in die Lebenssphäre, in das Glauben, Lieben und Hoffen der streitenden Classen und Parteien hineinzudenken!

Um nun von meinen lieben Lesern ganz verstanden

zu werden, müßte ich Ihnen eigentlich meine Lebensge=
schichte erzählen. Indessen, dazu bin ich doch zu jung
und die Geschichte ist zu einfach: eine Kette von bitteren
Entsagungen und Enttäuschungen, aber auch von höchster
Freude und innigster Befriedigung, welcher der mit
Glücksgütern frühzeitig Gesegnete niemals theilhaftig
wird. Das ist Alles. Solche geprüfte Schicksalskinder
sollen nicht stolz sein auf ihren Schatz an unfreiwilligen
Erfahrungen, am wenigsten dann, wenn ihnen am Ende
in Haus und Beruf voller Segen erblüht; aber sie haben
das Recht ein Wort mitzusprechen darüber, wie Hülfs=
bedürftigen am Besten geholfen werde. Ich mache von diesem
Rechte, das mir vom Standpunkte des Menschenfreundes als
Pflicht erscheint, hiermit Gebrauch. Und sollte ein Theil
meiner Leser mich schließlich für einen unverbesserlichen
Idealisten erklären, so lasse ich mir das recht gern ge=
fallen; denn in allen Lagen und Wandlungen des Lebens
habe ich erfahren, daß es nichts Praktischeres giebt, als
höheren Grundsätzen und somit sich selber treu zu bleiben,
und ohne Ideale scheint mir diese ganze irdische Pilger=
fahrt keinen Schuß Pulver werth.

Der Hauptzweck dieser Veröffentlichung ist, zum
Nachdenken anzuregen. Es ist durchaus nöthig, daß
wir uns aus dem bunten Gewirr einander widersprechen=
der Tagesmeinungen herausbegeben und uns zur Er=
fassung unserer staatlichen und gesellschaftlichen Aufgaben
im großen Zusammenhange erheben. Wenn zu einer
solchen höheren Anschauung alljährlich auch nur eine
geringe Zahl von Gebildeten gelangt, so ist das schon
ein großer Gewinn; der Procentsatz der Hellsehenden

wird, langsam vielleicht, aber sicher steigen, bis wir oder die Kinder unseres Geistes mit der Mehrheit die Macht haben werden. Als das große Princip, dessen Sieg allein der Gesellschaft den Frieden bringen kann, erscheint uns die Möglichkeit aufsteigender Classenbewegung; weder die alte feudale Geschlechterordnung noch die Ständeordnung des absoluten Königthums wollen dieses Princip rückhaltlos verwirklichen, welches vielmehr seine volle Anerkennung erst in der freiheitlichen staatsbürgerlichen Ordnung finden kann. [93])

Aber ist nicht unser ganzes modernes Staatsleben vom Geiste eben dieser staatsbürgerlichen Ordnung erfüllt? Darin gerade liegt das Räthsel. Wohl haben wir das Princip, aber der Kampf um seine Verwirklichung dauert fort. So wenig wir uns die vorgeschichtliche Stein-, Bronce- und Eisenzeit als überall gleichzeitig erreichte und überall zu gleicher Zeit überwundene Culturstufen denken dürfen, so wenig dürfen wir glauben, daß die historischen Gesellschaftsordnungen mit einem Schlage das Gesicht änderten. In der That birgt unser moderner Staat nicht etwa blos einzelne unerhebliche Ueberbleibsel der alten Ordnungen der Geschlechter und des Ständethums, sondern diese Ordnungen sind in ganzen Provinzen und Gesellschaftsclassen noch immer herrschend und treten vielfach als compacte Massen auf. Und nicht blos das: die neue freiheitliche Ordnung bringt es mit sich, daß ihre natürlichen Gegner selbst zur Mitwirkung an der Verwirklichung des neuen Princips in Gesetzgebung und Verwaltung berufen werden — welcher anscheinend unversöhnliche, und doch unvermeidliche Widerspruch!

Wann und wie dieser langwierige Kampf zum Ab=
schluß kommen wird — Niemand weiß es. Ich möchte
nur darauf hinweisen, wie bösartig zersetzend der Proceß
wirken kann, wenn er nicht durch die höhere Einsicht —
warum nicht auch der Vertreter überlebter Ordnungen?
— abgekürzt wird. Ohne Zweifel nämlich ist die staats=
bürgerliche Ordnung ihren Vorläufern nicht blos in der
Idee überlegen, sondern sie übt selbst in verhältnißmäßig
unvollkommener Gestalt eine unbedingte Anziehungskraft
aus. Daher das rapide Anwachsen der großen Städte
und der Rückgang des platten Landes, letzterer desto
auffallender, je geringer die Aussicht der niederen Be=
völkerung auf fortschreitende Classenbewegung ist. Das
geht so weit, daß der an sich sehr richtige Satz, wonach
das unvermehrbare Besitzthum dem vermehrbaren gegen=
über die Tendenz hat im Werthe zu steigen, für große
ländliche Distrikte vollständig lahm gelegt, ja geradezu
auf den Kopf gestellt ist. Nun aber die Ungereimtheit:
Alles strömt dahin, wo die Bedingungen für die staats=
bürgerliche Ordnung am ehesten erfüllt werden — aber
diese Erfüllung kann nur eine halbe und höchst einseitige
bleiben, so lange die Gegner der neuen Ordnung (Feu=
dale, Zünftler, Clerikale und sonstige „Interessirte“) in
den herrschenden Kreisen die höheren ethischen Voraus=
setzungen derselben zu hintertreiben wissen. Es ist ein
jämmerliches herz= und geistloses Gebahren, dieses ver=
gebliche Anstemmen gegen die fortschreitende Entwickelung
des Staatslebens; es kann uns noch viel nutzlose Fäul=
niß und Verarmung bringen, das rollende Rad des
socialen Fortschritts aber wird es so wenig aufhalten, als

wir im Stande sind, die Eisenbahnen aus der Welt zu schaffen.

Oder sollten wir uns täuschen? Wäre alles, was göttlichen Ursprungs in unserer Brust zu sein scheint, nur eitel Lug und Trug? Wären die Worte Liebe, Mitgefühl, Erbarmen nur leerer Schall? — Eine wunderliche Erscheinung ist es sicherlich, daß solche Zweifel gerade in einer Zeit sich breit machen, in der jeder tüchtige Mann dem Weltschmerz entsagen und als eifriger Patriot unverdrossen an der Neubildung der Gesellschaft mitarbeiten sollte. Woher sie auch stammen mag, die Krankheit des Pessimismus ist ein zerstörendes Gift nicht blos für den Einzelnen, sondern auch für den Staat. Arme unterleibsleidende Philosophen hat es ja zu allen Zeiten gegeben; daß aber auch so viele gesunde Menschen der Krankheit verfallen, kann ich mir nur aus dem Mangel an klaren Ideen über unsere hohen socialpolitischen Aufgaben und über die Grenzen menschlicher Naturerkenntniß erklären. Es ist hohe Zeit, daß wir jeder voreiligen Aufklärung über den letzten Grund aller Dinge und jeder pessimistischen Verzweiflung an dem Werthe unseres Daseins die Worte Newton's entgegensetzen: „Mir selbst kam ich nur vor wie ein Kind, spielend am Ufer des Meeres, bald ein buntes Steinchen, bald eine glänzende Muschelschale findend, indeß sich der Ocean der Wahrheit, unerforscht und unerforschlich, in unendlicher Weite vor meinen Augen ausdehnte."

Inhalt.

Familienbudget und häusliche Buchführung.

~~~~~~~~

Geehrte Damen und Herren!

Wenn ich in dieser Anrede meine verehrten Zuhörerinnen voranstelle, so geschieht dies heute, abgesehen von den landesüblichen Rücksichten der Höflichkeit, durch welche wir Männer uns bekanntlich auszeichnen, noch aus einem ganz besonderen Grunde. Denn das, was ich Ihnen heute sagen möchte, richtet sich in Wirklichkeit mehr an die Damen als an die Herren. Ich nehme hier das Wort „Dame" in seiner ursprünglichsten Bedeutung. Die italienischen und französischen Wörter dama, dame, damicella und demoiselle, madame und mademoiselle und darnach unser wohllautendes „Mamsell" stammen ebenso wie das Spanische donna von dem Lateinischen domus, beziehungsweise von dem Griechischen dómos, d. i. „das Haus". Hiernach wäre also eine Dame eigentlich ein Wesen, das im Hause schaltet und waltet, Haushälterin und Hausgebieterin zugleich. Das stimmt nun zwar nicht ganz mit der Bedeutung, welche das Wort im Laufe der Zeiten gewonnen hat — lucus a non lucendo; indessen bleiben wir einmal dabei: unsere Damen, Frauen wie Jungfrauen, seien die berufenen „Hauserinnen".

1*

Damit sind wir in unserer heutigen Betrachtung gleich ein gutes Stück vorwärts gekommen, und zwar in der Frage des Familienbudget-Rechts. Versuchen wir näm=lich, die Theilung der Finanzgewalt im modernen Staat auf das Haus zu übertragen, so kann kein Zweifel sein: die Verwaltung, die Executive, alle Befugnisse und Ob=liegenheiten der Regierung und insbesondere des Finanz=ministers kommen den Frauen, den Damen zu. Sie sollen sorgen, daß das Hauswesen gedeihe und blühe, ohne ihren „Etat" wesentlich zu überschreiten; sie sollen womöglich Ueberschüsse erzielen, Schulden abtragen und einen Nothpfennig für schlimme Zeiten sparen — also eine Art Haus-Kriegsschatz; und sie sollen ordentlich Rechenschaft ablegen — wem wohl anders, als ihrem „gesetzgebenden Körper", dem Manne, dem Hausherrn, welchem das unbedingte Bewilligungsrecht zusteht, der aber — darin sind wir Männer alle regierungsfreundlich — Alles vermeiden soll, was „Conflicte" mit der Haus=regierung hervorrufen könnte, wäre es auch nur, um dieselbe für möglichst ausgiebige Zumessung der Diäten, d. i. des Taschengeldes, geneigt zu erhalten.

Sie werden sagen: „der Vergleich hinkt"; und Sie haben Recht. Die Hausfrau, die richtige, tüchtige Haus=frau, ist in ihrem Wirkungskreise viel mehr denn ein Finanzminister in dem seinen; sie ist nicht blos die Er=halterin und Verwalterin, sondern die Grundsäule des Familienhaushalts, ja die Quelle des häuslichen Segens selbst, was man von Finanzministern eben nicht immer sagen kann. Sie steht in diesem Wirkungskreise so viel höher als der Mann, daß der Volksbildungsverein eigent=

lich Sie, meine Damen, um Entschuldigung bitten sollte, Ihnen den Vortrag eines Mannes über dieses Thema zuzumuthen. Jedenfalls muß ich Sie um Nachsicht bitten, wenn meine Auffassungen nicht ganz ihren Idealen ent= sprechen, wenn der Spiegel, den ich Ihnen vorhalten möchte, kein ganz getreues Bild Ihrer Werke und Be= strebungen zurückwirft. — —

Vom Familienbudget will ich sprechen. Unter Budget versteht man die Veranschlagung von Einnahmen und Ausgaben, versteht man einen Haushaltsplan. Das Familienbudget umfaßt aber nicht die ganze Wirthschaft eines Privathaushalts, sondern nur denjenigen Theil derselben, welcher das eigentliche Familienleben, die per= sönlichen, die leiblichen, geistigen, sittlichen Bedürfnisse der Familienmitglieder als solcher betrifft — also etwa den Haushalt im engeren Sinne. Zu dem Privathaushalt im weiteren Sinne gehört ja auch der Betrieb eines Geschäftes oder Gewerbes, die Verwaltung eines Amtes, überhaupt die nicht direct der Familie gewidmete Thätigkeit, welche indessen darauf abzielt, durch den Austausch der eigenen Arbeit, der eigenen Güter mit fremden Leistungen der Familie indirect Vortheile, Subsistenzmittel, Ansehen oder Einfluß zu erwerben. Mit dem Familienbudget hat dieser Theil des Privathaushalts nur insofern zu thun, als aus einem solchen Betrieb ein Nettogewinn oder ein Schaden erwachsen kann, wodurch dann das Familienbudget wesentlich beeinflußt wird. Es ist nicht nur möglich, sondern auch durchaus nöthig, daß wir eine strenge Schei= dung zwischen dem, wenn ich so sagen darf, „äußeren" und „inneren" Privathaushalt eintreten lassen; bei den

Kaufleuten ist dies sogar gesetzlich vorgeschrieben, aber auch da, wo eine gesetzliche Vorschrift nicht existirt, ist es dringend geboten, eine solche Scheidung vorzunehmen. Und ich möchte fast sagen: je schwieriger die Scheidung zu machen ist, desto nothwendiger ist sie. Denken Sie nur an die Landwirthe; hier ist allerdings die Frage: „was gehört zum Betrieb des landwirthschaftlichen Gewerbes und was gehört dem engeren Familienhaushalte an?“ nicht leicht zu beantworten; es bedarf hier klarer Ueberlegung im einzelnen Fall, häufig werden Schätzungen eintreten müssen, z. B. um die Thätigkeit der Frau, der Kinder, der Dienstboten zu zerlegen, je nachdem diese Thätigkeit dem Gewerbebetrieb oder dem Familienhaushalt zu Gute kömmt. Eine solche Scheidung ist sicherlich nicht nach dem Sinne unserer Bauern, Wirthe u. s. w.; die Mehrzahl von ihnen ist wohl gar nicht im Stande, dieselbe vorzunehmen, weil es an der nöthigen Schulbildung fehlt. Aber gerade in dieser Unklarheit und Unbehülflichkeit liegt meiner Ansicht nach ein Hauptgrund, warum es mit der Landwirthschaft nicht so flott vorwärts geht, wie es gehen könnte und müßte.

In der großen Masse der städtischen Privatwirthschaften ist die Scheidung sehr einfach; zwar existirt auch hier noch bei vielen kleinen Geschäftsleuten ein unentwirrbares Durcheinander von Geschäfts- und Familiencasse — Mann und Frau und manchmal auch Kinder greifen so lange unbesorgt in den Geldkasten, als noch blanke Thaler und Groschen den Boden bedecken, — aber in den meisten Fällen dürfte die Scheidung doch sehr leicht zu machen und thatsächlich auch in's Werk gesetzt sein; in sehr vielen Fällen ist sie gar nicht zu umgehen. So z. B. bei allen Beamten und Angestellten, welchen ihre außerhäusliche Thätigkeit ein festes Gehalt einträgt, aber auch bei anderen Berufsarten, wie z. B. bei Schriftstellern, Stellenvermittlern und Leichenträgern, denen aus ihrem Geschäftsbetriebe keine oder doch keine erheblichen Auslagen erwachsen, mit einem Worte bei allen denjenigen Berufsarten, wo das äußere oder Ge= schäftsbudget sich im Wesentlichen als ein Nettobudget darstellt, wo vom Bruttoertrag nicht noch allerlei Spesen, Zinsen, Kosten, Auslagen rc. abzuziehen sind.

In solchen Fällen würde es sich also, wenn wir unter Budget die Veranschlagung von Einnahmen und Ausgaben verstehen, gar nicht mehr um ein eigentliches Geschäftsbudget handeln, sondern nur noch um einen Einnahme=Etat. Es ist mir ganz lieb, wenn Sie diesen Einwand erheben und an mich die Frage richten, wie ich denn dann dazu komme, von einem Familien= budget zu reden, während es sich doch hier im Gegen= satze zu jenem Einnahme=Etat nur um einen Aus= gabe=Etat handle? Denn, so sagen Sie vielleicht, wo kömmt es denn vor, daß eine Hausfrau ihren täglich sich häufenden Ausgaben gegenüber auch Einnahmen aufzuweisen hat? Kann denn, da solche Einnahmen selten oder niemals vorkommen, hier überhaupt von einem geschlossenen Budget die Rede sein, liegt hier nicht ein= fach ein Ausgabe=Etat vor?

Nun, wenn Sie das wirklich so meinen, dann be= daure ich, Ihnen ganz entschieden widersprechen zu müssen. Sie denken vielleicht, daß ich Ihnen nun als Einnahme=

quelle der Hausfrau den Kleidertändler oder die Hadern-
frau, oder den Glas = und Scherbenaufkäufer vorstellen
werde; — oder den Metzger oder Bäcker, für den Fall
nämlich, daß die Zeitungen beim Fensterputzen nicht vollständig verbraucht werden und daß alljährlich wenigstens
die Hälfte des Abonnementspreises durch den Verkauf
von Makulaturpapier wieder hereingebracht wird. Bewahre! Alle diese Einnahmen reichen nicht hin, um auch
nur den zehnten Theil desjenigen Betrags auszumachen,
den ich von der Hausfrau als Ueberschuß über die
häuslichen Ausgaben erwarte.

Jawohl, als Ueberschuß! Denn Ersparnisse, die
in und von einer Familie etwa gemacht werden, resultiren
nicht direct aus dem Nettoertrag des vom Manne oder
von einzelnen Familiengliedern betriebenen Geschäftes,
sondern treten erst zu Tage, wenn jener Nettoertrag
durch das Haushaltungs = oder Familienbudget
hindurchgegangen ist. Es handelt sich aber hier nicht
allein um Ersparnisse in Geld oder Geldeswerth, sondern
um den Zuwachs, den das keine sofortigen Zinsen
bringende Stammcapital der Familie erfährt —
ich meine jenes Capital, welches wir alle, arm oder reich,
hoch oder niedrig, aus dem elterlichen Hause mitgenommen
haben, von dessen Besitz sich zwar die Meisten keine klare
Rechenschaft geben, ohne welches aber keiner von uns das
wäre, was er ist. Dieses nicht oder nur unzureichend
in Geld zu veranschlagende Capital, welches zum dauernden Wohlstand einer Familie viel nothwendiger ist, als
Geld und liegende Gründe — nothwendiger namentlich
dann, wenn wir das Wort „Wohlstand" nicht rein mate-

rialistisch auffassen, sondern es auf die geistige und sitt=
liche Lebenshaltung anwenden, — dieses Capital, sage
ich, ist vor allen Dingen die Frucht eines geordneten
Familienhaushalts, ist **das Product der im Hause
wirkenden Kräfte.**

Um Ihnen meine Auffassungsweise, die Ihnen jetzt
vielleicht noch im Zwielicht grauer Theorie erscheint, voll=
kommen klar zu machen, muß ich etwas weiter ausholen
und versuchen, die Stellung des einzelnen Familienhaus=
halts innerhalb des Volkshaushalts auseinanderzusetzen.
Bei Allem, was wir Menschen thun und unternehmen,
ist es nothwendig, daß wir uns der Beziehungen zu
unserer gesellschaftlichen Umgebung erinnern, uns über
den Eindruck unserer Unternehmungen auf diese Umgebung
und über die zu erwartende Reaction — die Gegenleistung
oder den Widerstand, welche unser Beginnen finden möchte,
— Klarheit verschaffen. Robinsonaden können wir nicht
aufführen, wo wir auf Schritt und Tritt fremden Inter=
essen begegnen, fremde Interessen zu achten haben.

Ja, angesichts des großartig entwickelten Weltverkehrs,
angesichts der Thatsache, daß weder Oceane, noch Ge=
birgsketten, geschweige denn die künstlichen Grenzen der
Staaten, den großen Bewegkräften des Verkehrs, dem
Dampf und dem elektrischen Funken Schranken entgegen=
setzen, angesichts dieser Thatsache ist es sogar bedenklich,
von dem abgeschlossenen Haushalte eines einzelnen Volkes
zu reden. In der That giebt es für die geistigen wie
materiellen Bedürfnisse des Gesellschaftswesens „Mensch"
nur noch einen einzigen Markt, ein einziges Verkehrsge=
biet, und dieses ist unendlich, so gewiß die Zahl der

Punkte und Linien, die Sie auf der Oberfläche einer Kugel sich denken mögen, unendlich ist.

Wer von uns erinnert sich nicht mit Behagen jener beliebten Schulaufgabe: „Geschichte eines Groschens", oder „eines Thalers", und der kindlich naiven Einfalt, mit der wir an diesem Thema zum ersten Male unsere social = philosophischen Phantasien erprobten? Welchen Spielraum hat nun gar ein speculativer Kopf, der in der Schule des Lebens grau geworden, mit allen Be= ziehungen des Weltverkehrs, mit allen Bedingungen des Handels und der Industrie genau vertraut, oder, um vulgär zu reden, mit allen Wassern gewaschen und mit allen Hunden gehetzt ist?! Der wird Ihnen mit Leich= tigkeit beweisen, daß so, wie Sie hier sitzen, nur an dem, was Sie persönlich sind, was Sie gelernt und womit Sie Sich heute bekleidet haben, daß allein durch Sie die Geistes= und Händearbeit von vielen Millionen Men= schen verkörpert ist; er wird Ihnen beweisen, daß vor kaum dreihundert Jahren ein Jeder und eine Jede von Ihnen etwa zweitausend lebende Ahnen hatte, daß ich heute, wenn man Ihre Ahnen nur auf zehn Genera= tionen zurück zusammenzählt, vor der Nachkommenschaft von vielen hunderttausenden verschiedener Erdenbürger spreche; er wird Ihnen, wenn nicht beweisen, so es doch als durchaus möglich darstellen, daß ich soeben die Ehre habe, den präsumtiven Urahnen von einigen Millionen Bürgern des 22. oder 23. Jahrhunderts nach Christi Geburt einen Vortrag zu halten; er wird es Ihnen plausibel machen, daß wir Morgens beim Kaffee wie durch einen Zauberschlag zugleich mit den braunen Söhnen

Arabiens und mit den Cichorienfabrikanten Schlesiens, Abends beim Thee mit den Bewohnern Chinas, mit den Rübenbauern Magdeburgs oder Anhalts und mit den Cognacbrennern von Bordeaux in stillschweigend=gastrono= mischem Güteraustausch leben; und er wird Ihnen vor= rechnen, daß Jeder von uns alltäglich zu mindestens hundert seiner Mitmenschen auf dem weiten Erdenrund in solche oder ähnliche Beziehungen tritt, und daß die Fäden, welche der Verkehr auf diese Weise nur im Laufe eines Jahres zwischen den Bewohnern der Erde zieht, eine Zahl erreichen, zu welcher sich die Französischen Milliarden verhalten wie die Maus zum Berge.

Auf diesem unermeßlichen ewig beweglichen Weltmeer von gesellschaftlichen Beziehungen, von Angebot und Nachfrage, von Leistung und Gegenleistung schwimmt denn nun der einzelne Familienhaushalt wie eine Nuß= schale, immer in Gefahr, und doch wieder sicher, wenn diejenigen, die darin sitzen, auf ihrer Hut sind. Wenn es erlaubt ist, das gewagte Bild weiter auszuführen, so möchte ich sagen: dieses Meer ist wie kein anderes er= forscht, man kennt genau den Gang seiner Strömungen und die Richtung seiner Stürme, man kennt genau seine Untiefen, seine Strudel, seine sicheren Häfen und gefahr= drohenden Klippen. Von diesem Meere gilt recht eigent= lich das Wort: „wer sich in Gefahr begiebt, der kommt darin um".

Fragen wir nun, was diesem reichen millionengestal= tigen Verkehr bei aller Beweglichkeit doch jene Sicher= heit des Eigenthums und der Existenz verleiht, deren sich der Einzelne erfreut, so ist ganz und gar nichts von

einer übernatürlich wirkenden Grundkraft zu spüren, son=
dern es ist der Egoismus aller Einzelnen, der allerdings,
indem er sich zum Egoismus der Gesammtheit
umbildet, zugleich der Träger einer höheren, einer idealen
Entwickelung wird und mitten in dem Getöse des mo=
dernen Verkehrslebens die Wahrheiten des Christenthums
schneller und besser praktisch werden läßt, als es in ver=
kehrsarmen Zeiten und Ländern jemals möglich war.
Und während der Egoismus des Einzelnen darauf aus=
geht, für möglichst geringe oder ohne alle eigene Lei=
stungen möglichst hohe Gegenleistungen zu erhalten, so
ruft uns der Egoismus der Gesammtheit zu: Arbeite,
erwarte für deine Arbeit nicht mehr, als sie werth ist,
und achte die redliche Arbeit deiner Mitmenschen so hoch
wie die deinige — oder in der erhabenen Sprache des
Gottmenschen: „Liebe deinen Nächsten wie dich selbst!"

Das ist das sittliche Grundprincip des gesellschaftlichen
Lebens, das ist auch der sichere Anker, den das kleine
Schifflein „Familienhaushalt" auf allen seinen Fahrten
mit sich führen muß. — —

Aber was ist Arbeit, was ist Production? Leider
haben wir uns viel zu viel daran gewöhnt, die mensch=
lichen Leistungen danach zu taxiren, wie sie sich unmittel=
bar in Geld oder Geldeswerth ausdrücken lassen. Geht
doch ein bekanntes Sprüchwort unserer Stammesgenossen
über'm Canal noch weiter, indem es nicht blos die Ar=
beit, sondern sogar schon die Zeit, die zum Arbeiten
gehört, schlechtweg für „Geld" erklärt. Vielleicht rechnet
uns ein moderner Weltweiser noch einmal aus, was das
ganze neunzehnte Jahrhundert kostet! Hat man doch

schon so ziemlich Alles, was auf der Erde kreucht und fleucht, in Geld zu veranschlagen gesucht. Aber ich meine, eher kann man sagen: „dieser Regenfall", oder „dieser Sonnenstrahl ist mir zwei Thaler werth", als man es unternehmen soll, den Geldwerth eines lebenden Men= schen zu taxiren, an dem ja doch das Beste ist, daß man zu keiner Zeit weiß, was noch aus und mit ihm wird. Es giebt Menschen, deren Geistesarbeit nicht mit Milliarden aufgewogen werden kann — denn auch die großen Erfinder, Entdecker, Dichter und Staatengründer waren nur Menschen; was unsere Stirn verhüllt, das spottet der Statistik — das Göttliche in uns ist keine Waare!

Ich möchte jener materialistischen Auffassungsweise grade hier, bei der Betrachtung des Familienbudgets, die Berechtigung absprechen, grade weil ich die Arbeit im Haushalt höher schätze, denn irgend eine andere. Hier trete ich, beachten Sie das wohl, meine Damen, entschieden als Ihr Anwalt auf. Ich denke zunächst nicht an die „himmlischen Rosen", die Sie uns „flechten und weben in's irdische Leben", für die ja der denkbar höchste Preis noch zu niedrig ist, sondern ich denke an jene zahllosen Arbeiten, Mühen und Sorgen der Hausfrau, der Mutter, der hülfeleistenden Tochter, die uns noch viel unentbehr= licher sind, als jene „Rosen", und die sich doch nicht in Geldeswerth veranschlagen lassen. Freilich, wenn wir diese Arbeiten im Familienbudget in keiner Weise be= rücksichtigen, dann wird dieses Budget in der Regel an= statt mit einem Ueberschuß, mit einem Deficit abschließen. Das kann und darf aber nicht sein. Eine Hausfrau, deren Thätigkeit mit einem wirklichen Deficit abschließt, verdient nicht jenen Namen. Denn jede reelle Arbeit muß immer mehr einbringen, als die Auslagen, einerlei ob das Product in Geld auszudrücken ist, oder nicht.

Nirgends wird uns dies klarer, als bei dem Arbeits= aufwand für häusliche Erziehung der Kinder und bei den Kosten der Schule und Lehrmittel — hier haben wir eine lebendige Sparkasse mit unbegrenzter Zu= kunftsrente.

Fassen wir also, wie ich es thue, den Familienhaus= halt nicht als eine lediglich verzehrende Verwaltung, als eine sog. Zuschuß=Verwaltung, sondern als eine pro= ductive Anlage auf, so ergeben sich von selbst mehrere Schlußfolgerungen, die für die weitere Behandlung un= seres Themas leitend sein müssen.

Zunächst gewinnt unter diesem Gesichtspunkte die Stellung Derjenigen, welche den Haushalt führen, an Ansehen und Einfluß. Wir hören wohl dann und wann die Klage eines Mannes, sein Haushalt verschlinge seine ganze Einnahme. Nun, soll das ein Argument gegen die Frau sein, so wird man bei der eben entwickelten Auffassung doch vorerst fragen müssen, was im Hause denn producirt wird. Und erfahren wir dann vielleicht, daß eine treffliche, fleißige und umsichtige Frau nicht weniger als sechs oder zehn Kinder zu tüchtigen Men= schen erzieht, und daß sie, um dieses ganz unschätzbare Capital zu erarbeiten, — wirklich zu erarbeiten in harter, anstrengender Thätigkeit vom frühen Morgen bis in die späte Nacht, unter Verlust ihrer Gesundheit, unter tausend Entsagungen und Kümmernissen — wenn

wir erfahren, sage ich, daß sie bei dieser eminenten Leistung als unumgängliche Auslagen nur die 600 oder
1000 Thaler verbraucht, die der Mann bei einer verhältnißmäßig viel leichteren Arbeit außer dem Hause
verdient; dann werden wir die Klage des Herrn Gemahls doch mit einem anderen Maßstabe messen, als er
vielleicht erwartet. Wir Männer können uns in dieser
Beziehung nicht genug davor hüten, in Ungerechtigkeit
zu verfallen. Die größte und leider am Weitesten verbreitete Ungerechtigkeit besteht aber darin, daß man nur
das als Arbeit betrachtet, was man selbst arbeitet, nur
das als Opfer erkennt, was man selbst opfert. Solche
Ungerechtigkeit braucht nicht immer Folge verstockten
Herzens zu sein, bei Vielen liegt sie am Mangel an Erfahrung, an Erziehung, an Nachdenken. Der Mann
aber soll sich ernstlich bestreben, die Thätigkeit der Frau
nach Gebühr zu schätzen; er soll sich ein wohlwollendes
und verständnißvolles Urtheil über den Erfolg ihrer
häuslichen Arbeit aneignen — er braucht darum nicht
Töpfengucker zu werden.

Uebrigens beruhen auch die Satzungen des ehelichen
Güterrechts, welche die Ehefrau zur Theilhaberin an
dem in der Ehe erworbenen Vermögen des Mannes
machen, auf der eben dargelegten Auffassung; wir haben
hier meistens uralte Deutsche Rechte vor uns, aus Zeiten
stammend, wo bei schwachem Verkehr die Privatwirthschaft sich nicht so scharf, wie jetzt, in eine innere und
äußere zerlegen ließ, wo beider, des Mannes und der
Frau Thätigkeit fast ausschließlich eine specifisch „häusliche" war. Jene ehrwürdigen alten Rechtssatzungen

fußen also auf dem Begriffe der treuen **Mitarbeiter-
schaft** der Frau am Familienwohlstand; dem Communismus der Arbeit soll derjenige des Ertrags entsprechen.
Daß dieser schöne Grundsatz in manchen modernen Ehe-
verhältnissen geradezu zum Zerrbilde wird, soll uns die
ideale Auffassung unserer Altvordern auch heute nicht
verkümmern.

Andererseits liegt nun aber auch in jener höheren
Auffassung des häuslichen Berufs die ernstliche Auffor-
derung an die Frauen, an die Töchter, überhaupt an
Diejenigen, welche im Hause schalten und walten, in
Wirklichkeit das zu sein oder zu werden, was wir von
ihnen erwarten, nämlich: **Mehrerinnen** des Familien-
wohlstandes, wirkliche **Producentinnen**.

Indem ich es wage, meinen verehrten Zuhörerinnen
mit einer näheren Auseinandersetzung dieser Forderung
unter die Augen zu gehen, verhehle ich mir nicht, wie
gefährlich dieses Unternehmen ist. „Du wagst viel",
wird mir im Geiste Der und Jener zurufen. Aber wer
A sagt, muß auch B sagen.

An die Spitze dieser Betrachtungen möchte ich den
Grundsatz stellen: die Hausfrau darf, wenn sie ihre Aufgabe richtig erfaßt, nicht mit der Prätension auftreten:
„das und das habe ich als Gattin oder als Tochter des
Herrn So und So und meiner Erziehung gemäß an
Annehmlichkeiten zu **beanspruchen**", — solche sehr oft
erhobene Prätension entspricht der Rolle einer Fatima,
nicht der gleichberechtigten Lebensgefährtin eines Deutschen Mannes; — sondern sie muß sich die Frage vorlegen: „Was muß ich unter allen Umständen thun und

treiben, damit unser Haushalt mit einem Ueberschuß arbeitet?" Um aber überhaupt diese Frage richtig beantworten zu können, bedarf es einer Summe von Charakter, Kenntnissen und Fertigkeiten, welche leider nicht immer das Resultat unserer gegenwärtigen weiblichen Erziehung sind.

Man wendet vielleicht ein, daß sich Alles nicht für Eine, Eines nicht für Alle schicke; daß die individuellen Verhältnisse von Haus zu Haus, von Familie zu Familie so ungeheuer verschieden seien, daß man doch eine solche, die ganze Persönlichkeit in Anspruch nehmende Lebensregel nicht allgemein ertheilen könne. Was soll, so wird vielleicht gefragt, was soll die Tochter des reichen Banquiers X. mit den Tugenden einer praktischen Hausfrau, sie, die den Beruf hat, dereinst möglichst viel „Geld unter die Leute zu bringen", die sich eine große Dienerschaft halten und ihre Kinder von anderen Leuten erziehen lassen kann; oder was soll die Tochter dieses Generals oder jenes Ministers mit der Kochkunst, sie, die aus Rücksicht auf ihre Familie gar keine „Partie" machen darf, wo sie eine so vulgäre Kunst praktisch ausüben könnte!

Ich habe nie begriffen, wie man „Standesrücksichten" so weit treiben kann, um einem weiblichen Wesen das Beste und Schönste zu versagen, was der Mensch besitzt, nämlich die Freude am Schaffen, am Gestalten, wie man schon durch die Erziehung alles thun mag, um irgend ein weibliches Wesen seinem natürlichen Berufe absichtlich zu entfremden. Eine hohe Dame mag noch so viel „Anmuth" produciren, noch so viele gesell-

schaftliche Anregungen geben, noch so sehr im Theater,
auf Bällen und in Wohlthätigkeits=Comités brilliren —
ohne häuslichen Beruf bleibt sie doch ein armes Ding
und wird früher oder später ebenso blasirt, wie ihre
Schminke. Wie andererseits grade eine durch den Rang
ihres Mannes gesellschaftlich hochgestellte Frau sich durch
die Entfaltung häuslicher Tugenden außerordentlich ver=
dient machen kann, bedarf kaum der Erwähnung — Sie
wissen ja: „gute Beispiele verderben böse Sitten!"

Indessen sehen wir einmal ganz ab von jenen Krei=
sen, in denen die Sonne des äußeren Glückes zwar am
meisten strahlt, aber auch am meisten versengt, und
wenden wir uns zu dem sogenannten „gebildeten Mittel=
stand", der mit verschiedenen Abstufungen die Beamten=
welt, die Gelehrten, die Aerzte, das Heer der einiger=
maßen gut situirten Landwirthe und Geschäftsleute
u. s. w. umfaßt. Täusche ich mich nicht, so ist hier im
großen und ganzen die Ueberzeugung, daß das weibliche
Geschlecht zum Wirken und Schaffen so gut als das
männliche berufen sei, gewaltig in Zunahme begriffen;
ja grade in diesen Kreisen ist der Heerd für jene Frauen=
Emancipationsideen zu suchen, welche bei allen schiefen
Auffassungen und Uebertreibungen doch einen gesunden
Kern haben, indem sie das Weib dem Manne durch
Arbeit und Kenntnisse, nicht blos durch Aemter und
Würden ebenbürtig machen wollen. Auf die Gefahr hin,
Einigen meiner geehrten Zuhörerinnen damit nicht an=
genehm zu sein, muß ich nun bekennen, daß ich mich
für eine Emancipation der Frauen, welche die vollkom=
mene Entfremdung vom häuslichen Beruf bezweckt,

nicht befreunden kann. Warum emancipirt man sich
denn? Weil nicht genug geheirathet wird, weil in den
Familien kein Platz ist für die große Anzahl gebildeter
Töchter. Gut, hier liegt eine wirthschaftliche Nöthigung
vor, die nicht anerkennen zu wollen, thöricht wäre. Aber
mir scheint, daß bei diesen Emancipationsversuchen nicht
immer die richtigen Wege eingeschlagen werden, nicht
immer die richtige Mitte eingehalten wird. Insoweit
nämlich von den betheiligten Damen, sei es auch im
verstecktesten Winkel ihres Herzens, die Hoffnung gehegt
wird, durch solche Versuche unter den Männern eine
größere Heirathsfähigkeit zu verbreiten, ist es absolut nothwendig, daß auch diejenigen von ihnen, welche
sich einem bisher in der Regel von Männern betriebenen
Geschäft oder Studium widmen, doch jederzeit in der
Lage sind und bleiben, einem Hauswesen kräftig und
verständnißvoll vorzustehen. Das geschieht aber sehr
häufig nicht, und wir Männer sind argwöhnisch genug,
den Grund für diese Unterlassung darin zu suchen, daß
es doch noch vielfach an der richtigen Auffassung vom
Wesen und von der Bedeutung der Hausfrau fehlt.

Glauben Sie nur, meine Damen, daß nicht böser
Wille so viele junge Männer vom Heirathen abhält, im
Gegentheil, die Meisten tragen das Cölibat nur mit
großem Unbehagen, bis es zuletzt zur traurigen Gewohnheit wird; und selbst ältere Hagestolze erklären in
schwachen Stunden, daß sie das irdische Paradies ver-
fehlt zu haben glauben. Unter zehn heirathslustigen
Männern können Sie sicherlich neun also klagen hören:
„Ja, wenn ich eine gebildete und liebenswerthe Frau

2*

bekommen könnte, die sich in meine Verhältnisse
finden könnte"; das heißt doch weiter nichts, als: „Ich
brauche eine Frau, welche in der Ehe nicht eine einseitige
Versorgungsanstalt, sondern eine productive An=
lage, eine — auf Liebe und Achtung gegründete —
gegenseitige Lebens= und Arbeitsversicherung erblickt". —
Es mag sein, daß viele junge Männer eine übertriebene
Meinung von den Prätensionen der Heirathscandidatinnen
haben; ich muß aber zu ihrer Entschuldigung anführen,
daß sie die Damen ihres Herzens meistens auf Bällen
oder Ausflügen kennen lernen, und daß sie dieselben nur
selten in ihrem häuslichen Wirken beobachten können;
wie unsere gesellschaftlichen Verhältnisse, namentlich in
den Städten, nun einmal sind, setzt ja die Möglichkeit
solcher Beobachtung schon einen Grad von Annäherung
voraus, der von beiden Theilen aus naheliegenden Grün=
den vermieden wird, so lange nicht das entscheidende
Wort gesprochen worden ist. Daß es unter solchen
Umständen auch nicht an bösen Zungen fehlt, welche
nach Shakespeare sagen: „mit der Vertraulichkeit fängt
die Geringschätzung an", darf uns nicht Wunder nehmen.

Nun, im Hause unter allen Umständen mit einem
Ueberschuß arbeiten, das heißt — ich muß es endlich
aussprechen, — mit dürren Worten: sich vor keiner
häuslichen Arbeit scheuen, auch nicht vor der=
jenigen einer Magd. Das ist die wirthschaftliche
Zwangslage in einer Unzahl von Haushaltungen ge=
bildeter Familien gegenüber den steigenden Preisen der
meisten Lebensmittel und fremden Dienste. Und wer
mit mir anerkennt, daß jede rechte und nützliche Arbeit

geadelt ist, der wird in dieser Zwangslage an sich nichts furchtbares erblicken — sie ist die natürliche Folge der Ausbreitung der Bildung und des Wohlstandes auf die großen Massen, und wir dürfen uns keinen Täuschungen darüber hingeben, daß die Verhältnisse sich in der herrschenden Richtung immer weiter entwickeln werden.

Es existirt kein Naturrecht, welches gebildeten Frauen einen gegründeten Anspruch darauf verleiht, eine gewisse Art von häuslichen Arbeiten auf andere Schultern abzuwälzen. Es ist nur eine Folge unserer sehr mangelhaften socialen Zustände und der Gestaltung der Erwerbs= und Besitzverhältnisse, daß es noch immer eine nach Millionen zählende Classe von Menschen giebt, welche bei ziemlich niedrigem Bildungsgrad und für verhältnißmäßig geringen Lohn und geringe Behandlung sich dazu verstehen, ihren besser situirten Mitmenschen gegenüber in eine Art Hörigkeitsverhältniß zu treten. Denn von der Aufhebung des Rechts, Sclaven zu halten, bis zur wirklichen socialen und wirthschaftlichen Befreiung der unteren Volksschichten ist ein sehr langer Weg, den wir noch nicht zur Hälfte zurückgelegt haben. Je mehr wir auf der Bahn freiheitlicher Gesetzgebung und Einrichtungen fortschreiten, desto mehr wird in allen Volkskreisen der Adel der freien Arbeit zum Ansehen gelangen, desto schwieriger wird es sein, die aus früheren Zeiten übernommenen Formen der persönlichen Dienstleistung festzuhalten. Man wird überhaupt nicht mehr „Dienstboten", sondern nur noch „Gehülfen" haben, deren Zuverlässigkeit und Nützlichkeit sehr

wesentlich von dem Grade gesellschaftlicher An=
näherung an ihre Dienst= resp. Arbeitgeber abhängen
wird. Wir gehen, ohne uns recht darüber klar zu
werden, fortwährend in dieser Richtung weiter: so ist in
den Städten fast ganz das erniedrigende „Du" verschwun=
den, mit dem man früher jeden Dienstboten anredete; so
gewöhnt man sich immer mehr daran, statt dumpfer,
versteckter Winkel den Dienstleuten geräumige und luftige
Schlafstellen anzuweisen u. s. w. Wenn der Uebergang
in die neuen Bahnen vielfach mit gegenseitigen Reibungen,
Aergernissen, Unzufriedenheiten verknüpft ist, so liegt das
ebenso sehr an der Widerhaarigkeit, welcher die neue
Ordnung bei den Herrschaften und namentlich bei den
Frauen begegnet, wie an dem Unverstand und Ueber=
muth, womit auf der anderen Seite das Ringen nach
Menschenrechten in Scene gesetzt wird; Volksbildung und
allmälige Eingewöhnung werden auch hier versöhnend
wirken. Soviel steht fest: unsere Frauen müssen wohl
oder übel erkennen lernen, daß „Gebildetsein" und „Be=
dientwerden" nicht unzertrennliche Begriffe sind. In
unserem Wirthschaftsleben aber, wo nichts „umsonst" ist,
wo Alles auf Leistung und Gegenleistung, auf Kauf
und Tausch beruht, vermehren wir, indem wir Andere
das leisten lassen, was wir selbst nicht leisten können
oder nicht leisten wollen, einfach unsere baaren Auslagen;
und die Hausfrau thut dies, wenn sie keine anderen
Bezugsquellen hat, auf Kosten des Arbeitsertrages des
Mannes, es sei denn, daß sie selbst — was ja oft
vorkömmt — als thätige Geschäftsfrau dem Manne zur
Seite steht.

Nun werden Sie es aber als eine folgerichtige Defi=
nition anerkennen, wenn ich sage: Das Familienbudget
bezweckt die Herstellung des richtigen Verhält=
nisses zwischen eigener und fremder Leistung,
und die Kunst, ein solches Budget aufzustellen, besteht
darin, daß man sich vollkommen klar wird, wie viel
fremde Leistung man in Anspruch nehmen darf, um
die eigene häusliche Thätigkeit zu ergänzen. Ich betone
es: „zu ergänzen"; denn ich betrachte die eigene
Thätigkeit als die Hauptsache. Das wollen meine ge=
ehrten Zuhörerinnen gefälligst im Auge behalten.

Hier nun wäre eigentlich die Stelle, wo ich passend
eine kurze Theorie des Tauschverkehrs und in kurzen
Zügen eine Geschichte der Preise einflechten könnte. Das
ist heute nicht möglich. Ich beschränke mich darauf, ein
paar Gesichtspunkte hervorzuheben, die mir für unser
Thema besonders wichtig erscheinen.

Allgemein pflegen wir zu sagen, daß Alles oder
Vieles, was zum Leben gehört, theurer geworden sei.
Diese Ausdrucksweise ist eigentlich falsch und verhindert
nicht wenig die Verbreitung gesunder volkswirthschaftlicher
Ansichten. Richtiger ist es, zu sagen: „Das Geld ist
billiger geworden" — und noch richtiger wäre es, in
jedem einzelnen Falle die Preisveränderung der Ge=
brauchsgegenstände untereinander festzustellen. Thun
wir dies, so kommen wir zu ganz interessanten, manchen
vielleicht ganz unerwarteten Ergebnissen. Ich führe bei=
spielsweise an, daß vor etwa 30 Jahren ein Pfund
Honig so viel oder noch weniger werth war als ein
Pfund Sago — jetzt bekommen Sie für ein Pfund

Honig mehr als zwei Pfund Sago. Und zu derselben
Zeit bekam man für ein Pfund Butter noch nicht ganz
vier Pfund Reis — jetzt gehören beinahe zehn Pfund
Reis dazu, um ein Pfund Butter zu erstehen[1]). Reis
und Sago sind also im Verhältniß zu Butter und Honig
ungeheuer viel billiger geworden. Dagegen ist der
Caffee, der früher noch billiger war, als die Butter,
heute einschließlich des Zolles theurer als Butter u. s. w.
Sehen wir indessen von der Vergleichung der einzelnen
Waaren untereinander ab, so ist es richtig, daß wir für
die Lebensbedürfnisse im Großen und Ganzen viel mehr
Geld hingeben müssen, als früher. Das Geld hat also
an Werth verloren. Das wäre nun an sich kein Fehler,
da ja das Geld als solches nur Werthmesser und
Tauschmittel ist. In der That wird auch die Werth=
verminderung des Geldes hauptsächlich von Denjenigen
so hart empfunden, deren Einnahmen fixirt sind, und
von Denjenigen, welche auf den regelmäßigen Tausch=
verkehr mit den also Fixirten hauptsächlich angewiesen
sind. Das sind denn nun vor Allen die Beamten und
Angestellten und alle jene für festen Lohn Arbeitenden,
die nicht in der Lage sind, jederzeit den Preis für ihre
Arbeit der fortschreitenden Entwerthung des Geldes con=
form zu halten, d. h. zu erhöhen. Nehmen wir an,
daß in einem gewissen Zeitraum — wir sind beiläufig
in den letzten 20—30 Jahren dazu gekommen — der
Werth des Geldes im Verhältniß zu den Bedürfnissen
des Lebens an Nahrung, Kleidung, Wohnung rc. im
Großen und Ganzen um 30 Procent, in den großen
Städten vielleicht um 40 und 50 Procent gefallen sei,

so ist es doch ganz natürlich), daß ein Jeder seine Ein=
nahme an Geld um eben so viele Procente zu steigern
suchen wird. Der Beamte, der mit fixem Gehalt An=
gestellte kann dies nicht oder nur sehr schwer thun, er
kann nicht „streiken", er petitionirt, bekömmt vielleicht
eine Gehaltsaufbesserung, die kaum die Hälfte der
eingetretenen Geldentwerthung ausgleicht und jedenfalls
nicht für den in den Vorjahren erwachsenen Ausfall
aufkömmt. Ob im Allgemeinen bei den freien Be=
rufsarten, bei Handwerkern, Lohnarbeitern 2c., die
höheren Einnahmen die Preissteigerung vollkommen aus=
geglichen haben, ist übrigens sehr fraglich; die Einen
bejahen, die Anderen verneinen dies; der Beweis für die
eine oder andere Behauptung ist ohne eine genaue Lohn=
statistik nicht zu erbringen.

Für gebildete Familien, die bisher daran gewöhnt
waren, nicht bloß materiell „gut zu leben", sondern auch
zu ihrer Bequemlichkeit zahlreiche persönliche Dienst=
leistungen Dritter in Anspruch zu nehmen, ist aber
aus der Geldentwerthung noch ein ganz besonders schwer=
wiegender Umstand erwachsen, welcher den in dieser Be=
ziehung anspruchsloseren Gesellschaftsclassen, sowie den
einzelnstehenden Gebildeten, Garçons 2c. nur wenig fühl=
bar geworden ist. Nämlich der Umstand, daß jede, auch
die untergeordnetste Arbeitskraft jetzt doppelt und drei=
fach so theuer wie früher zu unterhalten, und obendrein
nicht mehr so leicht zu haben und zu behalten ist, wie
früher. Es hieße Eulen nach Athen tragen, wollte ich
hier näher auf das so beliebte Capitel der Dienstboten,
Köchinnen, Kindsmägde, Kutscher u. s. w. eingehen. Nur

andeuten will ich, in welcher schwierigen Lage sich der
sog. gebildete Mittelstand gerade hier gegenüber dem
werbenden Großcapital befindet. Nehmen wir an, einen
Dienstboten zu halten, habe, wie versichert wird, früher
hundert bis 150 Thaler gekostet, koste aber jetzt incl.
Lohn, Wohnung ꝛc. etwa 300 Thaler. Von einem Ge=
halt von 1000 Thlrn. machten also diese Kosten früher
den achten bis zehnten, jetzt machen sie den dritten oder
vierten Theil aus. Wer dagegen aus Vermögensnutzun=
gen, Fabrik = und Börsengeschäften ꝛc. jährlich 10,000
Thaler oder mehr einnimmt, der kann sehr leicht immer=
hin noch mehrere Dienstboten halten und wird jeden=
falls, wenn von Seiten der Letzteren noch höhere An=
sprüche gestellt werden sollten, als überlegener Concurrent
den Platz behaupten. Wer das höchste Gebot thun kann,
bekommt den Zuschlag.

Ueber die Frage, woher denn nun diese rapide Geld=
entwerthung komme, sind die Gelehrten nicht einig. Ueber
Dinge, die außerhalb der Sphäre des Mutterwitzes
liegen, dürfen Sie überhaupt von den Gelehrten auf
diesem Gebiete nicht zu viel erwarten. Doch herrscht
wohl allgemeines Einverständniß darüber, daß man von
der Geldentwerthung im Allgemeinen die Vertheuer=
ung einzelner Lebensbedürfnisse im Verhältniß
zu anderen getrennt zu betrachten habe. Diese letztere
beruht offenbar hauptsächlich darauf, daß solche Bedürf=
nisse allgemeiner geworden sind, daß die Nachfrage
nach den betreffenden Gegenständen und Diensten eine
verhältnißmäßig größere geworden ist als früher. Ueberall
da, wo solcher Vermehrung der Nachfrage nicht auch

eine angemessene Vermehrung des Angebots entspricht, muß sich der Preis erhöhen. Es ist ja ganz natürlich, daß mit der Zunahme höherer Bildung, mit dem all= mäligen Aufrücken unterer Volksschichten in höhere Sphären geistigen und materiellen Genusses der Con= sum ein größerer werden muß. Da nun, wo die Pro= duction ihre Factoren, z. B. durch die Anwendung von Maschinen, durch fabrikmäßige Arbeitstheilung ꝛc., leicht verstärken kann, wird die Preiserhöhung nicht unbedingt nöthig sein — so kömmt es, daß trotz vergrößerter Nachfrage manche Manufacturwaaren eher billiger als theurer geworden sind. Dagegen müssen Dinge und Dienste, die nicht viel mehr als früher zu Markte kom= men und doch von einer größeren Anzahl von Menschen begehrt werden, theurer werden. Das auffallendste Bei= spiel liefern die Preisverhältnisse von sogen. „Antiqui= täten" (alten stylvollen Möbeln u. dgl.), ferner von modernen Kunstwerken — jene können überhaupt nicht, letztere nur sehr allmälig „producirt" werden, so daß in Zeiten sehr starker Nachfrage die resp. Preise unge= heuer in die Höhe gehen. So haben wir es uns auch zu erklären, daß manche persönliche Dienstleistungen, und oft gerade die allerniedrigsten, die nichts weiter als die bloße Muskelkraft beanspruchen, in manchen Orten und Gegenden sehr theuer geworden sind, weil im Verhält= niß zur steigenden Nachfrage (denn wer möchte nicht be= dient werden?) immer weniger Individuen sich jenen untergeordneten Beschäftigungen zuwenden. Das An= gebot mancher Verbrauchsgegenstände wiederum, z. B. landwirthschaftlicher und Gartenproducte, ist an natür=

liche Grenzen gebunden; so mußten Angesichts der er=
höhten Nachfrage Obst und Gemüse viel theurer werden,
und wenn verschiedene, gleichfalls mehr consumirte Ge=
treidearten selbst heute noch bei uns einen verhältniß=
mäßig niedrigen Preis haben, so liegt dies nur daran,
daß wir mit Leichtigkeit große Vorräthe davon aus Län=
dern beziehen können, wo bei niedriger Volkscultur
die Arbeitskraft und der Boden weit billiger und die
Ansprüche der Menschen im Allgemeinen bescheidener
sind, als bei uns.

In ähnlicher Weise sind alle besonderen, theilweisen
Preissteigerungen zu erklären. Was nun die allge=
meine Entwerthung des Geldes anbelangt, so ist die=
selbe meiner Ansicht nach in erster Linie in der zuneh=
mend ungleichmäßigen Vertheilung des Volks=
einkommens zu suchen, welche es den höheren Ein=
kommensclassen möglich macht, mit immer größeren
Kaufkräften auf dem Markte zu erscheinen, beim Wett=
bewerb immer höhere Preise zu zahlen, d. h. also, da
diese Preise in der Regel durch Geld vermittelt werden,
den Tauschwerth des letzteren herabzudrücken[2]). Neben
diesem souveränen Bestimmungsgrund bei der Preisbil=
dung sehe ich eine zweite Ursache der Geldentwerthung
in der fortwährenden Vermehrung unserer Ver=
kehrsmittel (Eisenbahnen, Posten, Dampfschifffahrt,
Telegraphie), welche nicht blos ein schnelleres Rolliren
des Geldes, der Tauschmittel, sondern auch raschere Be=
förderung der Tauschgüter bewirken, und dadurch zwar
einerseits die Concurrenz der Verkäufer vermehren, an=
dererseits aber es den Producenten möglich machen, ihre

Producte immer rascher und vortheilhafter auf den richtigen Markt zu bringen. Man sollte meinen, daß diese entgegengesetzten Wirkungen des Verkehrs sich gegenseitig vollständig ausgleichen müßten. Zutreffend könnte diese Meinung indessen nur sein, wenn Nachfrage und Angebot zur Wahrung ihrer Preisinteressen gleich starke Mittel anwenden, wenn sie namentlich in der Association und Interessenvertretung gleich geschickt auftreten würden. Das ist aber schon deshalb nicht der Fall, weil das Angebot mit größeren Massen operiren kann, während die Nachfrage in kleineren Portionen erscheint, deren Coalitionsfähigkeit eine sehr beschränkte ist. Sehr häufig bewirken Verkehrserleichterungen nichts anderes, als Erweiterungen der Genüsse der Wohlhabenden. Als schlagendes Beispiel führe ich Ihnen Folgendes an: In der unmittelbaren Nähe eines an sogen. Seeforellen sehr reichen Gewässers in unseren Voralpen gehörte dieser Fisch früher zu den billigsten Alltagsspeisen, nicht weil die Nachfrage danach in entfernteren Städten gering gewesen wäre, sondern weil der Transport der frischen Fische zu schwierig war; seitdem nun eine Eisenbahn in die Nähe des See's führt, ist der Transport sehr leicht und die Forelle auch in ihrer engeren Heimath ein theurer Leckerbissen geworden.

Neben der ungleichmäßigen Einkommens=Vertheilung und dem gesteigerten Verkehr dürfte aber eine dritte Hauptursache der allgemeinen Geldentwerthung in der colossalen Vermehrung der Geldzeichen und Zahlmittel und in der Unmasse von Obligationen bestehen, welche theils auf dem persönlichen Credit, theils auf materiellen Unterpfändern, theils endlich auf der

Voraussetzung zahlungsfähiger Nachkommen beruhen, aber sämmtlich in „Geld" ausgedrückt sind. Denken Sie sich nur einmal, nicht Gold und Silber, sondern Getreide und Fleisch seien die gesetzlichen Tausch= und Zahlungs= mittel. Was würde die Folge davon sein, wenn zehn= mal mehr Verpflichtungen auf Zahlung in diesem „Geld" in Umlauf kämen, als alljährlich davon wirklich producirt wird? Die Landwirthe würden gar nicht im Stande sein, für die massenhaft gedruckten Scheine, Coupons und Anweisungen auf Fleisch und Getreide nun in natura so viel von diesen Dingen herzugeben, wie auf jenen Zetteln gedruckt steht; sie würden je nach den Ernte= ergebnissen ihre „Valuta" bestimmen, wobei es dann wohl kommen könnte, daß man für 10 Ochsen in Papier nur einen einzigen in natura erhielte. Gold und Silber sind keine Verzehrungsgegenstände, sind geduldiger, ge= wissermaßen dehnbarer; kein Mensch fragt darnach, ob für den Papierschein, den er in der Hand hält, auch wirklich die damit versprochene Waare vorhanden ist. Ein Schein treibt den andern, man denkt nicht mehr an den Unterschied zwischen Schein und Waare — aber die Valutadifferenz vollzieht sich mit eiserner Consequenz, das papierne Gold und das papierne Silber verlieren sammt dem Metall, dessen Namen sie tragen, ihre Kauf= kraft so gut, wie jene papierenen Ochsen die ihrige ver= lieren würden. Hier kommen nun einestheils die nicht durch Metall bedeckten Staatscassenscheine und Bank= noten, die „Papierpest" im engeren Sinne, sodann die Coupons von Staats=, Communal=, Eisenbahn=, In= dustriepapieren u. s. w. in Betracht. Namentlich die

Staatsanlehen haben meiner Ansicht nach das Geld sehr billig gemacht. Dieser Ansicht gemäß, die ich unmöglich heute begründen kann, erscheint der Staat gegenüber seinen Beamten geradezu als bethlehemitischer Kinder= mörder, — Grund genug für Sie, die eben ausge= sprochene Ansicht sehr behutsam aufzunehmen. Aber das möchte ich doch noch andeuten, daß es ebenso gerecht als weise sein würde, wenn der Staat seine Beamten nicht mehr ausschließlich nach einem Maßstabe honoriren wollte, der sich von Jahr zu Jahr verändert, in einer im Voraus unberechenbaren Weise verändert; zum min= desten sollte man diesen Maßstab regelmäßigen Cor= recturen unterwerfen, d. h. man sollte die Gehälter nach der jeweiligen **Kaufkraft des Geldes** regeln. In dieser Richtung beweist die vermehrte Zubilligung von sogen. „Wohnungsgeldzuschüssen" den Anfang einer sehr ersprießlichen Reform.

Viel Unheil haben nun auch der leichte Geldgewinn an der Börse und in der Großindustrie, die Agiotage, der Actienschwindel, die „gegenseitige Ausbeutung der Gesellschaft" erzeugt. Ich werde Ihnen an anderer Stelle³) auseinandersetzen, warum ich diese Erscheinungen in erster Linie auf die ungeheuren Bildungs= und Classenunterschiede der heutigen Erwerbsgesellschaft zurückführe, und ich sehe kein Ende derselben, so lange der Staat nicht die Schule ganz, fest und stramm in die Hand nimmt. Das leicht= fertige verschwenderische Umgehen mit Geld bleibt aber nicht auf die Kreise beschränkt, die von der Ausbeutung leben, sondern steckt mehr oder weniger die ganze Gesellschaft an. „Nur durch die unausgesetzte Verbindung mit der

Arbeit", sagt ein geistreicher Jurist[4]), der namentlich Wiener Zustände genau kennt, „kann sich das Eigenthum frisch und gesund erhalten, nur an dieser seiner Quelle, aus der es unausgesetzt von Neuem hervorgehen muß, zeigt es sich als das, was es dem Menschen ist, erscheint es klar und durchsichtig bis auf den Grund. Aber je weiter es sich von ihr entfernt und abwärts in die Regionen des leichten oder völlig mühelosen Erwerbs gelangt, desto trüber wird der Strom, bis er endlich im Schlamm des Börsenspiels oder betrügerischen Actienschwindels jede Spur von dem, was er ursprünglich war, verloren hat. An dieser Stelle, wo jeder Rest der sittlichen Idee des Eigenthums abhanden gekommen ist, kann freilich von einem Gefühl der sittlichen Pflicht der Ver= theidigung desselben nicht mehr die Rede sein; für den Eigenthumssinn, wie er in Jedem lebt, der sein Brod im Schweiße seines Angesichts verdienen muß, fehlt es hier an jeglichem Verständniß. Das schlimmste daran ist leider, daß die durch derartige Gründe erzeugte Stim= mung und Gewohnheit des Lebens sich nach und nach auch auf solche Kreise ausdehnt, in denen sie sich ohne den Contact mit andern spontan nicht erzeugt haben würde. Den Einfluß der durch Börsenspiel erworbenen Millionen verspürt man bis in die Hütten hinab und derselbe Mann, der in eine andere Umgebung verpflanzt an seiner eigenen Erfahrung des Segens inne geworden wäre, der auf der Arbeit ruht, empfindet dieselbe unter dem entnervenden Druck einer solchen Atmosphäre nur noch als Fluch."

Wenn aber von der Geldentwerthung der letzten

Jahre gesprochen wird, dürfen die großen Finanzopera=
tionen nicht unerwähnt bleiben, welche mit der Zahlung
der französischen Kriegsentschädigung verknüpft
waren. Es ist eine nicht zu bestreitende Thatsache, daß
der größte Theil der fünf Milliarden direct oder indirect
neue productive Geldanlagen ermöglicht und Geldange=
bote veranlaßt hat, wie wir sie so massenhaft in unserem
„soliden" Deutschland noch nie vorher erlebt hatten. In
Folge der schnellen Rückzahlung der großen Kriegsan=
leihen und sonstiger Staatsschulden, in Folge der Pla=
cirung der Gelder für den Reichs=Invalidenfonds (großen=
theils zu Communalzwecken) u. s. w. sind sehr große
Capitalien Deutscher Privatleute in= und ausländischen
— namentlich auch österreichischen — Unternehmungen
zugewandt worden, welche ohne diesen massenhaften Zu=
fluß entweder gar nicht entstanden, oder doch mit größerer
Ruhe und Besonnenheit in's Leben gerufen worden wären.
Sehr vielen unserer kleinen Rentner, die ein instinctives
Vorgefühl von dem herannahenden „Krach" hatten, war
es gar nicht angenehm, durch die französischen Milliar=
den so mit einem Male ihre Gelder von einer ganzen
Reihe sicherer Anlagen ausgeschlossen zu sehen; die
sicheren Papiere aber waren nun doppelt gesucht und
gingen in einer, ihrem wirklichen Werthe nicht mehr
entsprechenden Weise in die Höhe. Gewiß ist es lächer=
lich, jene Milliarden ein „Danaërgeschenk" zu nennen;
gewiß überragt die politische Bedeutung der Kriegsent=
schädigung alle volkswirthschaftlichen Bedenken; gewiß
werden unsere Kinder und Enkel nur noch die unab=
sehbaren Vortheile der Maßregel empfinden — ebenso

gewiß ist es aber auch, daß die rasche und eigenartige Verwendung jener ungeheuren Summen unsere volks- und privatwirthschaftliche Gebahrung vorübergehend sehr empfindlich berührt hat [5]).

Erscheint hier der Staat gewissermaßen nur als Sünder hinter den Coulissen, als Gelegenheitsmacher, indem er durch seine gesetzlichen und administrativen Bestimmungen die Geld-Mißwirthschaft begünstigte, ohne sich bei Zeiten über die Folgen und über die nöthigen Gegenmittel recht klar zu werden, so ist er in anderer Beziehung um so unmittelbarer betheiligt an den Schwierigkeiten, mit welchen der Familienhaushalt heute zu kämpfen hat. Ich meine, die Steuern. Für jedes Pfund Caffee oder Cacao, für jedes Pfund Pfeffer oder sonstiges ausländisches Gewürz müssen Sie etwa 2 Groschen Steuer an den Staat zahlen und davor schützt Sie, meine Damen, auch der Consumverein nicht. Beim Salz, das wir ja auch dem Bäcker, Metzger u. s. w. vergüten müssen, thut es der Staat nicht unter 6 Pfennigen, beim Zucker nicht unter 1½ Groschen pro Pfund; der Qualm von 1 Pfund ausländischem Tabak — und wer möchte heute noch Pfälzer rauchen — der kömmt uns Männern auf 4 bis 8 Groschen Steuer zu stehen. Thee, Liqueur, fremder Wein und — Gedankenstrich! — Bier kommt nicht über unsere Lippen, bevor wir dem Staate das Recht zu den erwarteten, leider immer mäßiger werdenden Genüssen mit klingender Münze abgekauft haben. Wie viel aber die Herren Producenten und Verkäufer aller dieser schönen Dinge der Staatssteuer zuschlagen, resp. vom inneren Werth der Waaren abschlagen, das entzieht sich unserm Urtheil. Das ist aber nur so das Wichtigste an Zöllen und sogenannten Verbrauchsabgaben. Nun kommen alle jene herrlich veranlagten Steuern, als da sind: Grundsteuer, Haus- oder Miethssteuer, Gewerbesteuer u. s. w., die alle so beschaffen sind, daß sie mit mehr oder weniger Erfolg und Aufschlag auf das geduldige Publikum abgewälzt werden können[6]). Wenn Sie am frühen Wintermorgen eine Schaar frierender Kinder zur Schule gehen sehen — das sind lauter Steuerzahler; wenn aber ein hoffnungsvolles Kind begraben wird, zahlt keine Staatskasse dem Vater das zurück, was er für dasselbe an Steuern veranslagt hat. So sehr ich auch die Bundesgenossenschaft der Frauen bei der Reform unseres Steuerwesens herbeisehne — zu Ihnen gesagt, meine Damen, sind die Männer in diesen Dingen sehr schwach — so muß ich doch darauf verzichten, dies Bild weiter auszumalen. Alles in Allem schätze ich die Steuer, die wir für den Kopf unserer Familien, nicht nach unserem individuellen Vermögen, an den Staat zahlen, auf jährlich 5 bis 10 Thlr. So kann es kommen, daß ein sehr wenig bemittelter Mann mit einer sehr starken Familie über 50 Thlr. Steuern zahlt, vielleicht den fünften oder sechsten Theil seines ganzen Einkommens! Daß es überall so ist, daß z. B., wie neulich zum großen Aerger der dirigirenden Herren in der französischen Nationalversammlung nachgewiesen wurde, ein Pariser Arbeiter für den obendrein schlechten und gefälschten Wein, den er mit seiner Familie verbraucht, jährlich 112 Francs Steuer zahlen muß, — das ist doch gewiß ein schlechter Trost für uns! Der

3*

oft gehörte Einwand, daß ja der Arbeiter und über=
haupt der auf diese Weise über Verhältniß hoch Be=
steuerte nun seinerseits die Steuer wiederum auf die
Besitzenden abwälzen könne, ist ganz unqualificirbar. Der
Beamte, an dem auch hier wieder ein bethlehemitischer
Kindermord begangen wird, kann dies auf keinen Fall;
beim freien Arbeiter aber müßte, um es zu ermöglichen,
die Productionskraft mit der Größe der Familie zu=
nehmen, oder — das wäre freilich ein radicales Mittel
— der Staat müßte Alle zum Heirathen zwingen und
eine bestimmte Anzahl von Kindern pro Familie vor=
schreiben. So lange, vermöge des Kopfsteuerfußes, in
ein= und demselben Berufszweig, bei ein= und derselben
Geschicklichkeit und Arbeitskraft der unverheirathete Mann
nur den 4., 6. oder 10. Theil der Steuer zahlt, die der
Familienvater entrichten muß, so lange kann von „Ab=
wälzung" nicht die Rede sein!

Zu allen diesen und anderen Gegnern des Familien=
haushalts kömmt noch ein sehr gewaltiger, den wir in
uns selbst oder, wenn Sie wollen, in der fortschreitenden
Entwickelung der Menschheit zu suchen haben. Es ist
das quantitative Anwachsen und die qualitative Ver=
feinerung unserer Bedürfnisse. Die Aerzte sagen uns,
wir sollen nicht in dumpfen, engen, luft= und lichtarmen
Wohnungen hausen; Buchhändler und Zeitgeist verlangen
von uns, daß wir Bücher kaufen und Zeitungen halten;
Geschmack und Klugheit predigen uns, daß Kleider Leute
machen, und daß wir wenigstens nicht äußerlich be=
dauernswerth erscheinen sollen; ein Heer von Agenten
bestürmt uns, unser Leben gegen den Tod und unsere

Habe gegen den Brand zu versichern; Theater, Concerte, Industrieausstellungen, Turn-, Schützen- und Gesangvereine, siamesische Zwillinge und andere Merkwürdigkeiten in bunter Mannichfaltigkeit sehen es auf unsere geistige und gemüthliche Erbauung ab, und die Dampfschifffahrtsgesellschaft auf dem Starnberger See ladet uns ein, uns durch die Eisenbahnvorrichtungen der Linie München-Weilheim vom Abonnement auf regnerische Genüsse nicht abhalten zu lassen u. s. w. Von vielen anderen Dingen, wie vom Photographiren, vom Droschkenfahren und vom Peterspfennig will ich ganz schweigen. Es bedarf kaum der Andeutung, daß gegenüber allen diesen, mehr oder weniger begründeten Verlockungen des neunzehnten Jahrhunderts es dem Familienvater mit Frau und Kinderschaar viel schwerer wird, das Unvermeidliche mit Würde zu tragen, als dem Cölibatär, der mit der Ruhe und Beschaulichkeit des Eremiten die Ungebundenheit des Schmetterlings verbindet.

Also wachsende Concurrenz, Geldentwerthung, Dienstbotencalamität, Wohnungsnoth, Kopfsteuern, Börsenkrach, Milliardenstrom, ja das ganze Jahrhundert, und obendrein die ewig lastenden Sorgen um das leibliche und geistige Wohl der Hausgenossen — das Alles stürmt gegen unser Familienbudget an. Und nun erscheine ich hier und sage: Sie, meine verehrten Zuhörerinnen, und Ihre Schwestern weit und breit im Reiche, Sie sollen sich in die Bresche stellen und sollen das Heiligthum des Hauses, den Grundfelsen alles irdischen Glückes, gegen alle diese zerstörenden Mächte vertheidigen; und ich erkläre Ihnen, daß wir Männer, die wir sonst so stark uns wähnen, uns schwach fühlen ohne Ihren Beistand, daß wir uns gerne in der zweiten Kampfreihe aufstellen, daß wir Ihnen Führung und Feldzeichen überlassen. So ist es: der Erde Paradies, der Menschheit Würde ist in Ihre Hand gegeben!

In der Hoffnung, Sie durch diese häuslich=patriotische Ansprache versöhnlich gestimmt zu haben, gehe ich nun zu dem letzten und schwierigsten Theil meines Vortrages über, zu den praktischen Rathschlägen. Ich werde mich kurz fassen, schon aus Rücksicht auf die Zeit; aber noch aus einem anderen Grunde. Es handelt sich hier um Dinge, deren Erörterung im Einzelnen theils sehr trocken und langweilig ist, theils einen sehr umfangreichen Ap= parat an Geheimnissen der Küche, der Kinderstube, des Kellers u. s. w. voraussetzt. Solche detaillirte Erörterung muß Gegenstand eines Lehrbuchs oder einer größeren Reihe von Unterrichtsstunden sein; ich darf aber hier auf dieselbe um so mehr verzichten, als ich die Erwar= tung hege, daß jeder Volksbildungsverein — wenn sich eine genügende Anzahl von Theilnehmerinnen findet — sicherlich gern darauf eingehen wird, regelmäßige Lehr= curse über Hauswirthschaft und häusliche Buchführung zu veranstalten. Heute und an dieser Stelle kann ich Ihnen nur meine Ansichten über die allgemeine Rich= tung, nicht über den speciellen Inhalt und die Methode der häuslichen Wirthschaftslehre mittheilen.

Der Familienhaushalt, das habe ich schon vorhin betont, soll eine productive Anlage, eine Stätte der Ar= beit, des nützlichen Schaffens sein. Der Haushalt mag nun noch so klein, die Aufgabe der Hausfrau mag noch so beschränkt sein — immer wird es sich hier um eine Summe der verschiedensten Leistungen handeln. Wer im Hause Zeit, Kraft und Geld sparen will, der muß also nothwendig die Arbeit theilen lernen, und zwar ebensowohl zeitlich und räumlich, als nach den Kräften, welche inner= oder außerhalb des Hauses zur Verfügung stehen. Zunächst aus rein ästhetischen Rück= sichten, die ja im Hause so viel Berechtigung haben wie irgendwo, aus Rücksichten des Anstandes, der guten Sitte, des verfeinerten Geschmacks, der Gemüthlichkeit und Salubrität; — Rücksichten von der größten Wich= tigkeit für die Behaglichkeit des Hauses wie für die Er= ziehung der Kinder, Rücksichten, deren Nichtbeachtung manchem Manne das Leben verbittert, ihn selbst gegen eine sonst treffliche und fleißige Frau ungerecht werden und ihm den Aufenthalt im Wirthshause angenehmer erscheinen läßt, als das Verweilen im Hause. In meiner Heimath nennt man eine fleißige Frau, die sich an jene Rücksichten der Aesthetik nicht bindet, eine „Scheuerjule"; sie muthet dem Manne zu, in einem vom Ausfegen noch nassen Zimmer zu sitzen, sie hängt Wäsche auf in seinem Arbeitszimmer u. dgl. mehr. Während eine solche Frau wohl die Arbeit als Selbstzweck betrachtet und zur Unzeit wieder von vorn anfängt, nur um keine Ruhepause ein= treten zu lassen, wird eine andere Frau trotz eifrigsten Bemühens auch mit einem bescheidenen Pensum häus= licher Arbeit absolut nicht fertig, und eine dritte beginnt ihr Tagewerk damit, daß sie noch im Bette einen ange= fangenen Roman zu Ende liest, wonach dann der übrige Tag einen entsprechenden Verlauf nimmt — sie haben

eben alle drei nicht die **Kunst der Arbeitstheilung,**
der **Ordnung** gelernt.

Es wäre nicht schwer, ein ganzes Register solcher
„häuslicher Unarten" hier aufzuführen, Verkehrtheiten,
die bei besserer Erziehung und Einsicht so leicht zu ver=
meiden wären. Wir Männer haben für diese Dinge ein
scharfes Auge; die eleganteste Toilette, der brillanteste
Salon (und was versteht man heute nicht alles unter
diesem Namen!) retten eine Frau nicht vor der schonungs=
losen Kritik ihres häuslichen Werthes. Nur Galanterie,
nicht immer Falschheit ist es, wenn ein Mann neben
der Anerkennung für die Erscheinung, für den Geist,
für die Anmuth einer Dame nicht sofort auch Worte
für gerechte Zweifel an ihren häuslichen Capacitäten
findet. Wären nun jene Verkehrtheiten immer nur von
den zwei Leuten zu ertragen, die nach leiblicher Prüfung
ihre Herzen auf ewig binden zu müssen geglaubt haben,
so wäre das Unglück nicht so groß. Aber da sind bald
Kinder zu erziehen und Dienstboten in den Künsten des
Hauses zu üben — Kinder und Dienstboten, die dann
die garstigen Gewohnheiten des Hauses mit hinaus
nehmen in die weite Welt und mit ihren Untugenden
sich und anderen Leuten das Leben sauer machen. „Das
eben ist der Fluch der bösen That, daß sie, fortzeugend,
Böses muß gebären." Hiernach werden Sie es ver=
stehen, wenn wir Männer bei so manchen Klagen über
ungerathene Töchter und Mägde (wobei die letzteren
obendrein als Vertreterinnen des bösen Princips er=
scheinen) nicht scheltend einstimmen, sondern — schweigen.
Unsere Bauern haben ein gutes Sprüchwort: „Wie der

Herr, so 's Geschirr", — und ein anderes Sprüchwort, in dem man des Reimes halber sechs mit sich selber multipliciren läßt, dürfte hier gleichfalls · am Platze sein.

Jede Arbeitstheilung setzt nun nicht blos allgemeine Uebersicht über das Ganze, sondern auch genaue Kenntniß der einzelnen Theile voraus. Im Hause aber ist es damit wie in jedem Geschäft, wie in jedem Gewerbe und Fabrikationsbetrieb, wie im Militär: wer nicht gehorchen gelernt hat, kann auch nicht commandiren, wer nicht selbst Alles im Einzelnen erprobt und durchgemacht hat, der kann keine rechten Dispositionen treffen, und wer nicht mit einem guten Beispiel vorangeht, kann keinen Respect beanspruchen. So gewiß kein Mann dadurch an Ansehen verliert, daß er sich als Lehrling oder als gemeiner Soldat der gewöhnlichsten Arbeit in seinem Berufszweige unterziehen mußte, so gewiß ist es, daß keiner Dame eine Perle aus der Krone fällt, wenn sie — und wäre sie in den glänzendsten Verhältnissen — längere Zeit hindurch alle und jede Arbeit, die im Hause gemacht werden muß, durchkostet. Und beachten Sie wohl: man kann in der unscheinbarsten Arbeit eine gewisse Virtuosität entwickeln, durch Nachdenken Vortheile und Erleichterungen ersinnen und sich so eine Quelle wahrer Erfinderfreude eröffnen. Es ist ganz falsch, anzunehmen, daß zu den alltäglichen Arbeiten im Hause kein Nachdenken gehöre; wäre das richtig, dann brauchte sich manche Frau nicht so viel über gedankenlose Köchinnen zu ärgern. Nur Eines: um in drei Zimmern mit Oefen verschiedener Construction schnell und sicher Feuer anmachen zu können, mit richtiger Erwägung der äußeren

Temperatur, so daß es in jedem dieser Zimmer gleich=
mäßig behaglich warm wird, daß man nicht nach einer
halben Stunde die Fenster aufreißen muß, dazu braucht
man mehr als das nöthige Feuerungsmaterial, das ist
eine Art physikalischen Experiments. Wäre ich Exami=
nator an einer Akademie für Hausfrauen — ich würde
u. v. a. dies Experiment jeder Abiturientin aufgeben.

Inder ersten Vorbildung junger Mädchen für den
häuslichen Beruf also sollte keinerlei Unterschied gemacht,
keinerlei Rücksicht auf die künftige Lebensstellung als
Frau genommen werden. Ich wünsche, daß sie bei dieser
Vorbildung verhältnißmäßig noch viel strenger behandelt
werden, als die Einjährig=Freiwilligen beim Militär.
Naht dann der Ernst des Lebens, dann stehen sie fest
gewappnet; kein Schlag des Schicksals wird sie rathlos
und zaghaft, kein unerwartetes Glück ungerecht und
übermüthig finden. Es giebt nichts Ehrenwertheres und
Herrlicheres auf der Welt, als eine gebildete, gescheidte,
sittsame Frau, die alle lächerlichen Vorurtheile und Eitel=
keiten ihres Geschlechts abgelegt hat, der man es an=
sieht, daß sie dem richtigen Urtheil auch jederzeit die
rechte That folgen zu lassen bereit ist. Eine solche fix=
undfertige Frau nennen wir Männer „eine ganze
Frau". Solche Frauen sind ein wahrer Segen weit
über den engen Kreis der Familie hinaus; und oft wer=
den sie Mütter ausgezeichneter Männer.

Während nun in der Volkswirthschaft die Arbeits=
theilung vermöge des Ineinandergreifens des Verkehrs,
der Entwicklung des Maschinenwesens und der Massen=
haftigkeit der Umsätze eine fast unbeschränkte ist, ist die

Arbeitstheilung in der Hauswirthschaft wesentlich ein=
geengt und wird, ohne die erziehliche und gemüthliche
Seite des Familienlebens zu gefährden, niemals über
ein gewisses Maß hinausgehen können. Das Princip
der Arbeitstheilung, der Raum=, Zeit=, Kraft= und Stoff=
ersparung — in der äußeren Privatwirthschaft unbe=
grenzt — findet im Familienhaushalt seine Veredelung
und Begrenzung in den Aufgaben des Familienlebens
selbst, in dem Wesen der Ehe, der Liebe der Gatten,
der Kinder, der Geschwister. Es hat zwar nicht an
Doctrinären gefehlt, welche alle und jede abgeschlossene
Privatwirthschaft mit der Zeit durch öffentliche Wirth=
schaft ersetzt zu sehen hofften, — also statt der privaten
Küche Familienspeisehäuser, statt der häuslichen Kinder=
erziehung kasernenartige Pensionate u. s. w. Bezeichnend
für die Unhaltbarkeit solcher Ideen ist die Beobachtung, daß
auch jene Familien, in denen die Frau im außerhäuslichen
Geschäfte arbeitet, wo vorübergehend zu solchen öffentlich=
wirthschaftlichen Hülfsmitteln gegriffen werden muß, —
daß auch jene Familien, sobald es die Verhältnisse nur ge=
statten, zur ausschließlichen Privatwirthschaft zurückkehren.

Das aber ist ja vollkommen richtig, und das habe ich
im Eingang wohl zur Genüge hervorgehoben: daß der
Haushalt in steter Wechselbeziehung zur gesammten
Volkswirthschaft steht, daß er von der Entwickelung des
Verkehrs und der Industrie, und also auch von der
volkswirthschaftlichen Arbeitstheilung ganz ungeheuer be=
einflußt wird. Zum Beweis genügt ein einziges Bei=
spiel. Keiner verständigen Frau fällt es heutzutage noch
ein, so viel Poesie auch um diese Thätigkeit gewoben ist,

Leinen oder Baumwolle zu spinnen; das besorgt die Maschine so billig, daß die Frau unter allen Umständen ihre Arbeitskraft besser verwerthen kann. Und so ist es mit einer ganzen Reihe von häuslichen und sogenannten weiblichen Arbeiten. Je vielseitiger und tiefer gebildet die Frau ist, desto häufiger wird an sie die Frage herantreten, ob sie diese oder jene häusliche Thätigkeit nicht besser anderen Kräften überlassen und sich nützlichere Ausfüllung ihres Tagewerks suchen soll. Wo es gar gilt, Kinder zu erziehen und zu unterrichten, da ist der Ersatz leicht gefunden. Es kann aber auch der umgekehrte Fall vorkommen. So war z. B. früher nichts billiger, als Flickarbeiten an Kleidern, Reparaturen und Umänderungen rc. entweder ganz außer dem Hause oder durch fremde Kräfte im Hause machen zu lassen. Heute ist das ganz anders, und eine Frau, die sich selbst auf derlei versteht, kann ihr Budget bedeutend entlasten. Für alle diese Dinge lassen sich aber keine feststehenden Regeln und Formeln geben. Das hängt Alles von zahlreichen Erwägungen im einzelnen Falle ab, und deshalb wird man es gerechtfertigt finden, wenn ich von den Frauen nicht blos Uebung und Schulung in aller, möglicher Weise erforderlichen Hausarbeit verlange, sondern auch klare volkswirthschaftliche Begriffe und Kenntnisse; und zwar sollte darauf schon in den Schulen hingewirkt werden. Jeder Haushalt ist nicht nur ein Stück der Volkswirthschaft, sondern die gesammte Volkswirthschaft spiegelt sich in verjüngtem Maßstabe in ihm wieder; er ist eine Art von „volkswirthschaftlichem Mikrokosmos".

Wenn ich nun früher gesagt habe — und ich hoffe, Sie werden mir jetzt zustimmen — daß das Budget der Hausfrau unter allen Umständen mit einem Ueber= schusse abschließen müsse, so kann dies selbstverständlich nur ein „ideales Budget" sein. Dieser Ueberschuß wird wie ein befruchtender Thau wirken, den wir so wenig messen können, wie die glänzenden Perlen in einem frisch bethauten Blumengarten zu zählen sind. Neben diesem idealen besteht aber ein sehr reales Budget. Es umfaßt die Beziehungen zur Außenwelt, welche durch Kauf, Tausch, Leistung und Gegenleistung unterhalten werden. Es ist das „Geld=Budget" und soll gleichfalls mit einem Ueberschuß, oder, um mich kaufmännisch auszudrücken, mit einer Gutschrift zum Reserveconto abschließen.

Dieses reale, ziffermäßige Budget ist eigentlich ganz unerläßlich, wenn wir jenes ideale Budget zur Erkenntniß bringen und zur unumstößlichen Wahrheit machen wollen. Wenn man aber etwas Ideales wahr macht, so thut man etwas außerordentlich Praktisches. Da sind wir also mitten in der häuslichen Buchführung, die un= seren lieben Frauen so viele Sorgen bereitet. In Geld= sachen hört bekanntlich die Gemüthlichkeit auf, und doch herrscht gerade in Geldsachen in vielen Haushaltungen die allergrößte Gemüthlichkeit, die dann leider oft zu den allerungemüthlichsten Scenen führt. „Wohin ist das Geld schon wieder gekommen?" fragt der Mann, und die Frau antwortet mit dem Hinweis auf die Unzulänglichkeit des herrschenden Münzfußes und der Anspielung auf das reichlich bemessene Taschengeld des Gemahls, insbeson= dere auf den „Frühschoppen", der noch dazu den Mittags=

appetit verdirbt. „Etwas mehr Licht" wird zwar beider=
seits versprochen, die Situation wird aber noch viel
dunkler nach Neujahr, wo beiläufig zehn Rechnungen
anklopfen, die man theils vergessen, theils für längst
quittirt gehalten hat. Ein Buch, ein Königreich für ein
Buch! Das Buch kömmt, es werden täglich viele Zahlen
eingetragen, es geht Alles prächtig — aber nach Neu=
jahr flieht der Zauber — an die Rechnungen hatte man
wieder nicht gedacht, nun stimmt's nicht hin, nicht her
— das Buch taugt nichts, es hat sich nicht bewährt.
Und von Neuem beginnt die alte „Gemüthlichkeit". Das
war eine schlechte Buchführung.

Eine gute Buchführung soll ganz anders sein. Sie
soll sein wie eine klangvolle Orgel, auf jede Tonart ein
Register und das Ganze in schönster Harmonie. Ein
Hausbuch, das nur in bunter Folge die täglichen Aus=
gaben nach einander aufweist und zu nichts anderem
dient, als zum Beweise, daß wirklich verausgabt worden,
was in der Casse fehlt, — das ist nicht viel mehr werth,
als das Tagebuch eines Lateinschülers in den Ferien.
Ich meine vielmehr allen Ernstes, daß die häusliche
Buchführung im Wesentlichen auf denselben Grundsätzen
beruhen solle, wie die kaufmännische sogenannte doppelte
Buchführung. Man muß daraus nicht nur die wirk=
lich geleisteten Ausgaben, sondern auch die schweben=
den Verpflichtungen genau ersehen können, wem
man schuldet, welche Beträge und für welche Leist=
ungen. So haben es schon die alten Römer gehalten,
deren „Hausbücher" zu den Zeiten Ciceros das Ansehen
gerichtlicher Urkunden genossen [7]).

Noch wichtiger erscheint mir aber die Zerlegung des Haushaltungsbudgets in eine Reihe von Gruppen sach= lich zusammengehöriger Posten, d. h. die Bildung ver= schiedener Conti, so ähnlich, wie sie jedes Industrie= geschäft, jede größere Materialverwaltung ꝛc. aufstellen muß. Erst dann wird volle Klarheit über den Gang der Hauswirthschaft zu gewinnen, erst dann wird es möglich sein, begangene Fehler genau zu erkennen, feste Grenzen zu ziehen zwischen dem, was absolut nothwendig, was nützlich aber entbehrlich, und was geradezu über= flüssig ist.

Zwar ist es hier nicht thunlich, ein für alle Haus= haltungen, für alle Verhältnisse passendes Schema zu geben, so wenig, wie man allen Geschäften ein= und dieselben Buchführungsanweisungen geben kann. Aber einige jener Gruppen oder Conti werden wohl über= einstimmend in jeder Haushaltung zu buchen sein.

Da ist zunächst das Wohnungsconto. Schon hier nun läßt sich die Nützlichkeit einer weiteren Unter= scheidung in der Buchführung recht klar erkennen, näm= lich die Theilung der Ausgaben in fortlaufende und ein= malige oder außerordentliche. Zu den ersteren gehören der Miethzins, die Ausgaben für regelmäßige Zimmer= reinigung ꝛc. Zu den letzteren dagegen z. B. die Aus= gaben für die Neuherrichtung, das Tapezieren, das Streichen von Böden, — Ausgaben, die sich ja nicht alljährlich zu wiederholen brauchen. Daß die Hausfrau sogar hier sparen und fremde Arbeit entbehrlich machen kann, dafür habe ich das glänzende Beispiel an einer ebenso gebildeten und liebenswürdigen als klugen Frau,

die sich alle 2—3 Jahre nach einem bewährten Recept
den nöthigen Farbestoff zurechtbraut und dann eigen=
händig Thüren und Böden anstreicht. Sie versteht das
vortrefflich, lackirt auch ihre Oefen mit wundervoll glän=
zendem Schwarz, und weiß ganz prächtig Meubel mit
neuen Stoffen zu überziehen.

Da sind wir also schon beim zweiten Conto, näm=
lich dem Mobiliarconto. Hier kann auch der Mann
in seinen Mußestunden mithelfen. Ein wenig Tischlerei
ist leicht und macht Bewegung; man muß nicht jeden
zerbrochenen Stuhl oder Tisch außer dem Hause kuriren
lassen.

Dann kömmt das Bekleidungsconto, eines der
wichtigsten. Sind Kinder im Hause, so empfiehlt sich
wohl eine neue Unterabtheilung, und jedenfalls ist es
gut, wie in den Kleiderkästen, so auch im Buche eine
Trennung der Toilette des Herrn und der Frau vom
Hause eintreten zu lassen — es ist nur wegen der Ueber=
sicht.

Nun kommen Heizung und Beleuchtung — auch
hier wieder fortlaufende und außerordentliche Ausgaben,
z. B. Anschaffung von Lampen, Umsetzung von Oefen 2c.
Daß es für manchen Mann sehr gesund wäre, wenn er
im Hofe oder in einer Remise — beileibe nicht im Frack
und auf offener Straße — seine Arm= und Rücken=
muskeln im Holzsägen und Spalten üben würde, das
nur nebenbei!

Das Nahrungs= oder, wenn Sie wollen, das
Küchenconto. Darüber ließe sich ein ganzes Buch
schreiben — deshalb schweige ich heute davon, mache

aber darauf aufmerksam, daß in dieses Conto auch Bier und Wein gehören und daß hier als Rückeinnahme auch der Geschäftsgewinn aus dem Consumverein zu buchen sein dürfte.

Es folgt das Gesundheitsconto — Doctor, Apotheker, Seife, Bäder und Bader — denn auch das Rasirenlassen gehört zur Salubrität, ist aber, weil kostspielig und unheimlich, besser „selbst" zu besorgen. Unzweifelhaft geschieht dies beim Sterben, dessen Kosten ich, ohne weitere Bemerkungen daran zu knüpfen, als letzte Post des Gesundheitsconto's aufführe.

Nun ein Conto, das nicht groß genug sein kann: das Bildungs=, Unterrichts= und Erziehungsconto, mit zahlreichen Unterabtheilungen je nach dem Umfang und der Richtung der geistigen Bedürfnisse und nach der Zahl der Kinder. Ein Conto mit hundert streitigen Punkten. Nur die eine Frage: gehört die Leihbibliothek dazu, wenn sie nur Schauder= und Ritterromane liefert? Gewiß nicht. Und das Theater? — Schiller's Tell? — ja; Wagner's Rheingold? — auch ja, jedenfalls nicht kurzweilig; aber Staberl's Reiseabenteuer? —

Sie sehen, wir brauchen schon zur Ergänzung des Bildungsconto's ein eigenes Conto für Vergnügen, Erholung, auch für Reisen. Ich wünsche, daß Sie dieses große Conto nirgends zu beschneiden brauchen, rathe Ihnen aber, namentlich vor längeren Eisenbahnfahrten, Ihr Leben zu versichern — sehen Sie, da haben wir schon das neunte, nämlich:

das Versicherungsconto. Ist es Ihnen aber

darum zu thun, nicht fortwährend durch ein besonderes
Conto an die Vergänglichkeit alles Irdischen erinnert zu
werden, so können Sie sich leicht helfen. Dann lassen
Sie die Haus- und Mobiliarversicherung als fortdauernde
Ausgabeposten bei dem Wohnungs- resp. Mobiliarconto
figuriren, und die Lebens-, Unfall- und Rentenversicher-
ung thuen Sie in das nun folgende Conto, welches
das ganze Gebäude Ihrer Hausstrazze erst krönt, heraus-
hebt aus dem Strom der Thränen und der Reue, ein
wirklicher „Pharus am Meere des Lebens"; ich meine:
das Reserveconto. Was Sie für dieses Conto
ausgeben, ist eigentlich gar keine Ausgabe mehr, sondern
das reine Product, der Nettogewinn, dessen alljährliche
Vergrößerung den Triumph der sorgsamen Hausfrau
ausmacht. Die Posten, die hier verzeichnet werden, bilden den sichtbaren Theil, das metallene, oder in Reichs-
währung ausgedrückt, goldene Exsudat von jenem großen
Ueberschuß, den das ideale Budget der Hausfrau
hervorbringt.

Fragen Sie nun, wie eine solche häusliche Buchführung rein äußerlich), nach Umfang, räumlicher Anord-
nung, Liniirung u. s. w. am Zweckmäßigsten einzurichten
sei, so möchte ich Ihnen die Antwort hierauf heute schon
deshalb schuldig bleiben, weil ich Ihre eigene Erfinderfreude nicht stören möchte. In der That läßt sich aber
auch kein Schema aufstellen, das für alle Fälle und
Verhältnisse passend wäre. Für kleine Haushaltungen,
oder solche, wo die Frau oder Tochter nur wenig Zeit
für derlei Aufschreibungen erübrigen kann, mag es
praktisch sein, die Aufzeichnung der täglichen Geldaus-

gaben, sowie der eingegangenen Verpflichtungen in der
Weise zu vereinigen, daß nur die Geldbeträge für die
Istausgaben und Sollausgaben in zwei verschiedenen
Spalten getrennt erscheinen. In größeren Haushaltungen
wird dagegen neben dem Cassabuch noch ein Contocorrent-
buch zu führen sein, in welchem den einzelnen Gläubigern
resp. Schuldnern jedem besonders sein Soll und Haben
eingetragen wird.

Und während es in einem kleinen Haushalt genügen
wird, die soeben flüchtig skizzirte Uebersicht der Ausgaben nach sachlich gebildeten Gruppen wöchentlich, von
Monat zu Monat, viertel- oder halbjährlich und auf
losen Blättern vorzunehmen, so wird es in einem größeren Hauswesen unerläßlich sein, auch hierfür ein besonderes Buch anzulegen und, um Irrungen und Arbeits-
anhäufungen vorzubeugen, die erforderlichen Eintragungen
von Conto zu Conto täglich zu besorgen. So werden
sich bei näherer Erwägung in Bezug auf die Buchung
die verschiedensten Bedürfnisse geltend machen, auf die
eine kurze allgemeine Anweisung keine Rücksicht nehmen
kann. Eine solche Anweisung würde, weil sie in den
meisten Fällen als nicht passend befunden werden würde,
mehr irre leiten, als nützen.

Bei der häuslichen Buchführung, das kann nicht genug
betont werden, muß erst über die Sache, über Wesen,
Aufgabe und Ziel der Hauswirthschaft selbst volle Klarheit gewonnen werden, die Formen der Eintragung
finden sich dann leicht. Denken, selbst ernsthaft und
energisch nachdenken, führt auch hier am Besten und
Schnellsten zur Praxis. Wenn Sie selbst nachgedacht

4 *

und sich eine Meinung gebildet haben, erst dann fragen
Sie den Gatten, den Bruder oder einen befreundeten
Geschäftsmann um seinen Rath, und ahmen Sie in
diesen Dingen etwa überlegenen Freundinnen nichts blos
äußerlich nach, ohne vorher zu prüfen, wie das, was
Ihnen im ersten Moment nachahmungswerth erscheint,
sich für Ihre Verhältnisse schickt und Ihren Grund=
anschauungen entspricht. — —

Meine sechzig Minuten sind längst überschritten.
Ich habe ein trauriges Gefühl, als ob der Ueberschuß
dieser Stunde kein Nettogewinn für Sie wäre. Aber
ich kann nicht schließen, ohne an meine verehrten Zu=
hörerinnen die Bitte zu richten: Verzeihen Sie mir,
wenn ich zu vorlaut war, und erkennen Sie in der
Offenherzigkeit meiner Ausführungen das Streben, Ihnen
nichts Unwahres zu sagen. Es war nicht meine Ab=
sicht, Ihren Gefühlen für das Ideale wehe zu thun,
vielmehr wollte ich Ihr Sinnen auf eine an Idealen
und hohen Aufgaben überreiche Bahn lenken, in deren
Verfolgung Sie mehr für die Unsterblichkeit thun können,
als uns Männern zu thun jemals beschieden ist. Die
brauchbaren Gedankenansätze werden Sie weise verwenden,
denn weise zu handeln ist klüger, als blos klug zu sprechen
weise ist. Ihrem nächsten Haushaltungsbuch aber geben
Sie als Motto meinen Taufspruch:

„Klarer Kopf, warmes Herz, sich'rer Fuß und flinke Hand sind zu
allen guten Dingen nütze.“

Die Lösung der socialen Frage.

Wenn man die politischen Schlagwörter, an denen unsere wunderbare Zeit so reich ist, nach der mit ihnen verbundenen Erregung der Gemüther einerseits und nach der Unklarheit des Begriffes andererseits ordnet, so nimmt in beiden Rücksichten der Ausdruck „sociale Frage" unbedingt den ersten Rang ein. Das Mindeste, was man von jedem Sprecher über die Lösung dieser Frage verlangen kann, ist daher eine Auseinandersetzung dessen, was er mit dem Schlagworte selbst bezeichnen, wie er die Grenze der damit zusammenzufassenden Erscheinungen ziehen will. Die Klarstellung des Begriffes im Großen und Ganzen ist aber um so nothwendiger, als man neuerdings — mit welchem Erfolg, wird die Zukunft lehren — versucht hat, einzelne Theile und Bruchstücke der Frage herauszugreifen und selbstständig zu lösen, ohne sich vorher klar und deutlich über die Natur und den Bau des Ganzen, über die Beziehungen der Theile unter sich auszusprechen; ein Verfahren, das ich mit der Heilmethode eines Arztes vergleichen möchte, der Magen, Kopf, Herz, Arme und Beine ein jedes für sich, ohne Rücksicht auf die Gesammtconstitution seiner Patienten kuriren wollte. Gewiß, der „örtlichen" Behandlung können wir auch in politischen und wirthschaftlichen Dingen

nicht entrathen; aber wichtiger und höher doch ist die
Aufgabe, der eigentlichen Quelle der Uebel nachzuforschen,
die wir bei sorgfältiger Beobachtung hier ebenso oft in
der Störung elementarer Lebensbedingungen finden wer=
den, wie der rationelle Arzt der mannichfachsten Krank=
heiten erste Ursache in falscher Ernährung, in Mangel
an Licht, Luft und Bewegung erkennt.

Das Wort „sociale Frage" will ich denn auf den
ganzen Organismus unserer politischen „societas", der
staatlich verbundenen, unter gemeinsamer Ordnung und
Gesetzgebung lebenden Gesellschaft beziehen; was wir
thun sollen, damit an und in dieser Gesellschaft alle
Theile entsprechend ihrer natürlichen Anlage
zur frohen Entfaltung kommen, damit kein Glied auf
Kosten des anderen erstarke, damit Armuth, Elend und
drohende Unzufriedenheit ganzer Klassen einem möglichst
menschenwürdigen Dasein Aller Platz machen, — das
eben ist die große Frage, die wir die „sociale" nennen.
Sie umfaßt die gesammte politische Hygieine. Ich weiß
keinen Lebensnerv des Staates und der Gemeinde, der
nicht mittelbar oder unmittelbar mit ihr zusammenhienge;
alle Abgrenzungen, die wir auf der Oberfläche der Er=
scheinungen machen, sind nichts anderes, als äußere Merk=
male, wie wir etwa am menschlichen Leibe den Kopf vom
Rumpf unterscheiden: in Wahrheit ist es doch ein Herz=
schlag, der das Ganze belebt. Nichts ist verkehrter und
gefährlicher, als für sociale und politische Reformen
ängstlich Grenzen zu suchen, über welche hinaus man
fremde Gebiete zu verletzen fürchtet. Die Naturwissen=
schaft hat solche Pedanterie längst aufgegeben, möchte

endlich auch die Volkswirthschaftslehre lernen, daß sie
nichts Durchgreifendes zu leisten im Stande ist, wenn
sie nicht Staat und Gesellschaft als ein untrennbares
reales Ganzes, wenn sie nicht die gesammte Cultur
erfaßt, wenn sie es ablehnt, den Kampf mit jedem
Culturfeind, — und wäre es selbst der unfehlbare Papst
— aufzunehmen.

———

Unsere Gesellschaft war, soweit wir zurückblicken
können, immer krank; sie ist es noch und wird nicht eher
gesunden, als bis jene Voraussetzungen eines besseren
„Allgemeinbefindens" eintreffen werden. Zahlreiche Volks=
schichten, ganze Bildungs=, Einkommens= und Berufs=
klassen sind mit ihrer Lage sehr unzufrieden. [8]) Die
Einen fügen sich willig in ihr Loos, die Anderen strengen
sich an, das ungünstige Schicksal abzuschütteln, theils
durch vereinten Gegendruck auf ihre (wirklichen oder ver=
meintlichen) Unterdrücker, sowie durch Versuche, den Staat
selbst für die Aufbesserung ihrer Existenz in Anspruch
zu nehmen; theils durch energische Anstrengungen und
aufreibenden Fleiß, um ihre Lage auf dem Wege wirth=
schaftlicher Selbsthilfe zu erleichtern. Alle diese Bestreb=
ungen verdienen, wo nicht unsere aufrichtige Hochachtung,
doch die wärmste Theilnahme, die wir auch jenen Arbei=
tern nicht versagen wollen und dürfen, welche, irregeleitet
durch verkehrte Lehren, eine dauernde Aenderung ihrer
Lage von gewaltsamen Umwälzungen erhoffen. Denn
äußerlichen Respekt vor seinem gewaltigen Gesetz kann
der Staat zwar auch von ihnen verlangen, nicht aber
Grundsätze der Staatsweisheit, von denen die Lehrpläne

unserer bisherigen Volksschulen schweigen. Aber die herz=
liche Theilnahme an den obwaltenden Mißständen wird
zur Pflicht, auf ihre radikale Beseitigung zu sinnen, wenn
wir uns Wesen und Aufgabe des modernen Staates ver=
gegenwärtigen. Wir verstoßen ebenso gegen die Grund=
sätze der Freiheit und der Gleichheit vor dem Gesetze,
der Gleichheit in Erfüllung der harten Pflichten, die der
Staat auferlegt, wie es unchristlich und unmoralisch ist,
wenn wir, die Hände im Schooß, die traurige Lage so
vieler Mitbürger mit ansehen — ganz abgesehen davon,
daß die gegenwärtigen Zustände auch wirkliche Gefahren
für den Staat wie für die Privatwirthschaft der Einzel=
nen, für die gesammte Cultur in sich bergen. Ich halte
es für sehr unrecht, diese letztere Rücksicht, namentlich die
Gefahren für das Eigenthum der Wohlhabenden, bei
Betrachtungen über die sociale Frage voranzustellen;
nein, wir müssen das Rechte wollen und vollbringen um
der Gerechtigkeit willen, aus christlicher Nächstenliebe, aus
Achtung vor den Interessen unserer Mitmenschen!

Nach den neueren Versuchen, der socialen Frage
mehr äußerlich und bruchstückweise, als innerlich und
radikal beizukommen, ist man gern geneigt, die namentlich
unter der Arbeiter= und Fabrikbevölkerung herrschenden
Mißstände begrifflich zu trennen. Man spricht von einer
Lohnfrage, einer Wohnungsfrage, von Festsetzung der
Arbeitszeit, von Bestimmungen über die Kinder= und
Frauenarbeit und über das Lehrlingswesen, von der ge=
setzlichen Sicherung des Arbeitsvertrags, von Arbeits=
ämtern u. s. w. Alle diese Dinge, das ist ja unzweifel=
haft, betreffen die sociale Frage; handelt es sich aber um

eine nachhaltige Lösung derselben, so müssen wir
doch etwas tiefer gehen und vor Allem constatiren, daß
alle jene Mißstände ihren Grund in der Ungleichheit
der Vorbedingungen und Voraussetzungen haben,
auf denen die sociale und wirthschaftliche Existenz
beruht. Es ist eine Thatsache, die ein Jeder tagtäglich
beobachten kann, daß es einem großen, ganze Klassen
umfassenden Theile der Bevölkerung sehr schwer wird,
in die allgemeine wirthschaftliche Concurrenz mit Erfolg
einzutreten, ja daß diesen Klassen gewisse, und zwar noch
keineswegs die höchsten Berufsarten gänzlich verschlossen
bleiben; während andererseits Viele in der Lage sind,
nicht nur jene Konkurrenz leicht und erfolgreich zu bestehen, sondern auch noch Besitzthum zu erwerben und
somit sich und ihren Nachkommen für die Zukunft eine
sorgenfreie Existenz zu sichern. Einerseits also harter
und von Generation auf Generation forterbender Kampf
um die unentbehrlichsten Mittel zum Leben, andererseits
gutes Ein- und Auskommen, das einen mehr oder weniger
großen Lebensgenuß, Freude am Dasein gewährt; einerseits Beschränkung auf gewisse Beschäftigungen niederer
Gattung, andererseits freieste Berufswahl nach Lust und
natürlicher Begabung.

Die bloße Entfesselung aller Kräfte und Natur-
anlagen, die consequent durchgeführte wirthschaftliche und
politische Freiheit kann diese Ungleichheit in der Concurrenz
nicht beseitigen, im Gegentheil, die nackte Freiheit für
sich allein muß und wird den Kampf immer ungleicher und erbitterter gestalten. Denn immer werden
diejenigen die Ueberlegenen sein, die sich die größte

Concurrenzfähigkeit verschaffen können; diese Fähigkeit
aber, bestehe sie nun blos in geistigem Capital oder in
materiellem Besitz oder in Beidem zugleich, ist ein theurer
Artikel und für die armen und schlecht situirten Classen
unter den jetzigen Verhältnissen nicht leicht erreichbar.
Man wende nicht ein, daß es wirklich talent= und energie=
vollen Menschen möglich sei, sich aus den niedrigsten
Lebenssphären emporzuarbeiten: erstens handelt es sich
gar nicht um wenige besonders hochbegabte Individuen,
sondern um ganze Schichten, ja um die große Majorität
der Bevölkerung, bei der wir kein höheres Durchschnitts=
maß von natürlicher Begabung voraussetzen dürfen als
bei dem Gebildeten; sodann aber beruht selbst jene An=
nahme auf einer, durch wenige Beispiele genährten Illusion.
Wenn man erwägt, daß gerade der freie Wettkampf die
Anforderungen fast auf allen Gebieten höherer Thätigkeit
so hoch hinaufgeschraubt hat, daß auch leiblich begabte
Menschen nur bei sorgfältiger und anhaltender Vorbe=
reitung im Stande sind, etwas Ersprießliches zu erreichen,
so leuchtet ein, daß ganz besondere Glücksumstände dazu
gehören, um das Kind etwa eines armen Taglöhners
aus der Freischule auf das Gymnasium und von da auf
die Universität u. s. w. zu bringen. Es kömmt ja wohl
dann und wann vor, daß von einem Menschenfreunde
irgend ein verborgenes Talent entdeckt und mit Mäcenen=
freigebigkeit herangebildet wird; solche Fälle sind aber
doch seltene Ausnahmen. Für die große Masse gilt der
Satz: daß bei einseitig zunehmender Concurrenzfreiheit
es den Armen und Ungebildeten immer schwerer wird,
mit den Inhabern materiellen Besitzes und höherer Cultur

zu concurriren,[9] daß in dem Maße, als sich der Besitz
an Cultur und materiellen Gütern auf der einen Seite
häuft, auf der anderen Seite die Schwierigkeit des Erwerbes und der höheren Bildung verhältnißmäßig zunehmen muß. Denn wir müssen bedenken, daß bei
unseren socialen Zuständen nicht nur die todten Güter,
sondern auch die lebendige Cultur in der Familie erblich
ist; die Meinung, daß die letztere von der Gesammtheit
der Menschen getragen werde und gleichsam epidemisch
allem Menschlichen anhafte, ist eine ebenso schöne Illusion,
als wenn wir von Nationalreichthum u. dgl. sprechen,
während vielleicht drei Viertheile der Nation das kläg-
lichste Dasein fristen. Gestehen wir es nur: was das
Privatrecht durch die Erbschaftsordnung in Betreff der
materiellen Güter für die Individuen constituirt, das
leistet unser heutiges Staats- und Verwaltungsrecht in
Betreff der Cultur; ja die Parallele wird noch enger
durch den Umstand, daß beide, Cultur und materieller
Besitz, sich gegenseitig übertragen und ergänzen, so daß
bis zu einem gewissen Grade materieller Besitz und
Cultur einerseits und Armuth und Mangel an
Cultur andererseits identische Begriffe sind und
sich gemeinsam vererben.

Um nicht mißverstanden zu werden, muß ich hier
einschalten, daß ich unter Cultur die Summe menschlicher
Erkenntniß und als gut anerkannter Sitte verstehe; und
unter einem Culturstaat denjenigen Staat, dessen herrschende, d. h. höchstberechtigte Volksclassen im gleichmäßigen Besitze eines dem Stande jener Erkenntniß und
Sitte entsprechenden Durchschnittsmaßes von Wissen und

Können sind. Auf der höchsten Höhe der Cultur steht
Derjenige, der das größtmögliche Maß von überlieferter
Erkenntniß in sich aufgenommen hat und in Bezug auf
seinen Lebenswandel den Besten seiner Zeit genügt. Der
Maßstab, mit dem wir messen, kann selbstverständlich nicht
für alle Zeiten und Völker derselbe bleiben; ein Weiser
des griechischen Alterthums oder ein Prophet der Bibel
würde trotz seines reichen Geistes, wenn er plötzlich unter
uns erschiene, keineswegs auf der Höhe unserer Cultur
stehen, vielmehr würde er erst lange und mühsame Studien
machen müssen, um sich den Bildungsgrad z. B. eines
Reallehrers, eines Ingenieurs, eines Banquiers oder eines
Professors der Nationalökonomie anzueignen. Aristoteles
würde, selbst wenn er der deutschen Sprache vollkommen
mächtig wäre, nicht im Stande sein, eine Liebig'sche oder
Virchow'sche Vorlesung aus dem Zusammenhange heraus
zu verstehen. Aber wir brauchen gar nicht zu so fernen
Urahnen zurückzugreifen, um uns das Wesen des Culturfort=
schritts zu vergegenwärtigen: fragen Sie doch ältere Leute
mitten unter uns, und Sie werden, vielleicht neben manchen
abfälligen Urtheilen, hundert Belege für die Thatsache
erhalten, daß jedes neue Jahrzehnt neues Culturcapital
herbeigeführt hat. Zum Glück bringt fast jede Bereicher=
ung menschlicher Erkenntniß auch negative Resultate mit
sich, so daß wir einen großen Theil dessen, was unsere
Vorfahren für wissenswerth erachteten, als überflüssigen
Ballast in die Geschichte der Curiositäten verweisen kön=
nen; auch durch die veränderten Lebensgewohnheiten und
Bedürfnisse büßen manche älteren Culturerrungenschaften
an Werth und Interesse ein. Wäre das nicht der Fall,

müßte vielmehr jede neue Generation die wirkliche Summe
a l l e r voraufgegangenen Erkenntniß und Sitte in sich
aufnehmen, dann würde ja unser kurzes Erdenwallen
kaum ausreichen, um uns nur das Nothdürftigste an=
zueignen.

Gleichwohl sind die Voraussetzungen unserer heutigen
Cultur größer denn je, und man kann im Allgemeinen
wohl sagen, daß heutzutage der mannbar gewordene
Mensch immer noch ein volles Jahrzehnt lernen und
streben muß, bis er sich so viel Culturcapital errungen
hat, um in einer höheren Berufsart selbstständig auf=
treten zu können. Damit sind wir denn bei der wich=
tigen Frage angelangt: wie der durchschnittliche Cultur=
zustand eines Menschen beschaffen sein muß, der, ohne
auf den Ertrag materieller Güter rechnen zu können,
mit Erfolg in die gegenwärtige allgemeine Concurrenz
eintreten soll?

Zweierlei müssen wir uns dabei klar machen, einmal
die Tendenz unserer heutigen wirthschaftlichen und socialen
Entwickelung, und sodann die Durchschnittsbefähigung
unseres Volkes.

Was den ersteren Punkt betrifft, so weisen die Dich=
tigkeit der Bevölkerung, die fortwährende Vermehrung
und Verfeinerung unserer Bedürfnisse, die Verbesserung
der Werkzeuge durch Entdeckungen und Erfindungen vor
allen Dingen auf die A u s b e u t u n g d e r N a t u r, ihrer
Reichthümer und Kräfte hin. Es gibt ja wohl einzelne,
selbst höhere Berufsarten, welche nicht direkt die Kunst
der Naturausbeutung voraussetzen; sie kommen aber nicht
in Betracht, wenn es sich um Normen für die große

Masse handelt. Uebrigens beruht auch die Annahme, daß einzelne Berufszweige außer aller Berührung mit der Naturwissenschaft ständen, meistens auf einem groben Irrthum. Es läßt sich gar nicht ermessen, in welchem Grade irgend eine menschliche Thätigkeit gewinnen kann durch die Erweiterung und Vertiefung des Blickes in die Natur, die uns umgibt. Nehmen Sie den Juristen; er soll Recht sprechen in tausend Beziehungen des all= täglichen Lebens, dieses Leben aber ist nur möglich im Kampfe mit der Natur, deren Kenntniß daher dem Rich= ter und Rechtsbeistand ebenso wenig erlassen ist, wie den um den Sieg streitenden Parteien. Der staatliche oder communale Verwaltungsbeamte sinkt ohne tieferes Ver= ständniß für die Naturausbeutung in der Landwirthschaft und Industrie zum lächerlichen und lästigen Bureaukraten herab; der Arzt bleibt ohne Naturwissenschaft ein Stüm= per und Charlatan; der Kaufmann, selbst der Banquier, die ja doch nur die Producte der Naturausbeutung in Verkehr bringen, haben ganz andere Aussicht auf Erfolg, wenn sie in das innere Wesen und die Bedingungen der Production eindringen können, als wenn ihre Thätigkeit allein auf geschäftlich = mechanischen Fertigkeiten beruht. Nun gar dem Landwirth, dem Techniker, dem Industriellen ist die Kenntniß der Naturkräfte und ihrer praktischen Verwerthung ganz unerläßlich, wollen sie nicht ihr Leben lang untergeordnete Handlanger bleiben, d. h. Dienste thun, die nicht viel mehr als ihre Muskelkraft bean= spruchen und vielleicht auch von einem Thiere oder einer Maschine vollbracht werden können. So werden Sie denn mit mir in der Meinung übereinstimmen, daß eine,

wenigstens elementare Kenntniß der Natur und ihrer
Kräfte nach den neuesten Forschungen ein ganz unerläß=
licher Bestandtheil unserer heutigen Cultur ist. Um aber
zur Festsetzung eines Durchschnittsmaßes zu kommen,
müssen wir die allgemeine Vorbildung von der speziellen
Berufsausbildung trennen, und da möchte ich als Grenze
den Grad der Kenntniß bezeichnen, von welchem aus
ein mittlerer, wie man auch sagt: „hausbackener" Ver=
stand die Weiterbildung zur Noth auf dem Wege des
Selbststudiums erringen kann. Wie weit die ungeheure
Mehrzahl unserer jungen Leute, wenn sie die Schule
verlassen, von diesem Ziele noch entfernt sind, brauche
ich Ihnen nicht zu sagen. In den ländlichen Volkskreisen
namentlich herrscht über die einfachsten Naturerscheinungen
die schrecklichste Unwissenheit; zu welcher Blüthe könnte
die Landwirthschaft gebracht werden, wie viele stille Freu=
den würden dem Landmanne erschlossen, wie viele schlum=
mernde Talente geweckt, wenn die jungen Leute dazu
angeleitet worden wären, die sie umgebende Natur zu
beobachten und zu verstehen? Aber sogar auf höheren
Schulen, in den Städten, fehlt es vielfach an einem auch
nur einigermaßen befriedigenden naturwissenschaftlichen
Unterricht, der namentlich für solche Individuen von
Wichtigkeit ist, welche die Naturwissenschaft nicht zu
ihrem Berufsstudium machen, also nur schwer wieder
Gelegenheit finden, das Versäumte nachzuholen.

Ein anderer, nicht minder wichtiger Bestandtheil
moderner und insbesondere deutscher Cultur ist das in
Fleisch und Blut übergegangene Bewußtsein der
Rechte und Pflichten im Staat. In dieser Be=

ziehung werden die gräßlichsten Unterlassungssünden begangen. Wie können wir von der heranwachsenden Generation die strenge, gewissenhafte Beobachtung der zahlreichen Pflichten erwarten, die der Staat, die Gemeinde, der tägliche Geschäftsverkehr auferlegen, wenn man nichts thut, um schon das Kind in seiner Weise auf die bestehende Rechtsordnung vorzubereiten und die Staatsidee, die Vaterlandsliebe, die Achtung vor fremdem Recht und Interesse, überhaupt alle Bürgertugenden — die ja mit denen eines wahren Christen identisch sind — als sittliche Grundsätze in dem Kinde großzuziehen?

In der That ist es bei der großen Masse des Volkes nur dem Zufall überlassen, ob sie mit den bestehenden Gesetzen vertraut wird, deren Verletzung doch der Staat so unbarmherzig bestraft. Ganz natürlich finden wir dann eine blos äußerliche Achtung vor dem Recht, nicht hoch genug, um die Gesetze vor allen möglichen „Umgehungen" zu schützen — statt begeisterter Gerechtigkeitsliebe und unbengsamen Rechtssinnes, statt jenes beharrlichen „Kampfes um's Recht", den kürzlich ein genialer Jurist so treffend als den Herzschlag des Rechtslebens gezeichnet hat. [10]) Zu der enorm großen Rolle, welche heute bei uns das Individuum als Wähler und indirecter Gesetzgeber, als Steuerzahler und als Vaterlandsvertheidiger 2c. spielt, zu dem stolzen Selbstbewußtsein, das ihm die Gleichheit vor dem Gesetze gibt, — zu alledem steht die wirkliche Rechtscultur unseres Volkes in gar keinem Verhältniß. Die große Masse tappt im Finsteren; wohl ihr und dem Staate, wenn sie zur rechten Zeit wenigstens guten Instincten folgt — das ist Alles was wir hoffen dürfen.

Ebenso traurig steht es mit der Verbreitung richtiger wirthschaftlicher Grundsätze. Wenn wir unlängst auf dem Gebiete der Industrie, der Börsen- und Actien- unternehmungen eine von Tag zu Tage wachsende Ver- wilderung entstehen und gescheidte Leute, die früher einen ehrlichen Namen trugen, sich im widerlichsten Gründungs- schwindel und auf andere unreelle Weise bereichern sahen, so war daran in erster Linie nicht die Gesetzgebung, nicht die Geldgier schuld, sondern der Mangel an gesunden wirthschaftlichen Begriffen im Volke. Ein ehr- licher Gründer hätte wahrlich allen Anlaß, allabendlich zu beten: „Herr, führe mich nicht in Versuchung durch die Dummheit meiner Mitbürger." Auch hier ist radikale Abhilfe nur von der Schule zu erwarten; die Grund- sätze der Selbsthilfe, der Sparsamkeit, der Vorsicht müssen schon dem Kinde fest eingeprägt werden, wenn nicht die trefflichen Bestrebungen eines Schulze-Delitzsch ewig Sisyphus-Arbeit bleiben sollen. Angesichts der heutigen Verkehrsverhältnisse aber ist zu verlangen, daß der der Fort- bildungsschule entlassene junge Mensch u. A. wisse, was eine öffentliche Urkunde, was ein Wechsel ist, unter welchen Bedingungen man Wechsel ausstellen kann und darf; was Bodenrente und Zinsfuß bedeuten, und daß die Gewäh- rung von 120 Prozent Zinsen ohne Schwindel nicht möglich ist; ferner warum und wie man sparen und Buch führen, sein Leben, sein Eigenthum versichern soll u. dgl. m. Das sind Dinge, die Jedermann wissen muß, und zwar je früher, desto besser; ihre Kenntniß gehört zu den Grundbedingungen unserer heutigen Existenz. Hätten das unsere Gesetzgeber und Regierungsmänner vor einem

Menschenalter, ja nur vor einem Jahrzehnt genügend erkannt und beachtet, wer weiß, ob wir dann Zeugen des
unerhörten Scandals geworden wären, der mit dem Namen
„Spitzeder" nur die Signatur für eine tiefgehende und
weitverzweigte Corruption geschaffen hat. Der Unverstand der Leute ist die Nährmutter des Betrugs; Bildung
macht nicht nur frei, sondern auch besser.

Diesen Erfordernissen heutiger Cultur reihet sich selbstverständlich an: Gewandtheit im mündlichen wie
schriftlichen Gebrauch der Muttersprache, deren
literarische Schätze wohl dazu angethan sind, die jugend-
lichen Gemüther mit den Idealen zu erfüllen, deren wir
Menschen nicht entrathen können und sollen. Und für
das leibliche Wohl unerläßlich sind die Grundbegriffe
der Gesundheitslehre, der privaten sowohl, als der
öffentlichen (Hygieine), ohne deren weiteste Verbreitung
in allen Volksschichten die wohlwollendsten Absichten der
Behörden zu Schanden werden müssen; denn nicht Alles,
was dem so wichtigen leiblichen Wohlbefinden des Volkes
dienlich ist, läßt sich auf dem Wege der „Zwangsdesin-
fection" erreichen. Im engsten Zusammenhange damit
steht das Erforderniß gleichmäßiger Leibesausbildung
durch Turnen und Schwimmen, deren obligatorischer Betrieb in den Schulen leider vielfach ein Scheindasein fristet.
— Sicherlich darf auch politische und Culturge-
schichte (beide untrennbar, wenn ein rechter Nutzen
entspringen soll) nicht in den Lehrplänen unserer Volksschulen fehlen; ich bescheide mich aber, diesen Punkt wie
die Aufnahme der historischen und humanistischen Unter-
richtsgegenstände überhaupt nur anzudeuten, und will es

auch) unentschieden lassen, ob und in wie weit alte und neue Sprachen zu kennen die heutige Cultur gebieterisch verlangt. Wie und in welchem Maße alle diese Dinge dem jungen Menschen zu geben sind, das ist ja Sache der Pädagogik.

Ganz besonders hervorheben möchte ich nur noch Eines: die Wehrkraft des Volkes. Entsprechend unserer ganzen Staatsbildung wird die Vaterlandsver= theidigung nicht mehr von einzelnen (den herrschenden) Classen, auch nicht mehr von einem Söldnerheere besorgt, sondern vom ganzen Volke geübt. Die Kunst, den Krieg nach den Erfordernissen der modernen Kriegswissenschaft mitzumachen, müssen wir daher als einen sehr wesentlichen Bestandtheil unserer Cultur betrachten. Ich kann mich unmöglich auf den einseitigen Standpunkt jener National= ökonomen stellen, die eine mächtige und großartig or= ganisirte Volkswehrkraft für „volkswirthschaftlich" schäd= lich halten, weil sie zu theuer sei und der wirthschaftlichen Production die besten Kräfte raube; oder gar auf den Standpunkt jener Friedensapostel, die einem unerreich= baren Phantom zu Liebe uns des besten Mittels zur Stärkung unseres Volkscharakters berauben möchten. Nein, danken wir Gott, daß wir diese stramme nationale Wehr= kraft haben, deren Uebung unsere Jugend vor dem gänz= lichen Versinken im Egoismus bewahren kann und wird; und vergessen wir namentlich nicht, was uns der Militär= dienst bisher schon gewissermaßen als confessionslose Fortbildungsschule geleistet hat.[11]) Statt einer Beschränk= ung möchte ich viel eher eine Erweiterung der allgemeinen Wehrpflicht; ich möchte unsere Nation so formidabel

sehen, daß jedem Gegner die Lust verginge, sich an uns
zu reiben. Nun haben wir ja gerade auf diesem Gebiete
einen Culturgrad erreicht, der sich vor der Welt sehen
lassen kann; gleichwohl ist auch hier noch viel zu errei=
chen, mehr als jetzt und mit weniger Zeit und Kosten
als jetzt, wenn wir die Vorbedingungen des Kriegsdienstes
— körperliche Kraft und Gewandtheit, allgemeine Bildung
und Anstelligkeit, ernsten patriotischen Sinn und strenge
Achtung vor dem Gesetz — verallgemeinern, d. h. dafür
sorgen, daß unsere jungen Leute sich dieselben bereits
erworben h a b e n, wenn sie den eigentlichen Dienst be=
ginnen. D a n n werden auch strenge Fachleute die Mög=
lichkeit bedeutender Abkürzung der Dienstzeit zugeben.
Wenn es aber wahr ist, daß die Kriegsfähigkeit mit der
Verallgemeinerung höherer Cultur fortschreitet, so darf
ich wohl den um den Volkssäckel besorgten Politikern den
Trost entgegenhalten: daß jede durchgreifende Erhöhung
des L e h r budgets früher oder später eine entsprechende
Entlastung des W e h r budgets zur Folge haben muß.
    Aber ist es denn nun wirklich möglich, die höhere
Cultur z u m G e m e i n g u t A l l e r zu machen? Ich
würde auf diese Frage gar nicht eingehen, wenn es nicht
so unendlich viele Menschen gäbe, die in derselben ge=
dankenlosen Weise, mit der sie das ganze öffentliche
Leben betrachten, die bestehenden Classenunterschiede sich
als eine natürliche und unvermeidliche Folge der ange=
bornen Fähigkeiten, also gewissermaßen als ein Werk der
göttlichen Vorsehung zurechtlegen. „Es hat immer Arme
und Reiche, immer Gebildete und Ungebildete, immer
Dumme und Gescheidte gegeben" — „weil es seit

Menschengedenken so war, deßhalb soll es wohl nicht anders sein", das ist selbst Leuten ein Trost, die sonst im Geruche der Logik stehen. Thatsächlich aber beruht der Glaube an die verschiedene Befähigung der Classen auf der Verwechselung von Anlage und Er= ziehungsresultat, von Ursache und Wirkung. Aus der schwieligen Hand des Holzhackers oder Eisenarbeiters schließt man, daß ihr Inhaber kein Talent zum Klavier= spielen habe; und weil der bäuerliche Taglöhner sich schwerfällig in einem engbegrenzten Ideenkreis bewegt, meint man, er sei nur zum Dreschen geboren. Die Wahrheit ist, daß nicht blos die körperlichen sondern auch die geistigen Eigenschaften des erwachsenen Menschen ebenso sehr ein Product künstlicher Ausbildung als natür= licher Befähigung sind, so zwar, daß man an dem ge= bildeten Manne nur schwer nachweisen kann, was an seinem Charakter und seinem ganzen Wesen Gottes= und was Menschenwerk sei. Ist solche Unterscheidung schon beim einzelnen Individuum ein Ding der Unmöglichkeit, wie will man sie unternehmen für ganze Classen und Schichten der Bevölkerung? Sehr verkehrt wäre es, wollte man zur Beurtheilung großer Culturfragen das Gewordene und Gewesene als Maßstab für das zukünf= tig Erreichbare anlegen. In dieser Beziehung müssen wir uns sehr hüten, nicht in den Garnen einer gewissen historischen Schule hängen zu bleiben, oder uns gar durch das Modell des „mittleren Menschen" verdrießen zu lassen, das der belgische Astronom Quételet construirt hat. Dieser „moyen homme" ist ein sehr beklagens= werthes Subject, behaftet mit allen Schwächen und

Mängeln unserer fehlerhaften socialen Entwickelung. Ueber=
haupt muß man ungeheuer vorsichtig sein, wenn die
Statistik belehrend mit „mittleren" oder „durchschnittlichen"
Größen auftritt, die bei aller realen Grundlage recht
trügerische Abstractionen sein können. Wenn in einem
oder in einer Reihe von Jahren ein einigermaßen con=
stantes Verhältniß zwischen der Zahl der Lebenden und
derjenigen der Geburten, der Todesfälle, der Selbstmorde,
verschiedener Verbrechen u. s. w. beobachtet wird, so
handelt es sich um Thatsachen, die vielleicht in innerem
Causalzusammenhang stehen; die Aufklärung dieses mög=
lichen Zusammenhangs aber wird in nichts gefördert, ja
vielmehr erschwert, wenn man die Summe der nackten
Thatsachen ideell personificirt oder gar zum „socialen
Gesetz" stempelt. Wer den Menschen nur durch solche
rückwärts liegende Perspectiven sieht, die in hundertfäl=
tiger Gestalt so viel Elend, Mißwirthschaft und Untergang
krüppelhafter Existenzen zeigen, der kann wohl dem ärg=
sten Pessimismus verfallen; wer aber an der Zukunft
seiner Kinder, seines Volkes nicht verzweifeln will, der
greife keck hinein in's frische Menschenleben und lerne
von einem Pestalozzi, Gutsmuths, Fröbel, Jahn und
Diesterweg, was man aus einer jungen Menschenseele
bilden kann. Es ist ein unendlich trostreicher und hoff=
nungerweckender Gedanke, daß wir es hier nicht mit un=
veränderlichen Grundkräften, sondern mit entwickelungs=
fähigen Keimen zu thun haben, deren Vervollkommnung
eine unermeßliche ist. Werfen wir daher weit von uns
weg die Vorurtheile des Standes und der Geburt, und
taxiren wir nicht länger unsere schulpflichtigen Kinder

nach dem, was ihre Eltern besitzen und gewor=
ben sind. Erst da, wo die beste Erziehung sich als
vergebliche Liebesmüh erwiesen hat, dürfen wir die Hoff=
nung aufgeben; immer aber wird es nur der einzelne
Keim, das Individuum sein, das der Bildung
widerstrebt, nicht eine ganze Classe!

Wenn wir nun die vorhin flüchtig gezeichneten An=
forderungen an einen modernen „Culturmenschen" mit
dem wirklichen Culturzustand der großen Masse un=
seres Volkes — oder auch irgend eines unserer Nachbar=
völker — vergleichen, so müssen wir leider beschämt ein=
gestehen, daß sich hier eine weite Kluft aufthut, groß
genug, um Kleinmüthige an ihrer Ausfüllung verzweifeln
zu lassen. Wir brauchen gar nicht nach Rußland, nach
Galizien, Croatien oder in die Türkei zu gehen, nein,
betrachten Sie nur den Bauer in manchen Gegenden
Deutschlands oder Frankreichs, z. B. in der Nähe be=
rühmter Wallfahrtsorte, wo man doch den Einfluß des
Göttlichen auf die Hebung menschlicher Creatur ganz be=
sonders stark wähnen sollte, — welches traurige Bild
geistiger Verkommenheit: gedankenloses Hinbrüten, Wun=
der= und Aberglaube, bestialischer Religionshaß, augen=
verdrehende Frömmelei, Unwirthschaftlichkeit, Betrügerei,
Immoralität und keine Spur von christlicher Näch=
stenliebe. Vergleichen wir mit diesem menschenun=
würdigen Zustand das frische, freie und frohe Leben
und Streben in den gebildeten Kreisen einer Nachbar=
stadt: über was sollen wir mehr erstaunen, über das
Bestehen solcher Gegensätze in einem Volke, das sich
„christlich" nennt, oder über die Denkfaulheit und

Herzlosigkeit der „Gebildeten", die das ruhig mit ansehen
können?

Doch ich will gar nicht (so warm es mir auch an's
Herz geht) das Menschlichkeitsgefühl, den christlichen Sinn
zur Beseitigung dieser unerhörten Culturunterschiede auf=
rufen, sondern appelliren an den Selbsterhaltungstrieb,
an den gesunden Menschenverstand und Sie fragen:

„Ist es möglich, daß in einem Staate, der allen
seinen Angehörigen gleiche politische **Rechte** ge=
währt, hochcultivirte Menschen mit götzen=
anbetenden Halbwilden auf die Dauer friedlich
zusammenwohnen können? — Ist es möglich, daß
wir mit diesen Gegensätzen bei äußerer Rechts=
gleichheit und Freiheit großen socialen Revo=
lutionen entgehen?"

Da komme ich denn auf meine frühere Kennzeich=
nung des Culturstaats zurück. Der Staat hat, wenn
ich mich so ausdrücken darf, die schöne Aufgabe, den
Kampf um's Dasein zu regeln, damit dieser in den
Schranken gesitteten Anstands bleibe und nicht in Ge=
waltthätigkeiten ausarte. Vor Allem gehört dazu, daß
der Kampf kein allzu ungleicher, daß die Kämpfenden
und Strebenden bezüglich ihrer Kräfte möglichst Gleiche
unter Gleichen seien; oder richtiger ausgedrückt: daß jede
Kraft eine ihrer ursprünglichen Anlage möglichst ent=
sprechende Entfaltung und Verwendung finde. Da, wo
neben freien Staatsbürgern Sclaven, Leibeigene oder
Hörige leben, ist es kein unbedingtes Erforderniß, daß
die letzteren ihren Herren im Kampfe um's Dasein eben=
bürtig sind, ebensowenig, wie uns unsere Hausthiere; sie

sind Eigenthum ihrer Herren, der Nutzen, den sie diesen
bringen, geht eigentlich den Staat direct nichts an, dem
es zunächst nur darum zu thun ist, daß die freien
Bürger unter sich Frieden und Ordnung haben, im
Vollgenusse der Rechtswohlthaten des Staates bleiben.
Von diesem Gesichtspunkte betrachtet, waren allerdings
die alten Republiken trotz der Sclaverei „Culturstaaten",
soweit und solange ihre „Bürger" ziemlich gleichmäßig
mit einem für jene Zeiten hohen Culturgrad ausgestattet
waren. Daß jene Staaten übrigens an der Cultur=
ungleichheit ihrer Insassen zu Grunde gegangen sind, thut
der Richtigkeit dieser Auffassung keinen Eintrag.

Der hehre Grundgedanke des Christenthums, die
Lehre von der Gottkindschaft aller Menschen, zuerst ent=
stellt, dann verleugnet und selbst gewaltsam unterdrückt
gerade von denen, die sich stolz die Nachfolger der Apostel
nannten, — dieser Gedanke hat erst jetzt, nach fast zwei
Jahrtausenden, seine theilweise Verwirklichung im Staats=
leben gefunden. Ich sage absichtlich: theilweise; da die
bloße Aufhebung der rechtlichen Abhängigkeit der Hörigen
von den Herren, die Gewährung gleicher äußerer Rechte
an Alle, der Freizügigkeit, der Gewerbefreiheit ꝛc. dazu
nicht genügt, um die bisher Abhängigen ihres Lebens
froher werden zu lassen. Denn überall tritt nun an die
Stelle des patriarchalischen Schutzes der freie Kampf um's
Dasein, nach gleichen Regeln zwar, aber wahrlich mit
sehr ungleichen Waffen. Die Waffe eben ist die
Cultur! Die schlecht Bewehrten unterliegen bald und
werden in eine Lage gebracht, in der ihnen die wirth=
schaftliche Sorglosigkeit des alten patriarchalischen Systems

als ein verlorenes Paradies erscheint; auch die Wohl=
meinenden unter den Besitzenden können nicht überall
ihren humanen Neigungen folgen: die Concurrenz zwingt
sie zur Härte, und nur Wenigen ist es vergönnt, als
Wohlthäter an Denen zu erscheinen, gegen welche sie von
Staatswegen nicht die geringsten Verpflichtungen haben.

Wie bei uns in Deutschland der augenblickliche
sociale Zustand geworden ist, brauche ich nicht auseinander=
zusetzen; wir haben ja das Alle mit erlebt. Ich möchte
nur darauf aufmerksam machen, daß der Ruf nach Be=
seitigung der alten Classenvorrechte, nach Aufhebung des
Zunftwesens, wie der Zwangs= und Bannrechte, nach
Herstellung der freiesten Bewegung der Personen ebenso=
wohl aus den Kreisen der Bemittelten und Herren, als
aus denen der Unbemittelten und Dienenden erhoben
worden ist, daß also hinter den bezüglichen Maßnahmen
der Gesetzgebung keine einseitige öffentliche Meinung ge=
standen hat. Daß es vorwiegend die Städte waren, in
denen die Agitation betrieben wurde, thut dem keinen
Eintrag. Einen großen Fehler aber haben die Regier=
ungen gemacht, die schon seit dem Anfange dieses Jahr=
hunderts durch gründliche Reformen im Schulwesen
gar Vieles hätten thun können, um der schon damals
sicher vorausgesehenen Entfesselung der Kräfte ebene
Wege zu machen. Statt dessen meinte man mit dem
Hemmschuh bureaukratischer Verordnungen, unter dem
Beistand einer herrschsüchtigen und lichtscheuen Geistlich=
keit, das Morgenroth der Freiheit abwehren zu können.
Noch bis in die jüngsten Tage hinein reichen diese un=
glückseligen Versuche, deren üble Folgen wir nun mit

einem Male überwinden sollen. Unsere Regierungsmänner
freilich erkennen nun die Fehler, die ihre Vorgänger ge=
macht haben; aber die Hauptübelthäter, die geistlichen
Herren, die ja „die Seelen ihrer sündigen Schäflein in
der Hand haben", treiben ihr Handwerk munter fort,
trotz aller Schulaufsichtsgesetze. Wie es denn überhaupt
an der Durchführung klarer Rechtsgrundsätze auf
dem Gebiete der Cultur noch gänzlich fehlt.

Dazu kömmt noch, daß bei uns in Deutschland der
politischen Befreiung die Entfesselung der technisch=wirth=
schaftlichen Kräfte lange vorausging. Eisenbahnen und
Telegraphen, Handel und Industrie standen bereits in
hoher Blüthe, als man in den größeren Staaten des
deutschen Bundes noch an dem ABC des modernen
Staatsrechts buchstabirte, als dieser Bund selber mit
reactionären Ränken noch aufrecht erhalten werden konnte,
um dem deutschen Volke die Einheit nicht blos, sondern
auch die Freiheit zu verkümmern. Indessen wäre das
noch zu verschmerzen gewesen, wenn in derselben Zeit
Bedeutendes geschehen wäre für die Volkscultur; da zu=
nächst diese, nicht constitutionelle Freiheiten eine wirksame
Schutzwehr gegen die Schäden des Industrialismus bil=
den. (Negativer Beweis dafür England!) Hätten wir
die Cultur selbst aus den Händen von Tyrannen em=
pfangen müssen, wir würden noch heute ihr Andenken
segnen; leider aber war, als die neue Productionsweise
der Arbeitstheilung mit unwiderstehlicher Gewalt sich
unseres ganzen wirthschaftlichen Lebens bemächtigte, die
Bildung der großen Massen unseres Volkes mehr denn
je der Willkür feudaler und clericaler Bestrebungen an=

heimgegeben. Das war ein großes Unglück. Denn die
Arbeitstheilung, an sich ein Fortschritt, wird zum
Erwürger der Volkswohlfahrt, wenn sie so eminente
Culturunterschiede vorfindet, wie sie bisher bei uns be=
standen haben. Der Mensch, der keine allgemeine Bild=
ung besitzt und nun zur Erhaltung des nackten Lebens
gezwungen ist, auch beruflich auf jeden weiteren Gesichts=
kreis zu verzichten, muß ja nothwendig auf den Werth
der Maschine hinabsinken. Die Folgen für die Individuen
selbst, für den Staat, für die kommende Generation liegen
auf der Hand. Die nothwendige Befreiung der Per=
sonenbewegung und der Verehelichung thun das Uebrige,
um das „Menschenfleisch" immer billiger zu machen; da,
wo sich der Einzelne noch scheut, von der billigen Waare
Gebrauch zu machen, tritt unbedenklich die Actiengesell=
schaft ein, von der man sagen kann: „viele Herzen und
kein Schlag". Anstatt großer Arbeitsgenossenschaften,
wie sie sich bei gleichmäßiger Volkscultur von selbst er=
geben haben würden, sehen wir die Ausbeutung der Massen
im Interesse Weniger immer schwunghafter betreiben: der
niedrige Culturgrad der kleinen Leute wird zum ver=
hängnißvollen **Schutzzoll für das Großcapital**, dessen
Prämie mit jedem neugebornen Arbeiterkinde wächst; es
entsteht, um ein zwar drastisches, aber leider nur zu
wahres Wort Schäffle's zu verallgemeinern, eine groß=
artige „Menschenfresserei", bis endlich in den geistig ver=
nachlässigten und durch Volksmißwirthschaft mächtig an=
gewachsenen Massen das Gefühl der Rechtsgleichheit sich
aufbäumt und sie zum vollen Bewußtsein ihres Daseins
kommen läßt.

Die Richtigkeit dieser Auffassung wird Derjenige be=
stätigt finden, der sich die Mühe gibt, der Ursache des
Arbeiterelends in einzelnen Fällen (nicht blos gestützt auf
große Zahlen nach Massenbeobachtungen) nachzuforschen.
Man gehe armen zerlumpten Kindern nach und frage
den vielleicht krank zu Hause darniederliegenden Vater,
wie er dazu kam, sich zu verheirathen und diese Kinder
in die Welt zu setzen; dann wird man wohl erfahren,
daß er ebenfalls arm war, in seiner Jugend kaum recht
lesen und schreiben gelernt, dann aber Verwendung für
seine Muskelkraft in irgend einer Fabrik gefunden hat.
Der Mann gesteht uns, daß er nicht in diese Fabrik
gegangen sein würde, wenn er in der Schule etwas ge=
lernt hätte, und daß er schwerlich sich frühzeitig ver=
heirathet haben würde, wenn nicht seine Frau, ebenfalls
ohne rechte Schulbildung, Arbeiterin in derselben Fabrik
gewesen wäre. So zwingt der Mangel an Cultur
zunächst zur niederen Beschäftigung, deren trügerischer
Ertrag dann zur leichtsinnigen Eheschließung und Kinder=
zeugung führt. Der Schutzzoll für das Großcapital
wird noch dadurch bedeutend erhöht, daß die Gemeinde
für die Invaliden der Arbeit eintreten muß. Gegen diese
Mißstände bilden Zwangsarbeitercassen u. dgl. nur
einen Nothbehelf, dauernd wirksame Abhilfe ist nur in
der höheren Bildung zu finden.

Da ruft man nun den Unterliegenden zu: „nehmt
Euch doch die Cultur, sie ist ja vogelfrei, helft Euch da=
mit selbst!" — Das aber ist gerade der Angelpunkt der
socialen Frage: die Cultur ist wohl kein concreter Besitz,
wenn man sie dem Einen gibt, so braucht man sie keinem

Anderen zu nehmen, und insofern ist es recht unverfäng=
lich, wenn man sie communistisch „theilen" will. Aber
sie zu erringen kostet viel Zeit und viel Geld, darum ist
es mit dem bloßen Rathe der Selbsthilfe nicht gethan;
und was der Staat jetzt thut, indem er den Kindern
seiner Angehörigen ex officio ein wenig Lesen, Schreiben
und Rechnen beibringt, ohne selbst dies wenige bei Allen
zu erreichen, das ist doch wahrlich — wie wir gesehen
haben — heutzutage nicht der Rede werth. Die Cultur
ist und bleibt auch mit dieser geringen Nachhilfe in
neunzig von hundert Fällen erbliches Eigenthum der Be=
sitzenden. Wir müssen uns nach wirksameren Mitteln
umsehen.

Nur zwei Wege stehen hier offen: entweder nimmt
der Staat die gewährten Rechte und Freiheiten zurück,
um auf diese Weise der unbeschränkten Concurrenz, dem
ungleichen Kampfe um's Dasein Schranken zu ziehen;
oder er hebt mit fester und starker Hand die Concurrenz=
unfähigen auf eine höhere Culturstufe, für welche eine
Norm nach den früheren Ausführungen unschwer zu
finden ist. Dieses letztere Auskunftsmittel möchte ich der
Kürze halber mit dem Namen „Culturschub" bezeichnen,
zum Unterschiede von dem „Culturfortschritt" im All=
gemeinen, von dem man ja annimmt, daß er eine viel=
leicht nur instinctive, aber unvertilgbare Eigenschaft des
Menschengeschlechts sei. Die gesammte, auf das Gleich=
gewicht der Concurrenzfähigkeit der Bevölkerung und auf
die Normirung der jedem jungen Staatsbürger zu geben=
den Bildung gerichtete Thätigkeit des Staates aber möchte
ich „Culturpolizei" nennen, wiederum zum Unter=

schiebe von der seitherigen Aufgabe der Cultusministerien, die, wie ja schon ihr Name besagt, sich mehr oder weniger mit der Beaufsichtigung der Religionsgesellschaften abgegeben haben.

Wohl werden zur Abhilfe der herrschenden socialen Uebelstände noch andere Mittel vorgeschlagen, von social= demokratischer Seite[12]) namentlich wird an den Staat die Forderung gestellt, ganz direct die Existenz der Un= bemittelten (also nicht blos ihre Erwerbsfähigkeit) durch Staatsunterstützungen oder Staatsindustrie zu ver= bessern. Die Bedenken, die gegen diese Art von Hilfe erhoben werden, sind hauptsächlich privatrechtlicher Natur, der Staat habe nicht das Recht, sei es direct oder auf dem Wege der Steuererhebung, den Privatbesitz des Einen zu schmälern, um den Anderen zum Besitzenden zu machen; indessen, genau genommen liegt eine solche Vermögens= übertragung fast in jeder Besteuerung zu Staatszwecken, indem aus den Beiträgen der Einzelnen Einrichtungen geschaffen werden, deren Genuß der Gesammtheit und wohl auch einzelnen Kreisen — wie z. B. die Anlage einer staatlichen Verkehrsstraße ganz besonders einzelnen Ortschaften — zu Gute kömmt. Ich glaube auch nicht, daß die entschiedensten Privatrechtler etwas gegen eine einmalige Staatssteuer zu Gunsten der sog. arbeitenden Classen einwenden würden, wenn sie sicher wären, das Loos derselben auf die Dauer zu bessern, für alle oder doch für lange Zeit den socialen Frieden her= zustellen; ebenso wenig, wie sie Darlehen oder Geschenke des Staates zur Linderung vorübergehender Nothstände bekämpfen. Viel schlagendere Gründe gegen die künstliche

Aufbesserung der Existenzen selbst finden wir in humanen und wirthschaftspolitischen Erwägungen. Denn es liegt doch auf der Hand, daß eine unselbstständige Existenz, wenn man ihr im Uebrigen freien Willen läßt, mit solchen Unterstützungen immer neue unwirthschaftliche Existenzen erzeugen, also consequenterweise die Unterstützungsbedürftigkeit vervielfältigen und vererben wird. Wohin soll es führen, wenn Sie eine große städtische Fabrikbevölkerung plötzlich in die Lage versetzen, auf solche Staatshilfe hin massenhaft Ehen zu schließen, eigene Haushalte zu gründen? Wer garantirt dafür, daß der Staat auch für die nächste Generation aufkommen wird und kann? Es ist ja ohnedies eine nur zu feststehende Thatsache, daß der Leichtsinn in der Eheschließung und Kindererzeugung und die Bildung im umgekehrten Verhältnisse wachsen. Dazu kommt noch, daß unsere gegenwärtige Culturpolizei (wenn von einer solchen überhaupt die Rede ist) es zuläßt, daß unreife Kinder, ohne jemals eine gediegene Schulbildung zu erhalten, frühzeitig auf den kargen Erwerb der Eltern ausgehen und so den letzteren die Last, welche die Kindererziehung in cultivirten Familien mit sich bringt, theilweise oder ganz abnehmen. Solche Staatsunterstützungen würden also einen Uebelstand auf den anderen pfropfen und Zustände erzeugen, deren Unheil sich gar nicht ermessen läßt. Sie würden im Princip gerade so schädlich, wenn auch factisch noch gefährlicher wie die Schutzzölle, wie jede künstliche Steigerung der Production wirken. Es ließe sich wohl statistisch nachweisen, wie einzelne große Fabrikunternehmungen, die ohne künstliche Machinationen (z. B. billiges Geld

von den Zettelbanken, Actienschwindel u. dgl.) niemals
zu Stande gekommen sein würden, nicht nur den soliden
und naturwüchsigen Erwerbszweigen, namentlich der
Landwirthschaft, die besten Kräfte entzogen, sondern auch
eine ganz neue zahlreiche Generation veranlaßt und
mittelbar den Culturzustand eher herabgedrückt als ge=
hoben haben. Bei der erschreckend niedrigen Cultur eines
so großen Theils unserer Mitbürger und der dadurch
bedingten Wohlfeilheit der die Maschine ersetzenden Men=
schenkraft ist es ganz begreiflich, daß die erste beste
Baumwollenconjunctur oder ein Schutzzoll oder ein billiges
Banknotenanlehen einen rapiden Kinderschub zur Folge
hat und den Grund zu großen Nöthen in der Zukunft
legt. Dasselbe würde mit der Staatsindustrie erzielt.
Unter Ehrlichen und klar Denkenden kann also sicherlich
die directe Staatsunterstützung nicht länger in Betracht
kommen; auch unter den Arbeitern selbst sind es nur
Irregeleitete, die von dieser Seite her sich eine n a ch =
h a l t i g e Besserung ihrer Lage versprechen.

Aber freilich soll man nicht immer einzig und allein
den ärmeren Classen das Ungehörige der „Staatshilfe"
vorhalten, so lange diese Hilfe von dem Großcapital
zwar mit „sittlicher Entrüstung" verurtheilt, aber that=
sächlich desto mehr in Anspruch genommen wird. Wie
das gemacht wird, ist ja längst ein öffentliches Geheimniß
und konnte auch den Socialdemokraten nicht verborgen
bleiben, die von i h r e m Standpunkte aus nur consequent
verfahren, wenn sie die Staatshilfe in anderer Gestalt
auch für sich verlangen. Man versuche nur einmal
ernstlich zu berechnen, wie viel Geld, Wohlstand und

Lebensfreude dem Volke und namentlich den unteren
Volksclassen mit Wissen und Billigung des Staa=
tes durch ungerecht veranlagte Steuern, verkehrte Schul=
finanzverwaltung, Ausbeutung durch das Großcapital
mit Fideicommissen, Actienschwindel und Zettelbanken,
ferner durch die vom Staate gehätschelte Hierarchie u. s. w.
— entwendet worden ist. Ein colossales Schuldbuch,
das man nicht so ohne Weiteres verbrennen kann, will
man nicht statt eines Phönix die Hydra der Revolution
aus den Flammen aufsteigen sehen. Ueberhaupt ist nichts
ungerechter, als von den Arbeitern fortgesetzt ein frei=
williges Aufgeben ihres Classenstandpunktes zu er=
warten. Wenn von Seiten der Regierungen und der
besitzenden und höher cultivirten, d. h. der de facto
herrschenden, Classen keine ernstlichen Anstalten ge=
macht werden, um allen Staatsangehörigen eine höhere
Cultur und durchgreifende Rechtsgleichheit zu geben und
also der Classenwirthschaft den Boden unter den Füßen
zu nehmen — dann darf man sich nicht wundern, wenn
jene Classen sich mit Hilfe des Coalitionsrechtes, d. h.
des erlaubten Krieges, das zu nehmen suchen, was sie
friedlich zu gewinnen nicht vermögen. Daß es dabei
nicht immer glatt hergeht, daß das Interesse Einzelner
oft grausam geopfert wird, ohne daß der Gesammtheit
auch nur der geringste Nutzen damit geschieht, ist ganz
natürlich; ohne etwas Tyrannei und Rechtsverletzung
ist ja kein Kriegszustand denkbar.

Diesen Kriegszustand zu beseitigen soll nun die
schöne Aufgabe einer Reihe gewerbepolizeilicher
Maßnahmen sein. Die in solcher Richtung sich be=

wegenden Bestrebungen, die wir schlechthin die „socialistische Irenik" nennen können, gehen von der irrthümlichen Voraussetzung aus, daß es möglich sein werde, einerseits durch Schiedsgerichte, Arbeitsämter, Hilfscassen, Verbote oder Einschränkung der Kinder- und Frauenarbeit, Festsetzung der Arbeitszeit u. dgl. den Ansprüchen der arbeitnehmenden und dienenden Classen gerecht zu werden, andrerseits durch strafrechtliche Verfolgung des Arbeitsvertragsbruchs, durch Ordnung des Lehrlingswesens u. s. w. den äußeren Frieden zwischen Arbeitgebern und Nehmern dauernd zu begründen, und daß es überhaupt gelingen werde, durch Aufbesserung ihrer äußeren materiellen Lage die arbeitenden Classen mit ihrem niederen Culturgrad und ihrer untergeordneten socialen Stellung zu befreunden. Das ist nun leider auf die Dauer nicht möglich. Dem stillen und sorgfältigen Beobachter kann es nicht entgehen, daß die tiefgehende social-demokratische Bewegung etwas ganz anderes will, als panem et circenses, etwas viel Höheres, was ihr einen idealen Charakter und bleibende Kraft verleiht: die Cultur- und Rechtsgleichheit. Wenn einzelne Agitatoren und Versammlungen, scheinbar im Widerspruche mit diesem Ideale, sich ablehnend gegen die bildungs- und genossenschaftlichen Bestrebungen der von Schulze-Delitzsch geleiteten Arbeiterkreise verhalten, so ist das eben nur eine Folge des Kriegszustandes und der Parole „Alles oder Nichts." Ich halte diese Kampfweise weder für klug noch für siegverbürgend, aber ich verstehe ihren Sinn und sehe ebenso klar voraus, daß alle schiedsrichterlichen u. s. w. Bemühungen keinen Wandel schaffen

werden. Die Masse der ungebildeten Handlanger
wird niemals in die Genußsphäre der Gebildeten aufrücken; man müßte denn diese Sphäre sich begrenzt
denken durch einen Fleischtopf und eine Schnapsflasche.
Unter socialer Concurrenzfähigkeit verstehe ich die Gabe,
an dem höheren Culturleben der Zeit productiv und
consumtiv thätigen Antheil zu nehmen. Das instinctive
Verlangen hiernach ist es, das die Arbeiterclassen selbst
bei relativ hohen Löhnen nicht zur Ruhe kommen läßt,
und das nur gestillt werden kann durch die Gewährung
höherer Bildung. Wenn man, mit Recht oder Unrecht,
behauptet, daß die frühere materielle Existenz des
Arbeiters zu der heutigen sich verhalte wie 1 : 2, so
bedenke man doch, daß die frühere Lebenserwartung
des gemeinen Mannes zu dem durch die Gesetzgebung
und Aufklärung des neunzehnten Jahrhunderts genährten
Anspruch auf Rechts- und Culturgleichheit sich verhält
wie 1 : 10.

Eine ganze Gruppe der neuerdings empfohlenen ge-
werbepolizeilichen Maßnahmen wird übrigens schon deßhalb sehr problematisch, weil von einem eigentlich rich-
terlichen Eingreifen ja überhaupt hier überall nicht
die Rede sein kann, wenn man nicht das freie Vertrags-
recht beseitigen will, wodurch man nur zu einem neuen
System der Hörigkeit kommen würde. Dies gilt namentlich von den Versuchen, feste Normen für die Schlicht-
ung von Streitigkeiten zwischen Arbeitgebern und
Nehmern und für die Betheiligung der Arbeiter
am Unternehmergewinn[13]) zu finden. Solche Betheiligung, die doch nur einen Sinn hat, wenn ihr ebenso

die Theilnahme am Risico, am möglichen Schaden, gegenübersteht, läßt sich unmöglich vorschreiben oder er= zwingen und am wenigsten durch irenische Rathschläge und Resolutionen allgemein einführen. Sie kann und wird nur eine Folge friedlicher Vereinbarung sein können und wird im Großen nur dann in's Leben treten, wenn es den Arbeitgebern nur unter der Bedingung des Gewinnantheils möglich ist, tüchtige Mit= arbeiter zu finden. Der jetzige Classenkampf ist ganz und gar nicht dazu angethan, uns der Verwirklichung solcher Ideale entgegenzuführen. Die Willigkeit der Arbeiter aber, den Kriegszustand aufzuheben, wird immer nur sehr kurze Zeit dauern, immer nur den Charakter des Waffenstillstandes tragen. Vielmehr wird mit der Aufklärung auch die Unzufriedenheit zunehmen; weit ent= fernt, dem Zauberstab der Ireniker zu folgen, wird die Classencoalition immer tiefer und weiter greifen und bald auch die ländlichen Arbeiterbevölkerungen erfassen, die bisher im Großen und Ganzen noch nicht zu den „Wissen= den" gehören. Die sociale Frage — es kann nicht oft genug wiederholt werden — verlangt zu allererst eine genügende Antwort darauf, wie wir Cultur und Rechts= fähigkeit demokratisiren, wie wir beide, unseren liberalen Staatsformen gemäß, dem Geringsten unter uns zugänglich machen sollen. Damit eben befassen sich jene Versöhnungsmittel zunächst nicht.

Ueberhaupt aber genügt meiner Ansicht nach das bloße Vorhandensein von Mißständen nicht dazu, um die Nothwendigkeit zu beweisen, sie äußerlich erträglicher zu machen. Vielleicht — man kann ja auch so argu=

mentiren — wäre es besser und menschenfreundlicher, die
Lage noch unerträglicher zu gestalten, um das Uebel mit
der Wurzel herauszureißen. So kann ich mich z. B. bis
heute noch nicht mit künstlichen Maßnahmen zur Abhülfe
der Wohnungsnoth befreunden. Man denke doch nur:
der Staat giebt vollkommenste Freiheit des Erwerbs und
der Niederlassung; ein großer Theil der auf Tagelohn
arbeitenden Bevölkerung verläßt die Landwirthschaft (welche
nun an großem Arbeitermangel leidet), um das ange=
nehmere Leben der großen Stadt mitzumachen. Bis
dahin haben die Leute ihre Handlungsweise selbst zu
verantworten; da kommt der Rückschlag in Form der
Wohnungsnoth: nun sollte man meinen, die Leute würden
einsehen, daß nicht Alle in der Stadt wohnen können,
daß die allzusehr Bedrängten sich einige Entsagung aufer=
legen und auf's Land gehen müssen — statt aber diese
Einsicht zu befördern, sinnt man auf Mittel, damit doch
ja kein theures Haupt der lieben Stadt verloren gehe.
Das ist, gelinde gesagt, Kirchthurm=Volkswirthschaft, ganz
abgesehen davon, daß man mit einem Zuge die natur=
gemäße Vertheilung der Arbeitskräfte stört, die städtische
Grundrente künstlich hinaufschraubt und den Grund zu
neuen Wohnungsnöthen in der Zukunft legt — lauter
Erweiterungen des „Monopols der großen Städte." Nur
selten wird mit der städtischen die ländliche Wohnungs=
noth in Verbindung gebracht; ich halte die letztere für
viel wichtiger, als die erstere. Die ländliche Wohnungs=
noth besteht namentlich darin, daß Leute mit höherer
Lebenserwartung nicht mehr auf dem Lande wohnen
wollen, woran hauptsächlich die traurige Culturpolizei

und die dadurch bedingte Vernachläffigung des geistigen
und gesellschaftlichen Lebens die Schuld tragen, in zweiter
Linie aber auch die erbärmlichen Wohnungsverhältniffe
und in manchen Gegenden die Schwierigkeit des Besitz-
erwerbes. (Von der Wohnungsnoth der Beamten rede
ich hier nicht; das Recht derselben, Abhülfe vom Staate
resp. der Gemeinde zu fordern, ist ja ganz zweifellos.)

Nicht bestreiten will ich, daß durch Errichtung eines
wirksamen Rechtsschutzes viel Gutes für die arbeitenden Classen gethan werden kann, man darf nur davon
nicht mehr als die Wirkung eines Palliativmittels erwarten und es mit dem Begriffe des „Rechts" nicht zu
buchstäblich nehmen. Häufig wird man diejenigen, denen
eine Wohlthat erwiesen werden soll, zur Annahme derselben zwingen müssen. Ohne solchen Zwang wird es
z. B. nicht möglich sein, die Nacht- und Ueberarbeit ab-
zuschaffen und Frauen und Kindern das Arbeiten
in Fabriken ganz zu verbieten oder auch nur zu beschränken. Gerade hier wird uns das Wesen der socialen
Frage als einer Bildungsfrage recht klar und offenbar:
welcher einigermaßen gebildete und gesittete Mensch möchte
wohl seine Frau den physischen und moralischen Gefahren
der Fabrikarbeit aussetzen und seine Kinder in einem
Alter, wo sie sich durch frohes Gedeihen und Lernen für
das Leben festigen sollen, zum Gegenstande der Speculation machen? — Auch das Lehrlingswesen, das
nun einmal nicht mehr nach der Schablone des alten
Zunftzopfes geordnet werden kann, ist in allererster Linie
eine Erziehungs- und Schulfrage. Die freieren Formen
des Lernens und Lehrens wie der Arbeit, zu denen uns

die Verhältnisse zwingen, haben, um erträglich zu werden,
sittlichen Ernst und Bildung bei allen Betheiligten zur
Voraussetzung. [11]) — Was die sogenannten Hülfs=
cassen (Kranken=, Invaliden=, Altersversorgungs=, Sterbe=
cassen) anbelangt, so handelt es sich dabei gar nicht noth=
wendigerweise um Institute ausschließlich für Arbeiter,
sondern um Normen für ganz allgemeine Einrichtungen
ähnlich wie Sparcassen, wie Unfall=, Brand= und Lebens=
versicherungsanstalten, wie Consumverein und sonstige
Wirthschaftsgenossenschaften. Wo immer möglich wird
man gut thun, Standes=Specialgesetze zu vermeiden,
welche stets etwas Gehässiges an sich tragen.

Dies gilt nun ganz zweifellos von der neuerdings
oft geforderten strafrechtlichen Verfolgung des Arbeits=
vertragsbruchs. Während alle sonstigen Lieferungs=
und Arbeitsverträge einen lediglich civilrechtlichen Charakter
haben und behalten sollen, will man diejenigen Arbeiter,
welche einen vollen Schadenersatz wegen Unvermögens
nicht zu leisten im Stande sind, im Falle der einseitigen
Auflösung eines privatrechtlichen Vertrags unter das
Strafgesetz stellen! Man kann die hie und da vorkom=
menden Contractbrüche auf das Entschiedenste mißbilligen
und dennoch ein ebenso scharfer Gegner jedes derartigen
Ausnahmegesetzes sein. Mit Recht hat Schulze=Delitzsch
sich lebhaft gegen jene strafrechtliche Verfolgung ausge=
sprochen [15]) und neben principiellen Bedenken auch die
practische Erfolglosigkeit hervorgehoben: denn, welcher
verständige Arbeiter wird, wenn er damit dem Criminal=
richter anheimfallen kann, sich dann noch auf einen längeren
Arbeitsvertrag einlassen, ohne durch die Noth dazu gezwungen

zu sein! Auf einen Nothstand aber soll man doch solche
Maßnahmen nicht gründen. Sehr bemerkenswerth aber
ist das, was der erfahrene Anwalt der deutschen Ge=
nossenschaften bei derselben Gelegenheit über den Charakter
unserer Industrieentwickelung sagte: In unserer Zeit stehen
Arbeitgeber und =Nehmer nicht mehr in patriarchalischer
Gemüthlichkeit als einzelne Individuen gegenüber, sondern
in großen Interessengruppen; man solle diesen Gruppen
durch freisinnige Vereinsgesetze ihre autonome Gestaltung,
man solle die Selbstdisciplinirung der Arbeiter erleichtern,
wie sie jetzt schon in den Gewerkvereinen und Wirth=
schaftsgenossenschaften geübt werde, dann werde man die
rechten Organe haben, um über tiefgehende wirthschaftliche
Schäden verständige Auseinandersetzungen herbeizuführen.
„Vermehren Sie die Einsicht der Arbeiter in die Grund=
bedingungen alles volkswirthschaftlichen Erwerbes, unter=
stützen Sie die Pflege des ehrenhaften Geistes, der wahr=
lich noch die große Mehrzahl der deutschen Arbeiter be=
seelt, fördern Sie die gesunden und guten Bestrebungen
der Arbeiter zur Verbesserung ihrer gesellschaftlichen
Stellung, auf diesem Wege werden Sie ein Heraus=
kommen aus diesen unseligen Classenkämpfen für die
Dauer ermöglichen.“

Haben wir nun gesehen, daß weder nach den Re=
cepten der Socialdemokratie (auf welche ich in späteren
Ausführungen zurückkommen werde), noch mit gewerbe=
polizeilichen Hülfsmitteln eine dauernde und gründliche
Lösung der socialen Frage zu erhoffen ist, so bleiben uns
nur zwei Wege übrig: entweder die Wiederherstellung des
patriarchalischen Systems, des alten Zunftwesens, die

Beschränkung der Freiheit, mit einem Worte die wirth=
schaftliche Reaction; — oder ein großartiger Cultur=
schub mit weiterer Rechtsausbildung auf der jetzigen frei=
heitlichen Grundlage.

Die junge Freiheit zu vernichten oder ihr auch nur
die Flügel zu beschneiden — wer möchte das unternehmen!
Die Regierungen werden sich wohl hüten, dies auf eigene
Hand zu thun, eine starke öffentliche Meinung dafür zu
gewinnen aber scheint mir ein Ding der Unmöglichkeit.

Sehr treffend sagte Rud. Gneist auf dem ersten
Eisenacher socialpolitischen Congreß am 7. Oktober 1872:
„Der heutige Kampf zwischen Capital und Arbeit ist
nicht die Folge des „Mammonismus“, der Aufhebung
der Wuchergesetze, der Manchester=Schule 2c., sondern er
ist die Folge unserer Gewerbe= und Agrar=Gesetzgebung,
die Folge der Stein=Hardenberg'schen Gesetzgebung, die
Folge der gesammten deutschen Socialgesetzgebung des
neunzehnten Jahrhunderts. Es ist thöricht, irgend eine
Partei dafür verantwortlich machen oder deßhalb an=
klagen zu wollen. Wären alle diese Gesetze nicht in Ruhe
und Ueberlegung bereits gegeben, so würden wir sie
heute kopfüber, unter allen Gefahren der
Uebereilung, auf einmal erlassen müssen. Eng=
land, Frankreich, Amerika würden uns dazu zwingen,
denn Deutschland mit den älteren Grundsätzen der ge=
bundenen Arbeit, der Hörigkeit und der Zünfte würde
heute nicht mehr wirthschaftlich existiren können. Wir
können über die so gegebene Grundlage nicht mehr zu=
rück. Die Folge einer stetig fortschreitenden Freiheit des
Erwerbes und der Freizügigkeit ist aber unabänderlich,

daß mit Wegfall aller Zwischenschranken sich zuletzt
Capital und Arbeit unmittelbar und massenhaft in An=
gebot und Nachfrage einander gegenübertreten. Sind alle
Schranken der freien Benutzung des Capitals aufgehoben,
so müssen auch alle noch vorhandenen künstlichen Be=
schränkungen der arbeitenden Classen fallen. Jede offene
oder versteckte „Polizei der Arbeit" wird damit hinfällig.
Nachdem England darin vor einem Menschenalter voran=
gegangen, nachdem Frankreich unter Napoleon III. darin
gefolgt war, mußte Deutschland unabänderlich in der
Befreiung der arbeitenden Classen nachfolgen. Auch für
diese Frage ist kein Zurückgehen möglich. Die Coalitions=
freiheit der arbeitenden Classen wurde damit für Deutsch=
land zu einer Nothwendigkeit, welche von entgegengesetzten
Parteien gefordert und durchgesetzt ist."

In der That gehört ein Grad von Selbstverzweif=
lung dazu, sich selbst gegebene Freiheiten wieder zu
nehmen, zu dem wir Gottlob doch keinen Anlaß haben:
eher vielleicht könnte man in Rußland die Aufhebung
der Leibeigenschaft als verfrüht bereuen — aber doch
auch nur dies bereuen, nicht ihre Wiedereinführung ernst=
lich wünschen. Auch nicht des allgemeinen directen Wahl=
rechts, der volksthümlichsten Morgengabe unseres großen
Kanzlers, können und wollen wir (wie selbst ein D. F.
Strauß verblendet genug war zu hoffen) uns entledigen.
Die Freiheit kann etwas zu früh kommen, zu früh, um
sie froh zu ertragen; sie wieder verstoßen hieße sich ihrer
Wiederkehr unwürdig machen. Neben idealen Gründen
sind es aber auch sehr praktische Erwägungen, die uns
von solchem Gebahren abhalten müssen. Haben nicht

Tausende und Abertausende unter uns ihre Existenz gerade
auf dieser jungen Freiheit aufgebaut? Wer gibt uns
das Recht, ihnen mit der Freiheit auch den Boden zu
entziehen, in dem sie wurzeln? — Wie wir uns auch
drehen und wenden: unsere Freiheit verträgt nur noch
Erweiterungen und sorgfältigen Ausbau, keine wesentliche
Beschränkung!

Bevor ich indessen den Versuch mache, Ihnen in
großen Zügen das Programm zu einem umfangreichen
„Rechts- und Culturschub" vorzulegen, möchte ich kurz
die socialen Folgen andeuten, welche die Verallgemeinerung höherer Cultur nothwendig haben muß.

Ich gebe zunächst vollkommen zu, daß der jetzige
Unterschied von Hoch und Niedrig mit der Zeit noch
viel mehr und gründlicher verwischt werden wird, als
wir es bisher erlebt haben; denn nicht die Gleichheit vor
dem Gesetze — wie man idealistisch annehmen sollte —
hebt die Classenunterschiede auf, sondern nur die Gleichheit im Wissen und Können, die Gleichheit der Sitten,
die gleiche Bewaffnung im Kampfe um's Dasein. Uebrigens
ist es ein Irrthum, wenn man meint, daß heute unter
den weniger gebildeten Classen ein großer Respect vor
den Besitzenden und Gebildeten bestände; was zu dieser
Meinung verleitet, ist blos Unterwürfigkeit in der äußeren
Begegnung um ebenso äußerlicher Vortheile willen —
also eine auf das sociale Gebiet übertragene Frommthuerei
und Heuchelei, welche gewiß nicht zur Hebung des Volkscharakters beiträgt. Das Bewußtsein der gleichen Rechts-
basis dringt immer mehr in die untersten Volksschichten
und läßt die Leute nicht im Zweifel darüber, daß sie

aus demselben „Stoffe" gemacht sind, wie jene, von denen
sie wirthschaftlich abhängen; die populäre Aufklärung
in religiösen Dingen, die jedem gesunden Menschenver=
stand schnell zugänglich ist und sich gern für die schwer
zu erringende positive Cultur selbst hält, thut das Uebrige,
um die unteren Classen zu verbittern. Jeder Einsichtige
muß es als einen großen Fortschritt zum Besseren be=
trachten, wenn diesem grollenden Selbstgefühl die versöhnende
Ergänzung — die höhere Bildung — gegeben wird.

Auch das Verhältniß der Dienstboten zu den Herr=
schaften wird ein gänzlich anderes werden und die letzten
Spuren der Hörigkeit vollends abstreifen. Die Dienenden
werden gebildeter, geschickter und theurer sein; wer jetzt
noch drei und vier Dienstboten halten kann, wird sich
vielleicht später mit einem begnügen, und diesem einen
wird er die Stelle eines geachteten Gehilfen einräumen
müssen. Gleichzeitig aber wird durch die Verallgemeiner=
ung der Bildung auch die Arbeit den natürlichen Adel
erlangen, den nur die bisherigen schreienden Culturunter=
schiede ihr versagen konnten. Keine, auch nicht die ge=
ringste Beschäftigung wird mehr verächtlich erscheinen,
wenn ihre Vollbringer nicht mehr die Parias der Gesell=
schaft bilden. Dann wird es namentlich möglich sein,
die Erwerbsfähigkeit des weiblichen Geschlechtes weiter
auszudehnen und somit einem vielbeklagten moralischen
Gebrechen unserer Zeit den hauptsächlichsten Anlaß zu
nehmen.

Ferner dürfen wir uns nicht verhehlen, daß in dem
neuen Culturstaat die Behauptung ererbten Vermögens
schwerer werden und mehr Selbstthätigkeit voraussetzen

wird, als jetzt; der materielle Besitz wird keine Sinecure
mehr sein, und der wird ihn bald verlieren, der sich mit
der allgemeinen wirthschaftlichen Tendenz in Widerspruch
setzt. Absolut Unfähige werden mit oder ohne Vermögen
zu Grunde gehen. Unverhältnißmäßig großer Besitz
wird ebenso schwer zu erringen, als durch Generationen
hindurch an die Familie zu fesseln sein. In dem Maße,
als die höhere Concurrenzfähigkeit Aller es jedem Einzelnen bei wackerer Arbeit und Wirthschaftlichkeit leichter
machen wird, sich einen bescheidenen Besitz zu verschaffen,
in dem Maße, als neue Capitalien entstehen, in dem
Maße muß auch der relative Werth der alten sinken.
Das ideale Ziel dieser vollkommen neuen Volkswirthschaft auf dem Grund allgemeiner und gleichmäßiger
Volkscultur ist allerdings ein communistisches, nämlich
die möglichst gleichmäßige Vertheilung der materiellen
Güter unter alle culturfähigen Staatsbürger, aber nicht
durch rohe Gewalt oder bloßen Machtspruch des Staates,
sondern durch die Arbeit. Das System der Arbeitstheilung wird zweifellos immer weiter fortschreiten, nun
aber nicht mehr zum Schaden ungebildeter Massen, sondern
als wirthschaftliches Agens zahlreicher Erwerbsgenossen-
schaften. Damit ist zugleich eine Antwort auf die nahe-
liegende Frage gegeben, was bei stetiger Verallgemeinerung höherer Cultur aus unseren großen Fabriken, Actien-
unternehmungen zc. werden solle, deren gegenwärtige
Existenz ja nur möglich ist durch die niedere Cultur der
Arbeitermassen: sie werden entweder aufhören zu bestehen,
oder ihre Besitzer werden sich dazu bequemen müssen,
ihren gebildeten Mitarbeitern nach und nach immer größere

Besitzantheile zu gewähren. Die Cultur ist das einzige Mittel, um auf friedlichem Wege zu diesem Ziele zu gelangen.

Daß die Arbeit mit dem inneren Werthe der Menschen im Preise steigen muß, versteht sich von selbst; doch wird der Unterschied im Preise für Verrichtungen höherer und niederer Art ein viel geringerer sein, als jetzt, indem für die ersteren eine bei weitem größere Anzahl befähigter und gebildeter Individuen disponibel werden, und andererseits die Vertheuerung der Menschenkraft einen enormen Aufschwung des Maschinenwesens und die Einschränkung der bloßen Handarbeit auf das unumgänglich Nothwendige und durch die Maschine nicht Ersetzbare zur Folge haben wird. Geradezu thöricht ist es, von solcher Erweiterung des Kampfes um's Dasein zu fürchten, daß Kunst und Wissenschaft zurückgehen müßten; denn es liegt doch auf der Hand, daß bei einer ausgezeichneten Schulbildung aller Volkskreise eine ungeheuer viel größere Zahl von Talenten an den Tag treten wird, als es jetzt überhaupt möglich ist, und an Anstalten zur künstlerischen und gelehrten Fachausbildung wird es in einem durch und durch cultivirten Staatswesen nicht fehlen. Die Frage aber, was bei einer so gesteigerten Productionskraft schließlich aus den Producten werden solle, und ob wir selbst nicht an Ueberproduction und Ueberconcurrenz zu Grunde gehen werden, ist eine ziemlich müßige, so lange unser natürlichster Erwerbszweig, die Landwirthschaft mit der Viehzucht, noch lange nicht zur möglichen Vollkommenheit entwickelt ist; wäre dies der Fall, so würden sich noch mehr als vierzig Millionen Menschen auf und von unserem deutschen

Boden ernähren können, und zwar viel besser als jetzt.
Aber gesetzt auch den Fall, unsere Volkszahl käme an
einer Grenze an, über die hinaus unser Land den Unterhalt versagte — wo steht denn das Gesetz, daß ein weises
Volk seine Kopfzahl unter allen Umständen vermehren
m u ß? — und wenn unsere Kopfzahl gleichwohl auch
dann noch wächst, was hindert uns denn, in Zukunft
doppelt und dreifach so viele Colonisten als heute in ferne
Continente zu entsenden? Das ist ja der Deutschen gerechter Stolz, daß sie das Zeug haben, einen Ueberschuß an Kraft und Intelligenz an die Gesammtmensch-
heit abzugeben!

Die segensreichsten Folgen aber werden für unser
ganzes ö f f e n t l i c h e s L e b e n zu Tage treten. An den
Wahlurnen, aus denen ja schon nach heutiger Theorie
der Geist weiser Gesetzgebung emporsteigen soll, werden
nur noch denkende Staatsbürger erscheinen, nicht geführt
mehr von schlechten Berathern, rothen oder schwarzen
Brandstiftern. In den Bezirken und Gemeinden wird
erst dann das volltönende Wort „Selbstverwaltung" zur
lebendigen That werden; erst dann werden auch die
großen Massen mit rechtem Verständniß an der Weiterbildung des öffentlichen Rechts arbeiten und an der
Culturmission des Staates sich betheiligen können. Zahllose Gesellschaften und Vereine, die mannigfachsten gemein-
nützigen Interessen fördernd, werden die Bürger zusammen-
führen, und an die Stelle des unnützen und geistlosen
Herumlungerns in Schnaps- und Bierkneipen werden
frische, Geist und Herz stärkende Zerstreuungen treten.
Jedes Dorf wird seine lichte und schöne Volkshalle haben,

in der es dem gebildeten Landmann eine Freude und
Erholung sein wird, an dem geistigen Leben des weiten
Vaterlandes und an den Fortschritten der Wissenschaft
und der Kunst lebendigen Antheil zu nehmen. Und was
heute an edlen und schönen Werken nur zufällig durch
persönliche Gunst, Gnade und Mäcenenthum gedeiht, wird
in Zukunft aus ureigenstem Antriebe des Volkes geschehen,
das nicht mehr, wie heute, verständnißlos den Schöpf=
ungen jedweder Kunst gegenüberstehen wird.

Man mag diese und ähnliche Erwartungen etwas
idealistisch finden; jedenfalls entspringen sie einem sehr
practischen Idealismus, einer Art von „umgekehrtem
Darwinismus", der unseren Nachkommen ein unab=
sehbar hohes Ziel in der Zukunft zeigt und auch dem
Altgläubigen, sofern er nur ein wahrer Christ ist, keinen
Schrecken einflößen kann. Denn in der Rechts= und
Culturgleichheit Aller liegt sowohl die Verkörperung des
christlichen Grundgedankens der allgemeinen Gotteskindschaft,
als die Wiederherstellung der natürlichen Zuchtwahl, ohne
welche eine höhere Fortentwicklung unseres Geschlechts un=
denkbar ist. Dieses letztere Moment wird noch viel zu
wenig erkannt, und doch würde seine Würdigung uns so
manches Räthsel in der Völkergeschichte erklären und uns
deutlich die Wege zeigen, die wir gehen müssen. Man
mag über die Lehre Darwin's denken wie man will und
selbst ein entschiedener Gegner seiner Abstammungstheorien
sein: das wird man doch wohl nicht anfechten wollen,
daß die höhere Entwickelung der organischen Wesen die
Möglichkeit freier Entfaltung ihrer natürlichen Anlagen
zur Voraussetzung hat. Diese freie Entfaltung wird eine

andere sein müssen im Zustande der Wildniß, der pri=
mitiven Schutzgenossenschaft und der höheren staatlichen
Organisation, aber nur anders in den Mitteln und Formen,
nicht im Princip. Der Kampf um dieses Princip bildet
den innersten Kern nicht blos der Religions= und Cultur=
geschichte, sondern der Geschichte überhaupt; seine Unter=
drückung durch die Herrschsucht der Individuen, der Ge=
schlechter und Classen ist die schleichende Krankheit der
menschlichen Gesellschaft seit uralten Zeiten, sein endlicher
Sieg wird die Morgendämmerung des Paradieses auf
Erden sein. Viel wichtiger als der Streit um die Be=
schaffenheit unserer Urahnen scheint mir die Frage, was
wir thun sollen, um in unserem complicirten Gesellschafts=
leben der freien Entfaltung der natürlichen Anlagen zu
ihrem vollen Rechte zu verhelfen. Die vorurtheilsfreiste
Untersuchung aber müßte wohl dies bestätigen: Jede
menschliche Gemeinschaft, welche in ihrer künstlichen Rechts=
und Sittenordnung jenes Princip auf die Dauer unter=
drückt, ist unweigerlich dem Untergange verfallen; viel=
leicht langsam, aber sicher entarten die leiblichen und
geistigen Eigenschaften des Volkes. Wo sich die Classe
einnistet und vererbt, da fängt die Race an Rückschritte
zu machen. Die Ehe, ohne welche ich mir ein höher
organisirtes Gesellschaftsleben gar nicht denken kann, wird
zum elenden Mittel zur Erreichung äußerer Vortheile; die
Furcht vor Mesalliancen wird zum socialen Axiom, einer=
seits die legitime Paarung wahlverwandter Individuen
verhindernd, andererseits die geschlechtliche Prostitution
befördernd. Die Civilehe aber verhält sich zur kirchlichen
Einsegnung fast ebenso, wie die bloße Befreiung der

Personenbewegung zur alten Gebundenheit: das ideale Princip bleibt wirkungslos ohne die reale Voraussetzung, ohne die Allgemeinheit höherer Cultur. Sclaverei, Kasten= geist und Classenwirthschaft sind also die Grundlagen des Cretinismus nach oben wie nach unten: nach oben, indem sie den kräftigenden Kampf um's Dasein entbehrlich machen und die Fortpflanzung ungesunder Keime begünstigen; nach unten, indem sie auch den besseren Anlagen Raum, Luft und Licht zur gedeihlichen Entfaltung nehmen und ganze Volksschichten der Entartung und Versumpfung preisgeben.

Auf dieser absteigenden Linie haben zahlreiche Völker des Orients ihr verdientes Schicksal gefunden, und andere werden es finden — nicht weil es so der „Geist der Geschichte" unabänderlich bestimmt hat, sondern weil es ihnen an kluger Selbsterkenntniß, weil es ihren herrschen= den Classen an Pflichtgefühl und Entsagungskraft und ihren dienenden Classen an Selbstgefühl und Energie fehlte. Und so werden auch die Völker des Occidents, voran die romanischen und ihnen nach die germanischen, den Weg des Fleisches gehen, wenn nicht eine neue Staatsweisheit dem Verderben bei Zeiten wehrt. Die Formen des Rechtsstaats für sich allein aber werden den Zersetzungsproceß nur beschleunigen, indem sie der Classenwirthschaft den permanenten Bürgerkrieg hinzu= fügen. Die üppigsten Blüthen höherer Cultur werden uns davor nicht schützen, wenn nicht der ganze Volks= baum in Wurzeln und Zweigen gesundet. Lassen wir uns den mehr und mehr einreißenden Egoismus und die gedankenlose Genußsucht in den Kreisen unserer Aristokratie und Bourgeoisie und die gedrückten kümmerlichen Gestal=

ten in unseren ländlichen und Fabrikdistrikten zeitige
Warner sein, damit unser Volk nicht dereinst liegen bleibe
unter den Füßen culturkräftigerer Eroberer; geben wir
dem „vierten Stande", was ihn gleich macht mit uns im
Kampfe um's Dasein, was allein in unserer Gesellschaft die
natürliche Zuchtwahl und die naturgemäße Entwickelung
wieder herstellen kann: die gleiche Cultur neben dem
gleichen Recht — Bildung und wieder Bildung! Dann
mögen immerhin die schwächlichen Individuen unterliegen
und die ungesunden Zweige absterben, nicht ferner aber ganze
Classen und mit ihnen zuletzt das ganze Volk verderben.

Wer es nicht über sich vermag, diesem freien Ge=
dankenfluge zu folgen, sei es aus unverschuldeter Be=
schränktheit, sei es aus kirchlichem Irrwahn, aus Pessi=
mismus, aus Herrschsucht oder aus Furcht, eigenen Einfluß
zu verlieren oder Rücksichten gegen Andere zu verletzen;
wer sich nicht so frisch um's Herz fühlt, um alle Vorur=
theile und kleinlichen Bedenken der Wahrheit und der
Menschheit zu Liebe über Bord werfen zu können — der
bleibe getrost zurück; wer aber Kopf und Herz auf dem
rechten Flecke hat, der setze seine frische Kraft an die
herrliche Aufgabe: die Mitbegründung des w a h r e n Cul=
t u r s t a a t e s! Nur als vollkommener Culturstaat wird unser
deutsches Reich auf die Dauer der Träger einer höheren
Rechtsordnung werden und bleiben, nur im Wettstreit Gebil=
deter mit Gebildeten, nicht im Kampfe der Classen, im Kampfe
überlegener Cultur mit roher Kraft, im Kampfe der Con=
fessionen! Muthig voran — der Herrschsucht zum Trutz, der
Menschheit zu Nutz und Gott zum Wohlgefallen auf Erden!

Das Volksbildungs- oder Culturpolizeirecht.

Die „Culturpolizei" ist noch kein klarer und festgegliederter Bestandtheil unseres socialen Verwaltungsrechts. Ganz natürlich, da dieses Recht und seine philosophische Begründung zum großen Theile aus Zeiten stammt, wo der heutige staatliche Gesellschaftsbegriff selbst noch ein embryonenhaftes Dasein führte, wo man in den Kreisen der Herrschenden jeden schüchternen Versuch, allgemeine Menschenrechte zu etabliren, als eine Fehlgeburt betrachtete und wohl gar als politische abactio partus bestrafte.

Wenn wir von Verwaltungsrecht sprechen, müssen wir sorgfältig die in Verfassungen und Verfassungsentwürfen, sowie in theoretischen Abhandlungen niedergelegte Phraseologie von den wirklichen Verpflichtungen unterscheiden, und unter den letzteren wiederum die sogenannten constitutionellen von den civilrechtlichen (d. h. von Person gegen Person gerichtlich klagbaren) Obligationen trennen. Denn was helfen uns alle „Grundrechte", wenn ein solches Recht überall da, wo der gemeine Staatsbürger sich daran anklammern will, in Dunst und Nebel zerrinnt! Daß früherhin ehrliche Staatsmänner und politische Parteien mit der bloßen grundrechtlichen Phrase Außerordentliches zu leisten meinten, das gereicht ihnen bei ihrem Mangel an Erfahrung

nicht gerade zum Tadel und zeugt von ehrenwerthen
Idealen; wie verfänglich und unter Umständen gefährlich
aber in der Gesetzgebung allgemeine Grundsätze ohne
genaue Feststellung der daraus für und gegen den Staat
erwachsenden Verpflichtungen sind, das haben wir em=
pfindlich in unseren Tagen erfahren, wo gewisse Artikel
der preußischen Verfassung gerade von denen am meisten
vorgeschützt worden, mit deren finsterem Geist die Schöpfer
der Verfassung selbst offenbar nichts — oder nur sehr
wenig — gemein hatten. Nirgends aber besteht zwischen
Grundrechten und wirklichen Obligationen eine so große
Kluft wie auf dem Gebiete der Culturpolizei. Hier zeigt
es sich so recht deutlich, wie schwer es ist, eine Wahrheit,
einen Rechtsgrundsatz in's Leben einzuführen ohne den
energischen Willen und den starken Arm des Staates.
Ja noch mehr, auf diesem Gebiete können wir es erleben,
daß selbst „liberale" Männer die Unumgänglichkeit eines
Grundrechtes einsehen und zugeben, beileibe aber nicht
die Consequenzen anerkennen wollen; ein Beweis, wie
oft das Herz dem Verstande vorauseilt und verständiger
empfindet als der berufene Träger der Logik.

In der That giebt es kaum eine zweite Partie
unseres öffentlichen Rechts, welche sich mit dem Bildungs=
recht an Wichtigkeit messen könnte und welche gleichwohl
von der Staatswissenschaft und von der praktischen Ver=
waltung stiefmütterlicher behandelt wäre. Nicht etwa,
daß es zu irgend einer Zeit seit Comenius, dem Vater
der modernen Pädagogik in der Mitte des siebenzehnten
Jahrhunderts, an hohen Begriffen von dem Werthe der
Schule für Staat und Volkswirthschaft oder an un=

mittelbaren Beziehungen zwischen Staatsverwaltung und
Bildungswesen gefehlt hätte: Was wir bis in unsere
Tage vermissen ist eigentlich nur eine klare Einordnung
des letzteren in das System der Verwaltung, mit
allen daraus sich ergebenden Consequenzen. Der Grund
dieser Erscheinung ist in dem natürlichen Widerstande
zu suchen, den die gesellschaftliche Ordnung des modernen
Staates in den noch immer lebendigen Bildungen der
alten Grundherrlichkeit und Ständeordnung bisher ge=
funden hat und zweifellos noch geraume Zeit finden
wird; und ferner in dem Umstande, daß schon lange vor
dem Siege der modernen Staatsidee über jene älteren
Ordnungen namentlich die Kirche und die Gemeinden
ihr eigenes Schulwesen eingerichtet und selbstständig ver=
waltet hatten. Nichts war ja natürlicher, als daß nun
die neuen Schulordnungen des vorigen Jahrhunderts an
diese älteren Organisationen unmittelbar anknüpften; aber
anstatt dieselben lediglich als Unterbau für neue voll=
ständige Umgestaltungen zu benutzen, ließ sie der Staat
vielfach in der alten Weise fortgewähren, weil es ihm
so bequemer war, weil er die Aufbringung der noth=
wendigen Mittel scheute, weil er vor der Auseinander=
setzung mit den alten Schulherren zurückschreckte, und
weil die herrschenden Kreise den beschränkten Unterthanen=
verstand für etwas sehr Nützliches ansahen.

So kömmt es, daß wir auf diesem wichtigsten Ver=
waltungsgebiete noch heute große Confusion vorfinden,
daß noch heute der Staat sich mit der Geistlichkeit, mit
Gemeinden, allen möglichen Communalverbänden und
Grundherren da mühselig verträgt, wo er bei etwas mehr

Energie das Heft allein und sicher in der Hand haben
müßte. Eine üble Folge dieses fortwährenden Schwan=
kens und Schaukelns der Regierungen war nun aber,
daß, während Heerwesen, Steuern, Sicherheitspolizei und
Justiz mit der rücksichtslosen Besitznahme durch den Staat
auch frühzeitig ihre staatswissenschaftliche Durch=
arbeitung erfuhren, das Bildungswesen in dieser Rich=
tung fast ganz verödet und ein Spielball der socialen
und religiösen Gegensätze blieb. Von welchem eminenten
Werth das ebenmäßige Nebeneinandergehen von Wissen=
schaft und Praxis in staatlichen Dingen ist, das können
wir ja recht klar vor Augen sehen: wie leicht ist es
verhältnißmäßig, ein Reichs=Militär=, Steuer=, Verkehrs=
oder Justizgesetz zu schaffen und — trotz der Theilung
der Regierungsgewalt unter 25 Bundesstaaten — auch
praktisch durchzuführen; und welche endlosen Geburtswehen
hat auch heute noch, achtzig Jahre nach Erlaß des All=
gemeinen Landrechts, ein preußisches Unterrichtsgesetz
durchzumachen! Wenn sich trotz alledem eine Reihe von
leitenden Grundsätzen für ein Staatsschulrecht der Zu=
kunft zur öffentlichen Meinung heller Köpfe herauszu=
bilden begonnen hat, so ist das in erster Linie weder das
Verdienst unserer Staatsmänner und Staatsschulräthe
(meist sehr wackerer Theologen), noch dasjenige unserer
Rechtshistoriker und Staatsrechtslehrer, welche zum Theil
mit unglaublicher Leichtfertigkeit über dieses verwaltungs=
rechtliche noli me tangere hinweggeschritten sind, noch
endlich das Verdienst unserer praktischen und theoretischen
„Volkswirthe" (wie denn auch Roscher's Geschichte der
Nationalökonomik gänzlich davon schweigt), — sondern

es ist hauptsächlich der Erfolg des unablässigen Ringens
des deutschen Lehrerstandes nach derjenigen Gestaltung
und Anerkennung seines Berufs, welche er im Hinblick
einerseits auf die Bedürfnisse der Gegenwart, andrerseits
gestützt auf die hohe Ausbildung der Pädagogik zu for=
dern berechtigt war. Nichts ist bezeichnender für die
bisherige schiefe Auffassung des Schulrechts, als dieser
aufreibende Kampf der deutschen Lehrer um und für die
Schulhoheit des Staats, ein dummerweise oft genug von
superklugen Politikern mißbilligter und belächelter Kampf,
wenn hie und da die „halbgebildeten" Lehrer in ihrem
Eifer über das Ziel hinauszuschießen oder der Sophistik
ihrer „studierten" Gegner zu unterliegen schienen. Seien
wir doch unseren braven deutschen Schulmeistern dankbar,
daß sie die unbeugsame Ueberzeugung von ihrem hohen
Berufe so emsig vertreten und uns immer und immer
wieder auf den Punkt hingeführt haben, aus dem fast
allein die socialen Schäden der Zeit zu curiren sind.

Wohl haben sich neben den Dinter, Niemeyer,
Diesterweg u. A., welche als die hauptsächlichsten
pädagogischen Vertreter einer neuen staatlichen Schul=
ordnung dastehen, auch einzelne Rechtslehrer mit Ideen
über „Staatserziehung" u. dgl. getragen. Aber erst in
neuester Zeit hat ein souveräner Kopf, Lorenz v. Stein,
glücklichen Anlauf genommen, den gordischen Knoten
wirklich zu durchhauen. Unter den zahlreichen Schriften
dieses bedeutenden Mannes ist mir eine der merkwürdig=
sten der fünfte Theil seiner „Verwaltungslehre", welcher
vom Bildungswesen und von der Presse handelt. Classisch
ist namentlich, was Stein hier über den Begriff und

über die drei Grundformen der Bildung (Elementar-, Berufs- und allgemeinen Bildung), über das System und die geschichtliche Entwickelung des Bildungsrechts sagt, und seine vergleichende Darstellung des Bildungs- und besonders des Volksschulwesens in den größeren Culturländern zählt wohl zu dem Besten, was über diesen wichtigsten Factor unserer Cultur geschrieben worden ist. Die Stein'sche Schrift erschien im Jahre 1868; ein Jahr später folgte ein anderer hervorragender Rechts- lehrer mit einer nicht minder wichtigen Publication: Rud. Gneist, „Die Selbstverwaltung der Volksschule". Wir müssen diesen Männern dankbar sein, sie haben mit ihrer ganzen Autorität dem Bildungsrecht die hohe Stell- ung angewiesen, die es von nun an einnehmen muß, ein Verdienst, das uns über alle etwaigen Fehler und Mängel ihrer Meinungen hinwegsehen läßt. So ist es z. B. nur zu erklärlich, daß Stein die erst in den letzten Jahren ernsthaft in Angriff genommene obligatorische Fort- bildungsschule noch nicht in seinem System zum klaren Ausdruck gebracht hat, und daß Gneist zu einer Zeit, wo weder die große Verwaltungsreform in Preußen be- rathen, noch das Communal-Dotationsgesetz erlassen war, für die finanzielle Schulverwaltung des Kreises schwärmen konnte.

Es ist nicht meine Absicht, hier das ganze Gebiet des Bildungsrechtes zu umfassen; ich will nur einige Punkte berühren, deren bisher versäumte Klarstellung mir vor allen Dingen nothwendig und für die weitere Entwickelung des ganzen Volksbildungsrechts von der größten Bedeutung zu sein scheint. Ich kann diese Be-

trachtungen nicht würdiger einleiten, als mit Aussprüchen
Stein's und Gneist's, obschon ich, wie sich zeigen
wird, zu theilweise von den ihrigen abweichenden Schluß=
folgerungen gekommen bin.

Ueber die Wirkung guter Elementarschulen auf das
gesammte sociale Leben spricht sich Lorenz Stein
folgendermaßen aus: „Inhalt, Umfang, Allgemeinheit
und Freiheit des Elementarunterrichts bedeuten in ihrem
Kreise die Kraft und die Richtung der ganzen socialen
Bewegung einer Epoche, und zwar in der Weise, daß
die Entstehung und Ausdehnung desselben, sowie seine
organische Verbindung mit dem allgemeinen Bildungs=
wesen den großen Proceß der Hebung der niedern
Classen überhaupt, speciell aber den der Hebung der=
selben zum geistigen Leben der höheren bedeuten.
Es ist daher ohne eine wohl organisirte Elementarbildung
gar kein wahrer socialer Fortschritt möglich;
wo derselbe dagegen fehlt, fehlt das große vermittelnde
Glied für den Uebergang von einer Klasse zur andern,
mit ihm das Element der Ausgleichung der Classengegen=
sätze, und der sociale Kampf wird daher ein roher, ge=
waltsamer, der die Vermehrung der Wohlfahrt zum In=
halt und die Despotie zur Folge hat. Nur der tüchtige
und allgemeine Elementarunterricht kann das ändern, fast
mehr noch durch sein Princip als durch seinen Inhalt.
Wo eine gute und fortschreitende Elementarbildung vor=
handen ist, da ist einerseits zwar der sociale Fortschritt
der niederen Classen ein unaufhaltsamer, aber da
wird mit der steigenden Bildung auch die gewaltsame
Revolution mehr und mehr unmöglich. Der innere und

lebendige Zusammenhang des geistigen und wirthschaft=
lichen Lebens mit dem gesellschaftlichen ist ein so un=
zweifelhafter, daß diese Sätze keines Beweises bedürfen,
ja daß die gegenseitige Einwirkung und der sociale Pro=
ceß nicht einmal eines Bewußtseins von Seiten des
Unterrichts bedarf; er vollzieht sich von selbst. Aber die
Verwaltungslehre muß ihn kennen, weil auf ihm das
öffentliche Recht des Elementarunterrichts beruht."

Und R. Gneist sagt von dem Streit über die
Bildung der Volksschule: „Hätte unsere Zeit über=
haupt die Geduld zu nüchternen Rückblicken auf ihr un=
stetiges Denken und Schaffen, so würden nicht nur die
mißglückten Gesetzentwürfe, sondern ebenso die Kammer=
und Commissionsverhandlungen, die Tagespresse und die
Flugschriften in übereinstimmender Weise die drei Grund=
mängel darlegen, an welchen die bisherigen Versuche
gescheitert sind: die Unklarheit der herrschenden Vorstell=
ungen, — den mangelnden Sinn für Gesetzlichkeit, be=
sonders in dem Verhältniß zwischen Kirche und Staat,
— den Mangel eines ernsten Willens, der Elementar=
schule durch Beschaffung neuer Mittel zu helfen." In
derselben Schrift[16]) weist R. Gneist schlagend nach, wie
die Entwickelung der preußischen Volksschule seit dem
Jahre 1794 nicht wesentlich fortgeschritten ist, d. h. bis
zum Rücktritt des Herrn v. Mühler.

Hier kömmt es mir nun zunächst darauf an, die
Unvereinbarkeit der bestehenden Volksschule mit dem Geiste
der allgemeinen Rechtsgleichheit zu zeigen, wozu ein kurzer
Hinweis auf unsere modernen Verfassungen genügt.

„Für die Bildung der deutschen Jugend soll durch

öffentliche Schulen überall genügend gesorgt werden."
So lautet der erste Absatz des §. 155 der niemals lebendig
gewordenen Reichsverfassung vom 28. März 1849. Nun
sollte man meinen, der Staat kenne für das gesammte
„Volk" nur die eine, nämlich „genügende" Schulbildung,
der etwa nur eine höhere Fachausbildung für Lehrer,
Beamte u. s. w. gegenüber stände; man sollte dies meinen,
nachdem kurz vorher von der Gleichheit vor dem Gesetz,
der Aufhebung des Abels als Stand und dergl. die
Rede ist. Aber siehe da, der zweite Absatz desselben
Paragraphen, der gewissermaßen den verwaltungsrecht=
lichen Revers darbietet, bestimmt: „Eltern oder deren
Stellvertreter dürfen ihre Kinder oder Pflegebefohlenen
nicht ohne den Unterricht lassen, welcher für die unteren
Volksschulen vorgeschrieben ist." Was aber, so fragen
wir billig, ist nun „genügend," die Bildung aus der
unteren oder aus der oberen (oder höheren) Volks=
schule? Wenn schon die untere Volksschule „genügend"
ist, so erscheint es doch ungerecht, daß der Staat noch
andere Volksschulen unterhält, in denen er bei Unent=
geltlichkeit des Unterrichts (§. 157) mehr als genügende
Bildung gewährt. Der Einwand, daß die „genügende"
oder „mehr als genügende" Volksschule zu benutzen in
die freie Wahl der Kinder resp. Eltern gelegt sei, ist
doch nicht stichhaltig, da man unmöglich in Frankfurt
daran gedacht haben kann, in jedem kleinen Dorfe eine
untere und eine höhere Volksschule zu errichten. — Die
Frage ist hier allerdings gegenstandlos, da der Reichsver=
weser niemals in die Lage gekommen ist, deutsche Volks=
schulen zu gründen; es ist aber interessant zu sehen, wie

schon in jenen freisinnigen Grundrechten der Keim zur culturpolizeilichen Willkür enthalten ist.

Thatsächlich wichtiger ist die bez. Rechtsbildung in Preußen. Die preußische Verfassungsurkunde vom 31. Januar 1850 erklärt:

„Für die Bildung der Jugend soll durch öffent= liche Schulen genügend gesorgt werden.

„Eltern und deren Stellvertreter dürfen ihre Kinder oder Pflegebefohlenen nicht ohne den Unter= richt lassen, welcher für die öffentlichen Volks= schulen vorgeschrieben ist."

Insofern hier von einer einzigen Volksschule schlecht= weg die Rede ist, liegt in der preußischen Verfassung ohne Zweifel eine Verbesserung der Bestimmungen der Reichsverfassung nach der Richtung der culturpolizeilichen Gerechtigkeit hin. Noch mehr tritt dies hervor durch die damalige Auffassung des Begriffes „Volksschule" Seitens der Schöpfer der preußischen Verfassung. Der damalige Minister v. Ladenberg erklärte, „daß darunter diejenige Schule zu verstehen sei, welche dem Staatsbürger den Grad politischer Reife gewährt, der ihn fähig macht, in politischen Dingen seine Stimme abzugeben und seine Rechte wahrzunehmen;" ferner „daß das (im Art. 26 vorgesehene) Unterrichtsgesetz von dieser Anschau= ung ausgehen und den Begriff nach den einzelnen Unterrichtsgegenständen in ihrem Maximum (sollte wohl besser heißen „Minimum"!) näher bezeichnen werde, wobei nicht unstatthaft sein solle, wenn einzelne Lehrer über das Maß des Maximums hinausgehen, insofern nur die Haupterfordernisse einer Volksschule dadurch nicht beein=

trächtigt werden." Fraglich aber wird die Einheitlichkeit
des Volksunterrichts auch hier durch die weitere Bemerk=
ung des Ministers, „daß neben den Volksschulen auch
noch solche Schulen bestehen werden, die weit über deren
Maß hinausgehen, nämlich Mittelschulen, die gleich=
zeitig auch die gewöhnliche Volksbildung leisten" —
Schulen also, von denen das allgemeine Landrecht nichts
enthält, in welchem nur von „gemeinen Schulen", „ge=
lehrten Schulen" und „Universitäten" die Rede ist.

Von besonderem Interesse ist der in der octroirten
Verfassungsurkunde vom 5. Dezember 1848 enthaltene
(aus den Beschlüssen der deutschen Nationalversammlung
übernommene) Satz: „Der preußischen Jugend wird
durch genügende öffentliche Anstalten das Recht auf
allgemeine Volksbildung gewährleistet." Mir
bleiben diese Worte außerordentlich merkwürdig, weil sie
den ersten schüchternen Ansatz zu einer Art klagbarer
Verpflichtung des Staates enthalten und zugleich den
wirklichen Gläubiger namhaft machen. In der That
wird dadurch, daß der Staat den Kindern und nicht den
Eltern gegenüber sich verpflichtet, ein für die richtige
Auffassung des Culturpolizeirechts durchaus klarer Stand=
und Ausgangspunkt gewonnen, der übrigens in anderen
Partien des öffentlichen Rechts längst anerkannt ist.
Danach ist das Kind nicht als das freie Eigenthum der
Eltern, sondern als angehender Staatsbürger, als zu=
künftiger Culturmehrer, Wähler, Steuerzahler, Soldat
u. s. w. zu betrachten, mit dem der Staat allein (nicht
etwa ein Dritter, wie der Papst,) sofort bei der Geburt
— ja durch Vermittelung des Strafgesetzes [17]) sogar

8*

noch vor der Geburt — einen Zwangs=Vertrag ein=
geht, der mit Pflichten und Rechten beiderseits reichlich
ausgestattet ist. Bei consequenter Durchführung dieses
Vertragsverhältnisses ergeben sich ganz feste Anhaltspunkte
für eine große Anzahl von streitigen Fragen, namentlich
auch solchen confessioneller Natur. Nach diesem Verhält=
nisse sind die gesetzlichen Pflichten und Rechte der Eltern
gegenüber ihren Kindern nur Delegationen Seitens des
Staates, der mit dem Rechte der jederzeitigen Kündigung
der Uebertragung selbstverständlich auch das Recht und
die Pflicht hat, die Delegatare gehörig zu beaufsichtigen.
Es ist gar nicht abzusehen, wie im heutigen Rechtsstaat
das Verhältniß zwischen der Gesammtheit der staatlich
verbundenen Gesellschaft und dem Individuum anders
construirt werden soll, will man nicht zu ganz vagen
Theorien zurückkehren. Und man sage doch nicht, daß
in solcher Vorstellung keine Religion liege! Wenn ein
ganzes Volk, innig verknüpft durch die gemeinsame Vater=
landsliebe und tausend Bande des Rechts und der Sitte,
an der Wiege eines Neugebornen betheuert: „ich will dich
schützen, will sorgen, daß der Gotteskeim in dir sich zur
vollen Blüthe entfalte und daß du ein guter, glücklicher
und freier Mensch werdest" — und wenn dann dieser
Betheuerung der thatkräftige Nachdruck gegeben wird —
ich meine, das sei mehr nach dem Sinne Christi des
Kinderfreundes, als der scheinheilige Bekehrungseifer
eines herrschsüchtigen und verdummungsseligen Clerus.
Der Gedanke, der preußischen Jugend das Recht auf
allgemeine Volksbildung verfassungsmäßig zuzugestehen,
war also ein durchaus guter und richtiger; bei der Revision

ließ man aber jene Fassung fallen, da es un passend sei, der „unmündigen Jugend etwas zu gewährleisten!"

Diese Beispiele beweisen, wie man schon bei der Grundsteinlegung unseres deutschen Rechtsstaats mehr unstät gefühlt als energisch gewollt hat, wie man sich namentlich nicht ganz von der Vorstellung hat losmachen können, daß der Volksunterricht dem (angeblich verschie= denen) Bedürfnisse verschiedener „Volksclassen" anzupassen sei. Und nun erst die Praxis! Welchen Zustand „poli= tischer Reife" nicht blos die preußischen, sondern auch die bayrischen u. a. Volksschulen hervorgebracht haben, wissen wir Alle; hier, und hier fast allein, in dem Mangel klarer culturrechtlicher Verpflichtungen liegt der Keim zu den socialen und religiösen Wirren, mit denen das junge deutsche Reich zu kämpfen hat.

Selbst noch die Falk'schen Lehrpläne für die Volks= und Mittelschulen [18]) gehen von der hergebrachten mittel= alterlichen Auffassung der Volksgemeinschaft aus, indem sie die sogen. Bürger=, Mittel=, Rector= oder Stadt= schulen dadurch charakterisiren, daß dieselben „einerseits ihren Schülern eine höhere Bildung zu geben versuchen, als dies in der mehrclassigen Volksschule geschieht, andrer= seits aber auch die Bedürfnisse des gewerblichen Lebens und des sog. Mittelstandes in größerem Umfange berücksichtigen, als dieß in höheren Lehranstalten regel= mäßig der Fall sein kann." Die betr. Ministerialverfüg= ung fährt fort: „Es entspricht den Anforderungen der Gegenwart nicht nur, die bestehenden Anstalten dieser Art weiter zu entwickeln, sondern auch die Neu= errichtung derselben Seitens der Gemeinden

thunlichst zu fördern." Das heißt mit andern
Worten: „Der Staat hat zwar kein Geld dazu, wünscht
und befördert es aber, daß dem sogen. Mittelstande eine
bessere Schulbildung gegeben werde, als es in der Volks=
schule geschehen kann." Der Staat überläßt es den Ge=
meinden, diese „mehr als genügende" Volksbildung
zu gewähren. Den wohlhabenden Gemeinden wird es
leicht fallen, ein Uebriges zu thun und sogar sämmtliche
im Orte bestehende Volksschulen in Mittelschulen zu ver=
wandeln; auch weniger reiche Gemeinden, wenn sie nicht gar
zu klein und nicht allzu entlegen von den Wegen der Cultur
sind, werden ihren Kindern die bessere Bildung zu geben
suchen, wie der arme Familienvater sich den Bissen vom
Munde spart, um seinen Kindern möglichst viel Können
und Wissen mit auf den Lebensweg zu geben. Wie aber
steht es um die armen Gemeinden und um jene, die,
ihren geistlichen Herrn an der Spitze, noch als feste Voll=
werke gegen jeden gesunden Fortschritt dastehen? Da
kann man wohl mit Dante ausrufen: „Lasciate ogni
speranza, voi ch'entrate!" — oder frei zu Deutsch:
„wappnet Euch mit Riesengeduld, wenn ihr hier nicht
an der Menschheit verzweifeln wollt!"

So sehen wir denn unter den Augen und mit Zu=
stimmung des Staates mehr und mehr eine großartige
Verschiebung der Culturverhältnisse des Volkes sich
vollziehen. Der Staat zwingt seine Angehörigen zur
Cultur; aber das Maß, das er anlegt und gewährt, —
also das, worauf es schließlich ankömmt — richtet sich
nicht nach dem Bedürfniß, sondern nach dem Geldsäckel
der Leute. Gewährt schon die häusliche Erziehung

dem Kinde bemittelter und gebildeter Eltern eine größere
Lebensmitgift, als dem armen Taglöhnerkinde, so wird
durch die verkehrte Theilung der Schulfinanzverwaltung
zwischen Staat und Gemeinde oder Staat und Kreis
das Verhältniß noch ungleicher, was um so mehr ins
Gewicht fällt, als es sich hier nicht etwa blos um die
Benachtheiligung einzelner Individuen, sondern ganzer Ge=
meinden, ja ganzer Gegenden und Volksschichten handelt.
Ist es ein Wunder, daß bei solcher Culturpolizeiwillkür
das deutsche Reich eine bunte Musterkarte der tollsten
Culturunterschiede darbietet? Ist es ein Wunder, daß
hier ein städtisches Gemeinwesen, eine wohlhabende Pro=
vinz blüht und gedeiht, während dort eine kartoffelkranke
Bevölkerung in Elend und Aberglauben versinkt? Ist
es ein Wunder, daß wir kein Culturstaat, sondern nur
ein Conglomerat von hoch=, mittelmäßig=, schlecht= und
miserabel=cultivirten Kreisen, Gemeinden und Individuen
sind? Ist es ein Wunder, daß Diejenigen, die eine
höhere Lebenserwartung hegen und bewußt oder instinctiv
für ihre Nachkommenschaft besorgt sind, sich nach den
Mittelpunkten der Wohlhabenheit und Aufklärung hin=
drängen und so auch das wirthschaftliche Gleichgewicht
verrücken? Ist es endlich ein Wunder, daß die städt=
ischen Bevölkerungen an Zahl, Cultur und Vermögen
ganz ungeheuer wachsen, die Landbevölkerungen an alledem
eher ab= als zunehmen?

Ein oberbayrischer Landmann setzte mir einmal in
seiner Art auseinander, warum die Landwirthschaft so
gar nicht recht gedeihen wolle und warum die Dorf=
bauern noch „gar so dumm und ungeschlacht" seien; das

käme, meinte er, nur daher, „daß die Stadt= und Juden=
kinder zu viel lernen." Ohne Zweifel ein Ausspruch
socialistischer Weisheit, aus dem unsere Cultusminister
viel lernen könnten. Staatsrechtlich aber liegt die Frage
doch einfach so:

Entweder lernen die Stadtkinder wirklich zu viel,
oder die Landkinder zu wenig; entweder sind die Mittel=
schulen zu gut und überflüssig, oder die Volksschulen
zu schlecht.

Entweder hat der Staat die Culturpolizei zu üben,
oder nicht; entweder liegt ihm die Pflicht der Volks=
bildung ob, oder nicht.

Hat er das Recht und die Pflicht der Culturpolizei,
so hat er auch die Pflicht, die als richtig erkannten
culturpolizeilichen Grundsätze allen Staatsangehör=
igen gegenüber gleichmäßig durchzuführen; hält
er die Mittelschule für „entsprechend den Anforderungen
der Gegenwart" (wie die Falk'sche Verfügung erklärt),
so muß er auch sorgen, daß sie überall än die Stelle
der Volksschule trete. Auf anderen Gebieten des Ver=
waltungsrechts ist man längst dahin gekommen, daß für
die Durchführung staatlicher Obligationen die gesammte
Steuerkraft des Staates in Anspruch genommen wird.
Was würde man z. B. dazu sagen, wenn jedes Dorf
von 1000 Einwohnern nicht nur seine 10 Mann regel=
mäßig beim stehenden Heere haben, sondern auch die zu=
gehörigen 7000 Mark jährlich baar zu den Militärkosten
beitragen sollte? Ueberall strebt man danach hin, die
Kopfsteuern durch gerechtere Einschätzungen zu ersetzen,
nur nicht auf dem wichtigsten Gebiete der Staatsver=

waltung, nämlich dem der Culturpolizei. Alles ist hier
spontan; in der That aber wird die Culturfürsorge in
den engsten Gemeinschaften nach der Steuerscala bemessen.

Aber welche Verbände sollen denn nun für die
Schulunterhaltungskosten aufkommen? Ich bedaure sehr,
daß diese überaus wichtige Frage nicht überall mit der
nöthigen Unbefangenheit behandelt wird. Man hat sich
so sehr daran gewöhnt, Schule und Selbstverwaltung
als in jeder Beziehung untrennbare Dinge aufzufassen,
daß es Vielen geradezu als Ketzerei gilt, wenn Einer
es wagt, das Bündniß zu durchbrechen. Dabei kömmt
namentlich in Betracht, daß in den eigentlichen Sitzen
aller politischen und socialen Bewegungen, in den größern
Städten, das Schulwesen in den Händen der Communal=
behörden mehr und mehr gedeiht, daß man bestrebt ist,
diese Competenz zu conserviren und ängstlich es vermeidet,
dem Staate mehr Rechte einzuräumen, als ihm nach der
bisherigen Ordnung zustehen. Wir Städter — Sie
nehmen mir das Urtheil nicht übel, ich schließe mich ja
selber mit ein — wir Städter sehen leider die Bedürfnisse
des Staates und der Volkswirthschaft durch eine ganz
eigene Brille, etwa von der Art, wie sie alte Leute zum
Bibellesen brauchen — also nicht für die Ferne berechnet.
Für das, was weit und breit draußen auf dem Lande
vorgeht, das ja für den Staat verhältnißmäßig viel be=
deutender ist, dafür haben wir nur beschränktes Verständ=
niß. So viel uns z. B. die städtische Wohnungsfrage
Sorgen bereitet, so wenig denken wir daran, daß das
Land viel schlimmer daran ist, weil die Leute dort nicht
mehr wohnen und arbeiten wollen. Wir freuen

uns über jede Vergrößerung und Verschönerung unseres
Straßennetzes, über jede neue großartige Fabrikanlage,
über jedes neue Tausend unserer Einwohnerzahl, ob aber
damit dem Ackerbau die besten Kräfte entzogen werden,
ob wir in unseren Mauern ein neues Proletariat groß=
ziehen, das bedenken wir kaum. Erwägen wir nun, daß
die meisten und wohl auch die redegewandtesten Volks=
vertreter Städtebewohner sind, daß die Regierungen,
die einflußreichen Preßorgane und Vereine, die Leitungen
der Verkehrsanstalten, die Geld= und Creditinstitute, die
höheren Schulen 2c. in den Städten domiciliren, so ist
es leicht begreiflich, wie bei der Behandlung unserer
öffentlichen Angelegenheiten ganz unwillkürlich den ein=
seitigen städtischen Anschauungen und Interessen mehr
Raum gewährt wird, als es bei Rücksichtnahme auf das
Ganze billigerweise der Fall sein sollte.

Nun, unter dieser gewiß nicht absichtsvollen einseitigen
Auffassungsweise leidet denn auch die communale Selbst=
verwaltung, für deren Durchführung nun einmal auf
dem Lande ganz andere Voraussetzungen gegeben sind,
als in den Städten. Was insbesondere die Selbstver=
waltung der Schule betrifft, so herrscht zwischen Stadt
und Land ein himmelweiter Unterschied. Die Städte
sind wohlhabend, die Bevölkerung ist hier bereit, Alles
für die Schule zu thun, und was die Lehrerbesoldungen
hier mehr kosten, das wird andererseits gewonnen durch
die Möglichkeit, die Lehrkräfte besser auszunützen. In
den Städten endlich finden sich in der Regel genügend
geschulte und intelligente Männer, welche, das öffentliche
Vertrauen genießend, das Zeug haben, um die Schul=

verwaltung energisch zu führen. Auf dem Lande ist das
ganz anders. Hier begegnen wir noch auf Schritt und
Tritt den socialen Folgen jahrhundertelanger Grundherr=
lichkeit, Gebundenheit und geistlichen Einflußes. Gerade
hier, wo die Erziehung am dringlichsten ist, finden sich
Wohlhabenheit, Intelligenz, guter Wille, die Schule hoch=
zuhalten, und geeignete Verwaltungskräfte so außer=
ordentlich ungleichmäßig vor, daß der Staat unmöglich
den ländlichen Gemeinden allein die Sorge um die Schule
überlassen kann. Auch dann wird das Verhältniß kein
wesentlich anderes, wenn man größere ländliche Districte
zu selbstständigen Schulgemeinschaften macht. Nehmen
Sie doch irgend eine ultramontane Gegend in Bayern
oder am Rhein, vielleicht noch dazu eine recht arme
Gegend mit sehr zerstreut wohnender Bevölkerung: da
ist es im Erfolg dasselbe, ob Sie die Schule in jeder
einzelner oder in 20 oder 30 Gemeinden gemeinschaftlich
zu Grunde wirthschaften lassen.

Leider fehlt es uns an einer deutschen „Wohlhaben=
heits=Statistik"; doch ist die Thatsache, daß in dieser Be=
ziehung ganz horrende territoriale Unterschiede bestehen,
mit wenigen Zahlen unschwer zu erweisen. So wurde
z. B. in einer von der sächsischen Regierung selbst aus=
gehenden Zusammenstellung das Durchschnittseinkommen
eines Steuerpflichtigen im Regierungsbezirk Dresden auf
1163 Mark, im Reg.=Bez. Zwickau auf 950, im Reg.=Bez.
Bautzen auf 780 Mark angegeben. In der Stadt Bremen
machten die Einkommen über 275 Thlr., auf die gesammte
städtische Bevölkerung vertheilt, beinahe 200 Thlr. pro
Kopf aus, mit Hinzunahme der geringeren Einkommen

gewiß nicht unter 250 Thlr. pro Kopf. Einen, wenn auch nur ganz ungefähren Maßstab zur Beurtheilung der Verhältnisse in Preußen gibt die Leistung directer Steuern (Grund-, Gebäude-, klassificirte Einkommen- und Classen- steuer, Gewerbesteuer und Eisenbahnabgabe), welche zusam- men pro Kopf der Bevölkerung und pro Quadratmeile nach den Erläuterungen zum 1873er Etat beispielsweise ergeben:

	pro Kopf Sgr.	pro Quadratmeile Thlr.
in der Stadt Berlin . . .	85,5	2,355,00
im Reg.-Bez. Köln . . .	80,0	22,760
„ „ Wiesbaden .	67,7	14,420
„ „ Magdeburg .	74,6	10,180
„ „ Oppeln . .	35,0	6,308
„ „ Köslin . .	35,8	2,580
„ „ Gumbinnen .	34,1	2,930
im ganzen Staat . . .	53,3	6,940

Nach einer (nicht veröffentlichten) Denkschrift der preußischen Regierung aus dem Jahre 1867 vertheilten sich die 445 Kreise resp. Veranlagungsbezirke der ganzen Monarchie in Rücksicht auf den Kopfertrag an Gebäude-, Gewerbe-, Classen-, classif. Einkommen- und Mahl- und Schlachtsteuer folgendermaßen:

Mit einem Ertrag pro Kopf			Mit einem Ertrag pro Kopf		
19 Kreise von 15—20 Sgr.			6 Kreise über 50—55 Sgr.		
71	„ über 20—25	„	4	„ „ 55—60	„
107	„ „ 25—30	„	5	„ „ 60—70	„
90	„ „ 30—35	„	3	„ „ 70—80	„
54	„ „ 35—40	„	5	„ „ 80—90	„
44	„ „ 40—45	„	4	„ „ 90—100	„
22	„ „ 45—50	„	11	„ „ 100—165	„

Aus derselben Quelle geht hervor, daß die von den städtischen Bevölkerungen geleisteten directen Steuern zu denjenigen der Landbevölkerung pro Kopf sich im Allgemeinen wie 3 : 2, ja in vielen Bezirken wie 2 : 1 verhalten. Höchst interessant sind auch einige Berechnungen des verdienstvollen Directors des preußischen statistischen Bureaus, Dr. E. Engel. Danach vertheilten sich je 10,000 männliche Einwohner Preußens a) in den Städten mit mehr als 20,000 Bewohnern, b) in den Städten überhaupt, c) in den Landgemeinden mit über 2,000 Bewohnern, d) in den selbstständigen Gutsbezirken der alten Provinzen, und endlich e) auf dem platten Lande überhaupt, auf die verschiedenen Lebensalter folgendermaßen:

im Alter von	a)	b)	c)	d)	e)
0—10 Jahren	2,023	2,220	2,592	2,845	2,670
10—20 „	1,878	2,016	1,973	2,069	2,033
20—30 „	2,553	2,112	1,572	1,524	1,386
30—40 „	1,477	1,347	1,387	1,312	1,278
40—50 „	1,032	1,066	1,103	1,119	1,137
50—60 „	590	673	728	659	789
60—70 „	317	392	455	334	491
70—80 „	111	147	161	116	183
über 80 „	19	27	30	22	33

Die männlichen Personen des kräftigsten Lebensalters (20 bis 40 Jahre) sind also unter je 10,000 in den großen Städten mit 4,030, auf dem platten Lande dagegen nur mit 2,664 Individuen vertreten, während die unproductiven Lebensalter (Kinder und Greise) auf dem Lande vorherrschen. Selbst wenn man von den Zahlen für die Städte die Militärbevölkerung (6 bis 8 pCt.) in

Abzug bringt, worauf Dr. Engel keine Rücksicht nimmt, behalten folgende Betrachtungen desselben ihre Berechtig=ung: „Die Abgabe von Personen des kräftigsten Alters Seitens des platten Landes an die Städte und dessen Rückempfang vieler in den Städten abgenützter Kräfte muß nothwendig mit materiellen Nachtheilen für jenes verknüpft sein, und es ist sehr unwahrscheinlich, daß letztere durch die ethischen Vortheile aufgewogen werden, welche darin liegen sollen, daß das Greisenalter der gemüthvolle Lehrer der Jugend sei und dieselbe vor dem großen Materialismus bewahre, dem sie in den Städten so leicht verfällt. Wir möchten vielmehr glauben, daß ein Theil der großen Calamitäten, über welche die preußische Land=wirthschaft klagt, durch diese Strömung und Rückströmung nach und von den Städten verursacht wird. Denn das in den Dörfern auf die Jugend verwandte höchst be=trächtliche Erziehungscapital trägt seine Früchte nicht daselbst, sondern reproducirt sich in den Städten, und diese gewinnen dadurch ganz ebenso, wie ein Land durch die beträchtliche Einwanderung productionsfähiger Men=schen gewinnt." — Der berühmte Statistiker hat mit diesen Worten indirect die schärfste Verurtheilung der Gemeinde = und Kreisschulsocietät ausgesprochen. Wie kann man als selbstständige Schulsocietät z. B. das reiche Berlin bestehen lassen wollen, wo die Zahl der Indivi=duen im erwerbskräftigsten Alter von 20—40 Jahren zu der Zahl der Kinder bis zu 15 Jahren sich verhält wie 10 : 7, während in ländlichen Districten das Verhältniß ist wie 10 : 13?

Diese Rückschlüsse aus der Bewegung der Bevölkerung

auf die Steuerfähigkeit von Stadt und Land
werden durch die preußischen Steuerlisten auf's Voll=
kommenste bestätigt. Von höchstem Interesse sind auch
die Ergebnisse der Einschätzung zur Einkommensteuer im
Königreich Sachsen von 1875. Selbst wenn man an=
nimmt, daß in den ländlichen und kleinstädtischen Bezirken
es an der Steuerehre noch etwas gefehlt habe, müßten
folgende Ziffern den Anhängern der Gemeindeschulsocietät,
so sie nur noch einen Funken von Gerechtigkeit besitzen,
für immer den Mund verschließen. Während das Ver=
hältniß der Bewohner der Städte zu denen des platten
Landes im ganzen Königreich wie 40 : 60 war, belief
sich das Gesammteinkommen

	Mark	davon in den Städten	auf dem Lande
vom Grundbesitz auf	207,726,895	33,9 %	66,11 %
von Renten auf	121,563,597	66,15 "	33,15 "
von Gehalten auf	230,212,287	60,7 "	39,13 "
von Handel u. Gewerbe auf	543,611,910	56,2 "	43,8 "
Summa	1,103,114,689	54,11 %	45,9 %

Und wie die Steuerfähigkeit mit der Größe der Ge=
meinden wächst, geht evident aus folgenden Zahlen hervor.
Es kamen

in den Städten mit	Steuerpflichtige auf 100 Einwohner	Auf einen Pflichtigen Mark	Auf je 100 Einwohner Mark
über 25,000 Einw. . .	50,5	1767	89,000
10,000—25,000 Einw.	38,3	1102	42,000
5,000—10,000 Einw. .	34,8	972	34,000
unter 5000 Einw. . .	34,0	831	28,000
	41,1	1332	55,000
auf dem platten Lande	36,8	818	30,000

In den vier Regierungsbezirken Dresden, Leipzig, Zwickau und Bautzen kamen als Durchschnittseinkommen auf je einen Steuerpflichtigen in den Städten und auf dem Lande: 1504 : 850 M., — 1484 : 877 M., — 1089 : 834 M., — 1154 : 688 M.!

Fast noch schwerer indessen, als die Ungleichheit ihrer absoluten Leistungskraft, fällt die bisherige ungleiche Belastung der Gemeinden und Kreise zu Communal= zwecken in's Gewicht. Es giebt Gemeinden mit sehr wohlhabender Einwohnerschaft, welche vermöge ihres Grundbesitzes oder sonstiger günstiger Umstände für ihre Communalverwaltung keinen oder nur einen sehr geringen Zuschlag zu den Staatssteuern zu erheben brauchen, und umgekehrt sehr arme Gemeinden, in denen dieser Zuschlag eine enorme Höhe erreicht. Als Beispiel führe ich den Regierungsbezirk Coblenz an. Von den 1044 Gemeinden dieses Bezirks befanden sich in den letzten Jahren 226 in der günstigen Lage, von jeder directen Steuerumlage absehen zu können, während in 219 Gemeinden bis zu 50 Procent, in 261 von 50 bis 100 Procent, in 291 über 100 bis 200 Procent, und in 47 Gemeinden sogar mehr als 200 Procent Zuschlag zu den betr. Leistungen an directen Staatssteuern erhoben werden mußten! Und zwar vertheilen sich diese Zahlen nicht etwa gleichmäßig auf sämmtliche Kreise des Bezirks, sondern die günstig und die ungünstig gestellten Gemeinden liegen, was ja auch historisch ganz erklärlich ist, gruppenweise zusammen.[19]) Grundfalsch wäre es, die Gemeinden mit hohen Umlagen schlechtweg für den Stand ihrer Finanzen verantwortlich machen zu wollen; hie und da mag ja wohl Mißwirth=

schaft vorkommen, in der Regel aber werden die ungün=
stigen Verhältnisse auf die Sünden früherer Generationen,
häufig auf Bedrückungen und Beraubungen durch welt=
liche und geistliche Herrschaften in alter Zeit u. dgl., also
auf Umstände zurückzuführen sein, für die man das
lebende Geschlecht nicht zur Rechenschaft ziehen kann.
Angesichts solcher Thatsachen — und das Beweismaterial
ließe sich hier leicht in's Endlose vermehren — ist es
doch mehr als oberflächlich, wenn man mit dem bloßen
Zauberwort „communale Selbstverwaltung" alle ernsten
Bedenken gegen die kritiklose Ueberwälzung staatlicher
Verpflichtungen auf die Gemeinden und kleineren Ver=
bände bannen zu können meint.

Da nun aber die Kosten für die Volksschule in
einem Bezirke um so größer sein müssen, je zahlreicher
und kleiner die Gemeinden, und da die relative Steuer=
kraft um so größer zu sein pflegt, je dichter die Be=
völkerung, so kann man wohl sagen: daß in der Ge=
meinde=, Kreis= und Bezirks=Schulsocietät die Kosten
der Volksschule und die verfügbaren Mittel im um=
gekehrten Verhältniß stehen und zunehmen; und daß,
um eine gerechte Vertheilung der Kosten herbeizuführen,
die weiteste Ausdehnung der Societät die beste ist.

So ganz und gar hat man sich denn auch dieser
Erkenntniß nicht verschließen können, und so hat man
eine Art gemischten Systems adoptirt, das sich kurz so
charakterisiren läßt: Gesetzgebung und Oberaufsicht des
Staates, im Uebrigen Selbstverwaltung auch in finan=
zieller Beziehung, aber mit Aushülfe der Staatskasse im
Nothfalle. Ich halte dieses Abkommen für ein durch=

aus unglückliches, um so unglücklicher, als es nicht die rührigen und über ihre Interessen wachsamen Städte sind, welche die Unterstützung des Staates beanspruchen müssen, sondern weil hier fast nur das schwerfällige Land in Betracht kommt. Man wird im Allgemeinen die Erfahrung machen: je geringer das Verständniß, desto größer das Bedürfniß, und ferner: je größer das Bedürfniß, desto geringer die Inanspruchnahme des Staates, während es doch gerade umgekehrt sein sollte. Wie untauglich und wenig lebensfähig dieses System ist, das sehen wir ja grade in Preußen, wo man von allen Seiten guten oder doch nicht geradezu bösen Willen hat, aber dennoch absolut nicht zu einem gedeihlichen Auf= schwung der ländlichen Volksschulen kommen kann — ganz einfach weil — um mich eines populären Aus= drucks zu bedienen — Niemand weiß, wer Koch und wer Kellner ist. Auch das beste Schulgesetz wird hier keine radicale Abhülfe bringen, wenn sich der Staat nicht dazu entschließt, für die von ihm aufgestellte Forderung finanziell voll und ganz einzu= stehen. Vergegenwärtigen Sie sich doch nur einmal, was trotz der klarsten Organisationsgesetze aus unserer Militärverwaltung werden sollte, wenn wir auf sie dieses gemischte System anwenden wollten, wenn zunächst den Gemeinden und Kreisen die Sorge für die Ausrüstung und Unterhaltung ihrer respectiven Contingente obliegen und der Staat nur aushülfsweise eintreten sollte; ver= gegenwärtigen Sie sich den Wirrwarr, das Gezänk, die Unsicherheit im Gefolge einer so verkehrten Theilung der Lasten. Den unverkennbar großen Nachtheilen gegenüber

bin ich schlechterdings nicht im Stande, auch nur einen
einzigen wesentlichen Vortheil in der finanziellen
Selbstverwaltung der Volksschule zu sehen, keinen Vor=
theil, der nicht durch das volle Eintreten des Staates
vollkommen erreicht würde.

Bekanntlich geht nun das Bestreben einflußreicher
Männer dahin, an die Stelle der kleinen Schulsocietäten
den größeren „Kreis" als Grundlage einer gedeihlicheren
finanzwirthschaftlichen „Selbstverwaltung" der Schule zu
setzen. Namentlich ist R. Gneist für diese Idee einge=
treten, den ich als Gegner um so höher anschlage, als
seine Schriften überall den fortschreitenden Denker be=
kunden, im Gegensatze zu dem störrigen Dogmatismus,
der sich nicht nur am grünen Tisch, sondern auch in den
Parlamenten und den Hörsälen der Hochschulen so häufig
breit macht. Ich kann es Gneist nicht hoch genug an=
schlagen, daß er, seiner besseren Ueberzeugung folgend,
seine frühere Ansicht über das Schulgeld geändert hat
und seit einigen Jahren für die Unentgeltlichkeit
des Schulunterrichts eingetreten ist (vgl. „Die Selbst=
verwaltung der Volksschule", Berlin 1869, S. 32 ff.).
Seinen sonstigen durchschlagenden Gründen hierfür hätte
er vielleicht noch hinzufügen können, daß der Einwand,
als ob durch die Sorge der Gemeinschaft für die Schul=
bildung der Kinder den Eltern das Gefühl der Verant=
wortlichkeit für die Nachkommenschaft verloren gehe, auf
großer Unkenntniß der Wirklichkeit beruht. Denn wer
sich ernstlich Mühe gibt, die sogen. „kleinen Leute", Tage=
löhner, Fabrikarbeiter, Bauern, zu beobachten, der wird
bald finden, daß hauptsächlich die lässige Handhabung

des Schulzwanges und der Culturpolizei überhaupt
den Leichtsinn in der Eheschließung und Kinderzeugung
vermehrt, daß nicht die Unentgeltlichkeit des Unterrichts,
sondern die Möglichkeit frühzeitiger Nutzbarmachung
ihrer Kinder sie manchen Bedenken überhebt, über die
der Gebildete nicht so leicht hinwegkömmt. — Indessen
scheinen alle Voraussetzungen gegeben, daß R. Gneist
bald auch das Princip der Erhaltung der Volksschule
aus reinen Staatsmitteln anerkennen werde. Ich
verstehe nicht recht, aus welchem inneren Grund gerade
die allerwichtigste Staatsaufgabe, die Erhaltung und
Mehrung der nationalen Cultur, zum Prüfstein für die
wirthschaftliche Selbstverwaltung von Kreisen oder selbst
von Provinzen gemacht werden soll. Alles, was gegen
die kleinen Schulsocietäten vorgebracht werden kann, gilt
ja auch vom Kreis- und Provinzialverband, da es ärmere
und reichere, dichter und dünner bevölkerte Kreise und
Provinzen gibt.

Bei der, durch die Verhältnisse und frühere Unter-
lässigssünden leider unumgänglich gewordenen Eilfertig-
keit unserer Gesetzgebung ist es doppelt wichtig, endlich
einmal einen klaren Rechtsgrundsatz in das Gewirr
von Zumuthungen und Befürchtungen einzuführen, welche
sich an das Wort „Selbstverwaltung" heften. Ein
solcher Grundsatz aber lautet kurz und bündig:

„Für Verpflichtungen, welche die Gesammtheit in ihrem Interesse den Theilen gebieterisch auferlegt, hat jene auch finanziell voll
und ganz einzustehen, sobald es sich um irgend
erhebliche Aufwendungen handelt."

Ich halte die strenge Achtung und Durchführung dieses Grundsatzes nicht blos für ein Gebot der Gerechtigkeit, sondern für eine Bedingung sine qua non alles Gelingens unserer großen Verwaltungsreformen. Die bisherigen Verstöße gegen diesen Grundsatz sind großentheils auf die Verwechselung von „Autonomie" (Selbstgesetzgebung, Selbstbestimmung) mit „Selbstverwaltung", zurückzuführen, welche letztere in unserem entwickelten Rechtsleben nur die Bedeutung haben kann, daß die Gesetze des Staats unter directer Mitwirkung der Staatsbürger allerorten nur um so verständnißvoller aufgefaßt und um so wirksamer durchgeführt werden. Mit der Selbstverwaltung will man den Communen und Verbänden nicht das Recht, sich selbst Statuten zu geben, einräumen, sondern lediglich den Statuten des Staats höhere Lebenskraft sichern, sie gegen bureaukratische Handhabung schützen. Während die volle Autonomie der Kreise die Bersetzung des Staates in zahllose Interessengemeinschaften und Gewaltherrschaften herbeiführen, und den Sinn für die staatliche Zusammengehörigkeit untergraben würde, soll die Selbstverwaltung vielmehr den Staat stärken und alle seine Angehörigen mit der strengen Achtung vor den Interessen der Gesammtheit erfüllen. Das ist aber nur möglich, wenn die letztere keine unbilligen Anforderungen stellt. Wollte man überall ohne Weiteres die Selbstverwaltung nicht blos für die Durchführung des staatlichen Gesetzes, sondern auch für die mit derselben verbundenen Kosten verantwortlich machen, so würde nicht nur das Princip der schreiendsten Ungerechtigkeit verdächtig, und in der Praxis hinfällig werden,

sondern der Staat selber würde dabei viel übler fahren,
als mit dem bureaukratisch=centralistischen Regierungssystem.
Verwaltung und Selbstbesteuerung vertragen sich nur da
zusammen, wo Pflicht und Interesse sich voll=
ständig decken — wo dies nicht der Fall ist, macht
man nur den Bock zum Gärtner. Die Höchstbesteuerten
einer Gemeinde, unter denen sich wahrscheinlich auch die
einflußreichen Spitzen der Selbstverwaltung befinden, mögen
ein großes Interesse an dem Bau einer Vicinalstraße
haben — gut, dann mögen sie beschließen und zahlen;
dieselben Leute aber, etwa große Grund= und Fabrik=
besitzer, welche ihre Kinder in auswärtigen Erziehungs=
instituten erziehen lassen, haben vielleicht nicht das ge=
ringste Interesse daran, daß ihre Dorfjugend gewürfelt
und aufgeklärt werde, — dann muthe man ihnen doch
nicht das Uebermenschliche zu, eine ihrem nächsten Interesse
zuwiderlaufende Einrichtung nicht blos pflichtgemäß zu
beaufsichtigen, sondern auch ganz direct aus der eigenen
Tasche nach bestem Ermessen zu bezahlen. Es giebt nichts
Unpraktischeres, als ehrenwerthe Leute fortwährenden Ver=
suchungen auszusetzen.

Eine sehr erfreuliche praktische Anerkennung haben
diese Ideen durch das preußische Gesetz vom 30. April
1873, betr. die Dotation der Provinzial= und Kreisver=
bände[20]), erfahren. Auf Grund desselben werden bekannt=
lich alljährlich mehrere Millionen Mark unter die ver=
schiedenen Kreise und Provinzen zu Selbstverwaltungs=
zwecken vertheilt, und zwar nach einem festen Maßstabe:
zur einen Hälfte nach dem Flächeninhalt, zur anderen
nach der Volkszahl der einzelnen Verbände. Ich halte

dieses Gesetz für eines der bedeutendsten Reformwerke,
zunächst allerdings mehr wegen seines Princips, als wegen
des Umfangs seiner unmittelbaren Wirkung. Bei den
Berathungen desselben hat es nicht an kleinlichen Be=
denken gefehlt, ja es wurde sogar der Versuch gemacht,
das ganze' große Princip durch die Einführung der
Steuerkraft der Verbände als Maßstab für die Zuwend=
ungen des Staats zu annulliren. Der Commissionsbericht
des Referenten Friedenthal, des nachmaligen Acker=
bauministers, beweist, daß es gegenüber solchen Versuchen
an wirklich staatsmännischen Auffassungen nicht gefehlt
hat. Das Verfahren — so heißt es dort, — denen,
welche weniger bedürfen, mehr zu geben, und denen,
welchen es an Vielem fehlt, weniger, würde der Aufgabe
des Staates: „das Niveau der Culturentwickelung mög=
lichst gleichmäßig zu heben," diametral zuwiderlaufen.
Und wenn man bei der Bemessung von Fortschritten in
der Gesetzgebung den richtigen Gesichtspunkt festgehalten
habe, das Maß des zulässigen Fortschrittes nicht aus den
Zuständen der zurückgebliebenen Landestheile herzunehmen,
sondern aus dem Durchschnitte der Verhältnisse des ganzen
Staates, so ergebe sich consequenter Weise hieraus auch
die Verpflichtung, bei der Zuwendung von Staatsmitteln
in Folge von Reformen den nämlichen Durchschnitt der
Verhältnisse zur Geltung zu bringen und also den zurück=
gebliebenen Landestheilen verhältnißmäßig mehr zuzu=
wenden, als den reich entwickelten, um dergestalt die Er=
hebung der ersteren auf das allgemeine Culturniveau zu
erleichtern. Dieser Gedanke finde seinen letzten Grund
in der Wesenheit des Staates als einer sitt=

lichen und Culturgemeinschaft. — In solchem
Geiste wurde das Dotationsgesetz aufgefaßt und erlassen;
es ist zweifellos, daß mit diesem Präcedens auch für die
zukünftige Ordnung der Schulfrage ungeheuer viel ge=
wonnen ist; ob dabei genau der, allerdings ziemlich pri=
mitive und willkürliche, wegen der Nichtrücksichtnahme
auf das eigene Vermögen der Gemeinden sogar ungerechte
Vertheilungsmaßstab des Gesetzes angenommen wird oder
nicht, ist eine Frage von untergeordneter Bedeutung.

Gneist selbst nun bezeichnet die Uebernahme des
Elementarunterrichts der unmündigen Jugend, „als na=
tionale Aufgabe, auf dem Fuße der Gleichheit,
unter unmittelbarer Betheiligung der Besitzenden an Er=
haltung der Volksschule durch ihre Steuern, an der Ver=
waltung der Volksschule durch ihre persönliche Thätigkeit.“
Die Betheiligung von Kreis= und Gemeindevertretungen
an der Schulaufsicht läßt sich ja wohl ebenso ver=
theidigen und empfehlen, wie ihre Zuziehung bei der
Durchführung anderer Staatsaufgaben, obwohl gerade
auf diesem Gebiete das System der Selbstverwaltung
doch ganz andere Zustände voraussetzt, als sie in einzelnen
Partien unseres Vaterlandes bestehen; ja in manchen
Gegenden scheint mir das selfgovernment im Sinne der
allgemeinen Rechtsgleichheit schlechterdings unausführbar
ohne vorherigen gründlichen Culturschub der Bewohner.
Aber auch wenn unser Volk durchweg so reif wäre, um
ohne Schädigung der nationalen Zusammengehörigkeit und
der nationalen Grundgesetze sich in einigen hundert Kreisen
„selbst zu regieren“, so würde es doch nicht angehen,
jedem einzelnen dieser Kreise die Beschaffung der Mittel

zur selbstständigen Durchführung von nationalen Auf=
gaben zu überlassen.

Wenn das Volksschulwesen überall gleich organisirt,
auf gleiche Höhe gebracht werden soll, so werden (wie
bereits angedeutet) die laufenden Ausgaben für dasselbe
um so bedeutender sein, je dünner die Bevölkerung, je
größer die Anzahl der Wohnplätze im Verhältniß zur
Einwohnerzahl — da man den kleineren Gemeinden
ebenso gute Lehrer und Schuleinrichtungen geben muß,
wie den größeren; in schwach bevölkerten und armen
Gegenden wird daher auf den Kopf ein höherer Betrag
entfallen, als in stark bevölkerten Gegenden und namentlich
in größeren Städten. Indem nun der Staat jeden
Kreis zwingt, für die Kosten seiner Volksschulen nach
der allgemeinen Norm aufzukommen, so adoptirt er nicht
nur für seine gleichberechtigten Theile das System der
(in unserem Bundeshaushalt so viel beklagten) Matriku=
larbeiträge, sondern er verschärft den Charakter derselben
noch dadurch, daß er die ärmeren Kreise, anstatt ihnen
Nachlässe zu gewähren, bedeutend überlastet. Was
aber würden unsere kleinen und großen Bundesstaaten
dazu sagen, wenn das Reich ihnen vorschreiben wollte:
„so und so, durch Zuschläge zu der und der Steuer habt
Ihr Eure Matrikularbeiträge aufzubringen!" Etwas
anderes ist es doch nicht, wenn Gneist die Kosten der
Volksschule aufgebracht wissen will durch eine „Haus=
standssteuer, welche von jedem nutzenden Inhaber eines
Gebäudes, Land= und sonstigen Realbesitzes innerhalb
des Gemeinde= und Kreisverbandes nach dem Mieths=
und Pachtwerth, durch Gemeindebeamte einzuschätzen, zu

erheben und zu verwalten ist, nach Maßgabe eines be=
sonderen Gesetzes". Die neue preußische Kreisordnung
schreibt die Vertheilung der Kreisabgaben nach dem Ver=
hältnisse der von den Kreisangehörigen, bez. von Forensen,
juristischen Personen ꝛc. zu entrichtenden directen Staats=
steuern vor; das ließe sich noch eher hören, obgleich
auch hierbei (wie aus den vorhin mitgetheilten Zahlen
klar hervorgeht) das Odium der ungleichen Vertheilung
nicht zu beseitigen wäre. Aber eine Hausstandsteuer!?. —

Einigermaßen erklärlich ist Gneist's Ideengang nur
einestheils durch seine große Vorliebe für die communale
Selbstverwaltung, von der er, im Ganzen ja wohl mit
Recht, einen ganz enormen Aufschwung des öffentlichen
Lebens erwartet, — ohne indessen die nothwendige Grenze
zwischen Verwaltung und Beitragspflicht in allen über
das locale Interesse hinaus reichenden Angelegenheiten
zu ziehen; — und anderntheils dadurch, daß er bei der
Bemessung der für die Volksschule aufzubringenden Mittel
nicht weit über den heutigen Stand derselben hinaus=
gehen will. Er glaubt, daß mit einer durchschnitt=
lichen Erhöhung der Lehrergehalte um 50 Thlr. „die
Bewerbung um Lehrerstellen wieder belebt und der Eifer
des Lehrerpersonals ermuntert" werden möchte; er veran=
schlagt den durch diese Erhöhung für Preußen (alten
Bestandes) erwachsenden Mehrbetrag auf 2 Mill. Thaler,
und ebenso hoch etwa den Ausfall durch Aufhebung des
Schulgeldes; „wer fortan Vorschläge zu machen hat, soll
sagen, wie er jährlich 4—6 Mill. Thaler aufzubringen
gedenkt?" — Da aber der Bedarf der altpreußischen
Elementarschulen 1864 im Ganzen etwa 11 Mill. Thaler

betrug — (darunter Besoldungen der Lehrer 8 Mill. Thlr., und zwar in den Städten 3¹/₄ Mill., auf dem Lande 4³/₄ Mill. Thlr., bei 806,922 Schulkindern in den Städten und 2,131,757 auf dem Lande; von jenen 8 Mill. Thlr. wurden aufgebracht 31,₂ pCt. durch Schul= geld, 65,₁ pCt. durch Gemeindeleistungen, 3,₇ pCt. aus Staatsfonds) — so mochte Gneist wohl hoffen, mit etwa 18 bis 20 Mill. Thlr. oder im Durchschnitt mit etwa 1 Thaler für den Kopf der Gesammtbevölkerung aus= kommen zu können. Solche Hoffnung ist doch aber bei einer tiefgreifenden Umgestaltung des Volksschulwesens nicht aufrecht zu erhalten. Will man nach und nach das gesammte Lehrerpersonal durch hochgebildete Leute ersetzen, die ihren Schulgemeinden in jeder Beziehung als Cultur= mehrer zur Seite stehen, will man die Schulräume und die Unterrichtsmittel überall auf einen den Ansprüchen der Pädagogik und der Hygiene entsprechenden Stand bringen, so wird man zu einem Budget kommen, das unserem jetzigen Militairetat schwerlich viel aus dem Wege geht. Solche Summen kann man unmöglich durch irgend welche „Matricularbeiträge" aufbringen wollen. Der nationale Charakter des Volksbildungswesens führt vielmehr selbst über die Grenzen der Bundesstaaten hinaus und fordert als den einzig wahren Rechtsgrund= satz: **die Unterhaltung der Volksschulen auf Kosten des deutschen Reiches.**

Wer fortwährend die Solidarität unserer deutschen Culturbedürfnisse betont, der kann diese Forderung un= möglich überspannt oder auch nur überraschend finden. Ihre Erfüllung sollte jedem Vaterlandsfreunde als er=

strebenswerthe Krönung des nationalen Gebäudes erschei=
nen. Der reiche hamburgische Rheder, der arme schlesische
Weber und der oberbayrische Gebirgsbauer haben —
nach meinem patriotischen Gefühle — ein und dasselbe
Interesse nicht nur an der Erhaltung der nationalen
Wehrkraft, an der gemeinsamen Vertretung im Aus=
lande, an der einheitlichen Justizgesetzgebung u. s. w.,
sondern auch, und zu allererst, an der deutschen Volks=
bildung. Wir müssen uns daran gewöhnen,
richtige Grundgedanken consequent und ehr=
lich durchzudenken. Mit dem Einwurf, daß eine
Idee „extrem" sei und „an die wirklichen Staatsein=
richtungen gar nicht heranreiche" (Gneist, a. a. O. S. 17)
dürfen wir uns nicht schrecken lassen; von diesem Ge=
sichtspunkte hatten ja die Conservativen vollkommen Recht,
wenn sie gegen die Freiheit der Personenbewegung waren,
die in der That an die früheren und selbst theilweise
noch an die heutigen Staatseinrichtungen und Culturzu=
stände „nicht heranreicht", und dasselbe ließe sich von
der gesammten „Selbstverwaltung" sagen, für deren
würdige Durchführung wir kaum in den Städten, ge=
schweige denn auf dem Lande hinreichend geschulte Kräfte
besitzen. Wenn eine als nothwendig und unumgänglich
erkannte Institution an die bestehenden Staatseinricht=
ungen „nicht heranreicht", nun, so ändern wir einfach
diese Einrichtungen. Nach fünfzig Jahren wird man es
vielleicht unbegreiflich finden, daß in den Tagen der
Begründung des neuen deutschen Reichs und Angesichts des
jüngsten päpstlichen und bischöflichen Betragens noch ein
Zweifel über die Verpflichtung des Staates zur Erhaltung

der Volschule bestehen konnte. Wenn aber irgend eine
Angelegenheit, so ist diese berufen, nicht einseitigen particu=
laristischen Neigungen unterworfen zu bleiben, sondern
von den Vertretern der ganzen Nation berathen und
controlirt zu werden, und zwar nicht blos mit Resolu=
tionen und Denkschriften, sondern an der Hand ein=
schneidender Organisationsgesetze und eines jährlich wieder=
kehrenden Etats. Es ist eine nicht abzuleugnende That=
sache, daß Institutionen, welche nicht auf dem Budget=
recht der Volksvertretungen beruhen, von diesen wie von
den Regierungen leicht stiefmütterlich behandelt werden.
Der Mangel greifbarer Obligationen wird hier durch
keine ethische Rücksicht ersetzt. Das hat der Lebensnerv
unseres Volkes, die Cultur, lange genug erfahren; es ist
höchste Zeit, daß mit dieser Rechtsunklarheit aufgeräumt
und der Schule die ihr gebührende Stellung im National=
haushalt gegeben wird. Die Reform ist um so dring=
licher, als die Schule in dem Verwaltungsrecht der ein=
zelnen Bundesstaaten eine sehr ungleiche und zweifel=
hafte Rolle spielt, diese Staaten aber gerade durch ihre
Verpflichtungen gegen das Reich an durchgreifenden Or=
ganisationen und großartigen Steuerreformen verhindert
sind. Die Finanzgewalt des Reichs ist unbeschränkt, die=
jenige der Einzelstaaten durch tausend Rücksichten ge=
bunden. Die Erhebung der Volksschule zur Reichsanstalt
ist zugleich die einzig richtige Antwort auf die Anmaß=
ung Roms; sie wird die Wölfe in Schafskleidern em=
pfindlicher treffen, als alle Kirchengesetze zusammenge=
nommen — Jesuitam expellas furca, tamen usque
recurret; nicht im Exil, sondern auf dem frischgrünenden

Spielplatz der deutschen Reichsschule wird unter frohen
Liedern der letzte Jesuit zu Grabe getragen werden.

Andere, wie ich glaube, unanfechtbare Gründe für
die Reichsschulgemeinschaft habe ich in dem später fol=
genden Abschnitt „das deutsche Reich und die Volksschule"
beigebracht.

Das mindeste, was wir indessen unter allen Um=
ständen schon jetzt von den einzelnen Staaten verlangen
müssen, ist, daß sie mit thunlichster Beschleunigung
die mehrclassige Stadt= oder Mittelschule überall
an die Stelle der unteren Volksschule setzen und
allenthalben für einen guten Fortbildungs=
unterricht Sorge tragen, und zwar zu allererst da,
wo unter dem bisherigen System und unter den Ein=
wirkungen culturfeindlicher Elemente die Volksbildung am
meisten zurückgeblieben ist.

Die nächsten Consequenzen ergeben sich leicht:

Auf der Bahn der Trennung von Schule und Kirche
— oder sagen wir lieber richtig von Schule und Geist=
lichkeit — muß noch viel entschiedener vorwärts ge=
gangen werden, als bisher. Mit der bloßen Oberaufsicht
des Staates ist es wahrlich nicht gethan gegenüber einem
Institut, dessen hochgradige Culturfeindlichkeit und Staats=
gefährlichkeit von keinem Einsichtsvollen mehr verkannt
wird. Niemals ist die geistige Lüge frecher und anmaß=
licher gegen das Culturbestreben eines Volkes aufgetreten
als in diesen Tagen bei uns; Religion, sittliche Grund=
sätze, Ueberzeugungstreue, Alles richten diese Priester
freventlich zu Grunde. Die ehrenwerthen und selbststän=
digen Mitglieder des geistlichen Standes haben unsere

volle Hochachtung, die sie um so mehr verdienen Ange=
sichts des unerhörten Druckes, den ihre Oberen auf sie
ausüben; im Großen und Ganzen aber ist der Stand
gründlich verdorben wie für das Christenthum, so auch
für den Rechtsstaat, der sich damit begnügen müssen wird,
dem allzu scandalösen Umsichgreifen der geistigen Prosti=
tution, römischer und protestantischer Abkunft, zu wehren
und allerhand ketzerrichterliche Gelüste (voluptates infalli-
biles) mit eiserner Faust niederzuhalten. Unchristlich und
unmenschlich aber wäre es, wollte der Staat die Zukunft
der heranwachsenden Jugend noch länger von dem aner=
kannt bösen Willen eines großen Theiles der Geistlichkeit
abhängig machen. Dagegen, daß unsere Kinder von den
Priestern der Confession, welcher ihre Eltern angehören,
Religionsunterricht empfangen, ist am Ende nichts einzu=
wenden, nur muß dieser Unterricht streng beaufsichtigt
werden und die Garantie bieten, daß er nicht das, was
der ordentliche Staatsunterricht gut gemacht hat, wieder
verderbe. Es ist also darauf zu dringen, daß die Geist=
lichen, insoweit sie Jugendlehrer sind, der Aufsicht der
ordentlichen Lehrer unterstellt werden. Das umgekehrte
Verhältniß hat vielleicht in den bisherigen verkehrten
Zuständen, nicht aber innerhalb einer rationellen Cultur=
polizei Berechtigung.

Solche Ansichten über die Geistlichkeit sind mir von
Einigen verübelt worden, und zwar von sonst verständigen
liberalen Leuten, welche meinen, man solle „nicht so weit
gehen.“ Ich wundere mich nicht über solche Schwächlich=
keit, so lange selbst Männer wie Fürst Bismarck es für
möglich halten konnten, den Frieden zwischen dem Staate

und einer mächtigen, vortrefflich organisirten Hierarchie
aufrecht zu erhalten. Ich würde vielmehr einen milden
und versöhnlichen („liberalen") Papst für ein großes
Unglück für die Civilisation erachten, weil ich die Jesuiten
viel weniger fürchte, als Staatsmänner, die sich durch
geistliche Phrasen und Scheinconcessionen täuschen lassen
und vergessen, daß eine organisirte Priesterkaste
nicht ohne die Verdummung und Irreleitung
der großen Massen existiren kann, daß die strei=
tende Kirche von der Bornirtheit lebt, und daß
jede momentane Nachgiebigkeit nur ein kluges pfäffisches
Manöver ist, bestimmt, den Verdummungsproceß zu ver=
schleiern und neue Hilfstruppen zu sammeln. Ich kann
mir einen hochherzigen liberalen Monarchen, aber keinen
wirklich liberalen Kirchenfürsten denken, ebensowenig wie
ein Papst jemals ein wahrer Christ sein kann, ohne mit
den niedrigen Zwecken des ganzen hierarchischen Systems
zu brechen. Daher: Trennung der Schule von der Kirche,
strenge Ueberwachung der Diener der letzteren und Schutz
gegen ihre Ausbeutungs= und Verdummungspläne.

Wir brauchen nicht ungerecht sein: Es gab Zeiten
— sehr traurige Zeiten — in denen die Kirche die Armen
und Schwachen gegen rohe Gewalt schützte und dem
Unterricht der Jugend dankenswerthe Zufluchtsstätten
darbot. Aber die Würdigung dieser und anderer ihrer
Verdienste gehört der Geschichte an; Zeiten und Men=
schen, Rechte und Dogmen haben sich geändert, und die
Auseinandersetzung zwischen Staat und Kirche muß er=
folgen, wenn beide ihren Aufgaben in unserer Zeit
gerecht werden wollen. Eine Kirche, welche die Umkehr

der Wissenschaft zur Voraussetzung ihrer irdischen Zu=
friedenheit macht, muß mit ihren Ansprüchen in Schranken
zurückgewiesen werden, innerhalb deren ihr Unfehlbar=
keitsdünkel als ungefährlich erscheint. Nun sind wir
glücklicherweise über die wunderliche Idee hinaus, daß
mit der Forderung der „freien Kirche im freien Staate"
irgend etwas Ersprießliches für den letzteren zu erreichen
wäre — Dank dem unseligen Beispiel, das uns Belgien
und Nordamerika für die practische Bedeutung jener
Phrase gegeben haben. Einer unserer ehrlichsten Politiker,
Franz v. Stauffenberg, sprach das richtige Wort:
„Ich glaube, die rechte Lösung der Aufgabe kann nur
erreicht werden, wenn der Staat sich zunächst in den
Besitz aller jener Positionen setzt, welche ihm zur Erfüll=
ung seines Staatszweckes nothwendig sind, und zu diesen
Positionen gehört vor Allem die Schule. Was mir an
der ganzen Behandlung des Kirchenconflictes in Preußen
am wenigsten gefällt, ist der Umstand, daß gerade dieser
fundamentale Punkt bis jetzt in ganz ungenügender
Weise in Angriff genommen worden ist, daß bis jetzt
(1875) die Vorlage eines Unterrichtsgesetzes noch nicht
erfolgt ist. Ist erst der Staat im Besitze aller
dieser Positionen, dann kann er auch die Scheid=
ung vornehmen, dann, wenn er sicher ist, seinen zu
seiner Existenz nothwendigen und daher berechtigten Ein=
fluß behaupten zu können, kann er alle Religionsgesell=
schaften innerhalb des allgemeinen Gesetzes ihrer freien
selbstständigen Entwickelung überlassen, dann braucht
er keine Mai= und Bischofsgesetze mehr."
    An die Warnung vor einem faulen Frieden mit

Rom, vor Compromissen und Verträgen, die doch nur
einen trügerischen Scheinfrieden bedeuten könnten, knüpft
Stauffenberg folgende weitere sehr beherzigenswerthe
Mahnung: „Mit der Beseitigung des geistlichen
Einflußes und der Orden aus der Schule allein
ist wenig gethan, vielleicht nur geschadet. Wenn
nicht mehr für die Schule geschieht als bisher, so ist in
einer großen Anzahl von Gegenden, auf dem Lande be=
sonders (ich lebe auf dem Lande und sehe, wie sich die
Dinge dort entwickeln), das Verhältniß noch schlimmer
als vorher, denn es ist nicht zu leugnen, daß z. B. die
Schulschwestern auf die Ordnung der weiblichen Jugend,
auf die Entwicklung der Arbeitsamkeit einen vortheilhaften
Einfluß ausüben; wenn daher der Staat sich an die
Stelle der Kirche setzt, so ist es auch seine heilige Pflicht,
daß er nicht nur so viel als die Kirche, sondern viel
mehr als die Kirche leistet. Wenn er nicht mehr leistet
als die Kirche, so hat er gar nicht das Recht, sich
an ihre Stelle zu setzen. Wird auf diesem Wege fort=
gefahren, dann muß schließlich der Friede kommen. Der
jetzige Zustand ist auf die Länge vollständig unhaltbar;
einerseits sind durch den allerdings unentschulbaren
klerikalen Widerstand viele ganz Unschuldige unleugbar
in schweren Gewissenskonflikt gekommen, andererseits ist
durch die ewigen klerikalen Hetzereien theilweise ein Zu=
stand der Verwilderung und der Mißachtung gegen Gesetz
und Recht eingetreten, der die Bischöfe sehr erstaunlicher
Weise allerdings nicht viel zu bekümmern scheint, den
aber der Staat nicht mehr lange ertragen kann.“
    Demnach ist auf die Gewinnung und Heran=

bildung tüchtiger Lehrkräfte das nächste Augenmerk zu richten. „Die Schullehrer sollen hochgeehrte und reich= besoldete Männer sein", sagte schon der alte Justi. Und eine beachtenswerthe Stimme aus dem Stande der Volks= schullehrer selbst[21]) läßt sich sehr offenherzig so vernehmen: „Was uns vor allem Noth thut, ist eine gründlichere, eine tiefere, eine allgemeine Bildung. Mit der Bildung wächst der Erfolg unserer Berufsthätigkeit, wächst unser Ansehen, wächst der Einfluß in der Gemeinde, wächst endlich unser Einkommen. Sind wir im Besitze einer allgemeinen Bildung, wie man sie von Ständen der geistigen Arbeit fordert, so fällt die Fachleitung von selbst als reife Frucht vom Baume." Zunächst erscheinen als das geringste Maaß der Qualification aller Volks= schullehrer die Anforderungen, welche in den Falk'schen Verfügungen an die Lehrer an Mittelschulen gestellt wer= den;[22]) mit der Zeit aber sind diese Anforderungen be= deutend zu erhöhen, so daß die Lehrer des Volkes sowohl ihrem Bildungsgange als ihrem positiven Wissen nach mit den höheren Staatsbeamten und unter allen Um= ständen auch mit den Geistlichen auf gleicher Höhe stehen. Der Einwurf, der mir u. a. auch von einem Ed. v. Hartmann gemacht worden: so gebildete Leute, wie ich sie verlange, würden sich nicht dazu hergeben, als Schul= meister auf's Land zu gehen, — solcher Einwurf kann uns doch wahrlich nicht von der großen Reform abhalten. Man gebe den Lehrern eine würdige und gut dotirte Stellung (wozu freilich der Organisten= und Küsterdienst nicht gehört), und sie werden sich in ihren Gemeinden neben den Geistlichen und Landärzten recht wohl fühlen.

Ueberdies kann der Unterricht der Kinder vom 7. bis 10. Lebensjahre recht wohl in die Hände gebildeter Frauen gelegt werden, so daß die ordentlichen Lehrer einen größeren Theil ihrer Thätigkeit dem Fortbildungs= unterricht widmen und vielleicht auch als Standesbeamte fungiren können. Das gebückte Wesen unseres heutigen Landschullehrers ist das getreue Spiegelbild unserer Volks= cultur selbst; der Trost, daß diese armen Lehrer die Schlachten bei Wörth, Metz und Sedan mitgeschlagen haben, ist zwar sehr wohlgemeint, im Grunde aber eine ebenso gefährliche als unwahre Selbstberäucherung; denn wer möchte es bezweifeln, daß trotz der vortrefflichen Instincte, die uns der Geist des Protestantismus gerettet und Rom noch nicht gänzlich abzutödten vermocht hat, unser Volk dennoch hätte unterliegen können, wenn unsere Heerführer, unsere Offiziere und Einjährigfreiwilligen das materielle und physische Dasein unserer Volksschul= lehrer fristeten?

Aber „aus nichts wird nichts", sagt ein altes Sprichwort, und so werden wir denn niemals zu einem hochgebildeten Volksschullehrerstand kommen, wenn wir nicht endlich ein unseren Aufgaben entsprechendes Cultur= budget in den Staatshaushaltsplan aufnehmen. Freilich, so gelegentlich bei Etatsberathungen und mit allmähligen Gehaltsaufbesserungen werden wir niemals dazu kommen. Es bedarf eines großartig angelegten, tief einschneidenden Organisationsplanes; die finanziellen Consequenzen stehen in zweiter Linie. Bisher hat man, wenn es sich um die Grundlage alles Staatswohles, die Volkscultur, handelte, immer gefragt: „wie viel haben wir bei unserer

mangelhaften Besteuerungsform dafür noch übrig;" ich
möchte, daß jetzt gefragt würde: „wie viel müssen wir
unter allen Umständen auf dem Wege gerechter Besteuer=
ung schaffen, um den Culturstaat auszubauen." Zu viel
kann ein Volk in dieser Richtung nie thun; das zu wenig
aber zieht unberechenbare Folgen nach sich. Wenn Frank=
reich in den letzten zwanzig Jahren nur $\frac{1}{10}$ Milliarde
jährlich mehr auf Volksbildung verwandt hätte, so würde
es schwerlich im Jahre 1870 den verrücktesten aller Kriege
erklärt und das Hundertfache an eigener und deutscher Kriegs=
entschädigung zu zahlen gehabt haben. Uns selbst aber
würde heute weder Rom noch die Internationale Sorgen
bereiten, wenn wir seit einem Menschenalter in jedem
Dorfe einen oder zwei hochgebildete, gut situirte und von
der Geistlichkeit unabhängige Culturwächter gehabt hätten.

Besonderes Augenmerk verdient die Errichtung von
Fortbildungsschulen. Der Schwerpunkt des Volks=
unterrichts wird zwar immer in den Schulen für Kinder
von 7 bis 14 oder 15 Jahren liegen, da alle spätere
Mühe nicht die Biegsamkeit und Auffassungsgabe des
kindlichen Geistes zu ersetzen vermag, abgesehen davon,
daß man über das Kindesalter hinaus immer nur einen
sehr beschränkten Theil der Zeit und der Aufmerksam=
keit der in's bürgerliche Berufsleben getretenen jungen
Leute für Schulzwecke gesetzlich wird in Anspruch nehmen
können; denn nur von gesetzlicher Nöthigung ist hier etwas
Tüchtiges zu erwarten, nicht von der Freiwilligkeit. Den=
noch ist die Fortbildungsschule mit Sorgfalt auf= und
auszubauen, und wäre es auch nur um den Arbeitern,
die das Kindesalter überschritten haben, Gelegenheit zum

nothdürftigsten Nachholen des Versäumten zu geben. So weit es sich dabei um Individuen männlichen Geschlechts bis zum und im militärpflichtigen Alter handelt, kann man die Betheiligung an der Fortbildungsschule nicht nur obligatorisch machen, sondern direkt auch mit der Heeres= Verwaltung in Verbindung bringen, deren ausgezeich= neter Apparat über manche Schwierigkeiten der Organi= sation und Controle hinaushelfen würde. Schon jetzt stellt der Militärdienst bei uns eine Art „confessionsloser Fort= bildungsschule" dar, welche unablässig ihren erziehenden Einfluß namentlich auf die Landbevölkerung ausübt. Die militärische Wissenschaft selbst erkennt immer mehr den Werth der individuellen Ausbildung an, bei der ja nach den Prinzipien der modernen Kriegführung ebensowohl Eigenschaften des Verstandes und Charakters, als des rein physischen Menschen in Betracht kommen; die Bethei= ligung der Militärverwaltung an der Fortbildungsschule würde daher sogar von dem (innerlich unhaltbaren) Stand= punkte Jener zu rechtfertigen sein, die das Heer von den Einflüssen des öffentlichen Lebens gänzlich fernhalten wollen. Nur gebe man sich nicht der Erwartung hin, daß die obligatorische Fortbildungsschule als ausschließliches Institut der Gemeinden jemals zu frohem Gedeihen kommen und zu einer nationalen Sache erstarken werde[23]); es wird dieß ebenso wenig der Fall sein, wie unsere alten Bürgerwehren und Dorfcompagnien eine wirk= same Landesvertheidigung bildeten.

Sehr fraglich erscheint es mir, ob die Fortbildungs= schule direct bestimmten gewerblichen Zwecken zu dienen habe. Die Gefahr liegt hier nahe, daß die allgemein

ethische unter der Berufsausbildung leide, und daß das
Institut zum Zankapfel der in den einzelnen Gemeinden
herrschenden wirthschaftlichen Interessenverbindungen werde.
Ich halte es für besser, Alles, was irgend nach Zunft
aussieht, auch aus der Fortbildungsschule zu verbannen
und den Unterricht in wirthschaftlichen Dingen allgemein
auf das zu beschränken, was jedem Staatsbürger zu
wissen nützlich ist. Für die fachliche Ausbildung scheint
es mir genügend, wenn in den allenthalben einzurichten=
den und von den Lehrern selbst zu verwaltenden Volks=
bibliotheken auf die speciellen beruflichen Bedürfnisse
der jungen Leute ebenso wie der Erwachsenen Rücksicht
genommen wird.

Ich unterlasse es, auf den großen Zusammenhang
des elementaren mit dem höheren Bildungswesen
näher einzugehen. Diesen Zusammenhang verkennen zu
wollen, hieße das Wesen der Bildung selbst verkennen.
Sehr treffend sagt Lorenz v. Stein, daß es über=
haupt keine Bildung des Einzelnen gebe: „Jeder
Einzelne ist vielmehr im Leben des Geistes zugleich ein
Resultat und ein mitwirkender Factor der Bildung; jede
Bildung des Einzelnen, jeder geistige Besitz steht in der
Mitte der großen Kette, welche die geistige Welt aller
unter einander verbindet. In jeder individuellen Bildung
spiegelt sich die geistige Arbeit der ganzen geistigen Welt
wieder, wie das Licht der Sonne in dem Thautropfen;
jede individuelle Bildung giebt wieder das Ihrige für
die Gesammtbildung her, wie der Thautropfen die
Wolke und den Strom bildet. Nichts ist großartiger,

nichts ist lebendiger, ja nichts ist ergreifender als diese tiefe, niemals ruhende, ewig sich selbst erzeugende Gegenseitigkeit des geistigen Lebens aller Einzelnen und des Ganzen; nichts bringt so ernste Bescheidenheit in den Verstand und so lebensfrischen Muth in das Bewußtsein auch der höchsten Arbeit des Geistes, als dies Bild, das sich uns entrollt, wenn wir das Werden der Bildung als einen der wichtigsten, ja den allergewaltigsten Proceß der Weltgeschichte anschauen."

Die höhere allgemeine und Berufsbildung, welche wir durchaus nöthig brauchen, ist, namentlich was ihre staatsrechtliche Behandlung anbelangt, sicherlich großer Reformen bedürftig. Indessen sind diese Reformen viel leichter in's Werk zu setzen, als diejenigen der elementaren Volksbildung, weil an ihnen die herrschenden Classen ein unmittelbares, ich möchte sagen „persönliches" Interesse haben. Daher hat es selbst in Zeiten der größten Barbarei nicht an Mitteln und Wegen gefehlt, um den Kindern mächtiger und einflußreicher Leute eine verhältnißmäßig hohe, wenn auch nach Grundlagen und Zielen wechselnde allgemeine Bildung zu geben. Und wie rasch ist es in neuerer Zeit gelungen, neben den humanistischen Gymnasien älterer Ordnung Realgymnasien, und neben den alten Hochschulen mit ihren altersgrauen Faculäten polytechnische Schulen, Forstacademien u. dgl. in's Leben zu rufen! So fallen der Gesellschaft die nothwendigen und leider oft genug auch recht unnöthige Neuerungen in den Schooß, wenn die herrschenden und maßgebenden Gesellschaftskreise mit ihren eigenen Interessen treibend dahinterstehen. Ganz anders die elementaren oder Volksbildungsanstalten! Die große Masse des Volkes, ohne Einfluß und ohne Vermögen stand bisher harrend oder theilnahmslos vor der Thüre, während drinnen die Feinschmecker der höheren Cultur tafelten. Und dieses Volk steht, trotz allgemeinem Wahlrecht und socialdemokratischer Agitation, auch heute noch draußen, lärmend und tobend vielleicht Einlaß begehrend, aber ohne tieferes Verständniß für die Wahrheit, daß der Weg zu der reichbesetzten Tafel nur durch die Schule geht. Woher soll es das wissen, das arme dumme Volk, wenn nicht ehrliche Menschenfreunde sich seiner annehmen? — Deßhalb habe ich zwar das größte Interesse an den höheren Bildungsanstalten, denn ich habe drei Buben, die einmal etwas Tüchtiges lernen und werden sollen; aber das hat keine Noth, und was die Schule versagt, das gewährt um so reichlicher die häusliche Erziehung. Wärmer und höher schlägt mir das Herz, wenn ich der Millionen armer Kinder gedenke, deren ganze Lebens= erwartung auf dem dürftigen Unterbau unserer traurigen Volksschule ruht, weil ihre Eltern weder die Zeit noch das Zeug haben, ihnen auch nur den zehnten Theil dessen mitzugeben, was unsere Kleinen sich spielend an= eignen.

Als die wichtigste Frage der höheren und Berufs= ausbildung erscheint mir daher, ob es mit den üblichen Methoden und vorhandenen Anstalten möglich ist, nach und nach das große Contingent von Volksschullehrern heranzubilden, dessen eine gründliche Reform die Volks= schule bedarf. Heute nimmt man den Aspiranten aus der Reihe der nach allgemeiner Bildung strebenden jungen

Leute heraus und pfercht ihn in ein Seminar ein, wo
er zu einer mehr oder weniger geläufigen Lehrmaschine,
hauptsächlich aber zu einem gefügigen Kirchendiener und
Organisten, gedrillt wird. Das kann und darf nicht so
bleiben; auch dem Volksschullehrer gehört das ganze
Gymnasium, nach dessen Absolvirung die eigentliche
Berufsausbildung um so intensiver und kürzer ausfallen
kann. Ein sehr wackerer Universitätsprofessor sagte mir
einmal, daß es ihm viel leichter dünke, seine Studenten
zu tüchtigen Aerzten, als einen Haufen armer Kinder
zu tüchtigen Menschen zu bilden, und er folgerte daraus,
daß eigentlich der Schulmeister aus viel besserem Holze
geschnitten sein müßte, als der Professor. Aber was
hilft uns das beste Material, wenn wir es unreif vom
Baume abschneiden und in Schullehrerseminarien ver=
dörren lassen?

So hängt allerdings die Reform der Volksschule
nicht blos innerlich, als Theil des allgemeinen Bildungs=
processes, sondern auch äußerlich unmittelbar mit der
Organisation des höheren Unterrichts zusammen. Die
Förderung dieses Zusammenhangs wird bei der Lösung
der zahlreichen Fragen, welche sich mit jedem practischen
Versuche aufthun werden und die jetzt noch gar nicht zu
übersehen sind, immer im Vordergrunde stehen, sie wird
den eigentlichen Kern der gesammten Bildungsaufgabe
des Staates ausmachen. Schwierig ist die große Auf=
gabe namentlich deßhalb, weil nicht nur diese Bildungs=
ideen, sondern auch die politischen und socialen Zustände,
mit denen wir zu rechnen haben, wesentlich neue sind.
Und hier möchte ich die im Eingange dieser Betrachtungen

gemachte Bemerkung, daß in unserem Verwaltungsrecht die Culturpolizei noch eine sehr unklare Stellung ein= nehme, dahin ergänzen: daß wir auch noch keine, vom Staate äußerlich anerkannte Culturpolizeiwissen= schaft haben. Wohl ist die Pädagogik, und namentlich in Deutschland, auf einem hohen Grade der Entwickelung angelangt, aber ihre staatsrechtliche Seite ist noch sehr wenig angebaut, ein Loos, das sie mit der medicinischen Hygieine theilt. Viele Schuld tragen unsere früheren politischen Zustände, die unsere ganze Aufmerksamkeit zunächst auf die Herstellung der nationalen Einheit lenk= ten, und die aus dem Kampfe der alten Gegensätze her= rührende Verwirrung des Begriffes vom Staat. Sind doch noch heute Stichwörter wie „Freiheit", „berechtigte Eigenthümlichkeiten", „Selbstverwaltung", „Centralisation" u. s. w. für zahllose Gebildete der Ausdruck für die widersprechendsten Meinungen und Wünsche, bei denen wir fortgesetzten Verwechselungen von Können und Wollen, von Ursache und Wirkung, von Subject und Object begegnen.

Bald wird es auch den Langsamsten unter den Vor= sichtigen klar sein, daß wir hier vor einer nur zu lange vernachlässigten nationalen Aufgabe stehen. Möchten sich ihrer Durchführung unsere Regierungen und Volks= vertretungen mit derselben Freimüthigkeit hingeben, mit der sie an die Gründung des Reiches herangetreten sind. Möchten aber auch unsere Hochschulen ihren Antheil an der großen Arbeit freudig übernehmen und sorgen, daß die Culturpolizei zu einem kräftigen Zweige deutscher Wissenschaft werde.

Es freut mich, daß ich hier mit den Worten eines Militärs schließen kann[21]), der in geistreicher Weise für die individuelle Ausbildung seiner Standesgenossen eintritt — nur daß ich diese Worte nicht auf Offiziere und Soldaten allein, sondern auf unser ganzes Volk anwenden möchte:

„Wenn am Ablauf des vorigen Jahrhunderts, in der glänzenden Zeit unserer Literatur, die individuelle Ausbildung, das Streben nach harmonischer Entwickelung des Einzelnen das Ziel war, und die Arbeit für den Staat, in dem der Einzelne seine Kräfte erst ganz ent= falten kann, oft selbst den Edelsten kaum des Ehrgeizes würdig schien, so droht uns jetzt die entgegengesetzte Ge= fahr: die individuelle Ausbildung zu vernachlässigen, um den Einzelnen so schnell und so gut als möglich zu einem brauchbaren Werkzeug der allgewaltigen Staats= und Gesellschaftsmaschine zu machen . . . Nur dadurch können wir das glorreich Errungene bewahren, die poli= tische Größe befestigen und uns des Errungenen würdig beweisen, wenn wir über der nationalen Einheit, der staatlichen Macht und Größe, der Gewalt der materiellen Erfolge nicht die Ausbildung und Pflege des Individuums vergessen, um dessentwillen Staat und Nation allein Werth haben und durch das sie allein bestehen."

Die Rechtsgleichheit.

Die beste „Culturpolizei" wird indessen allein nicht aus=
reichen, die sociale Frage zu lösen, wenn mit ihr nicht
eine großartige Reform unseres gesammten öffent=
lichen Rechts Hand in Hand geht. Als Freihändler
vom reinsten Wasser huldige ich allerdings dem Ideal
des wirthschaftlichen „laisser faire" und „laisser passer",
und mißbillige es, wenn man, auf dem Plane unserer
heutigen ungesunden Entwickelung in die Enge getrieben,
dieses Ideal verleugnet oder verunglimpfen läßt. Aber
von der Verwirklichung desselben kann doch so lange noch
keine Rede sein, als der Staat weder Cultur= noch Rechts=
gleichheit gewährt. Es ist so erklärlich wie entschuldbar,
daß man die Einführung der bloßen Worte Freiheit
und Gleichheit für identisch hielt mit der menschlichen
Eigenschaft selbst, die eben doch nur mühsam erworben
wird; das ist ja das Loos fast aller großen und guten
Ideen, daß ihre keimende Kraft, in sandigem Boden ge=
messen, zuerst verkannt und von den Kurzsichtigen ver=
worfen wird, um erst später genießbare Früchte am
goldnen Baume des Lebens zu treiben. Der Boden aber,
in den wir pflanzen, ist der Mensch, von welchem das
Wort gilt „Erziehung ist Alles"; und ein Staat, dem
die Erziehung nichts oder wenig ist, wird immer ein

steriles Versuchsfeld selbst für bescheidene Freiheitsideale bleiben.

Gleichheit — wie viele Mißverständnisse knüpfen sich an dieses Wort! Es ist gut, sich darüber ein= für allemal klar zu werden, daß keine staatliche Ordnung, auch die vollendete Socialdemokratie nicht, jemals im Stande sein wird, die Menschen mit ihren Kräften, in ihrem Denken, Wollen und Handeln einander gleich zu machen: das hieße ja nichts anderes, als uns allen, wie wir da sind, die gleiche Gehirnsubstanz, die gleiche Musculatur, das gleiche Gesicht geben. Ich bedanke mich für solche Gleichheit im Namen meiner Descendenten. Die Gleichheit, die der Staat gewähren kann und soll, ist die gleiche freie Bahn für Alle. Gerade weil wir wollen, daß die Spreu sich vom schweren Korn sondere, geben wir beiden denselben Schwung und hüten uns, vor dem Wurfe den Häckerling zu feuchten. — Das ist das Princip der freien Entfaltung der natürlichen An= lagen, von dem ich an anderer Stelle (S. 99 ff.) gesagt habe, daß es uns im Kampfe um's Dasein zur Vervoll= kommnung des Menschengeschlechts führen müsse; dasselbe Princip, welches L. v. Stein dasjenige der gesell= schaftlichen Freiheit nennt. „Die gesellschaftliche Freiheit", sagt der berühmte Forscher, „ist nicht die ge= sellschaftliche Gleichheit, die nie gewesen ist und nie sein wird, sondern die rechtliche und thatsächliche Mög= lichkeit der aufsteigenden Classenbewegung für jedes Mitglied der niederen Classe. Da, wo diese Möglichkeit genommen ist, steht das Leben der Gesellschaft still; da wo sie durch das von den höheren Classen gegebene Recht

aufgehoben ist, wird sie unfrei. Der Kampf in der
Gesellschaft ist daher seinem wahren Wesen nach nie ein
Kampf gegen die Ungleichheit, sondern stets nur ein
Kampf gegen eine Rechtsordnung, welche es der Arbeit
des Einzelnen principiell unmöglich macht, zur
Gleichheit mit den Gliedern der höheren Classe zu ge=
langen. Dieser Kampf hat nun eine sehr verschiedene
Gestalt, je nachdem es sich um die Geschlechter=, die
Stände= oder die staatsbürgerliche Ordnung handelt; aber
seinem innersten Wesen nach ist er stets derselbe, und es
zeigt sich dabei bei tieferem Eingehen auf diese Erschein=
ungen das Princip, daß die Gesellschaftsordnungen über=
haupt, und die gesellschaftlichen Zustände eines jeden
Volkes um so besser und edler sind, je leichter
und freier die organische Classenbewegung vor
sich geht. In der That erscheint aber nur aus diesem
Grunde die Ständeordnung höher stehend als die Ge=
schlechterordnung, und die staatsbürgerliche Ordnung wieder
höher stehend als die Ständeordnung. Denn nicht der
geistige oder wirthschaftliche Reichthum als solcher, sondern
die lebendige und freie Bewegung, welche ihn für jedes
Mitglied der Gesellschaft erreichbar macht, ist das Wohl=
sein des Volkes. Diesem höchsten Lebensprincip der Ge=
sellschaft aber tritt nun das Interesse der höheren Classen
entgegen; es arbeitet in seiner Weise; denn nicht das
Viel oder Wenig was die Einzelnen besitzen, sondern der
Unterschied unter ihnen ist die höchste Befriedigung des
Einzelnen; und diesen aufrecht zu halten strebt das In=
teresse, das somit zum unversöhnlichen Feinde der Freiheit
zu werden bestimmt scheint. Hier liegt der tiefste Wider=

spruch im Leben der Menschheit; hier ist daher auch der
Punkt, wo der Staat als höchste persönliche Form derselben in die Gesellschaft hineingreift; und die daraus
entstehenden Aufgaben dieses staatlichen Lebens sind es,
welche die Principien und den Inhalt der Verwaltung
der Gesellschaft bilden."

Nationalökonomische Formeln haben stets etwas Bedenkliches, wäre es auch nur, weil sie den Glauben an
unabänderliche Gesetze krystallisiren da, wo ewiges Wachsthum, ewige Veränderung herrscht und mit jeder neuen
Gestaltung ein neuer Factor gegeben ist. Die Verlock-
ung, für das Verhältniß zwischen Rechtsordnung und
Cultur in ihrer Bedeutung für das Individuum einen
einfachsten Ausdruck zu suchen, ist groß genug; einen
Ausdruck für die Idee, daß der Kern der socialen Frage
eigentlich weiter nichts ist, als die Differenz zwischen der
grundrechtlichen Lebenserwartung und der wirthschaftlichen Erfüllung, und bezüglich der Mittel: das Deficit
an socialer Concurrenzfähigkeit. Man könnte wohl sagen,
daß diese letztere sich — abgesehen von der Verfügung
über materiellen Besitz — zusammensetze aus der persönlichen Rechtsfähigkeit und dem Culturcapital; da die bloße
geistige und leibliche Befähigung kein Factor im Kampfe
um's Dasein ist, wenn sie nicht zum Träger der Cultur,
des socialen und wirthschaftlichen Wissens und Könnens
und der anerkannt guten Sitte wird. Wollten wir etwa
den Genuß der vollkommensten Rechtsgleichheit $= 1$,
und die Verfügung über ein normales, den gesteigerten
Anforderungen der Gegenwart entsprechendes Culturcapital ebenfalls $= 1$ setzen, so wäre die Concurrenz-

fähigkeit des mittleren Culturmenschen im Rechtsstaat $1 \times 1 = 1$; das Product aber würde größer und kleiner werden nach Maßgabe der beiden Factoren. Wie schwierig es indessen ist, für die hier in Betracht kom=menden Verhältnisse eine abstracte Formel zu finden, werden die nachfolgenden Ausführungen beweisen.

Vor allen Dingen ist der Ansicht entgegenzutreten, als ob mit der bloßen Einführung sogen. Grundrechte, der Freizügigkeit, Gewerbefreiheit 2c., wirklich durch=greifende Rechtsgleichheit hergestellt wäre; so ohne Weiteres lassen sich die Gesetze der Statik und Mechanik nicht auf den Staat übertragen. Es ist falsch, sich die staatliche Gesellschaft als einen flüssigen Körper mit frei beweglichen Atomen zu denken; wir Menschen sind keine ätherischen Wesen, die sich Engeln gleich bedürfnißlos und mit Blitzesschnelle im Weltraum bewegen; schwer=fällig wie wir sind, haben wir auf Schritt und Tritt die Natur zu überwinden, unsere Ernährung ist bedingt durch feste Niederlassungen, das gesellschaftliche Zusammen=leben setzt zahlreiche Einrichtungen und Veranstaltungen voraus, für die wir mit gemeinsamen Kräften aufkommen müssen. Die gerechte Vertheilung der aus dieser Organisation entspringenden Pflichten und Rechte ist da=her ein mindestens ebenso wichtiger Bestandtheil der Rechtsgleichheit, wie die Freiheit der Personenbewegung.

Das wird wohl im Allgemeinen und allseitig gern anerkannt. Sobald es sich aber darum handelt, den klaren Grundsatz consequent in das Practische zu über=setzen, wird zu seiner Verdunkelung eine Masse von an=geblichen Zweckmäßigkeitsbedenken vorgeführt, deren scharfer

Kritik man sich um so lieber entzieht, als sie in dem
aus den Zeiten der Unfreiheit überkommenen Verwalt=
ungssystem tief eingewurzelt sind und mit anderen Irr=
thümern das „ehrwürdige Alter" theilen. Dazu kömmt,
daß auch die Wissenschaft auf diesem Gebiete noch immer
in den Banden historischer Ueberlieferungen liegt und sich
nur schwer von fossilen Autoritäten lossagt, deren Be=
deutung in weit zurückliegenden Verhältnissen vielleicht
berechtigt war. Noch heute ist es an der Tagesordnung,
unser öffentliches Leben mit abstracten Maßstäben zu
messen, die den Vorstellungen des verrotteten Merkantil=
systems wenig aus dem Wege gehen. Ich erinnere daran,
was in den letzten Jahrzehnten Planloses geschehen ist
unter der Firma der „Befruchtung" der Industrie, des
Handels und Verkehrs, so zwar als ob man es hier mit
selbstständigen Treibhaus=Pflanzen zu thun, und als ob
der Staat keinen andern Beruf hätte, als über ihnen
recht hohe Glasdächer zu wölben. Ein anderes, dem
landwirthschaftlichen Meliorationswesen entlehntes Bild
macht die Volkswirthschaft zu einem großen Wiesengrund
mit zahllosen „Canälen", deren Verzweigung eine so reiche
sein soll, daß keines der Millionen Graspflänzchen ohne
die befruchtende Feuchtigkeit bliebe — ein ansprechendes
und beruhigendes Bild, dessen landschaftliche Reize nur
gewinnen können, wenn wir uns an den zahllosen
Schleußen je einen Großcapitalisten als sorgsamen Be=
wässerungscommissär, und über dem Ganzen als „be=
fruchtende Wolke" eine recht coulante Zettelbank mit un=
beschränkter Notenausgabe denken. Und die Statistik, die
amtliche wie die private, hat diesen Anschauungen kräftigst

Vorschub geleistet. Es ist so schön und bequem, vor großen Zahlen bewundernd stehen zu bleiben, und so unbequem zu untersuchen, wie sich in diesem glänzenden Spiegel der einzelne Mensch mit seinen Sorgen und Nöthen ausnimmt. Der Cultus der großen Zahl ist eine internationale Krankheit, deren schleichendes Gift endlich in dem physischen und moralischen Ruin ganzer Arbeiter= bevölkerungen, in Strikes und communistischen Umtrieben zu Tage tritt; im Princip ebenso verwerflich, aber ge= fährlicher als der Glaube an die „Gesetzmäßigkeit" will= kürlicher menschlicher Handlungen, den wir Gottlob in die Rumpelkammer geistreicher Verirrungen verweisen dürfen. Jedenfalls spielt die Statistik in der Geschichte der volkswirthschaftlichen Dogmen eine bedeutende Rolle; die populärsten dieser Dogmen aber gipfeln in dem Satze: je dichter die Bevölkerung, je massenhafter die Production, je höher die Wogen des Verkehrs, — desto größer die Glückseligkeit auf Erden.[25]

Eine überaus plumpe materialistische Vorstellung, die man vielleicht einem Banquier, einem Eisenbahn= actionär oder Güterspediteur, nicht aber einem Mann der Wissenschaft, einem Regierungsrath oder Volksvertreter verzeihen kann. Vielmehr ist und bleibt es wahr, daß jede einseitige Vermehrung des sogenannten „National= reichthums" ein großes Nationalunglück ist, wenn ihr nicht die vollkommenste Rechtsgleichheit zur Seite steht und wenn mit ihr die Verallgemeinerung der Cultur nicht gleichen Schritt hält. So wie die Verhältnisse jetzt bei uns und in anderen Staaten liegen, muß auf der einen Seite die Zahl der Millionäre, auf der anderen

Seite das Proletariat wachsen, muß der endliche Aus= gleich der Cultur= und Classenunterschiede immer schwerer werden, müssen wir uns von dem Ideale eines glück= lichen Culturstaats immer weiter entfernen. Gewiß, der Staat soll und kann es nicht versuchen, den Lauf der wirthschaftlichen Entwickelung künstlich zu hemmen; wohl aber soll die Rapidität dieser Entwickelung ihn an seine höheren Pflichten der Rechts= und Culturpolizei erinnern, ihm ein Fingerzeig sein, daß Gefahr im Verzug, Gefahr für ganze Classen und Schichten der Bevölkerung, für die Moral und den Frieden, für den Staat selbst.

Man kann, vom Standpunkte des Individuums, die Rechtsfähigkeit als eine passive und active unterschei= den. Die passive Rechtsfähigkeit umfaßt die Obligationen gegen den Staat, die active dagegen des letzteren Ver= pflichtungen gegen das Individuum; für beide Seiten der Rechtsfähigkeit gilt der Grundsatz der Allgemeinheit und Gleichheit, mit der Maßgabe, daß zwar das Indi= viduum auf einzelne Rechtswohlthaten verzichten kann, daß aber der Staat seine Rechtsansprüche nur der Gesammtheit, nicht willkürlich einzelnen Individuen gegen= über fallen lassen darf. Die Rechtsfähigkeit des Staates hat daher einen durchweg obligatorischen, diejenige des Individuums einen theilweise facultativen Charakter. Es ist dies eine ganz unveräußerliche Eigen= schaft des Rechtsstaats.

Die passive Rechtsfähigkeit des Individuums, auf deren Abgrenzung in constitutionellen Staaten jeder Ein= zelne mit einwirken kann oder doch einwirken können sollte, setzt ganz nothwendig Beschränkungen sowohl der persönlichen Freiheit als des Vermögens voraus. Man mag sich drehen und wenden, wie man will, jede Staats= umlage, jede Steuer ist und bleibt eine Vermögensbe= schränkung, jede obligatorische persönliche Leistung im öffentlichen Interesse eine Beschränkung der Freiheit. Erwägen wir aber, daß das Staatsleben unmöglich stille stehen kann, daß der staatliche Gesammtwille souverän ist und daß sich noch gar nicht absehen läßt, wohin die gegenwärtige Entwickelung führen wird, so erscheint der neuerdings wieder erhobene Streit, ob und wie weit das Privateigenthum „absolut" sei, recht müßig. Eine Be= schränkung desselben darf im Rechtsstaat nur durch und für den Staat nach dem Grundsatze strengster Gerechtig= keit vorgenommen werden; das Maß dieser Beschränkung aber entspricht genau dem Umfange der Aufgaben, welche durchzuführen der Gesammtwille für nöthig hält. Ganz ebenso verhält es sich mit der persönlichen Freiheit. Von absoluter Entwickelung dieser wie des Privateigenthums kann daher nie die Rede sein; so lange Staaten existiren, war das nicht der Fall, und wird nie der Fall sein. Das Privateigenthum wird aber um so sicherer sich eines wenig beschränkten Daseins erfreuen können, als seine Inhaber mit allem Einfluß dahin streben, die Staats= lasten gerecht zu vertheilen.

Wem die unstreitbare souveräne Gewalt des Staates über das Privateigenthum indessen nicht ausreicht, um die Beschränkung desselben zu öffentlichen Zwecken prin= cipiell zu rechtfertigen, wem alle Steuern und Abgaben etwa nur als ein nothwendiges Uebel und die Gerechtig= keit ihrer Vertheilung als eine nur nebensächliche Rück=

sicht erscheint, dem kann man zum Ueberfluß auch mit
anderen Gründen aufwarten. Jeder Besitz ist ja doch
nur möglich durch den Staat, durch seine Rechtsord=
nung, seinen Schutz nach Außen und Innen, durch die
Sicherung des allgemein menschlichen Culturcapitals, durch
die Gewährung von Bildungs= und Verkehrsmitteln u. s. w.
Die alltägliche Erfahrung lehrt, daß der Vermögenser=
werb durchaus nicht allein von dem Fleiß und der per=
sönlichen Tüchtigkeit abhängt, eine ebenso große Rolle
spielt dabei die Geschicklichkeit in der Benutzung von Con=
juncturen und selbst von Schwächen der Gesetzgebung
und der socialen Verwaltung, mit einem Worte die Specu=
lation, welche nur möglich ist in der staatlich organisirten
Gesellschaft; durch die Speculation aber werden, wenn
nicht die meisten, so doch die größten Vermögen erworben.
Man setze den ersten besten europäischen Millionär unter
ein heiteres Völkchen von Anthrophagen, und er wird
gern Alles hingeben, wenn man ihm nur die Existenz
eines Holzhackers läßt. Was es für den Privatbesitz be=
deutet, wenn der starke Arm des Staates zeitweilig ge=
brochen ist, das haben wir in den Jahren 1806—1813
erfahren, diese Lehre haben sich muthwilliger Weise die
Franzosen im Jahre 1870 geholt. Wie thöricht ist es,
das private Eigenthum als ein absolutes Ding zu con=
struiren und aus dem socialen und Culturleben des Staates
herauszuschälen, können wir uns sehr klar machen durch
die Supposition, daß eines schönen Tages der Staat
Strike machte, daß alle Organe den Dienst versagten.
Aber es ist gar nicht nöthig, an die Einbildungskraft zu
appelliren; die lebendige greifbare Wirklichkeit liefert täg=

lich die schlagendsten Beweise. Jedermann weiß, daß die Jahre 1871 und 1872 für das Großcapital, namentlich für Banquiers, Großhändler und Großindustrielle, die günstigsten d. h. gewinnreichsten waren, die in Deutschland überhaupt erlebt worden sind; wer es nicht glaubt, der frage einen ehrlichen Gründer. Dagegen erklärte in der Sitzung des preußischen Abgeordnetenhauses vom 24. Januar 1873 der Minister des Innern, über die enorm große Auswanderung im letzten Jahre interpellirt, unter sehr lebhafter Zustimmung jener Versammlung: „Diejenigen Beweggründe, welche die Bevölkerung nach den großen Städten zusammendrängen, brauche ich Ihnen nicht weiter auseinander zu setzen, sie liegen auf der Hand. Dazu kommt die Auswanderung. . . Da sind es, wenn ich von persönlichen Gründen absehe, namentlich wirthschaftliche und politische Motive, welche in Betracht kommen. Eine Erscheinung, die sich in den letzten zehn Jahren unserer Erfahrung wiederholt hat, ist die, daß die Auswanderung am stärksten ist nach einem Kriege. Das liegt auch in der Natur der Sache. Es ist theils die Furcht vor einem neuen Kriege, theils der Rückschlag der Vermögensverluste, die erlitten worden sind, und diese Vermögensverluste sind gerade, was das kleine Capital anbetrifft, ganz enorm. Die Kraft der Bevölkerung wird durch den Krieg ungeheuer in Anspruch genommen, namentlich auch das kleine Capital, weil es, wenn ich mich so ausdrücken darf, weniger widerstandsfähig ist; es wird absorbirt. Die Leute, die in den Krieg gezogen sind, müssen meistentheils, wenn sie zurückkommen, von vorn anfangen; dieses Manöver nochmals zu wiederholen,

dazu haben die Leute keine Lust." — Also in Folge eines
Krieges, einer Staatsaction par excellence, die bei unserem
Wehrsystem nur möglich ist durch blutige Opfer aller
Volkskreise, die auf Kosten Aller zum Schutze Aller un=
ternommen ist, — in deren unmittelbarer Folge hat sich
eine großartige V e r s ch i e b u n g der privaten Vermögens=
verhältnisse zugetragen, zu Gunsten der großen und zu
Ungunsten der kleinen Besitzer. Wie kann man Angesichts
solcher Erfahrungen noch von „absolutem" Eigenthum
sprechen! Nein, der Staat ist bei jedem privaten Ver=
mögenserwerb zwar stiller, aber sehr einflußreicher Theil=
nehmer und kann zu seinem Genossenschafter mit Recht
sagen: „Was Du hast und gewinnst, hast und gewinnst
Du mit mir und durch mich." Eine gerechte Besteuer=
ung aber erscheint hiernach nicht mehr als ein fatales
Recht des Staates, sondern als eine heilige P f l i ch t,
deren strenge Erfüllung allein das wider Willen an den
Armen und Schwachen begangene Unrecht aussöhnen kann.

Wäre diese höhere Auffassung des Verhältnisses zum
Staate als sittliche Ueberzeugung in dem Bewußtsein
jedes Einzelnen lebendig; wäre seit Generationen in den
Schulen die Achtung vor den Rechten der Gesammtheit
gelehrt worden — wir würden es heute wohl nicht er=
leben, daß den Staat zu belügen und zu betrügen fast
zum guten Ton gehört. Wenn ein Großcapitalist
Morgens eine falsche Einzeichnung in die Steuerrolle
macht und Mittags beim Diner sich eine neue Concession
vom Herrn Minister erbittet, so fährt dabei der Staat
mindestens ebenso schlecht, als die unfehlbare Kirche,
wenn Einer am Freitag einen Meineid für eine Wurst

schwört, sich aber noch einen Käse dazu geben läßt, weil
er am Freitag kein Fleisch essen darf. Wahrlich, die
herrschende Corruption in öffentlichen Angelegenheiten,
der unrechtliche, um nicht zu sagen ungesetzliche, Sinn
in den Beziehungen zum Staat ist zumeist eine Folge
der Verwilderung der Rechtsbegriffe und des Mangels
an sittlicher Autorität des Staates. Läge die Ursache
in der Unverbesserlichkeit der Menschen selbst, wie wäre
es dann möglich, daß zu gleicher Zeit im Privat- und
Geschäftsleben, viel weiter als der Arm der Straf- und
Civilgesetze reicht, im Großen und Ganzen Rechtlichkeit
herrscht, daß hier so unendlich viel auf Treu und Glauben basirt ist? Ohne Zweifel trägt zu dem höheren
Rechtsgefühl im Privatverkehr grade der Eindruck der
unmittelbaren, greifbaren Persönlichkeit viel bei; während
die Persönlichkeit des Staates oder der Gemeinde den
Meisten in unklarem Halbdunkel, vielleicht gar in den
nebelhaften Umrissen einer melkenden Kuh, erscheint.
Aber ist das ein Wunder? Wer rein und klar dastehen
und nicht verkannt sein will, der darf sich nicht mit
schönen Worten begnügen, der muß ein gutes Beispiel
geben und darf sich nicht unter allerlei Vorwänden den
Pflichten der Gerechtigkeit entziehen. Das aber eben thut
der Staat, und daher das unbestimmte Ansehen seiner
Persönlichkeit. „Die kleinen Diebe hängt man, die großen
läßt man laufen" — das ist noch heute das sprüchwört-
liche Motto des kleinen Mannes für unser sociales Verwaltungsrecht.

Unser Steuerwesen, der wichtigste Zweig der
passiven Rechtsfähigkeit und Rechtsgleichheit, leidet am

meisten unter der Unklarheit des Staatsbegriffes. Erkennt man mit uns an, daß der Staat einerseits und seine Angehörigen andererseits eine Art Erwerbsgenossenschaft bilden, deren Bilanz doch ein rationeller Vertheilungs= plan zu Grunde liegen müßte, mit der Maßgabe, daß der Gesammtantheil des Staates genau dem Aufwande zu gemeinschaftlichen Zwecken zu entsprechen hätte, — so wird Einem das herrschende Steuersystem in seiner ganzen Verkehrtheit klar. Eigentlich kann man von einem „System“ hier überall nicht sprechen, da weder nach der Tiefe noch nach der Breite ein gemeinsamer Plan zu entdecken ist. Nicht einmal die Bequemlichkeit der Steuererhebung ist als leitende Rücksicht überall zu erkennen, obwohl sie unbedingt eine größere Rolle spielt, als die Gerechtigkeit; denn wir sehen in vielen Stücken, daß sich der Staat die Einkassirung seiner „Gewinnantheile“ sehr sauer wer= den läßt. Eine Aufzählung der im deutschen Reich existirenden Besteuerungsarten aber würde überaus schwie= rig sein und sehr umfangreich ausfallen. Schon die Staatssteuern im engern Sinne sind fast in jedem Bun= desstaat andere, wenn sie auch einzeln oder gruppenweise unter demselben Namen auftreten; nimmt man aber dazu noch die Provinzial=, Kreis= und Gemeindeumlagen, so entsteht eine fast unzählbare Masse von Combinationen, deren Feststellung allein ein langes Forscherleben kosten würde. Die „berechtigten Eigenthümlichkeiten“ der Deutschen bieten weder eine rechte Motivirung, noch auch einen Trost für diesen wunderlichen Zustand dar, da der Steuer= modus nicht etwa einen landsmannschaftlichen Charakter trägt, sondern sich fast für jeden Reichsbürger anders und noch dazu unberechenbar stellt. Es mag manchem Staatsweisen trivial klingen, an' so hohe Dinge den Maßstab des Alltagslebens anzulegen, gleichwohl ist es in hohem Grade bezeichnend für unser Steuerwesen, daß die theilnehmende Frage nach dem Census des Freundes oder Nachbars kaum je die Neugierde, dessen wirkliches Einkommen kennen zu lernen, befriedigt; der Eine beklagt sich bitter über zu hohe Belastung, der Andere reibt sich vergnügt die Hände, weil er „so gut davongekommen," man freut sich, die Behörde hinter's Licht geführt zu haben, und wer sich unterstehen würde, den Steuer= defraudanten gebührend zu bezeichnen, der würde sich der allgemeinen Mißachtung preisgeben. Aber das gilt von dem Ansehen der sog. „directen" sowohl als der „indirec= ten" Steuern, wenn auch bezüglich der letzteren das Recht des Staates noch in viel höherem Grade mißachtet wird. Es ist ja allbekannt, daß die Zollschmuggelei wo nur irgend möglich, und selbst in den besten Kreisen der Gesellschaft, mit einer Virtuosität betrieben wird, die wahrlich einer besseren Sache würdig wäre.

Es ist nicht übertrieben, wenn ich von unserem gesammten Steuerwesen sage, daß es eine Persiflage der Gerechtigkeit bildet. Dafür lassen sich hundertfältige Be= weise beibringen, gegen die alle angeblichen Zweckmäßig= keitsvorwände in ihr armseliges Nichts zusammenfallen. Aus dem unendlich reichen Material führe ich hier nur an, daß z. B. die Erhebung von Eingangszöllen nicht nur eine zufällige Kopfsteuer begründet, welche die Armen in der Regel ungleich härter als die Reichen trifft, son= dern daß die zollamtlichen Einrichtungen und Controlen

nothwendig auch künstliche Verschiebungen des Verkehrs
mit sich bringen, indem sie die Concurrenz im Großhandel
mit steuerpflichtigen Gegenständen auf große Capitalien
beschränken, durch Steuercredite u. dgl. einzelne Händler
und Fabrikanten, durch das System der Niederlagen
einzelne Orte und Gegenden begünstigen: also wieder
und wieder Schutzzölle und Monopole. Mit Recht be=
zeichnet der englische Nationalökonom T. E. Cliffe
Leslie²⁶) Angesichts dieser von ihm glänzend erwiesenen
Thatsachen die vielberufene englische Gewerbefreiheit als
eine „landläufige Phrase", was natürlich auch von der
deutschen und noch vielmehr von der französischen Ge=
werbefreiheit gilt.

In ähnlicher Weise, wie die Zölle, wirken die sog.
inneren Verbrauchssteuern, die Gewerbe=, Grund= und
Gebäudesteuern und eine große Anzahl von Stempelab=
gaben. Ich habe das schon an anderer Stelle (oben S. 34 ff.)
angedeutet. Die Betonung dieser Mißstände ist aber um
so dringlicher, als neuerdings ein Mann von eminentem
Ansehen, Fürst Bismarck, sich als Anhänger der in=
directen Steuern öffentlich bekannt hat,²⁷) und als ein
großer Theil auch jener Gebildeten, welche sonst so gern
als Feinde der „Halbbildung" auftreten, vor solcher
Autorität bereitwilligst die Segel streichen. Unser gewal=
tiger Reichskanzler ist vielleicht der großartigste Reprä=
sentant jener drei Gesellschaftsordnungen auf einmal: der
mittelalterlichen Geschlechterordnung mit der feudalen
Grundherrlichkeit, der Ständeordnung des absoluten
Königthums und der modernen staatsbürgerlichen Gesell=
schaft. Nicht zwei, wie oft gesagt worden, sondern drei

Seelen wohnen in seiner Brust. Man muß sich diese wunderbare, aus seiner Abstammung, seinem Bildungs= gang und seinen Schicksalen leicht erklärliche Mischung immer vor Augen halten, wenn man die ungeheuren Er= folge dieses Mannes, wenn man den Zauber, den er nach oben wie nach unten ausübt, wenn man die Liebe und den Haß, welche ihm abwechselnd geworden, wenn man namentlich seine socialpolitischen Grundsätze und Maximen verstehen will. Nur so können wir es begreifen, daß in seinen Ansichten sich häufig die auffallendsten Gegensätze berühren, wie denn in seinem „Steuerpro= gramm" die indirecten Steuern nichts anderes als die Niederhaltung des gemeinen Mannes bedeuten, während seine „Anstands= oder Ehrensteuer" mit der Beschränkung auf wirklich reiche Leute (von der ich freilich meine, daß sie sehr einträglich gemacht werden soll) den höchsten social=politischen Erwägungen gerecht wird. Ein berühmter Parlamentarier und (wie ich selbst) aufrichtiger Verehrer des Reichskanzlers setzte mir einmal auseinander, daß sich die öffentlichen Angelegenheiten in den Augen dessel= ben wie eine Kugel abspiegelten, die ihm, je nachdem er sie in den Händen halte, an einzelnen Stellen sehr hell und klar, an anderen Stellen aber desto dunkler er= schiene. Nun, zu den dunklen Punkten gehören auch die indirecten Steuern, von denen Fürst Bismarck wörtlich sagte: „Ich werde in dem Paar Stiefel das Bier, das der Schuhmacher zu trinken pflegt, und das zu seinen täglichen Bedürfnissen und Gewohnheiten gehört, vergüten müssen pro rata parte. Und so könnte man die Bei= spiele bis in's Unendliche vervielfältigen; durch versteuer=

tes Brod, durch versteuertes Bier und durch versteuertes
Fleisch wird eben jede der Dienstleistungen, die wir von
einander verlangen, um so viel versteuert, als nöthig ist,
um den Dienstleister respective Verfertiger des gebrauchten
Objects in die Lage zu versetzen, daß er seinen Bedürf=
nissen nach existiren kann. Ich glaube, daß auf diese
Weise die indirecten Steuern sich von selbst vollständig
in's Gleichgewicht bringen." — Der Reichskanzler giebt
also die vollkommene Ueberwälzbarkeit dieser Steuern zu
und stellt sich damit wider Willen auf die Seite ihrer
Gegner. Denn muß nicht auch der arme Familienvater
in den Schuhen, Kleidern und sonstigen Bedürfnissen
seiner zahlreichen Familie jene Steuern den Lieferanten
pro rata parte vergüten? Kann er Frau und Kinder
hungern und barfuß laufen und unter freiem Himmel
campiren lassen, nur weil er keine Lust hat, Steuern zu
zahlen? Das ist ja der Hauptvorwurf, den man den
indirecten Abgaben macht,' daß sie, indem sie sich jeder,
auch der unabweisbaren Consumtion als Bleigewicht an=
hängen, zu Kopfsteuern werden, daß sie keine Rücksicht
auf die wirkliche Steuerfähigkeit und auf sonstige wirth=
schaftliche und sociale Verhältnisse zulassen und in Wirk=
lichkeit eben das sind, was Fürst Bismarck von den
directen Steuern sagt: nämlich ein harter und plum=
per Nothbehelf.

In ähnlicher Weise, wie die Zölle, wirken die sog.
inneren Verbrauchssteuern, die Grund=, Gewerbe=, Mieths=
und Gebäudesteuern und eine große Anzahl von Stempel=
abgaben.

Hier thut sich ein weites Feld für fruchtbare Forsch=

ungen nach der Harmonie der bestehenden Gesetze und
Institutionen mit dem Grundsatze der Rechtsgleichheit,
der ja der Theorie nach unser gesammtes Staatsleben be=
herrschen soll. Von ganz besonderem Werthe wäre eine
Untersuchung, in welchem Grade die bestehenden Steuern
auf die Conjuncturen und Preisschwankungen des Waaren=
und Arbeitsmarktes einwirken. Darüber herrscht kein
Zweifel, daß die Consumenten mehr indirecte Steuern
entrichten müssen, als die Producenten an den Staat zah=
len; die Differenz aber trägt jedenfalls nicht dazu bei,
die Volkswirthschaft gesunder zu machen, vielmehr dürfte
sie im Wesentlichen der Bereicherung jener großen Classe
von Leuten zu Statten kommen, die, als routinirte
Spieler sich zwischen Angebot und Nachfrage drängend,
nur von der Agiotage leben und spielend ebenso viele
Millionen gewinnen, wie die Gesammtheit verliert.

Erwägt man nun aber, daß das principlose „An=
zapfen des Verkehrs," wie man die indirecte Besteuerung
wohl nennen kann, nicht blos ungerecht und unwirth=
schaftlich ist, daß es nicht blos einen Schutzzoll für den
größeren Besitz und zu gleicher Zeit eine Prämie für das
Cölibat bildet, sondern auch den Staat um sein Höchstes
— um das Ansehen seiner Persönlichkeit — bringt und
der Mißachtung öffentlicher Interessen sowie der Cor=
ruption Thür und Thor öffnet, dann kömmt man dazu,
die Herbeiführung einer annähernd gerechten Besteuerung
als eine wahre Wohlthat für die Gesellschaft zu betrachten.
Das kann aber nur durch directe progressive Steuern sein.
Nicht ob, sondern wann und mit welchen Uebergangs=
stadien wir die Reform zu unternehmen haben, ist die Frage.

Ja, eine **p r o g r e f f i v e** Vermögens=, Erbschafts= und
Einkommensteuer, und zwar mit recht ausgiebigen Pro=
greffionen. Denn es entspricht nicht den wirklichen Er=
werbsverhältniffen, wenn ein und derselbe Procentsatz
für die Besteuerung niedriger und sehr hoher Einkommen
festgesetzt wird, wie z. B. im preußischen Gesetze 3 Pro=
cent für alle Einkommen über 1000 Thaler, wobei noch
dazu bei solchen über 80,000 Thlr. ein (steuerfreier)
Spielraum von 20,000 Thlr. gewährt ist, für welche
Summe also zwanzig einzelne Steuerpflichtige mit je
einem Einkommen von 1000 Thlr. zusammen 600 Thlr.
an die Staatscaffe zahlen müßten.[28]) Laffen sich derlei
Nachläffe und Ueberlastungen schon mit der Rechtseinsicht
des gesunden Menschenverstandes nicht in Einklang brin=
gen, so muß vor der wiffenschaftlichen Kritik das ganze
System des festen Procentsatzes überhaupt fallen. Von
wem verlangt man denn vernünftigerweise die Steuer?
Doch nicht von dem Pfund Gold oder Silber, oder von
dem Haufen Korn, die irgendwo lagern, sondern von den
I n h a b e r n dieser Dinge. Zu den absoluten Eigen=
schaften der Materie tritt also das Moment des Besitzes
hinzu, und weiterhin die Person des Besitzers. Hundert
Thaler, **a b s o l u t** dasselbe wie $\frac{1}{10}$ von 1000 Thalern,
sind im **B e s i t z e** eines Taglöhners vielleicht tausendmal
so viel werth, wie 100 Thlr. im Besitze eines Rothschild.
**W e n n   z w e i   d a s s e l b e   h a b e n ,   s o   i s t   e s   n i c h t   d a s =
s e l b e.** Das Verfahren, das todte Object als selbst=
ständiges Kriterium der Steuerfähigkeit aus der wirth=
schaftlichen Gesammterscheinung der Person mechanisch
herauszuschälen, ist überhaupt ein sehr kindisches qui

pro quo, dessen hartnäckige Vertheidigung Seitens der herrschenden Classen sich nur durch einen aller Vernunft spottenden Interesseninstinct erklären läßt. Man lasse doch zunächst die Frage des objectiven Besitzstandes ganz hinweg und sage rund und nett: Der Staat legt Beschlag auf den und den Theil der wirthschaftlichen Leistungsfähigkeit aller Staatsangehörigen. Dann wird man von selbst dazu kommen, den armen und den reichen Mann mit verschiedenen Maßstäben zu messen. Forschen wir nun gar nach der Entstehung der verschiedenen Einkommen, so finden wir leicht, daß bei der Gewinnung derselben die persönliche harte Arbeit ihrer Inhaber außerordentlich ungleichmäßig betheiligt ist. Es liegt aber auf der Hand, daß der Staat ein bei weitem höheres Anrecht auf das relativ mühelos, durch ererbte Capitalien, Speculationen ꝛc. gewonnene Einkommen seiner Angehörigen hat, als auf dasjenige, welches als die Frucht harter Arbeit anzusehen ist. Die Arbeit, der Kampf um's Dasein, erhält den Staat, der seinerseits wieder die Frucht der Arbeit privatrechtlich sicherstellt; so kann man mit Fug sagen, daß der Genuß des Besitzes nur möglich ist durch die staaterhaltende Kraft der arbeitenden Gesammtheit. Gewiß ist es unmöglich, zu unterscheiden, wo hier das Resultat der harten Arbeit anfängt, wo es aufhört; aber recht wohl kann man so argumentiren: daß der nothdürftige Lebensunterhalt als Frucht der Arbeit nöthigenfalls auch ohne den Schutz des Staates und ohne die Organisation der Gesellschaft gewonnen werden könne, daß aber die Ansammlung und sichere Existenz größerer Vermögen und der mit der

12*

Möglichkeit, Andere dienstbar zu machen, verbundene reichere Lebensgenuß ohne jenen Schutz und jene Organisation nicht denkbar sei. Es ist daher vollkommen gerecht, wenn der Staat seinen Antheil an dem Gewinn seiner Angehörigen nach dem Interesse bemißt, welches die letzteren an der Aufrechterhaltung staatlicher Ordnung haben; dieses Interesse aber wächst mit der Höhe der schutzbedürftigen Vermögensobjecte progressiv — ich sage: dieses Interesse der einzelnen Besitzenden wächst progressiv, nicht der Aufwand des Staates zum Schutze des Eigenthums. Man kann unmöglich den Preis dieses Schutzes nach den marktgängigen Regeln des Angebots und der Nachfrage bestimmen wollen, den Preis nach Recht und Billigkeit zu bestimmen ist lediglich Sache des Staates.

Damit sind indessen die Gründe für die progressive Besteuerung keineswegs erschöpft. Indem der Staat durch seine von der Gesammtheit, also auch von den Besitzlosen, garantirte und aufrecht erhaltene Ordnung die Ansammlung und Vererbung eines mehr als das durchschnittliche Lebensbedürfniß befriedigenden Privatbesitzes zuläßt, kann er doch die hiermit dem Fleiß und der bürgerlichen Tüchtigkeit gewährte Prämie nicht in's Maßlose anwachsen lassen und ihr den Charakter des Monopols verleihen wollen. Daß das Privateigenthum kein „absolutes" ist und sein kann, habe ich schon dargelegt; die Verkennung dieser Wahrheit aber hört auf, eine sentimentale Rücksicht zu sein, sie wird zum wirthschaftlichen Selbstmord, wenn der Staat seinen Arm dazu leiht, große Besitzstände mit Zins auf Zins zuerst verdoppeln und dann

von Generation zu Generation verdrei= und vervierfachen
2c. zu lassen. Das ist auch „todte Hand" gegenüber der
Gesammtheit, der es ziemlich gleichgültig sein kann, ob
der Nutznießer großer Reichthümer eine Corporation oder
ein einzelner Mitbürger ist. Wenn dagegen ein D. F.
Strauß in seinem Buche vom alten und neuen Glauben
als Verherrlicher des feudalen Besitzstandes auftritt, so
beweist er damit nur, daß er die große ethische Bedeut=
ung des Darwinismus nicht verstanden, nicht begriffen
hat, was eigentlich „Kampf um's Dasein" ist. Wie
denkt sich Strauß die natürliche Entwickelung der begün=
stigten Arten und ihrer Eigenschaften (z. B. der Hörner
beim Rindvieh) mit obligatem Fideicommiß?

Wo sich die Bevölkerung einer Gemeinde oder einer
Provinz in die Unmöglichkeit versetzt sieht, mit solchen rapid
und mühelos anwachsenden „todten Händen" im Besitzer=
werb zu concurriren, da werden die letzteren zugleich zu Prä=
mien für den Müssiggang, für die Verzweiflung am gerechten
Walten Gottes auf Erden und für die Vertreibung der streb=
samen Elemente, — für die Umwanderung nach erwerbs=
günstigeren Plätzen (daher zum Theil das Anwachsen der
Städte) und für die Auswanderung nach fremden Ländern.
Eine starke Auswanderung ist unter Umständen ein eben=
so beachtenswerther Fingerzeig für die sociale Gesetz=
gebung, wie sie Zeugniß ablegt für den gesunden Sinn
des Volkes, das lieber der Heimath den Rücken kehrt,
ehe es sich länger das Joch der wirthschaftlichen Hörigkeit
gefallen läßt. Daß überdies der Großgrundbesitz für
die intensive Ausbeutung des Bodens — an der
ja alle Staatsbürger und mithin auch der Staat selbst

das größte Interesse haben — viel geringere Garantien
bietet, als der Kleinbesitz, das liegt auf der Hand. Der
Großgrundbesitzer kann mit 2, selbst mit 1 Procent Rente
vorlieb nehmen, er kann sogar ganze Partien seines Be=
sitzes unbewirthschaftet lassen, ohne auf seine standesge=
mäße Consumtion verzichten zu müssen. Die Beispiele
für solche im volkswirthschaftlichen Sinne irrationelle
Bewirthschaftung von Grund und Boden brauchen wir nicht
in England oder Rußland zu suchen, wir finden sie auch
bei uns in Deutschland und überall da, wo Großgrund=
besitz zu finden ist. Ein Mann, der schuldenfrei mehrere
Tausend Morgen Land besitzt, braucht um den Ertrag
an Getreide und sonstigen Producten der Land= und
Forstwirthschaft nicht ängstlich besorgt zu sein; wogegen
der Kleinbesitzer wirthschaftlich gezwungen ist, möglichst
viel zu produciren, d. h. die elementaren Güter der Natur
auch für die Gesammtheit möglichst fruchtbringend zu
verwalten.

Damit hängt auch die sehr wichtige und schwierige
Frage zusammen, ob nämlich der Staat das Recht resp.
die Pflicht habe, das endlose Anwachsen ländlichen
Besitzstandes in einer Hand zu begrenzen resp. die
über ein bestimmtes Maaß hinausgehenden Complexe
gegen angemessene Entschädigung zu expropriiren und
getheilter Bewirthschaftung zugänglich zu machen; ein=
facher liegt die Frage bezüglich der im Besitz des Staates
befindlichen Domainen. In England hat sich ein Land=
reform=Verein gebildet, dessen Ziele von seinem geist=
vollen Fürsprecher, dem verstorbenen J. Stuart Mill,
etwa folgendermaßen gekennzeichnet worden sind: „Ich

bin der Ansicht, daß Grund und Boden, Minen mitge=
rechnet, sowie das ganze auf der Erde befindliche Roh=
material Allen gehöre, weil die gegenwärtigen Besitzer es
weder selbst angefertigt, noch zur Anfertigung beigetragen
haben. Ein Mensch hat nur ein Recht auf das, was
er erarbeitet oder erspart hat. Wer Grund und Boden
besitzt, der zum Leben nöthig und nicht in genügender
Menge für alle da ist, der ist ein Monopolist und ein
Monopol darf nicht nach Willkür des Inhabers, sondern
muß im Interesse des Gemeinwohls ausgebeutet werden;
der Staat hat ganz dasselbe Recht, es zu controliren,
wie er Eisenbahnen controlirt. Die Landreformpartei
glaubt, daß der Staat sein Recht geltend machen und
die mit Grundbesitz getriebenen Mißbräuche abschaffen
müsse. Die Ansichten, wie weit der Staat gehen solle,
sind noch verschieden. Ich spreche nur im Namen dieses
Vereins und wir verlangen, daß wenigstens kein Gemein=
land mehr an Privatleute abgegeben werden solle. Wir
protestiren gegen die Verwandlung von Staatsländereien
in Privatbesitz. Ferner glauben wir nicht, daß der Be=
sitz des Landes nothwendig auch das Anrecht auf den
durch die Zunahme des Volkswohlstandes erhöhten Werth
des Grund und Bodens mit einschließe. Dieser Zuwachs
gehört von Rechtswegen dem Staate. Was wir daher
verlangen, sind hauptsächlich zwei Sachen. Erstens, daß
keine Staats= oder Gemeindeländereien unter welchem
Vorwande auch immer in die Hände von Privaten über=
gehen sollen; zweitens, daß Grund und Boden so be=
steuert werde, daß der erhöhte Werth desselben der Ge=
sammtheit, nicht dem Privatmanne zufalle, und diesem

die Wahl gelassen werde, seinen Grundbesitz für den jetz=
igen Geldwerth an den Staat abzutreten. Wie sehr
ich auch Freund mäßiger Ausdrücke bin, ich kann die
jetzt übliche Verwandlung von Gemeindeländereien in
privaten Grundbesitz nicht anders nennen, als Raub an
den Armen." Mill zeigte dann, wie Grund und Boden
früher in den Besitz von Privatleuten gekommen ist, und
daß ein Grundbesitzer, ob er fleißig oder faul sei, sein
Gut verbessere oder nicht, mit Zunahme der Bevölkerung,
des Gewerbefleißes u. s. w. reicher werden müsse. Dieser
größere Werth der Ländereien, den diese ohne Hinzuthun
des Besitzers gewinnen, solle dem Staate zufallen. Es
sei nur scheinbar schwierig, eine solche Bestimmung durch=
zusetzen. So oft ein Gutsbesitzer sich benachtheiligt glaube,
brauche er ja nur sein Land an den Staat zu verkaufen.
Eine Abschätzung des Landwerthes könne in bestimmten
Perioden aufgenommen werden, der Privatbesitzer über
die von ihm eingeführten Verbesserungen Buch führen.
Nach Abzug der diesen zuzuschreibenden Zunahmen im
Werthe solle der Rest dem Staate zufallen u. s. w.

Man sehe sich die Vertheilung von Wald und Flur
an, man durchwandere mit offenen Augen die Fabrik=
districte, man studire die Steuerlisten der großen Städte,
und man wird überall finden, daß wir gar nicht so weit
davon entfernt sind, Jhering's Urtheil über das alte
Rom auf uns beziehen zu können: „Von Altersher gab
es in den römischen Zuständen Einen höchst bedenklichen
Punkt, vielleicht läßt er sich geradezu als der Todes=
keim bezeichnen, an dem Rom später zu Grunde ge=
gangen ist. Es war dies die schadhafte Gestaltung des

Systems der Gütervertheilung und Vermögenscirculation. Es fehlte diesem Systeme an dem erforderlichen Gleich= gewichte der Kräfte; die persönliche Erwerbsfähigkeit war dem Vermögen gegenüber völlig machtlos und das große Vermögen (Grundbesitz wie Capital) hatte über das kleine ein unverhältnißmäßiges Uebergewicht. Der Mittelstand, der bei einer gesunden Gestaltung der Verhältnisse den eigentlichen Schwerpunkt und Mittelpunkt der Gesellschaft abzugeben hat, konnte diese Aufgabe in Rom nicht er= füllen; während die beiden Extreme, zwischen denen er seine Stellung hat, täglich in stets fortschreitender Pro= gression an Ausdehnung gewannen, nahm er selbst eher ab als zu. Auf der einen Seite häufte sich immer massenhafter der Reichthum an, auf der anderen die Menge der Proletarier; was dort einem Einzelnen zu= floß, hätte bei richtiger Vertheilung genügt, um Tausen= den eine ehrenhafte Existenz zu gewähren. Das Prole= tariat war für Rom eine unvermeidliche Folge seiner Einrichtungen. Aus begreiflichen Gründen drängte das= selbe von allen Seiten Italiens nach Rom zusammen 2c."

Auch u n s e r e private Gütervertheilung geht ja im Wesentlichen auf der Grundlage römischer Rechtsprincipien vor sich, und es ist nicht abzusehen, wie man für das P r i v a t r e c h t einer anderen Richtschnur folgen will, ohne sich in ein Labyrinth von Bevormundungen, Un= freiheiten und Widersprüchen hineinzubegeben. A b e r d a s r ö m i s c h e P r i v a t r e c h t v e r t r ä g t s i c h n i c h t m i t i n d i r e c t e n u n d p r o p o r t i o n a l e n S t e u e r n, in dieser Combination m u ß es zum Staatsruin führen, weil die Vertheilung des Einkommens und Vermögens

und die Bildung der Preise n i c h t proportional vor sich
gehen, sondern zufällige Producte der verschiedensten Um=
stände und Einflüße sind, welche mit Erwägungen der
Gerechtigkeit und Staatsraison gar nichts gemein haben.
Wo der Staat sein eigenes Kind, das Privatrecht, ver=
hätschelt und sich über den Kopf wachsen läßt, da giebt
es Mord und Todtschlag. Das sollte man doch nach=
gerade aus der Geschichte gelernt haben; aber statt dessen
wiederholt sich immer wieder das alte Bild: Man treibt
Wucher, man beschwindelt seine Mitbürger nach allen
Dimensionen, man benutzt alle Kniffe und Schliche der
Conjunctur und alle Schwächen der Gesetzgebung und
Polizei, um unnachsichtig ein möglichst großes Besitz=
thum an sich zu reißen; kömmt aber dann der Staat,
um sich von dem unheiligen Raube etwas auszubitten,
dann ruft man ihm zu: „halt! das Privateigenthum
ist unantastbar, ist h e i l i g!"

„Wenn auch", sagt H. v. S ch e e l,[29] „das Gerechtig=
keitsgefühl auf diese Momente hinweist, so wird man sich
doch wohl vergeblich bemühen auf diesen ganz subjectiven
Gefühlen eine objective Steuerregel aufzubauen. Sondern
wie wir für die verhältnißmäßige Erleichterung der untern
Stufen die Wahrung der Lebenshaltung, die Grundlage
socialen Fortschritts, als Motiv finden; so wird in der
Gefahr des socialen Rückschritts durch das übermächtige
Anwachsen des Reichthums in einzelnen Händen das
Motiv für die höhere Besteuerung zu finden sein; beides
in der Absicht, dem Anwachsen der Vermögensungleich=
heiten entgegenzuwirken. Die specielle Rechtfertigung der
stärkeren Besteuerung liegt aber in der besonderen wirth=

schaftlichen Kraft concentrirter Capitalien, die kleineren auszusaugen oder die Besitzer derselben von sich abhängig zu machen. Die in der Regel intelligentere Leitung, die Möglichkeit, an sich bedeutende Summen zu wagen ohne das Ganze zu opfern, die Fähigkeit Conjuncturen nicht nur abzuwarten, sondern auch auf dieselben Einfluß zu üben durch die Regelung des Angebotes selbst, durch die Beeinflußung der Presse und andere mehr oder weniger legale Mittel, geben dem Großunternehmer resp. Großcapitalisten, abgesehen von dem Größenverhältniß des Vermögens an sich, einen Vorsprung vor den nur gering Bemittelten. Und auch diese wirthschaftlichen Machtverhältnisse in der Besteuerung zu berücksichtigen, dazu ist der Staat gewiß nicht nur berechtigt, sondern auch verpflichtet."

Wie mit der Zunahme ungleicher Vertheilung des Volkseinkommens der Werth der Arbeit herabgedrückt wird, habe ich im letzten Abschnitt dieses Buches ausführlich dargelegt. In dem Gesetze, das ich „das souveräne Gesetz der Preisbildung" nenne, finde ich den schlagendsten Grund für die Steuerprogression.

Man kann aber selbst ein principieller Gegner der Progression sein, so wird man dieselbe doch als berechtigt anerkennen müssen, so lange wir noch indirecte d. h. Kopfsteuern haben, welche eine umgekehrte Progression von oben nach unten darstellen. Ein kleines Beispiel wird das sofort klar machen: Ein Beamter mit 1800 Mark Einkommen zahlt, bei einem Familienstand von 6 Köpfen, in Preußen an den Staat außer 42 M. Classensteuer noch etwa 60 M. indirecte Steuern, zusammen

102 Mark, also $5^2/_3$ pCt. von seinem Einkommen; da=
gegen ein Mann mit 299,400 Mark Einkommen 7,200
Mark Einkommensteuer und (für 6 Köpfe) 60 Mark
indirecte Steuern, zusammen 7,260 Mark, also nicht ganz
$2^1/_2$ pCt. von seinem Einkommen. Wenn er mehr zahlt,
indem er sich einen größeren Consum gestattet als der
Beamte, so ist das seine Privatsache; der Staat zwingt
ihn nur zu $2^1/_2$ Procent, den Beamten zu $5^2/_3$ Procent.
Noch bedenklicher wird das Mißverhältniß, wenn wir die
verschiedenen Communalsteuern hinzurechnen, welche den
Staatssteuern nachgebildet sind, oder wenn wir gar von
dem beiderseitigen Gesammteinkommen als steuerfrei einen
Theil zur Bestreitung des nöthigen Daseins abziehen.
Es würde sich mithin schon eine ganz hübsche Progres=
sion nöthig machen, nur um der nackten rechnungsmäßigen
Rechtsgleichheit genug zu thun.

Endlich ein eminent praktischer Grund: das
zunehmende Bedürfniß des Staates. Machen
wir uns keine Illusionen darüber, daß mit der Entwickel=
ung unseres Rechts= und Culturlebens auch die Aufwend=
ungen zu öffentlichen Zwecken immer umfangreicher werden
müssen. Aber gewöhnen wir uns doch ab, darüber zu
seufzen und zu klagen, freuen wir uns darüber und
sorgen wir, daß der Staat seinen Gewinnantheil an der
rastlos wachsenden Production am rechten Orte und von
den rechten Leuten einkassire. Freilich, so lange wir uns
nicht von der gegenwärtigen Steuermisère losmachen
können und wollen, so lange muß mit dem Staatsinteresse
auch das der einzelnen Steuerzahler leiden, und wird
jede großartige Verwaltungsreform an dem berechtigten

Widerstande der prägravirten Kreise scheitern müssen. Ein ganz ungefährer Ueberschlag ergiebt für das Reich und sämmtliche Staaten Deutschlands folgende zukünftig absolut nothwendige Staatsausgaben:

Culturbudget (gesammtes Unterrichts= wesen, Fach= und Fortbildungs= schulen, Volksbibliotheken u. s. w.)	340,000,000	Mark.
Wehrbudget	340,000,000	„
Justizverwaltung	100,000,000	„
Innere Verwaltung	150,000,000	„
Auswärtige Angelegenheiten . .	6,000,000	„
Allgemeines, Centralverwaltung ꝛc.	60,000,000	„
Staatsschulden und Dotationen .	180,000,000	„

Summa 1176,000,00 Mark.

Hierbei ist von den Betriebs=, Erhebungs= und Verwaltungskosten zu Lasten einzelner Einnahmezweige abgesehen (z. B. bei der Post=, Telegraphen=, Staatseisenbahnverwaltung, sowie bei der Steuererhebung ꝛc.). Es ist zwar anzunehmen, daß aus den sog. Betriebsverwaltungen dem Reiche und den Einzelstaaten regelmäßig mindestens so viele Reineinnahmen erwachsen, um daraus auch noch die nicht in der vorstehenden Uebersicht enthaltenen Staatsausgaben zu bestreiten, gleichwohl wird es gerathen sein, die Gesammtsumme noch etwas höher zu veranschlagen, setzen wir also 1200 Mill. Mark.

Von diesen 1200 Mill. Mark werden zur Zeit etwa 180 Mill. Mark aus dem Finanzvermögen der Staaten (Domainen, Forsten, Bergwerken ꝛc.) aufgebracht, der Rest muß durch Steuern beschafft werden. Es ist keine Frage, daß hierzu die gegenwärtig gebräuchliche Steuerschraube ganz und gar nicht geeignet ist. Das einzige Mittel, um diese bedeutenden Beträge ohne empfindliche Schädigung der Productionskraft des Volkes als Gewinnantheile des Staates einzucassiren, ist eine progessive Besteuerung. Die Behauptung, daß unser Volk auch bei gerechter Steuerveranlagung nicht im Stande sei, 1200 oder 1500 Mill. Mark jährlich für den Staat aufzubringen, hat gar keinen Grund und Boden. Wenn wir das gesammte jährliche Nationaleinkommen (d. h. die Summe aller Privateinkommen) auf 16 bis 18 Milliarden Mark veranschlagen, so handelt es sich thatsächlich nur um eine Betheiligung des Staates mit 8 Procent — ein Steuerbetrag, der thatsächlich schon jetzt auf dem Wege indirecter Besteuerung von den untersten Classen erhoben wird. Nur würde die directe progressive Einkommensteuer den Vortheil darbieten, die jetzige Ueberbürdung der Unbemittelten zu beseitigen und die Wohlhabenden nach ihrer wirklichen Steuerkraft zu den Staatslasten heranzuziehen. Wie ich mir das im Einzelnen denke, werde ich später (vgl. den Abschnitt über Matricularbeiträge und Reichssteuern) ausführen.

Eine unermeßliche Rechtswohlthat aber wird diese Steuer sein, die sich ein anständiges Volk, wie das deutsche, nicht länger vorenthalten sollte. Alle Proteste gegen dieselbe sind mehr oder weniger vom Egoismus dictirt; grade die Entschiedenheit, mit der man sich von der einen Seite gegen sie verwahrt, muß die Anstrengung, sie einzuführen, auf der anderen Seite verdoppeln. Ich weiß kein besseres und allgemeineres Mit-

tel (selbst nicht den Militärdienst), das so sehr dazu an=
gethan wäre, die besitzenden und gebildeten Kreise mit
der ihnen vielfach abhanden gekommenen Hochachtung vor
den Interessen des Staates zu erfüllen. Wir sollten —
und ich hoffe, werden — es dahin bringen, daß derje=
nige, der den Staat um seinen gesetzlichen Gewinnantheil
am gemeinsamen Erwerb betrügt, nicht nur strenger und
härter bestraft, sondern auch lebhafter verachtet wird,
als der Dieb, der als Milderungsgrund für sein Ver=
gehen Noth und Entbehrung anführen kann. Ich möchte
doch sehen, wie viele es noch wagen, Steuer=Defraudati=
onen zu begehen, wenn dieselben zugleich als schwerer
Betrug und Meineid mit harten Geldbußen, mehrjährigem
Zuchthaus (auf Kosten des Defraudanten) und Verlust
der bürgerlichen Ehrenrechte bestraft würden. Mag dann
immerhin auswandern, wer sich der Gerechtigkeit nicht
fügen will. Der Einwand aber, daß die besitzenden
Classen die Steuer ja doch wieder auf die Nichtbesitzenden,
auf die Capitalsuchenden abwälzen werden, ist nicht stich=
haltig, da einerseits jede solche „Ueberwälzung“ ihre
natürliche Reaction in der Steigerung des Preises der
Arbeit finden muß, und da andererseits die Progression
grade bei den höheren Classen die Ueberwälzbarkeit be=
schränkt. Der Großcapitalist oder Großhändler, welcher
10% von seinem Einkommen Steuer zahlen muß, kann
diese 10% nicht überwälzen, wenn es dem Kleincapita=
listen oder Kleinhändler gefällt, nur seine 2—3% Steuer
überzuwälzen. In der Regel wird die Concurrenz dahin
führen, daß die Differenz zwischen dem höheren und
niederen Steuersatz von den Pflichtigen nicht übergewälzt

werden kann, sondern wirklich getragen wird. Aus ähnlichen
Scheingründen kann man überhaupt jede rechtliche Klar=
stellung der Steuerpflicht für unnütz halten, wobei man
eben übersieht, daß der Staat den höheren Beruf hat,
unter allen Umständen die gerechte Vertheilung zu er=
möglichen, daß er aber nicht die ungerechte Vertheil=
ung als etwas ganz Unvermeidliches voraussetzen
und durch seine Gesetze noch obendrein sanctioniren
darf. Ob, wo und wie directe Steuern „abgewälzt"
werden, das ist Sache des freien Verkehrs; indem der
Staat der Entwickelung desselben vorgreift, verletzt er das
Princip des freien Vertragsrechts und der Gewerbefrei=
heit, und trägt auch auf diesem Gebiete die Politik in
die Interessencoalition hinein. Denn wer möchte bezwei=
feln, daß die modernen Arbeitseinstellungen zum guten
Theile auch Reactionen gegen die bestehende Steuerpolitik
sind? — daß ein Theil dessen, was die arbeitenden
Classen durch Strikes und Gewerkvereine zu erringen
hoffen, von ihnen in Form von directen Steuern an
den Staat gezahlt, resp. von den Wohlhabenden nicht
gezahlt worden ist und wird?

Daß das Princip der Selbsteinschätzung oder
besser Selbstangabe der progressiven Steuer zu Grunde
gelegt werden muß, kann ernstlichen Zweifeln nicht mehr
unterliegen; die nebenbei bestehenden vereideten Steuer=
commissionen, aus Beamten und Bürgern zusammenge=
setzt, werden sich im Wesentlichen nur mit der Prüfung
endgültigen Festsetzung zu beschäftigen haben. Ich er=
innere hier nur an die Erfolge, welche mit der Selbst=
einschätzung in Hamburg, Bremen und Sachsen er=

zielt worden sind[30]). Obschon das hamburgische Gesetz vom 26. März 1866 die Selbsteinschätzung nicht als unumgänglich hinstellt, und obschon die auf Defraudation gesetzte Strafe nur in einer Geldbuße im zehnfachen Betrage der hinterzogenen Summe besteht, ist in Folge der Reform die Zahl der Steuernden sowohl als die Gesammtsumme der declarirten Einkommen ganz enorm gewachsen; die letzteren (1862 noch 72 Mill. Mark) betrug 1866 = 130, 1879 = 151, 1874 = 209 Mill. Mark. Namentlich die höheren Steuerclassen haben eine bedeutende Erweiterung erfahren. Dabei ist zu bemerken, daß die Einkommen unter 500 Mark Cour. (600 Mark Rw.) steuerfrei sind, und daß im Jahre 1866 überhaupt zum ersten Male das Princip der Selbsteinschätzung zur Anwendung kam.

Mit der Flucht des Großcapitals nach dem Auslande aber, mit welcher die Gegner der progressiven Steuern so gern drohen, hat es gute Wege, da das Gesetz wohlweislich auch die Auswärtigen tüchtig besteuern wird, die Capitalisten aber doch nicht deutschen Grund und Boden nach dem Auslande verschleppen können. Freilich kann nicht ein einzelner Bundesstaat die Einführung einer ausgiebigen progressiven Einkommensteuer unternehmen; eine solche Reform kann heute nur noch eine nationale sein, und deshalb besteht die allernächste praktische Aufgabe auf diesem Gebiete für uns Deutsche in der Ersetzung der Bundes-Matricularbeiträge durch directe Reichssteuern, worüber ich später ausführlich sprechen werde. —

Außer dem Steuerwesen umfaßt nun die passive Rechtsfähigkeit noch eine Reihe von Verpflichtungen zu persönlichen Dienstleistungen an den Staat, zu Zwecken der Vaterlandsvertheidigung und der inneren Verwaltung, einschließlich der Betheiligung an der Rechtsprechung. Es ist mit Genugthuung zu constatiren, daß dieser Theil der öffentlichen Rechtsfähigkeit in einer, unseren eigenthümlichen Culturverhältnissen entsprechenden Entwickelung begriffen ist. Denn das ist offenbar, daß alle diese Dienstleistungen ganz wesentlich von der persönlichen Befähigung abhängen, welche wiederum ein Product der Erziehung ist. Bei dem gegenwärtigen Zustand unserer Volksbildung darf es uns nicht Wunder nehmen, daß die Dauer der Präsenz im stehenden Heere nicht für Alle dieselbe sein kann, und daß, weil die mangelhafte Vorbildung der Dienenden im Allgemeinen eine sehr lange Ausbildung im Heere erfordert, überhaupt nicht alle Fähigen eingestellt werden können. Es ist der große Fehler vieler Politiker und militärischer Dilettanten, daß sie das Ideal eines nationalen Wehrsystems, die Volksmiliz, dessen Verwirklichung ein durch und durch hochcultivirtes Volk voraussetzt, unseren armseligen Culturzuständen anpassen wollen. Die unausbleibliche Folge würde einfach eine lange Reihe von Niederlagen sein. — Dasselbe gilt vom Dienst in der communalen Selbstverwaltung (vgl. darüber oben S. 132.), in der staatlichen Finanzverwaltung (bei den Einschätzungs=Commissionen), im Justizdienst (bei Geschworenen= und Schöffengerichten). Die zu diesen Diensten Befähigten und Herangezogenen bilden einen so geringen Procentsatz von der Gesammtbevölkerung, daß immerhin einige Schönfärberei dazu gehört, um jene in der Tendenz volksthümlichen

Institutionen des ihnen in ihrer jetzigen Ausführung an=
haftenden aristokratischen Gepräges zu entkleiden. Ein
weiterer Ausbau im Sinne des „gleichen Rechts für
Alle" ist hier unzertrennlich von der Entwickelung unse=
rer Culturpolizei.

——————

Viel selbstständiger ist die active Rechtsfähig=
keit zu behandeln. Ich begreife darunter die Theil=
nahme an allen vom Staate geschaffenen oder unterhalte=
nen Einrichtungen, und die Vornahme aller im Staate
erlaubten Handlungen und Bewegungen der Personen,
und zwar Beides nach dem Grundsatze der strengsten
Gerechtigkeit gegen Alle. Daraus folgt unabweislich,
daß die active Rechtsfähigkeit im modernen Staat un=
möglich der Willkür anheimgegeben werden kann, sondern
Gegenstand sorgfältiger Rechtsordnung und wirksamer
Rechtshülfe sein muß. Das gilt umsomehr, je weiter
man die Grenzen persönlicher Freiheit zieht, je entschiede=
ner man für das wirthschaftliche „laisser aller" eintritt,
es sei denn, daß man damit zum Faustrecht zurückkehren
möchte. Im Rechtsstaat kann die Freiheit nur wachsen
als Recht; aber was ist mir dieses, wenn ich nicht zu=
gleich das Recht habe, Andere an der Beeinträchtigung
meines Rechts zu verhindern? Alle gegentheiligen An=
sichten beruhen auf Unklarheit der Begriffe, namentlich
auf ganz verkehrter Vorstellung vom Wesen des Staates.
Betrachtet man, wie dies mehr und mehr geschieht und
durch die thatsächlichen Verhältnisse begründet ist, den
Staat als ein reales Ganzes, in dem jeder Einzelne
die volle Rechtsfähigkeit genießt und seinen vollen An=

13*

theil an der allgemeinen Rechtsbildung hat, dann kommt
man nothwendig dahin, daß von dem Einzelnen Garan=
tien für die Durchführung des Rechts nicht nur in sei=
nem eigenen Privatverkehr, sondern auch in den Bezie=
hungen Anderer zu einander gefordert werden können;
indem er jede Rechtsverletzung zu verhüten oder doch zur
Strafe zu ziehen im Stande ist, wehrt er an seinem
Theile dem Hereinbrechen der Rechtsverwilderung, die
früher oder später auch ihm und seinen Nachkommen
Verderben bringen kann. „Recht ist unausgesetzte Arbeit
und zwar nicht etwa blos der Staatsgewalt, sondern des
ganzen Volkes“ (Jhering) [31]).

Man kann wohl die active Rechtsfähigkeit als eine
politische und volkswirthschaftliche, oder als eine publi=
cistische und privatrechtliche unterscheiden; indessen können
und dürfen alle derartigen Unterscheidungen nichts an
dem Grundsatze der Rechtsgleichheit ändern. Vom
Gesichtspunkte des Individuums stellt sich das Recht im
Staat als eine einzige untrennbare Lebensbe=
dingung dar, wonach Begünstigungen oder Prägrava=
tionen nicht stattfinden dürfen. Ganz verwerflich aber
ist die Auffassung, als ob die Durchführung der Rechts=
gleichheit auf die directen Beziehungen der Staatsan=
gehörigen unter sich oder zum Staat zu beschränken sei;
die Forschung nach der Erfüllung jener Grundbedingung
ist vielmehr überall unerläßlich, wo überhaupt der Staat
seine ordnende Hand anlegt, so daß eigentlich gar kein
Act der Gesetzgebung und Verwaltung denkbar ist, wo
nicht mit Erwägungen der Nützlichkeit und des Bedürf=
nisses die Rechtsfrage concurrirt, mit der Maßgabe, daß

das Recht überall vorgeht, daß das, was nicht für gerecht, auch nicht für gut erkannt werden kann.

Gegen diese Grundwahrheit wird noch unendlich viel gesündigt, theils aus Unverstand, theils aus egoistischem Interesse. Wie oft hören wir, daß diese oder jene Frage — z. B. die Banknotenfrage — gar keine Rechtsfrage, sondern eine volkswirthschaftliche Angelegenheit sei, welche eine Entscheidung allein nach den Bedürfnissen des „Verkehrs", der „Industrie" rc. erfordere — als ob es eine Industrie ohne Menschen, und als ob es im Rechtsstaat Menschen ohne den Anspruch auf Rechtsgleichheit gäbe! Aus ähnlicher Begriffsverwirrung erklären sich so manche Mißstände unserer socialen und volkswirthschaftlichen Gesetzgebung, z. B. auf dem Gebiete des Actienwesens, der Eisenbahn-Concessionen, des Versicherungswesens u. s. w. Zu Hunderten lassen sich die Beispiele aufzählen, wo man hier Rechte der Gesammtheit, also Rechte jedes Staatsangehörigen, cassirt und willkürlich auf einzelne Bevorzugte übertragen hat: häufig in der irrthümlichen Meinung, durch die Verallgemeinerung von Vorrechten wirkliche Rechtsgleichheit herbeizuführen[32]). Unter dieser Rechtsunsicherheit leiden namentlich unsere öffentlichen Verkehrsanstalten, die wir zum großen Theile monopolisirt in Privathänden sehen, während verständigerweise hier überall der Grundsatz herrschen sollte: daß Einrichtungen, die im öffentlichen Interesse geschaffen werden müssen, deren Betrieb Gewinn bringen kann, und die doch nicht der freien Concurrenz aller Befähigten überlassen werden können, — daß solche Einrichtungen nimmermehr zum Gegenstande der

Privatspeculation werden dürfen. Wäre dieser
Grundsatz stets consequent durchgeführt worden, so wür=
den wir es jetzt nicht beklagen, daß der Staat einem
künstlich großgezogenen und gehätschelten „Eisenbahnkönig=
thum" durch den Ausbau des elementaren Landstraßen=
netzes Unterthanen= und Handlangerdienste leistet.

Indessen, es beginnt zu tagen. Immer tiefer geht
die Ueberzeugung, daß alle unsere Staatsordnung vom
Geiste der Rechtsgleichheit getragen sein müsse. Daß die
neue Erkenntniß von unten, aus dem unvertilgbaren
Rechtsgefühl des Volkes kömmt, ist nur eine Gewähr
für ihre Richtigkeit und für ihre große Zukunft. Aber
auch die Vertreter der Wissenschaft fangen allmälig an,
mit dem herkömmlichen Dogmatismus und Formalismus
zu brechen, auf die Gefahr hin, so manches Lehrbuch der
Volksbeglückung zu Maculatur werden zu sehen. So
können wir es vielleicht noch erleben, daß die Wissenschaft
vom Staat und von der Gesellschaft sich ebenbürtig der
Naturwissenschaft zur Seite stellt, daß jene im Princip
der Rechtsgleichheit dieselbe belebende ideale Kraft
findet, die diese in der Wahrheit längst gefunden.

Aber Recht ist Kraft= und Machtbegriff. Wird
unser Volk die Kraft haben, den gewaltigen Kampf durch=
zuführen, der uns für immer aus den Banden der Will=
kür und von der Priesterherrschaft befreien soll? Es ist
nicht gut, diesen Kampf leicht zu nehmen oder auch nur
in Vergleich zu bringen mit dem Waffengange, in dem
wir einen scheelsüchtigen Nachbar so glänzend zurückge=
wiesen haben. Denn die siegesgewisse Begeisterung, die
dort durch eine freche Kriegserklärung wie durch einen

Blitzstrahl in die ärmste Hütte getragen wurde, muß in diesem großen Culturkampfe das Werk dauernder und leidenschaftsloser Ueberzeugung sein; und an der Stelle eines herrlich geschulten Kriegsheeres kämpft hier nach freiem Willen der einzelne Mann, nicht gegen den ver= haßten fremden Eindringling, sondern gegen den Lands= mann, den Nachbar, vielleicht gegen den Freund oder Bruder. Und es ist ein langsamer und ermüdender Kampf, in dem es an Fahnenflüchtigen aus Faulheit und Feigheit nicht fehlen wird. Da ist denn nichts gefähr= licher, als den trägen Massen solche Phrasen hinzuwerfen, wie die, daß das gute Recht schon siegen, oder daß Gott die Deutschen nicht verlassen werde. Doch, er wird sie verlassen, und das gute Recht wird unterliegen, wenn die Deutschen sich auf der Bärenhaut des Egoismus strecken. Und überhaupt, geben wir den Fatalismus und die Phrase der Selbstvergötterung sammt dem Glauben an die Unfehlbarkeit des Papstes auf. Ueberlassen wir es unseren westlichen Nachbarn oder wemsonst, nur ihre edlen Volkseigenschaften in einem Götzenbilde zu per= sonificiren und sich so um das Nothwendigste, die Selbst= erkenntniß, zu betrügen.

Namentlich aber lassen wir uns die Wahrheit nicht trüben durch das Ammenmärchen von der Untergrabung der „göttlichen Ordnung" im Staate, von dem Umsturz der bestehenden Gewalten. Die Reformen, um die es sich hier handelt, und denen das Deutsche Reich sich un= möglich auf die Dauer entziehen kann, haben zunächst gar nichts zu thun mit rein constitutionellen Fragen. Wer sie vollführt, dem gehört die Zukunft, mag er Fürst oder Präsident einer Republik sein; ebensowenig sind jene Reformen Sache einer einzelnen politischen Partei oder kann irgend eine der bei uns oder sonstwo bestehenden organisirten Parteien den Anspruch erheben, sie in ihrer Totalität allein zu vertreten. „In dem Fürstenlande kann man frei und in einer Republik kann man unfrei sein; die Freiheit ist kein Erbstück der Väter, sondern die That jedes Augenblickes, das Werk jeder Stunde" — diese Worte, von einem hochherzigen protestantischen Pfarrer auf schweizerischem Boden gesprochen, gelten recht eigentlich von der großen politischen Arbeit, die uns erwartet. Und wahrlich, es gehört keine phrygische Mütze dazu, um einem großen gut angelegten Volke die höhere Cultur und den wahren socialen Frieden zu gönnen; solche lautere Freude an der Staats- und Volkswohlfahrt hat so viel Raum in dem Herzen eines deutschen Kaisers, wie in irgend einem. Ist nur erst die Wahrheit in Fleisch und Blut unseres Volksbewußtseins eingedrungen, dann findet sich die fröhliche That von selber.

Fest steht, daß die große sociale Reform sich nicht als unumgänglicher Entwickelungsprozeß vollziehen, sondern nur bewirken lassen wird durch eine scharfsichtige und willensstarke Gesetzgebung. An dem Zustandekommen derselben haben die unbemittelten und uncultivirten Volksclassen das größte Interesse; von dem die wohlhabenden und gebildeten Stände vertretenden Liberalismus ist zwar keine freudige Initiative zu erwarten, ebensowenig aber kann sich derselbe, ohne seinen Principien untreu zu werden und sich unmöglich zu machen, der Reform feind-

lich zeigen, wenn die unteren Classen, auf das all=
gemeine Stimmrecht sich stützend, eine zähe Pression auf
ihn ausüben. Wie einerseits die Scheu des herrschenden
Liberalismus vor jeder großartigen Reform, welche den
wohlhabenden Classen erhebliche Opfer und Entsagungen
auferlegen würde, den communistischen Tendenzen Vor=
schub leistet und das Contingent der Vaterlandslosen ver=
mehrt, so verhindert andererseits der Parteifanatismus
der Socialdemokraten und die Verquickung offenbar ge=
rechter Forderungen mit schwärmerischen Utopien die
Bildung einer starken und thatkräftigen öffentlichen Mein=
ung in den unteren Classen. Liberalismus und Social=
demokratie speculiren gegenseitig auf ihren Bankerott;
wahrscheinlich ist, daß aus dieser Speculation weder die
Freiheit, noch das allgemeine directe Wahlrecht an An=
sehen gestärkt hervorgehen wird. Eine grundehrliche
Aufklärung der unteren Classen über ihre wahren
Interessen, frei von aller Gehässigkeit gegen die bestehen=
den Regierungsformen, frei namentlich von jener nichts=
nutzigen Liebäugelei mit dem Auslande und dem einfäl=
tigen Klagen über den Militarismus — das brauchen
wir. Eine Partei der Ehrlichen, gleichviel aus welchen
Lagern sie hervorgegangen, würde die öffentliche Meinung
im Sturm erobern, würde die Wahlurnen bis zum Rande
füllen mit den Namen der Candidaten, die die Vertilgung
der Classenwirthschaft, die Volksbildung und die progressive
Besteuerung auf ihre Fahnen geschrieben haben. Wir
haben den Zollverein und das neue deutsche Reich erlebt
— vielleicht, daß uns das Morgenroth des socialen
Friedens zur ewigen Ruhe leuchtet, unseren Kindern

und Enkeln zu dauernder Lebensfreude. „Der Menſch=
heit Würde iſt in unſre Hand gegeben!"

Wir Alle können alſo dazu mithelfen. Aber ganz
beſonders berufen, in der vorderſten Reihe zu kämpfen,
iſt die P r e ſ ſ e, die V o l k s v e r t r e t u n g und die Rechts=
w i ſ ſ e n ſ c h a f t. Von allen Dreien iſt dringend zu
wünſchen, daß ſie ſich mehr und mehr losmachen von
Dogmen und äußeren Rückſichten, mögen dieſelben durch
Vorurtheile des Publikums, durch Parteidiſciplin, Wahl=
kreisintereſſen oder durch wiſſenſchaftliche Autoritäten und
„Schulen" begründet ſein. Sehr wenig vereinbar mit
dem wahren politiſchen Fortſchritt iſt es namentlich, wenn
irgend welche im Namen der Gerechtigkeit geſtellte For=
derungen zurückgewieſen werden, weil ſie in das eigene
Programm oder den eigenen Intereſſenkreis nicht paſſen,
oder weil ſie aus gegneriſchem Lager ſtammen. Dieſes
Schickſal erfahren leider auch einzelne ſehr wohlbegrün=
dete Forderungen der ſocialdemokratiſchen Partei, welche
grade aus dieſer ſchroffen Ablehnung einen großen Theil
ihrer werbenden Kraft ſchöpft. Unſere T a g e s p r e ſ ſ e
würde bedeutend mehr für die Sache des Rechts und der
Cultur wirken können, wenn ſie ſich entſchließen wollte,
mit dem herkömmlichen Reporterthum theilweiſe zu bre=
chen und die politiſche Kannegießerei durch ſtreng ſachliche
Unterſuchungen zu erſetzen. Iſt es ſchon bedauerlich zu
ſehen, wie häufig talentvolle Männer ihre beſten Kräfte
in dem anſtrengenden Dienſt der redactionellen Maſchinerie
aufreiben, ohne auch nur entfernt für ihr Opfer belohnt
zu werden, ſo müſſen uns noch ernſtere Bedenken kommen,
wenn wir gewahren, daß durch die Zeitungen doch nur

sehr wenig für das positive Wissen, für die politische
Erziehung des Volkes geschieht. Man frage nur einen
eifrigen und ehrlichen Zeitungsleser, was er in den tausend
Stunden seiner Lektüre im Laufe eines Jahres gelernt,
an Staatsweisheit gewonnen? Ob er in irgend einer
Frage socialer oder wirthschaftlicher Reform aus dem
Material der Zeitungen heraus sich ein selbstständiges
Urtheil bilden konnte?

Unseren politischen Parteien und namentlich ihren
Vertretern in den großen gesetzgebenden Körperschaften
wird in eingeweihten Kreisen vielfach der Vorwurf gemacht, daß sie zu sehr geneigt seien, zu pactiren, zu transi-
giren und Compromisse zu schließen, anstatt ihre Mitwirkung an der Rechtsbildung und Verwaltung lediglich
nach festen Grundsätzen zu bestimmen; ferner, daß sie
von der Wahrung ihres persönlichen Einflusses auf die
Regierung Ersprießlicheres erwarten, als von der rücksichtslosen Behauptung der Rechtsidee. Es ist ebenso
schwer, hier frei zu urtheilen, als es leicht ist, einzelne
Handlungen unserer Parteien zu kritisiren, so lange man
nicht mitten unter ihnen steht; sicherlich haben die Er-
wählten unseres Volkes die neuen großen Aufgaben des
nationalen Staates mit Würde erfaßt und so den Beweis
geliefert, daß wir die Einheit nicht wie ein launiges Geschenk der Götter verscherzen, sondern als reife Frucht
eigener Arbeit hochhalten wollen. Es würde der Sache
wenig nützen, unseren jungen Parlamentarismus mit
einem Maßstabe zu messen, den wir uns irgendwoher
leihen müßten, den wir aber nicht in unserer eigenen Entwickelung finden würden. Wohl aber können wir unseren

Volksvertretern und denen, die es zu werden sich berufen fühlen, für die Zukunft ein „caveant consules" zurufen. Nie sind größere Anforderungen an einen werdenden Staat gestellt gewesen, als heute an den unseren: die friedliche Errichtung eines Rechts= und Culturstaates ohne Vorbild und Analogie, mitten in einem mächtig um sich greifenden Classenkampf, unter den Drohungen eines fluchenden Zelotenthums und an der Seite eines rachelustigen Nachbars! Ein Bataillon selbstständig den= kender, unbeugsamer Rechtshelden, fest, scharf und uner= müdlich im Dienste der Waage wie des Schwertes — das sei unsere Rekrutirung bei allen Wahlen.

Und nun die Rechtswissenschaft! Können und dürfen wir überhaupt eine durchgebildete Wissenschaft von Sachen und Formen erwarten, die zum großen Theile an sich, durchweg aber in ihrer äußeren Verbindung sich als neueste Erscheinungen darstellen, ja deren Gestaltung fast nirgends abgeschlossen und mit Sicherheit vorherge= sagt werden kann? Gewiß, wer in diesem Flusse der Ereignisse sich unterfängt, eine social=politische „Schule" zu gründen, der sorge nur gleich für die nöthige Anzahl von Classen, wenn er nicht ewige Quartaner vor sich haben will. Jedenfalls seien wir vorsichtig, wenn auf diesem Gebiete irgend etwas mit dem Anspruche allein= seligmachender Wissenschaftlichkeit auftritt; die Wissenschaft vom modernen Rechts= und Culturstaat, an dem der ge= ringste unter uns mit baut, kann unmöglich das Privi= legium einer Kaste sein, hier ist jeder denkende Mann sein eigener Professor. Dankbar aber werden wir den Lehrern an unseren Hochschulen sein, wenn sie in der

freien Forschung uns allen vorangehen als leuchtende
Meister der nationalen Gedankenarbeit. Und wenn ihr
Antheil an dieser Arbeit nicht überall sofort und urkundlich
anerkannt wird, so mögen sie sich erfreuen an dem er=
hebenden Bewußtsein, daß jeder gute Gedanke, der von
Menschen überhaupt gedacht werden kann, als Keim in
jedem wohlorganisirten Kopfe geruht hat, ruht und ruhen
wird, und daß es nur eine besondere Begünstigung des
Schicksals ist, solche Gedanken abgeklärt in's Leben ein=
führen zu können.

Endlich: bewahren wir uns die Ideale! Nennen
wir es Religion oder Drang nach dem Höheren, nach
dem vielleicht Unerreichbaren — es ist uns so unent=
behrlich, wie die Luft, in der wir athmen, wie der Bo=
den, auf dem wir wandeln, unentbehrlich, wenn wir
dieses Dasein uns und unseren Mitmenschen zum Segen
voll und ganz ausleben sollen. Die Ideale bildende
Kraft zu nähren sei eine Hauptaufgabe unserer natio=
nalen Erziehung; sie ist der empfänglichen Jugend so
leicht zu geben, wenn ihr Blick verständnißvoll zurückge=
lenkt wird auf die unabsehbare Reihe von Beispielen des
Opfermuthes und der Ueberzeugungstreue, an denen
unsere eigene Geschichte so reich ist; auf die erhebenden
Bilder edlen Volksthums, von deren Stätten einer —
— den schlammbedeckten Ufern des Alpheios — Ernst
Curtius so bedeutend sagt:

„Was dort in der dunklen Tiefe liegt, ist Leben
von unserem Leben. Wenn auch andere Gottesboten in
die Welt ausgezogen sind und einen höheren Frieden
verkündet haben, als die olympische Waffenruhe, so bleibt

doch auch für uns Olympia ein heiliger Boden, und wir sollen in unsere, von reinerem Lichte erleuchtete Welt herübernehmen den Schwung der Begeisterung, die auf=opfernde Vaterlandsliebe, die Weihe der Kunst und die Kraft der alle Mühsale des Lebens überdauernden Freude."

Das deutsche Reich und die Schule.

Was ist Volksbildung? Auf diese Frage werden Ihnen zehn verschiedene Leute möglicherweise zwanzig verschiedene Antworten geben. Und das ist auch ganz natürlich, wenn wir erwägen, daß die wichtigsten Fragen des öffentlichen Lebens noch der Lösung harren, daß selbst über Grundsätze, die ihre verfassungsrechtliche und gesetzliche Feststellung bereits gefunden haben, noch lebhaft gestritten wird, so lebhaft, daß große Parteien und Fractionen sich mit der Hoffnung schmeicheln, nicht nur die Wissenschaft, sondern auch die Gesetzgebung zu einer radicalen Umkehr zu nöthigen. So kömmt es, daß wir trotz aller herrlichen Erfolge nach Außen, trotz der ehernen Festigkeit unserer völkerrechtlichen Beziehungen und der äußeren Rechtssicherheit, daß wir trotzdem fast überall, wohin wir blicken, noch unfertige Zustände sehen und das Gefühl haben, daß gewaltige innere Kämpfe uns bevorstehen, ehe wir zu einem allseitig befriedigenden Abschluß kommen. Wie anders waren unsere Aussichten und Erwartungen noch vor einem Jahrzehnt! Ich erinnere Sie an jene erhebenden nationalen Feste der Jahre 1860 bis 1863, gewißermaßen die Vorläufer der großen politischen Actionen, welche uns dann die Einheit brachten, und namentlich an die fünfundzwanzigjährige Erinner=

ungsfeier der Schlacht bei Leipzig. Damals erschien selbst
der lebendigsten Phantasie der Sturz des morschen deutschen
Bundes, die Gründung eines festen nationalen Bandes
und die Sicherung der Einheit gegen die Scheelsucht der
Nachbarn als ein Riesenwerk, dessen Vollführung wir
bescheiden unseren Kindern und Enkeln vorbehielten.
Nun haben wir das Alles gewonnen — nicht gewonnen,
errungen in furchtbaren Kämpfen und mit dem edelsten
Herzblute der Nation — indeß, wir haben es und haben
viel mehr: heute weht die deutsche Flagge auf dem
Straßburger Münster und auf den Zinnen von Metz.
Ueber Erwartungen rasch ist uns also die Einheit, ist
uns die Achtung der Völker geworden. Aber merkwürdig,
das, was zu erreichen uns viel leichter dünkte, was viele
unter uns bereits zu besitzen wähnten: den Frieden im
eigenen Hause, die Harmonie der Gesellschaft, das
haben wir heute noch nicht, und fast scheint es, als wenn
uns die so nah geglaubte holde Göttin wie ein Trugbild
auf immer entschlüpfen wollte.

Es wäre nun ebenso ungerecht als nutzlos, wollten
wir irgend einer Partei, irgend einer politischen Richtung
den Vorwurf machen, daß sie uns zum Narren gehabt
oder wissentlich auf falsche Wege geführt habe. Was
wir durch die neuere Gesetzgebung auf socialem Gebiete
angestrebt haben, beruht ja keineswegs auf unehrlichen
Grundsätzen, im Gegentheil, ich möchte sagen: hier hat
die öffentliche Meinung so recht in den Banden des
deutschen Idealismus gelegen, der den Gebildeten unseres
Volkes in den langen Jahrzehnten unserer politischen
Misère von unseren Dichtern und Schöngeistern aner=

zogen worden ist. Unerfahren, wie wir waren, und im unerschütterlichen Vertrauen auf den Sieg des Guten, traten wir furchtlos in die neuen Bahnen der Entfesselung aller wirthschaftlichen Kräfte; mit dem einen Worte „Freiheit" glaubten wir alle bösen Geister bannen, die Lahmen gehend, die Blinden wieder sehend machen zu können. Es war ein schöner Traum — daß er nicht erfüllt ward, darf uns nicht an der Zukunft verzweifeln lassen, das soll uns anspornen, nicht unsere Friedens- und Freiheitsideale aufzugeben, sondern die realen Voraussetzungen zu ihrer Verwirklichung zu schaffen.

Nun, diese Voraussetzungen sehen wir eben in allererster Linie in der Volksbildung gegeben. So wichtig erschien sie uns, daß wir zu ihrer Pflege und Verbreitung einen besonderen, über ganz Deutschland ausgedehnten Verein gegründet haben. Und mir insbesondere erscheint sie so wichtig, daß ich sagen möchte: wenn man die bestehenden Vereine, welche sich die Verbesserung unserer öffentlichen Zustände zum Ziele gesetzt haben, classificirt nach der Bedeutung ihres Zweckes, und nicht nach dem Glanze der Namen ihrer Mitglieder und nach ihrer äußeren Geltung — dann nimmt die Gesellschaft zur Verbreitung von Volksbildung unbedingt den ersten Rang ein. Wenn Jemand oder ein ganzer Verein, wie das ja vorkömmt, die sociale Frage lösen will, ohne mit der Volksbildung anzufangen, oder wenn er sich mit allen möglichen anderen Nebendingen beschäftigt und die Bildungs- und Schulfrage sich für die Zukunft vorbehält: so kömmt mir das gerade so vor, als wenn ein Schneider zuerst die Knopflöcher macht und dann das

Tuch kauft, und auch dann erst die Knöpfe annäht, bevor
er an das Zuschneiden denkt.

Solche Verkehrtheit nun kann man unserem Verein
sicher nicht vorwerfen. Gleichwohl ist es mit der all=
gemeinen Einsicht nicht gethan, wie schwer es aber ist,
auf diesem Gebiete festen Grund und Boden zu ge=
winnen, das sehen Sie ja gerade aus dem Umstande,
daß auch innerhalb unseres Vereins weder über die all=
gemeine Auffassung, noch über die Mittel, noch endlich
über die Organe der Ausführung volle Klarheit und
Uebereinstimmung herrscht. Was „Bildung“ ist, wie man
sich allgemeine Bildung des Geistes und des Herzens
aneignet, wozu man im Leben Bildung brauchen kann
— das sind lauter bekannte und zweifellose Dinge; so=
wie man aber das Wörtchen „Volk“ davor setzt, wird
der Begriff verschwommener und begegnet den verschie=
densten Beurtheilungen von den warmherzigen Menschen=
freunden, die Alles für und durch das Volk gethan haben
wollen, bis herab zu jenen politischen Eintagsfliegen, die
mit ihren Netzaugen die Dinge nur von der Seite sehen,
wo sie sich zu ihrem kleinlichen Vortheil ausbeuten lassen.
Wiederum für Manche liegt in dem Worte „Volks=
bildung“ der Inbegriff einer ganzen Reihe von staats=
rechtlichen Rechten und Pflichten, während Andere zwar
ein gebildetes Volk für das denkbar Beste und Schönste
halten, aber meinen, das müsse sich ganz von selber
machen, etwa wie im Frühjahr die Bäume grün werden,
wobei ja auch die Menschen nur eine beobachtende Rolle
spielen.

Um Ihnen nun in aller Kürze einen Ueberblick über

das System der Volksbildung zu geben, wie ich es mit
unserem Staatsleben in Verbindung bringen möchte,
habe ich den Versuch gemacht, eine Reihe von leitenden
Grundsätzen aufzustellen, die ich hier freilich nur
aphoristisch erläutern und begründen kann. Ich muß
dabei, meiner ganzen Grundanschauung gemäß, mit den
allgemeinsten Definitionen von Staat und Gesellschaft
beginnen, weil ich ein Feind aller Casuistik bin und
glaube, daß wir die Erscheinungen und Erfordernisse
unsres öffentlichen Lebens grade so im Zusammenhange
betrachten müssen, wie der Naturforscher, mag er nun
insbesondere Chemiker, Physiker, Astronom, Botaniker,
Anatom oder Physiolog sein, heutzutage nicht mehr aus=
kömmt ohne die Auffassung der Natur als eines einzigen
zusammengehörigen Ganzen.

Die erste meiner Thesen lautet:

„Staat und Gesellschaft bilden ein untrennbares
reales Ganzes; eine Cultur-Versicherungs=
gesellschaft auf Gegenseitigkeit zu dem Zwecke,
sämmtlichen Mitgliedern ohne Unterschied die selbst=
ständige productiv und consumtiv thätige Theilnahme
am höheren Culturleben nach Möglichkeit zu erleichtern,
ohne indessen der individuellen Freiheit und der Selbst=
ständigkeit der Familien andere Fesseln anzulegen, als
die gemeine Wohlfahrt unbedingt erfordert. Also ge=
wissermaßen nur Beschränkung, nicht Beseitigung des
Egoismus der Einzelnen durch den Egoismus der Ge=
sammtheit."

Diesen Satz werden Sie vielleicht selbstverständlich
finden. Wozu, werden Sie fragen, noch ausdrücklich

erklären, daß der Staat ein reales Ganzes bildet, oder
daß wir eine Art von Versicherungsgesellschaft aus=
machen; — wozu dies erklären angesichts der zahlreichen
Gesetzbücher, die auf dem Gedanken der Gegenseitigkeit
beruhen, angesichts der allgemeinen Wehrpflicht, die
unserer männlichen Bevölkerung auferlegt, Blut und
Leben fortwährend bereit zu halten zum Schutze, zur
„Versicherung" der Gemeinschaft! Gewiß, Sie haben
Recht, eine Gesellschaft, die solche Opfer von ihren
Mitgliedern beansprucht, mit einem kleinlichen spießbür=
gerlichen Maßstab zu messen, wäre nicht blos falsch,
sondern auch abgeschmackt. Gleichwohl geschieht dies
noch gar zu oft, und nicht am Wenigsten von Seiten
solcher Leute, die sich selbst kein geringes Quantum
Staatsweisheit zutrauen. Daß jeder junge Mann, ge=
bildet oder ungebildet, reich oder arm, mit seinem
Leben den heimathlichen Boden schütze — das finden
solche Leute ganz natürlich; wenn ihnen aber der Staat
zumuthet, von diesem Boden, dessen Besitzer oder Mit=
besitzer sie sind, zum allgemeinen Besten gegen Geld und
gute Worte ein Stück herzugeben, dann schreien sie über
Gewaltthätigkeit und Verletzung natürlicher Rechte. Diese
Leute begreifen es wohl, daß der Staat bei ihren Mit=
bürgern eine Lebensexpropriation vornimmt, jede Ex=
propriation todten Besitzes aber betrachten sie als
eine heillose Versündigung. Zum Glück nimmt die Zahl
dieser Rechtsphilosophen immer mehr ab; dagegen dürf=
ten im vorliegenden Satze die Worte „Theilnahme
am höheren Culturleben" doch noch einen größe=
ren Kreis von Gegnern finden. Beachten Sie diese Worte

wohl, sie sind mir überaus wichtig. Ich kann mich
nicht entschließen, mir die Errungenschaften der Cultur
von unserem staatlichen und Gesellschaftsleben getrennt
zu denken; das nackte Leben, selbst materielle Güter sind
ohne die Theilnahme an jenen Errungenschaften reiz-
und werthlos, vielmehr erscheint mir die Vermittelung
in dieser Richtung als der hauptsächlichste Zweck des
Staates. Aber auch nur die Vermittelung und Ermöglichung höherer Cultur, nicht die Gewährung der Existenz
selber. Wer es nicht vermag, mit der nöthigen
Ausrüstung zur Theilnahme am höheren Culturleben
sich die bürgerliche Selbstständigkeit zu gründen, an
dessen Erhaltung hat die Gesellschaft kein Interesse; es
ist erwünscht, daß er ohne Nachkommen bleibe, daß er
die unfähige Existenz nicht vererbe. Ich verstehe nicht,
wie wir ohne diesen allerdings etwas spartanischen Grundsatz zu einer höheren Entwickelung der Menschheit kommen, wie wir in unser modernes Gesellschaftssystem das
Princip der Weiterbildung durch den Kampf um's Dasein
(vgl. S. 99 und 160) einführen sollen, wenn wir nicht
die höhere Cultur als gemeinsame Basis und die Freiheit der Existenz als Lebensbedingung festhalten.

„Im schroffen Gegensatze zu dieser liberalen Auffassung des Staats- und Gesellschaftszweckes stehen
der Feudalismus und der Communismus,
welche beide das Recht individueller Freiheit und Entwickelung jedes Staatsangehörigen nicht anerkennen,
mit der Maßgabe, daß von ersterem die Tyrannei zu
Gunsten einer bevorzugten Classe, von letzterem angeblich zu Gunsten der Gesammtheit gefordert wird.

Beide sind Feinde der liberalen Staatsgemeinschaft, da der Egoismus der Gesammtheit in sich zerfällt, wenn er nicht den frei sich entwickelnden Selbsterhaltungstrieb jedes Einzelnen zur Grundlage hat. Das Joch des Feudalismus ist abgeschüttelt worden; der Communismus aber hat noch niemals in einem größeren Staatswesen bestanden und würde nur bestehen können, wenn alle Menschen in inniger Liebe und Freundschaft verbunden wären; mit Gewalt herbeigeführt, würde er den zweckverwandten Feudalismus erzeugen, keinenfalls kann und wird er unmittelbar aus einem mächtigen Classenkampfe hervorgehen."

Es ist bedauerlich, daß sich in die Discussion unserer Gesellschaftsprincipien so viel Parteifanatismus, so viel unnütze Furcht und in deren Gefolge so viel Ungerechtigkeit eingemischt hat. Eine etwas ruhigere Betrachtung der Verhältnisse würde schon längst gefunden haben, daß die Gefahren des Communismus nur geträumte sind und daß das Gespenst der Internationalen sehr leicht zu bannen ist, wenn man der heranwachsenden Generation die Alternative „ob liberal oder communistisch" richtig stellt. Glauben Sie doch ja nicht, daß die Kinder der heutigen Socialdemokraten geneigt sein werden, in die Fußstapfen ihrer Väter zu treten, wenn sie durch tüchtige Schulbildung in die Lage gesetzt sein werden, nach freiester Wahl sich ein selbstständiges gedeihliches Dasein zu schaffen. Im Grunde ist ja gewiß der Communismus weiter nichts, als die äußerste Consequenz des christlichen Grundsatzes der Nächstenliebe; aber unvollkommen, wie wir Menschen nun einmal sind, ist uns der Selbsterhaltungs-

trieb, die Liebe zu den eigenen Kindern, ist uns die
Freiheit so tief in's Herz gewachsen, daß wir alle diese
egoistischen Regungen nur nothgedrungen unterdrücken,
um je eher desto lieber alle beengenden Fesseln über Bord
zu werfen. Ja, wenn es möglich wäre, daß Jedermann
sein eigener Polizeidirector wäre — dann hätte der Com=
munismus vielleicht Aussicht auf Erfolg; eine dauerhafte
politische Organisation aber wird er nie finden. Anstatt
uns vor dem Communismus zu fürchten, sollten wir
lieber vorurtheilslos untersuchen, woher es kommt, daß
die communistischen Ideen nur innerhalb derjenigen Volks=
classen Boden haben, welche vermöge ihres Bildungs=
grades auf gewisse untergeordnete Beschäftigungen be=
schränkt sind, und ob es nicht viel einfacher und weiser
ist, diese Beschränkung für die Zukunft zu beseitigen, als
jene Ideen mit polizeilichen Verfolgungen zu bedrohen.
Der liberale Staat, richtig aufgefaßt und durchgeführt,
verfügt über ganz untrügliche Mittel, die drohenden Ge=
spenster zu verscheuchen. Und damit komme ich auf mei=
nen dritten Satz:

„Die liberale Staatsgemeinschaft setzt nothwendig
zwei eng verbundene und untrennbare Rechtssphären
voraus, welche sich gegenseitig ergänzen und corri=
giren müssen; eine solche für den Egoismus der Ein=
zelnen (Privatrecht) und eine solche für den Egoismus
der Gesammtheit (öffentliches Recht). Die bisher viel=
fach verkannte Hauptaufgabe des öffentlichen
Rechts ist: die bei der Durchführung des privat=
rechtlichen Buchstabens sich ergebenden Widersprüche
gegen den ethischen Charakter der Cultur-Versicherungs=

gesellschaft zu lösen und, soweit dies auf dem Wege
allgemein bindender Normen geschehen kann, das im
Privatverkehr unvermeidliche Unrecht wieder gut zu
machen oder doch die aus dem Siege des Unrechts
sich ergebenden Gefahren für das Gemeinwohl abzu=
wenden. Weder das öffentliche, noch das Privatrecht
ist „heilig" oder „göttlichen Ursprungs" und also von
Ewigkeit zu Ewigkeit; die Nothwendigkeit strengster
Achtung des bestehenden Rechts Seitens der Ein=
zelnen darf der Erkenntniß keinen Eintrag thun, daß
die einzige Quelle aller Rechte der souveräne Gesammt=
wille der Staatsgemeinschaft ist, und daß Rechte,
welche mit diesem Willen und mit der Culturentwickel=
ung nicht im Einklang stehen, abgeschafft zu werden
verdienen."

Wären die Menschen nicht darauf angewiesen, mit
uns und unserer Unvollkommenheit hier auf Erden allein
fertig zu werden; hätten wir schon hier im täglichen
Handel und Wandel eine allezeit zur Uebung der Ge=
rechtigkeit bereite göttliche Instanz zur Seite, dann —
darin werden Sie mir zustimmen — brauchten wir
weder ein Privat= noch ein öffentliches Recht. Jeder
von uns würde dann nach bestem Wissen und Können
sein Tagewerk thun, um Abends nach Verdienst und
Würden seinen Lohn zu empfangen. Leider ist dies
nicht der Fall, wir müssen selber versuchen, uns einander
zuzusprechen, was wir verdient zu haben glauben. Na=
türlich wird dies die Quelle zahlloser persönlicher Fehler,
da wir, um nicht der Willkür Thür und Thor zu öffnen,
allgemeine Rechtsnormen für Alle feststellen müssen,

und da jeder Einzelne die Gesetzestafeln für sich so günstig als möglich zu verwerthen bestrebt ist. Mit dem Geiste unseres Rechts, der ja der Geist der Gerechtig= keit sein soll, stimmt es gewiß nicht überein, wenn auf der Basis unserer Civilgesetzbücher die modernen Börsen= speculanten es dahin zu bringen wissen, daß sie weit über ihr persönliches Verdienst hinaus von den Gütern dieser Welt Besitz ergreifen und sich die Arbeit ihrer Mitbür= ger dienstbar machen. Ich würde unbedenklich an dem liberalen Staate verzweifeln, wenn dieser nicht das Mittel hätte, um die zahllosen Ungereimtheiten im privatrecht= lichen Verkehr wenigstens allmälig und annäherungsweise auszugleichen. Aber der Staat hat dieses Mittel, er hat es im öffentlichen Recht. Freilich, in unserem heutigen öffentlichen Recht haben wir nur eine sehr schwache Correctur; ich halte dieses Recht für ganz außerordentlich reformbedürftig sowohl hinsichtlich der Rechte, die es gewährt, als bezüglich der Lasten, die es den Einzelnen auferlegt.

Daß der Begriff des Eigenthums — was gar nicht zu leugnen — heutzutage eine geradezu den socialen Frieden gefährdende einseitige Ausbildung erlangt hat, das verdanken wir vor Allem dem Umstande, daß unser öffentliches Recht in bedauerlicher Trägheit unserer rapi= den Culturentwickelung nachgehinkt ist. Viele Schuld daran tragen die Juristen, die schon vor Jahren ener= gisch hätten darauf hinweisen sollen, daß der privatrecht= liche Buchstabe der höheren Rechtseinsicht allein nicht ge= nügt, daß der bürgerliche Proceß in neun von zehn Fällen mehr oder minder erhebliche Verstöße gegen das

Gerechtigkeits= und Billigkeitsgefühl mit sich bringt. Einen großen Theil der Schuld trägt aber auch die Nationalökonomie, die sich bisher nur allzusehr vom corpus juris hat in's Schlepptau nehmen lassen, während gerade sie die Aufgabe gehabt hätte, die Idee des Cultur= staates in ihrer ganzen Reinheit hochzuhalten. Ich habe dieser Ansicht in folgendem Satze Ausdruck gegeben:

„So wenig im liberalen Staat die aus der Cul= turgemeinschaft folgenden Rechte und Pflichten den Betheiligten nach Standes= oder Classenunterschieden willkürlich verschieden zugemessen werden dürfen, so wenig lassen sich aus dem Culturleben der Gemein= schaft einzelne Arbeits= und Genußformen künstlich herausreißen und abstract behandeln. Eine Volks= wirthschaftslehre, die nur die materielle Arbeits= und Genußsphäre in den Kreis ihrer Erforschung zieht, ist ein Unding und muß zu verkehrten Schlüssen gelangen, indem sie in ganz ungehöriger Weise die sociale Concurrenzfähigkeit ihrer wichtigsten, d. h. gei= stigen und sittlichen Bestandtheile entkleidet. Eine Folge solcher Einseitigkeit ist die grobe Unsitte, die Freude der unteren Classen am Dasein allein nach ihrem materiellen Consum, und ihre sociale Lage allein nach der Höhe der Löhne zu bemessen. Wenn ganze Classen des Volks außerhalb der geistigen Genuß= sphäre höherer Cultur stehen, wird der Name des Culturstaates zur Lüge und die Cultur=Versicherungs= Gesellschaft die Beute meistbetheiligter Actionäre."

Es ist eine ganz eigenthümliche Erscheinung, daß im unmittelbaren Anschluß an die Blüthezeit unserer poe=

tischen und philosophischen Literatur, während die Namen
eines Schiller und Goethe, eines Kant, Fichte und
Schleiermacher in jedes Gebildeten Munde waren —
daß in unserer Zeit die Auffassung der staatlichen Cultur=
gemeinschaft so ganz und gar im Materialismus ver=
sinken konnte. So mächtig hat sich diese Tendenz ent=
wickelt, so sehr hat sie die Regierungskreise, die poli=
tischen Parteien und die Presse gefangen genommen,
daß wir es ganz natürlich finden, wenn sich der deutsche
Reichstag fast ausschließlich mit den Fragen des mate=
riellen Consums und den bezüglichen Rechtsnormen be=
faßt, wenn ihm sogar die Beschäftigung mit den Fragen
geistiger Cultur nahezu abgeschnitten ist, so daß die Ver=
handlung über die Beobachtung einer Sonnenfinsterniß
noch zu den Lichtpunkten gehört.

Als wenn die alte Weisheit, daß der Mensch aus
Leib und Seele besteht, nicht ebensogut von Millionen
als vom Individuum gälte, haben wir uns daran ge=
wöhnt, bei ganzen Classen unserer staatlichen Gesellschaft
die Seele als etwas ganz Nebensächliches zu behandeln,
der hochwürdigen Geistlichkeit es überlassend, ob und was
sie damit anfangen könne. Man kann nicht sagen, daß
die öffentliche Meinung, indem sie sich solcher Einseitig=
keit hingab, in teuflischer Absicht gehandelt hätte — sonst
würden die tonangebenden Kreise sicherlich nicht darauf
gedrungen haben, daß den geistig vernachläßigten Massen
die äußere Rechtsgleichheit mit den Inhabern höherer
Cultur gemeinsam gegeben wurde. Vielmehr scheint
mir hier lediglich die Illusion die Schuld zu tragen,
daß die Freiheit gebildet mache, während ein altes

Sprichwort ganz richtig umgekehrt sagt: „Bildung
macht frei."

Ich will Ihnen sagen, wohin es kommen wird, wenn
unsere Volkswirthe fortfahren nur auf die Erweiterung
der materiellen Genußsphäre der Arbeiter durch
höhere Löhne ꝛc. bedacht zu sein: die Leute werden nicht
eher zufrieden sein, als bis sie die Schnaps= mit der
Champagnerflasche vertauschen können. Und von ihrem
Standpunkte haben sie ja ganz Recht, wenn sie sagen:
„Sollen wir Classe bleiben, sollen wir ausgeschlossen
bleiben von der socialen Concurrenzfähigkeit mit
unseren gebildeten Mitbürgern, wollen uns diese nur
mit hohen Löhnen und mit dem, was zu des Leibes
Nahrung und Nothdurft gehört, abspeisen — nun, dann
sollen sie es auch gründlich thun." Seien wir doch
gerecht, begreifen wir unseren großen Fehler und wun=
dern wir uns nicht länger, daß die unteren Classen von
der alleinigen und einseitigen Anweisung auf den mate=
riellen Consum den möglichst ausgiebigen Gebrauch
machen. Da ihnen einmal diese Anweisung ausgestellt
ist und noch fortwährend ausgestellt wird, ist es doch
gar zu thöricht zu klagen, daß die Bezahlung für niedere
Handarbeit und für höhere geistige Thätigkeit in gar
keinem Verhältnisse mehr stehe. Ganz gewiß ist es eine
sehr beunruhigende Wahrnehmung, daß die Lage der besitz=
losen Gebildeten, des sogen. Mittelstandes, im Verhält=
niß zur Kostspieligkeit des Lebens und zu ihren socialen
Ansprüchen, keineswegs glänzend ist. Aber es ist meiner
Ansicht nach falsch, den Grund für diese Erscheinung
außerhalb der gegenwärtigen socialen Bewegung, außer=

halb der sogenannten Arbeiterfrage zu suchen. Die richtige
Erklärung, zugleich aber auch das hauptsächlichste Mittel
zur Abhülfe der herrschenden socialen Uebelstände glaube
ich Ihnen in folgendem Satze zu bezeichnen:

„Ein unversöhnlicher Gegensatz zwischen Capital
und Arbeit besteht nur so lange, als ganze Volks=
classen in ihrer Arbeitssphäre beschränkt und zur Be=
friedigung ihrer materiellen Bedürfnisse zur Verricht=
ung niederer Arbeiten gezwungen sind. Unter
diesem Verhältnisse (einer Folge mangelhafter Volks=
bildung) leiden indirect auch unbemittelte Gebildete
(namentlich Gelehrte, Künstler, Beamte, Lehrer, Aerzte,
Comptoiristen, Techniker u. s. w.), da der Schutzzoll,
der dem Capital aus dem niederen Culturgrad der
unteren Classen erwächst, den Rentenbesitzern gegen=
über den Arbeitenden überhaupt zu Gute kömmt,
den ersteren eine sociale Uebermacht verleiht, welcher
gegenüber die rein persönliche und moralische Tüchtig=
keit über Gebühr an Bedeutung verliert. In einem
durch und durch hoch cultivirten Volke, wo es bei
vollkommener Gewerbefreiheit und Freizügigkeit jedem
Einzelnen vermöge allgemeiner Vorbildung und An=
stelligkeit leicht fällt, entweder einen neuen Beruf zu
ergreifen („umzusatteln") oder um= und auszuwandern,
wird nicht die Arbeit das Capital, sondern das Capi=
tal die Arbeit aufsuchen müssen. Gediegene Volksbild=
ung ist das hauptsächlichste Mittel, um zur friedlichen
Theilung des Capitals zu kommen".

Der Beweis für diesen Satz ist leicht beizubringen.
Große ungebildete, in ihrer socialen Concurrenzfähigkeit

beschränkte und daher selbst bei gesetzlich freier Personen=
bewegung schwerfällige und an die Scholle und die
niedere Arbeit gebundene Massen, also das Heer der
Handlanger in den Fabriken und in der Landwirthschaft,
machen es den von allen Fesseln befreiten Capitalbesitzern
natürlich leichter, die so gebundenen Arbeitskräfte in ihren
Dienst zu bannen, als wenn die ganze Bevölkerung aus
gebildeten, anstelligen und daher beweglichen Menschen
bestände. Die Großcapitalisten haben daher einen größeren
Gewinn, wenn schwerfällige Massen zu verhältnißmäßig
billigen Löhnen ihnen zu dienen gezwungen sind, als
wenn sie sich alle erdenkliche Mühe geben müßten, um
nur überhaupt Mitarbeiter — vielleicht nur gegen hohe
Tantiemen — zu bekommen. Die Folge der beschränkten
Arbeitssphäre auf der einen und der unbeschränkten
Capitalbewegung auf der anderen Seite besteht darin,
daß sich der Reichthum in wenigen Händen sammelt, die
die Conjunctur gründlich auszunützen in der Lage sind —
wir Alle wissen, daß dies nicht immer und nicht allein
die alten Grundherren und Großcapitalisten selber, son=
dern neben ihnen jene zwar nicht nothwendig geistreichen,
aber geschickten und schlauen Leute sind, welche von der
Agiotage leben. Die weitere Folge aber ist, daß durch
die im Wachsen begriffene Besitzaristokratie der sociale
Verkehr der gebildeten Classen eine Geschmacksrichtung
erhält, die den ärmeren Gebildeten geradezu verderblich
wird. Treten nun die Arbeitermassen zu Coalitionen
zusammen, um sich durch Strikes u. dgl. das zu er=
zwingen, was sie bei besserer Volksbildung auch ohne=
dies gewinnen würden, so wird die dadurch herbeige=

führte Steigerung der Lebensmittelpreise wiederum von denjenigen Gebildeten am härtesten empfunden, die ihre Einnahme nicht in gleichem Maße verbessern können. Während die Besitzaristokratie nach wie vor dem Strike in Carossen fährt, Bälle und Theater besucht, Wett= rennen veranstaltet, Reisen macht und sich von einer zahlreichen Dienerschaft aufwarten läßt, sieht sich der gebildete, aber vermögenslose Mittelstand zu neuen Ein= schränkungen gezwungen. Ich frage Sie, woher soll heute ein talentvoller junger Mann den Muth nehmen, sich einer Beschäftigung zu widmen, wo er als Gelehrter, Künstler, Beamter oder Lehrer zwar vollauf Gelegen= heit findet, dem Gemeinwohl zu dienen, wo er aber fortwährend zwischen den beiden kämpfenden Mächten, dem Großbesitz und der Handarbeit, wie zwischen zwei Mühlsteinen sich bewegt? Denn die Nachfrage nach ge= bildeten Arbeitskräften ist zwar groß genug, wächst aber keineswegs in demselben Verhältniß wie der Reichthum in den Händen der Besitzaristokratie, die mit ihrem Luxus und ihrem socialen Uebergewicht die Lage der Beamten und sonstigen unbemittelten Gebildeten immer von Neuem gefährdet.

Die durch die Ausbeutung der uncultivirten großen Massen ermöglichte sociale Ueberlegenheit der Groß= capitalisten besteht darin, daß sie sich ihre Mitbürger, sowohl ungebildete als gebildete, massenhaft gegen Löh= nung oder Honorar dienstbar machen können. Auf Seite der Gebildeten erzeugt diese Abhängigkeit und Unterordnung Unlust und Demoralisation; die Charaktervollen werden entmuthigt und verzweifeln an der socialen Gerechtigkeit,

die Charakterschwachen bieten Alles auf, um so bald als
möglich in die Agiotage hineinzukommen. Daher die zu=
nehmende Verwaisung des Staatsdienstes und die selbst
in Beamtenkreisen überhandnehmende Jagd nach Stell=
ungen, welche mittel= oder unmittelbare Theilnahme an
dem Schutzzolle gestatten, den der niedere Culturgrad
der unteren Classen dem speculirenden Capital gewährt;
daher das große und kleine Gründerthum in jenen Krei=
sen, denen in der gut verwalteten Culturversicherungs=
gesellschaft ausschließlich die Pflege der Ideale obliegen
sollte.

Doch das sind ja Dinge, die jeder von uns tagtäg=
lich beobachtet. Ich wollte Sie nur darauf aufmerksam
machen, daß auch die gebildeten Classen unserer Ge=
sellschaft, welche nicht über ererbten Besitzstand verfügen
und nicht in der Lage sind, Strikes zu veranstalten, daß
vor allen die Beamten in richtiger Würdigung ihrer
Lage das allergrößte Interesse daran haben, daß die
gegenwärtige Entwickelung der Cultur= und Besitzverhält=
nisse eine andere Richtung nehme. Wollen wir dies aber
ohne Gewaltmittel anstreben, so können wir dazu nur
allmälig auf dem Wege des öffentlichen Rechts gelangen,
durch gründliche Reformen namentlich auf dem Gebiete
der Schule und des Steuerwesens. Die Nothwendigkeit,
hier einen Wandel zu schaffen, erhellt aber auch aus
anderen Gründen, die wir nicht in den Interessen einzelner
Volksclassen zu suchen brauchen. Dahin zielt mein 6.
Grundsatz:

„Die Arbeit erhält den Staat. Da der Fort=
bestand der materiellen und geistigen Güter, über=

haupt der Cultur, von der Güte und dem ethischen
Werthe der Arbeit abhängt, so hat die Gesammtheit
ein hohes Interesse daran, daß alle Einzelnen in die
Lage kommen, ihre natürlichen Anlagen und Fähig=
keiten voll zu verwerthen. Die organisirte Cultur=
gemeinschaft kann es nicht dem Belieben ihrer Mit=
glieder überlassen, ob sie sich die Civilisation aneignen
oder auf dem niedrigen Culturgrad halbwilder Völker
verharren wollen. Die Gleichheit vor dem Gesetze,
die Theilnahme Aller an der Rechtsbildung vermit=
telst des allgemeinen Wahlrechts, die allgemeine Wehr=
pflicht und jede sonstige Mitwirkung im öffentlichen
Leben setzt vielmehr eine strenge Controle des Staats
über den Bildungsgrad jedes Einzelnen voraus. Un=
gebildete Massen werden zum Spielball aller möglichen
unlauteren Speculationen, verfallen als Classe auf
Generationen hinaus den entnervenden Einwirkungen
der niederen Handarbeit und drücken die moralischen
und körperlichen Fähigkeiten des Volkes herab; aufgeklärt
über ihre Gleichberechtigung mit den Besitzenden und
Gebildeten, denen auf dem Boden des heutigen Privat=
rechts wirksame Concurrenz zu machen sie nicht in der
Lage sind, sehen sie ihr einziges Heil im gewaltsamen
Umsturz aller socialen und politischen Verhältnisse, ver=
bünden sich mit den gesinnungsverwandten Elementen
im Auslande und untergraben so den Patriotismus,
die wichtigste Stütze des Staatswohles. Daher das
Recht und die Pflicht des Staates, alle Staatsbe=
wohner vor Eintritt der Volljährigkeit zur Annahme
höherer Cultur zu zwingen."

15*

Ich habe hier mit kurzen Worten das Princip des Schulzwangs als das der culturerhaltenden Kraft zu zeichnen versucht. Nun, über den Schulzwang ist man ja wohl im Allgemeinen einig; ob derselbe aber so weit gehen solle, daß er der gegenwärtigen Productionsweise eine entschieden neue Richtung geben würde, darüber sind die Ansichten sehr getheilt. Wie unendlich oft bin ich dem Einwurf begegnet, was aus unserer Volkswirthschaft werden solle, wenn es keine ungebildeten Arbeiter mehr gäbe, um die gemeine niedere Arbeit zu vollbringen? Ich halte diesen Einwurf für ebenso kurzsichtig als egoistisch. Von intelligenten Maschinentechnikern ist mir oft ver= sichert worden, daß nur die verhältnißmäßige Billigkeit der Menschenkraft die Herstellung und den Gebrauch einer großen Masse von neuen Maschinenconstructionen verhindere, und daß die Ersetzung der rohen menschlichen Kraft und niederen Handarbeit durch die Maschine eine ganz unbegrenzte, unberechenbare sei. Gesetzt aber nun auch den Fall, es gäbe einzelne Verrichtungen unterge= ordneter Art, die zur Zeit noch nicht durch Maschinen zu ersetzen wären, so kann uns dies doch kein Grund sein, eine große Culturaufgabe ad calendas graecas zu verschieben, aus Furcht, unsere Enkel möchten einmal keine Holzhacker, Straßenkehrer und Todtengräber mehr finden.

Solche kleinliche und engherzige Einwände sollten doch gänzlich verstummen angesichts der Thatsache, daß die welterschütternden religiösen Wirren und die Gährungen in den unteren Classen lediglich auf den niederen Culturgrad der großen Massen zurückzuführen sind. Eine Wanderung durch die ländlichen Districte

Ober= und Niederbayerns würde Sie bald belehren,
warum die Leute dort blindes Werkzeug in den Händen
der Geistlichkeit sind, und ein Jeder von uns weiß, warum
es den Fabrikarbeitern im Erzgebirge unmöglich ist,
sich durch Auswanderung oder anderweite Berufswahl
aus den alten Fesseln loszumachen. Das enge Zusam=
menleben großer Massen in den Fabriken hat nun zwar
den einen Vortheil, daß es die Gefahren des Ultramon=
tanismus zu Gunsten der socialdemokratischen Propaganda
verringert — wir Alle aber wissen ja, daß mit d i e s e r
Art Aufklärung weder der Staat, noch die Gesellschaft
an Kraft gewinnt. Die anhaltende und angestrengte
Fabrikarbeit bei mangelhafter Pflege und Ernährung
wirkt überdies so nachtheilig auf die körperlichen Eigen=
schaften, daß die üblen Folgen sogar schon in den Mili=
täraushebungslisten zu Tage treten.

Aber auch wenn wir von höheren politischen und
humanen Erwägungen absehen, müssen die „S c h u l t e m=
p e r a n z l e r" als sehr unkluge und unpractische Leute
erscheinen. Denn es ist ja eine offenkundige Thatsache,
daß es schon jetzt überall an tüchtigen Arbeitskräften
fehlt; unsere mit Hochdruck arbeitende Industrie, Handel
und Verkehr können gar nicht genug gebildete und an=
stellige Leute bekommen; nicht an Köpfen und Händen
fehlt es, sondern an Menschen, welche in ihrer Jugend
denken gelernt haben und sich in dem verwickelten Me=
chanismus des Geschäftslebens zurechtfinden. Ja, wenn
wir das wirklich wären, für was unsere galanten Nach=
barn uns ausgeben — eine „Nation von Denkern", —
dann würden alle Klagen über den Niedergang des

Handwerks, über ungelehrige Lehrlinge u. dgl. bald ver=
stummen. Alle diese Klagen sind doch weiter nichts, als
die Bekräftigung der Wahrheit, daß unser Culturzustand
den hohen Anforderungen der Zeit nicht überall genügt,
daß die geringe Anzahl von geschulten Kräften nicht all=
seitig ausreicht. „Das Jahrhundert ist vorgeschritten",
sagt Goethe, „jeder Einzelne aber fängt doch von Vorne
an." Wer aber nicht recht anfängt und recht fortschrei=
tet, wer seiner Zeit nicht genug thut, der bleibt uns eine
lebendige Leiche. Diese wachsende Unzulänglichkeit der
Kräfte erstreckt sich nun natürlich nicht blos auf den
freien Verkehr, sondern auch auf die Aufgaben des Staa=
tes. So ist z. B. der große Mangel an Unteroffi=
zieren eigentlich nur eine Volksbildungsfrage, und auch
die Erklärung eines anderen militärischen Krebsschadens,
des leider sehr häufigen rohen Benehmens mancher Offi=
ziere und Unteroffiziere gegen ihre Untergebenen, sehe ich
zunächst in der Ungefügigkeit des Materials, d. h. in der
Ungebildetheit der großen Masse der Mannschaft. Vor
einer cultivirten Mannschaft werden rohe
Vorgesetzte jeden Respect verlieren, während
leider zugegeben werden muß, daß heute die Mehrzahl
der Dienenden nicht anders als mit großer Strenge zu
tüchtigen Soldaten gemacht werden kann — lediglich in
Folge mangelhafter Vorbildung in Volks= und Fortbil=
dungsschulen. Mein Ideal ist ein Recrut, der in der
Erfüllung der Wehrpflicht eine Ehrenaufgabe erkennt;
solche ideale Recruten können aber nur unter dem Ein=
flusse einer ausgezeichneten nationalen Erziehung auf=
wachsen.

Fassen wir alle Für und Wider zusammen: so mag die Beibehaltung ungebildeter Volksclassen vielleicht in dem momentanen materiellen Interesse einzelner Gesell= schaftskreise liegen, vom allgemeinen Gesichtspunkte des Staatswohles und des socialen Friedens aber ist sie unbedingt verwerflich.

Die unausbleibliche Folge einer alle Volkskreise umfassenden Bildung, nämlich die allmälig immer weiter= gehende Zertheilung des Privatbesitzes, muß uns sogar vom rein wirthschaftlichen Standpunkte als ein ganz un= geheurer Fortschritt erscheinen. Um dies bestätigt zu finden, brauchen Sie nur die wirthschaftliche Lage ver= schiedener Gegenden in den östlichen und in den west= lichen Provinzen Preußens zu vergleichen, obgleich hier noch nirgends so weitgehende Voraussetzungen gegeben sind, wie sie ein durchgreifendes Volksbildungssystem schaffen würde. Ich erinnere Sie namentlich daran, daß die Landwirthschaft viel günstigere Resultate im Klein= als im Großbetrieb erzielt. Hier wie in der gesammten Industrie würde die so viel besprochene und empfohlene Productivassociation unter gebildeten Arbeitern wohl platzgreifen können, während die meisten Versuche in dieser Richtung jetzt noch an dem mangelhaften Bildungs= grade der Interessenten scheitern müssen. Nur ist hier ebensowenig wie auf anderen Gebieten gesellschaftlicher Reform etwas Wesentliches gethan mit der bloßen Auf= stellung des idealen Princips. Die Volksbildung, ja die gesammte Cultur setzt bei der Gesammtheit genau dieselbe Anstrengung und überdies noch einen viel groß= artigeren Verwaltungsapparat voraus, als die Bildung

eines einzelnen Menschen. Eine Feststellung der hieraus
entspringenden Rechte und Pflichten ist die allererste
practische Aufgabe. Ich habe dies in folgendem Satze
versucht:

„Wer es unternimmt, eine Ehe zu schließen, hat
dies in der Voraussetzung zu thun, daß die Jugend=
zeit seiner Kinder den vom Staate eingesetzten Bil=
dungsanstalten angehört. Die Unterhaltung dieser
Anstalten durch die Gesammtheit bildet den kärglichen
Ausgleich für die großen Opfer, welche die Familien
durch die Sorge um die Erhaltung, die häusliche Er=
ziehung, die geistige und leibliche Gesundheit der jungen
Staatsangehörigen bringen. Die Abwälzung der durch
die Bildungsanstalten des Staates erwachsenden Kosten
auf Provinzial=, Kreis=, Gemeinde= oder sonstige Ver=
bände, oder gar auf die Familien selbst, ist durch
nichts zu rechtfertigen; die Forderung der „Selbstver=
waltung" auf dem Gebiete des Schulwesens kann sich
wohl auf die Schulaufsicht, nicht aber auf die finan=
ziellen Lasten erstrecken, da es dicht und dünn bevöl=
kerte, reichere und ärmere Gemeinden, Kreise und Pro=
vinzen giebt, und da der Schulaufwand im umgekehr=
ten Verhältniß zu der Volksdichtigkeit und der Steuer=
fähigkeit zu wachsen pflegt; ebenso wie es unstatthaft
sein würde, die Militärausgaben pro Kopf nach Ge=
meinden und Kreisen zu erheben. Die Theilung
der Schullasten zwischen Staat, Kreis, Gemeinde, Kirche
und Privaten aber ist eine Halbheit und wird nimmer=
mehr einen gedeihlichen Aufschwung des Volksschul=
wesens zulassen, da erfahrungsmäßig staatliche Insti=

tutionen nur dann energischer Durchführung sicher sind,
wenn den gesetzgebenden Factoren das Bewußtsein der
vollen Verantwortung innewohnt. Cultur= und
Schulgemeinschaft müssen einander decken;
entsprechend der Gestaltung unseres socialen und wirth=
schaftlichen Lebens ist die weiteste Gemeinschaft auch
die beste und gerechteste, also bei uns: das deutsche
Reich."

In diesen Sätzen ist also zunächst ausgesprochen, daß
die Sorge für einen den Culturbedürfnissen der Ge=
sammtheit entsprechenden Unterricht nicht von den ein=
zelnen Kindern resp. deren Eltern getragen werden, son=
dern daß jener Unterricht für die einzelnen Theil=
nehmer unentgeltlich sein soll. Ich kann füglich
davon absehen, die Unentgeltlichkeit des Unterrichts hier
eingehend zu motiviren, nachdem ihre bedeutendsten frühe=
ren Gegner — ich nenne nur R. Gneist — die Rich=
tigkeit oder doch Zulässigkeit derselben anerkannt haben.
Nur Unkenntniß der thatsächlichen Verhältnisse oder aber
Mangel an festem Willen, die Schule wirklich zu einer
starken Säule des Staatswohles zu machen, kann heute
noch gegen das Princip der Unentgeltlichkeit anfechten.
Ganz unhaltbar ist namentlich der Einwand, daß durch
dieses Princip dem Leichtsinn in der Kindererzeugung
unter den ärmeren Classen Vorschub geleistet werde,
während doch im Gegentheil gerade schlechte Schulen
und mangelhaft durchgeführter Schulzwang den Leuten
die Möglichkeit gewähren, aus der Existenz ihrer Kinder
frühzeitig Nutzen zu ziehen. Wenn, wie das mit der
Zeit immer entschiedener durchgeführt werden muß, auch

die Kinder ärmerer Familien n u r für die Schule ar=
beiten dürfen, dann stellen sich die Unterhaltungskosten
der Kinder für die Eltern so hoch, daß das Schulgeld
weiter nichts sein würde, als ein Schutzzoll für das
Hagestolzenthum, das wir zwar nicht gewaltsam unter=
drücken, vielleicht nicht einmal (wie oft verlangt wird)
a l s s o l c h e s höher besteuern, aber doch gewiß auch nicht
prämiiren wollen.

Was die f i n a n z i e l l e V e r w a l t u n g der Schule
anbelangt, so habe ich an anderer Stelle (oben S. 121
bis 142) darüber so ausführlich gesprochen, insbesondere
glaube ich dort die Ungereimtheit der Gemeinde= und
Bezirksschulsocietät, überhaupt der „finanziellen Selbst=
verwaltung“ der Schule so unwiderleglich dargethan zu
haben, daß ich es hier bei dem bloßen Hinweis bewen=
den lassen kann.   Ich erlaube mir nur noch einige Ar=
gumente für die R e i c h s = Schulsocietät hervorzuheben.

Ganz unwiderleglich nämlich erhellt die P f l i c h t
d e s R e i c h e s , für das Volksbildungswesen aufzukommen,
aus folgender Erwägung: Die moderne sociale Gesetz=
gebung hat an die Stelle des Gemeindebürgerthums
das Staatsbürgerthum gesetzt, seit 1871 bei uns das
Reichsbürgerthum; das Reich bildet ein einziges Wirth=
schaftsgebiet mit vollkommen freier Personalbewegung;
Niemand kann gezwungen werden, irgendwo Gemeinde=
bürger zu werden oder zu bleiben, Jedermann aber kann
jeder beliebigen Gemeinde „angehören“; es giebt ex
officio gar kein Gemeindebürgerthum im alten Sinne
mehr; wo dennoch der Genuß gewisser Vorrechte in den
Gemeinden an den Besitz des exclusiven Bürgerrechts ge=

knüpft ist, da liegt eigentlich eine mit dem Geist der Reichsverfassung unvereinbare Anomalie vor — so z. B. die Beschränkung des Gemeindewahlrechts auf die alten „Bürger", welche in manchen rapid angewachsenen Städten eine gerade so wunderliche Rolle spielen, wie die Herren vom sog. „alten und befestigten Grundbesitz" als Vertreter der gesammten Landwirthschaft. Reichs= rechtlich und factisch liegt bei den Gemeinden das Ver= hältniß jetzt so, daß sie auf die Begrenzung der Zahl ihrer „Angehörigen" gar keinen Einfluß mehr haben, daß sie sich jeden Ab= und Zugang gefallen lassen und oben= drein noch in Folge des Gesetzes über den Unterstützungs= wohnsitz unberechenbare Lasten übernehmen müssen. Ist schon die Abbürdung dieser Lasten auf die Gemeinden ein bedenkliches Ding, so wird das Verhältniß noch un= gereimter, wenn der Bundesstaat x der Gemeinde y de= cretirt: du hast auf deine Kosten dafür zu sorgen, daß alle innerhalb deiner Mauern wohnenden Kinder von Reichsbürgern den landesvorschriftsmäßigen Schul= unterricht erhalten!

Um die Ungerechtigkeit solcher Zumuthung in's rechte Licht zu setzen, dürfen wir nicht das Beispiel großer wohlhabender Städte anziehen, wir müssen fragen, wie sich dabei die zahllosen kleinen, an Einwohnern und Ver= mögen abnehmenden Dörfer und Landstädte befinden. Da kann es denn vorkommen, daß nicht nur einzelne Orte, sondern ganze Gegenden, welche an starker Aus= und Umwanderung leiden, die besten Früchte ihres Aufwandes für die Volksschule fort und fort für die großen Städte und an das Ausland abgeben, ohne einen

entsprechenden Rückersatz an geschulten Kräften zu em=
pfangen; jener Aufwand, der im günstigsten Falle doch
nur eine productive Anlage für die Zukunft sein kann,
geht also für die Gesammtheit zwar nicht verloren,
für jene armen Orte und Gegenden aber wird er zu
einem erheblichen Opfer.   Wie kommen die zufällig zu=
sammengewürfelten Angehörigen einer Gemeinde oder
eines Kreises dazu, das Culturcapital für die in ihrem
Sprengel heranwachsende Generation zu beschaffen, von
der sie gar nicht wissen, ob sie bleiben oder gehen, und
wohin sie gehen wird?   Da, wo in Folge feudaler Be=
sitzverhältnisse, starker Auswanderung, mangelhafter Ver=
kehrsmittel, drückender Steuern u. s. w. mit dem Rück=
gang aller wirthschaftlichen Zustände auch die Kraft zur
Erhaltung guter Schulen erlahmt, da haben wir in Wirk=
lichkeit einen Culturnothstand, der nun aber nicht
local beschränkt bleibt, sondern mit seinen schädlichen
Folgen das Leben der Gesammtheit afficirt — der=
selben Gesammtheit, welche durch ihre Gesetzgebung und
Organisation den Nothstand verursacht hat; denn die
Wahl verständiger Gesetzgeber, die Erfüllung der Wehr=
pflicht, jede Mitarbeit an der Erhaltung und Wohlfahrt
des nationalen Staates ist bedingt und getragen von der
localen Volksbildung.   So begegnen wir denn in vielen
Gegenden Preußen's, Bayern's, Mecklenburg's ꝛc., ja
eigentlich in jedem Dorfe, in jeder Stadt, wo das Volks=
bildungswesen nicht durchaus den höheren Anforderungen
entspricht, in Wirklichkeit einem Reichs=Culturnothstand,
der, wenn auch nicht sofort erkennbar, seine Rückwirkun=
gen auf das politische und wirthschaftliche Leben der

Nation ausüben muß; die Cultursünden, die in Kassu=
bien, im Wupperthal und an der Isar begangen werden,
sind nationale Krebsschäden, deren Heilung von
Reichswegen mindestens ebenso wichtig ist, wie die Ver=
hütung der Rinderpest.

Soll daher nicht die „Pflege der Wohlfahrt des
deutschen Volkes“, welche mit der Gründung des „ewi=
gen Bundes“ bezweckt wurde, eine Phrase bleiben; will
man nicht mit dem „Schutze des innerhalb des Bundes=
gebietes gültigen Rechtes“ als ewige Krankheit das be=
stehende Unrecht conserviren, — so muß die Volks=
schule zur Reichsanstalt werden!

Vor Jahren rief uns Heinrich v. Treitschke
auf dem Leipziger Schlachtfelde begeistert zu: „Was
der fernste unserer Stämme leidet durch Unrecht und
Gewaltthat, das soll uns schmerzen wie eine Wunde an
unserem eigenen Leibe.“ Ich nehme dieses stolze Wort
voll und ganz in Anspruch für die Volksbildung
und komme damit zu dem achten meiner Sätze:

„Ziel und Inhalt des Volksunterrichtes in Elemen=
tar= und Fortbildungsschulen richten sich nach den
Culturbedürfnissen der nationalen Gesammtheit, erst
in zweiter Linie nach etwaigen provinziellen oder Be=
rufsinteressen; auf keinen Fall darf das Maß der ge=
währten Bildung für verschiedene Volksclassen größer
oder geringer sein, und ebensowenig soll in dieser Be=
ziehung ein Unterschied zwischen Stadt und Land be=
stehen. Der Staatsunterricht muß dem Einflusse aller
einseitigen Interessengemeinschaften, vor Allem der reli=
giösen Confessionen, entrückt sein; seine Hauptaufgabe

ist, die jungen Staatsbürger zu denkenden, sittlichen
und anstelligen Menschen zu machen. Wenn, bei all=
gemeinem Schulzwang, neben guten Volksschulen
schlechte, mit ungenügenden Lehrkräften und Lehrmit=
teln versehene, existiren, so sind die letzteren ein Raub
an den betheiligten Volkskreisen, indem sie die Kinder
schlecht bewehrt dem Kampfe um's Dasein preisgeben
und die Eltern um die Erziehungskosten betrügen;
schlechte Elementarschulen sind aber auch eine Versünd=
igung gegen den Staat selbst, da in einem Staats=
wesen mit vollkommen freier Personenbewegung jede
locale Unterlassungssünde auf dem Gebiete der Volks=
erziehung sich mehr oder weniger fühlbar auch an der
Gesammtheit rächen muß."

An anderer Stelle (S. 63 ff.) habe ich versucht, in
kurzen Umrissen auseinanderzusetzen, wie die Elementar=
bildung eines jungen Deutschen heutzutage beschaffen sein
müsse. Man hat mir dann vorgehalten, daß ich viel zu
hohe Anforderungen stelle, wobei man freilich übersehen
hat, daß die von mir geforderte obligatorische Staats=
Fortbildungsschule den hauptsächlichen Zweck haben
soll, vor Allem die allgemeinen Errungenschaften des Ele=
mentarunterrichtes zu befestigen und zu erweitern, und
erst in zweiter Linie (wenn überhaupt) speciellen Berufs=
interessen zu dienen. Ich verlange ja eben eine in jeder
Beziehung strenge Culturpolizei für die jungen Leute bis
zu ihrer Volljährigkeit; eine namentlich auch in
moralischer Beziehung strenge Aufsicht. Aber ich will
mich gern dahin bescheiden, daß die Feststellung des
Lehrzieles eigentlich Sache der Pädagogik ist.

Man hat mir ferner vorgehalten, daß ich zu geringen Werth auf das religiöse Element gelegt habe, ohne welches die Bildung des Herzens und des Charakters nicht möglich sei. Auch diese Frage überlasse ich getrost den Pädagogen. Mögen sie ihre Aufgabe lösen durch einen freien oder confessionellen Religionsunterricht oder durch eine rein philosophische, dem Verständniß der Jugend angepaßte Sittenlehre — jedenfalls hat der Staat das Recht und die Pflicht, den Haber der religiösen Parteien und Secten aus den Volksbildungs= hallen fernzuhalten und zu sorgen, daß nicht fanatische Geistliche die guten Früchte der Schule wieder verderben. Also Beaufsichtigung der Geistlichen, insoweit sie Jugend= lehrer sind, durch die ordentlichen Lehrer — nicht um= gekehrt! Es ist ganz widersinnig, daß der Geistliche, der der Natur der Sache nach der Beamte einer, vom Staate jetzt doch nur geduldeten, nicht mehr prote= girten Religionsgesellschaft ist, der Vorgesetzte der unentbehrlichsten Staatsdiener sein soll. Wenn staatsweise Halbfreisinnige schmunzelnd darauf hinweisen, daß hier das Resultat einer langen geschichtlichen Ent= wickelung vorliege, so führe ich gerade diese Geschichte als Beweismittel für mich ins Feld. Denn was war und ist denn der alte Bund des Staates und der sonstigen weltlichen Herrschaften mit der Geistlichkeit anderes, als ein Compromiß, gerichtet auf die Niederhaltung und Verdummung der großen Massen, auf die „Demuth in dem Herrn" als Deckmantel für die Herrsch= und Genuß= sucht der Oberen, auf die künstliche Erhaltung des be= schränkten Unterthanenverstandes? In dem Augenblicke,

wo der Staat eine Institution für Alle wird, wo er
sich losmacht von der Classenherrschaft, muß consequenter
Weise auch die alte nichtsnutzige Bundesgenossenschaft
aufhören, die uns bis heute nur blutige Kriege und so=
ciale Wirren gebracht hat; in diesem Augenblick muß die
Trennung von Staat und Kirche eintreten —
aber nicht in dem Sinne der Römlinge, sondern einfach
so, daß die Kirche aufhört, als Grundpfeiler des
Staates weiter zu fungiren, daß ihr gewisse bescheidene
Rechte eingeräumt werden, über deren Belassung oder
Aufhebung der Staat allein zu befinden hat, daß sie
sich wie jeder andere Verein in die Bedingungen des
Culturstaates fügt. (Vgl. a. S. 142—146). Dann wird
der verrückteste aller Zustände, daß der Staat fast in
jedem Dorfe einen unversöhnlichen Gegner seiner Gesetze,
einen geschworenen Feind der Civilisation mit schwerem
Gelde unterhält, und daß freche Kirchenfürsten dem
Staate, der sie besoldet, den Krieg erklären, bald zu den
überwundenen Standpunkten gehören.   Und der geistliche
Stand, der leider tief gesunken ist im Ansehen der großen
Masse der Gebildeten, wird der geachtetsten einer dastehen,
wenn die Kirche ganz und allein der Religion an=
gehören und nicht mehr der Büttel der Herrschsucht und
Verdummung sein wird.

    Nicht genug Gewicht ist nun aber darauf zu legen,
daß der Volksschulunterricht auf dem Grundsatze der
Rechtsgleichheit beruhe, daß hier auch die letzte
Spur der Unterscheidung nach Volksclassen verschwinde,
daß man von der Meinung abgehe, als ob den sogenann=
ten Mittelclassen," wie leider auch noch die Falk'schen

Regulative [33]) vom Jahre 1872 annehmen, ein besserer Unterricht zu Theil werden müsse, als den Tagelöhnern und Handarbeitern auf dem Lande. Weit entfernt, das in den gegenwärtigen Stadt- und Mittelschulen gewährte Bildungsmaß herabmindern zu wollen, wünsche ich vielmehr, daß so bald als möglich diese besseren Schulen in jeder Landgemeinde eingeführt werden. In meinem Wohnorte München bestehen, wie in vielen anderen Städten, Dank der Energie und der Einsicht unserer städtischen Verwaltung gute Volksschulen; sie werden auch von den höheren Kreisen der Gesellschaft für so gut gehalten, daß ein bekannter Fürst seine Söhne dieselben besuchen ließ. Sie werden mir zugeben, daß hier die hochadeligen jungen Herren etwas mit auf den Lebensweg nehmen, was ihnen keine Ritteracademie geben kann. Nun, ich möchte, daß der Fürst nicht nur in München, sondern auf jedem seiner Güter seine Söhne mit den Kindern seiner Bauern in die Schule schicken könnte, ohne wegen ihrer Verdummung besorgt zu sein.

Gewiß wird solche großartige Culturfürsorge des Staates einen großartigen Apparat voraussetzen, und ich mache mir gar keine Illusionen darüber, daß ein auf solcher Grundlage beruhendes Lehrbudget unserem heutigen Wehrbudget wenig oder nichts aus dem Wege gehen wird. Mit Recht würde ich den Namen eines „bodenlosen Idealisten" verdienen, wenn ich Ihnen nicht den neunten meiner Grundsätze vorlegen würde, welcher lautet:

„Untrennbar von der Schulfrage ist die Steuerfrage, indem jede großartige Schulreform die Flüssig-

machung neuer Geldmittel voraussetzt. Da das ge=
sicherte Einkommen der Staatsbürger und die An=
sammlung privaten Vermögens nur möglich ist unter
dem Schutze des Staates; da erfahrungsmäßig Ein=
kommen und Vermögen desto leichter und müheloser
wachsen, je größer sie sind; da es weder im Interesse
des Staates, noch im Geiste unseres heutigen Rechts
liegt, die durch das Privatrecht dem Fleiß und der
persönlichen Tüchtigkeit gewährte Prämie in einem der
Entwickelung dieser Eigenschaften nicht mehr ent=
sprechenden Maße anwachsen zu lassen; da der Staat
durch die Arbeit erhalten wird und dahin wirken soll,
daß die Arbeit frei bleibe und nicht vom Großcapitale
gedrückt und beherrscht werde; da endlich die gegen=
wärtige ungesunde und gefahrdrohende Vertheilung des
Nationalreichthums nur möglich geworden ist durch
den niederen Culturgrad der großen Massen, durch
frühere Unterlassungssünden des Staates;
und da es nur der Billigkeit entspricht, wenn der
Ausgleich dieses Mißverhältnisses auf dem Wege seines
Entstehens gesucht wird, — so ist die Schulreform
anzuweisen auf die Erträgnisse progressiver
Steuern. Da aber einerseits die Volksbildung eine
nationale sein muß, und andererseits die Bildung des
Privat=Vermögens und =Einkommens innerhalb der
nationalen Cultur= und Verkehrsgemeinschaft stattfin=
det, so müssen solche Steuern gleichmäßig im
ganzen deutschen Reiche zur Erhebung gelangen
und nach gleichmäßigen Grundsätzen der nationalen
Gesammtheit zu Gute kommen."

Die Theorie der progressiven Besteuerung habe ich Ihnen bereits an anderem Orte (Seite 178 ff.) dargelegt, und auf ihre practische Gestaltung im deutschen Reiche werde ich noch zurückkommen. Mit dieser Steuer hat es eine eigenthümliche Bewandtniß. Man sollte meinen, sie wäre das Alpha und Omega jedes freisinnigen und gerechten Politikers, da sie nicht nur eine große Rechts= wohlthat einschließt, sondern weil auf sie auch nicht im Geringsten das alte Lied vom Steuerdruck paßt, weil sie weder Pfändungen, noch Thränen kostet, wohl aber das himmelschreiende Mißverhältniß beseitigen würde, daß heute der Arme mit 10 bis 15 Procent, der Reiche aber nur mit 2 bis 4 Procent von seinem Einkommen be= steuert wird — und doch, merkwürdig genug, wird selbst mancher Liberale ganz böse, wenn man ihn an diese gerechte, leicht zu tragende und ausgleichende Steuer er= innert.

Ja, von mehr als einer Seite mußte ich den kind= lichen Einwand hören, daß diese Steuer den Diebstahl am Großcapital bedeute. Man könnte leicht ent= gegnen, daß ja auch der Agiogewinn Diebstahl sei, und daß der Staat sich zum Mitschuldigen mache, indem er die Agiotage nicht nur duldet, sondern den Gewinn aus derselben mit denselben Rechtssicherheiten umgiebt, wie den Ertrag der harten Arbeit. Der wunderlichste Ein= wand, den ich gehört, ist der, daß man sich hüten müsse, eine, wenn auch gerechte, Forderung der Socialdemokra= ten zu der seinigen zu machen! Davor, daß der Libe= ralismus endlich einmal Ernst machen könnte mit der Durchführung liberaler Principien, ist ja eben den social=

demokratischen Führern bange, weil sie mit dem realen
Boden unter den Füßen auch den Einfluß auf die ur=
theilslosen Massen einbüßen würden.

Doch ich will hier alle bitteren Bemerkungen ver=
schlucken und nur sagen: das muß und wird anders
werden! Wir werden uns nicht verblüffen lassen durch
die Einwände des Egoismus, am allerwenigsten durch
den, daß es für die Reichen eine unbequeme und unbeli=
cate Zumuthung sei, ihre Einnahmen offen darzulegen;
fragt man doch nach solchen Rücksichten nicht bei Tau=
senden und Hunderttausenden von Angestellten und klei=
nen Gewerbtreibenden. In Sachsen, Hamburg, Bremen
u. s. w. hat man solche sentimentale Schonung glücklich
überwunden und was dort möglich ist, wird uns ja wohl
im ganzen deutschen Reiche gelingen. Für den Rest
aber werden die Strafgesetze sorgen, die den Betrug am
Staate nicht geringer bestrafen dürften, als den Dieb=
stahl aus Noth. Ich weiß nicht, wozu wir das
allgemeine directe Wahlrecht gebrauchen,
wenn nicht zur Durchsetzung solcher capitaler
Forderungen! Es ist nur eine Frage der Zeit, wann
bei allen Wahlen die progressive Besteuerung neben der
nationalen Schule Losung und Feldgeschrei sein wird.

Der letzte der Ihnen vorgelegten Sätze lautet:

„Nach alledem sind als allernächste Forderungen
von allen Patrioten und Freunden einer friedlichen
Entwickelung unserer socialen und politischen Verhält=
nisse aufzustellen und von den ehrlichen Parteien zu
verfechten: ein Reichs=Schulgesetz und zur Er=
haltung der Schulen progressive Reichssteuern.

Beide Forderungen setzen allerdings eine fortwährende
Controle Seitens des Reiches und seiner gesetzgebenden
Factoren voraus, ohne im Uebrigen die Verwal=
tung der Schulen durch die Einzelstaaten
und die Selbstverwaltung innerhalb der Ge=
meinden auszuschließen."

Wer zu dem deutschen Reiche und seiner zukünftigen
Volksvertretung das Vertrauen hat, daß sie mehr als
irgend eine particularistische Staatsmacht im Stande
und geneigt sein werden, die Culturideale des deutschen
Volkes hochzuhalten und zu ihrer Sicherung die erfor=
derlichen Opfer zu bringen, dem wird dieser letzte Satz
kein Kopfzerbrechen kosten. Wir Jüngeren haben nun
einmal so viel frohen Wagemuth für das Ganze, daß
uns die Zweifel und Klagen der alten Herren mit ihren
berechtigten und unberechtigten Eigenthümlichkeiten unver=
ständlich bleiben; wir können und werden es nicht be=
greifen, daß das Reich Verrath am deutschen Volke
üben werde, weil es ja mit der Liebe und Achtung dieses
Volkes unfehlbar seine eigene Existenz einbüßen würde.
Also: so lange die nationale Gesammtheit ihre
Culturaufgaben richtig auffaßt, so lange kann und wird
das Reich die Schule nicht zur Magd der Reaction
werden lassen. Die Opposition in dieser Frage ist —
unsere Gegner mögen sich noch so sehr dagegen sperren
— vielmehr eine Sache des Gefühls, als realer Be=
gründung. Wem sich bei dem Gedanken, daß einmal
der deutsche Reichstag über das Culturbudget unseres
Volkes berathen wird, das Herz im Leibe herum dreht,
der bleibe daheim in seinem Schmollwinkel.

Es handelt und soll sich nun aber gar nicht handeln um die Beseitigung der particularstaatlichen Cultusministerien und des Ernennungsrechts der Bundesfürsten; — auch nicht um die Verwaltungscompetenz der Einzellandtage. Aehnlich wie bei dem Verhältnisse der bayrischen Militärverwaltung zum Reiche, nur mit mehr innerer Berechtigung, würde das Schulwesen so zu ordnen sein, daß dem Reiche nur die Schulverfassung und die Aufbringung der Kosten, den Staaten aber die Verwendung der Mittel, überhaupt die ganze Verwaltung nach Maßgabe der vom Reiche gegebenen Gesetze und gewährten Mittel obliegen würde. Daß übrigens den Bundesregierungen auch ein entsprechender Einfluß auf die Schulverfassung und -Gesetzgebung des Reichs zustände, liegt in der Natur des Bundesstaats; und ich wünschte, daß der Einfluß namentlich der kleineren Staaten kein geringer wäre. Den einzelnen Staaten würde, mag man nun innerhalb derselben der communalen Selbstverwaltung einen noch so weiten Spielraum lassen, unter allen Umständen ein großes, schwieriges Feld fruchtbringender Wirksamkeit verbleiben. Was aber jene Selbstverwaltung und ihre finanzielle Seite anbelangt, so hat das preußische Gesetz vom 30. April 1873, betreffend die Dotation der Provinzial- und Kreisverbände, eines der bedeutungsvollsten Gesetze der Neuzeit, uns den Weg gezeigt, den wir gehen können und müssen. (Vgl. Ausführlicheres oben Seite 134 ff.) Ich empfehle Ihnen wiederholt dringend, in den Geist dieses Gesetzes einzudringen und sich mit der Anwendung desselben auf die Verhältnisse des Reiches recht vertraut zu machen.

Daß es mir aber nach alledem nicht in den Sinn kom=
men kann, an dem Princip der communalen Selbstver=
waltung der Schule rütteln zu wollen, bedarf wohl kaum
der Versicherung. Jawohl — Selbstverwaltung, aber
nicht Autonomie, nicht Selbstbesteuerung!

Was nun die Competenzfrage anbelangt, so ist es
wohl ganz zweifellos, erstens, daß bezüglich der Fort=
bildungsschulen zu militärischen [34]) und gewerb=
lichen Zwecken die Reichsgesetzgebung jede beliebige Vor=
schrift erlassen kann [35]), ohne daß eine Verfassungsänder=
ung erforderlich wäre, — ein schönes Stück „Culturpolizei",
wenn Bundesrath und Reichstag ernstlich wollen; — und
zweitens, daß die Regierungen der Einzelstaaten zu einer
Erweiterung der Reichscompetenz auf das gesammte
Volksschulwesen sich um so leichter oder nur dann
verstehen werden, wenn das Reich nicht blos neue erhöhte
Anforderungen stellt, sondern auch die Mittel zur
Durchführung gewährt. Seien wir doch gerecht!
Ich gestehe Ihnen offen, daß ich mich als Cultusminister
eines Bundesstaats auf das Entschiedenste gegen eine
einseitige Erweiterung der Gesetzgebungscompetenz des
Reiches verwahren würde. Vergegenwärtigen Sie sich
nur recht den unerträglichen Zustand: Das Reich erläßt
ein einheitliches, den hohen Culturaufgaben des deut=
schen Volkes entsprechendes Schulgesetz, worin die tüchtig=
sten Lehrkräfte, vorzügliche Lehrmittel, Schulgebäude,
ausgezeichnete Seminarien u. s. w. gefordert werden; die
Ausführung ist den Einzelstaaten überlassen, wird aber
selbstverständlich vom Reiche irgendwie controlirt. Nun
kommen die verschiedenen Herren Cultusminister an die

Einzellandtage entweder mit großartigen Zumuthungen
an die Communen, oder mit neuen Anforderungen an
die Staatscassen. Die Landtage werden murren, strei=
chen, verweigern; sie werden sich, und mit Recht, darauf
berufen, daß die Einzelstaaten factisch gar keine Finanz=
gewalt mehr haben, mit der sich so umfassende neue
Aufgaben lösen lassen; die Conflicte werden kein Ende
nehmen, es wird viel Staub aufgewirbelt, den Gegnern
des Reichs neuer Stoff zu Anklagen und Verwünschun=
gen gegeben werden, und, was das Schlimmste, das
Reichsgesetz wird auf dem Papier stehen bleiben.

Ein Reichs=Schulgesetz fordern ohne Reichs=Schul=
budget wäre gerade so unklug und gefährlich, als wenn
wir die Organisation des Reichsheeres nur vorschrei=
ben, ihre Ermöglichung aber dem guten Willen der
Landtage überlassen wollten. Dagegen bin ich fest über=
zeugt, daß kein deutscher Cultusminister mit der Lage
unzufrieden sein würde, in welcher sich zur Zeit der
bayerische Kriegsminister befindet. Dem Einwand, daß
eben eine solche Lage den Interessen des Reiches und
der constitutionellen Entwickelung schädlich sei, könnte ich
nun vielleicht bezüglich des Kriegswesens, nicht aber be=
züglich der Schulverwaltung beistimmen. Die Schule ist
mit dem öffentlichen Leben, mit den Interessen der klein=
sten politischen Bezirke so innig verwachsen, daß sich
hier die Theilnahme der Einzellandtage an der Ver=
waltung und Budgetaufstellung keineswegs als eine
Chimäre erweisen würde: jeder Landtagsabgeordnete würde
alljährlich mit einer ganzen Tasche voll von Wünschen,
Klagen und Vorschlägen aus seinem Wahlbezirke vor

dem Landescultusminister erscheinen, zumal dann, wenn
den einzelnen Staaten neben der Verwendung der Reichs=
Schuldodationen noch die Verwaltung der vorhandenen
Schulstiftungen verbleibt. Gerade für die Schule aber
halte ich die Mitwirkung möglichst zahlreicher und ver=
schiedener gesetzgebender und verwaltender Factoren für
äußerst wichtig, sobald dadurch nicht die Hauptsache,
die Beschaffung der Geldmittel, in Frage gestellt
wird. Uebertragen Sie diese Aufgabe, sowie die all=
gemeine Schulverfassung auf die Factoren des Reichs,
und Sie werden aus dem Zusammenwirken der Landes=
regierungen und Landtage, des Bundesraths und Reichs=
tags und einer vielverzweigten communalen Selbstver=
waltung die herrlichsten Früchte für unser großes Vater=
land hervorgehen sehen. Von ernstlicher Reaction, von
Mühleriaden aber wird bei solcher vier= und fünffachen
constitutionellen Versicherung niemals die Rede sein
können!

Die Steuercompetenz des Reiches bedarf, um
zur Unificirung der directen Steuern der Einzelstaaten
oder zu einer supplementären progressiven Reichs=Ein=
kommensteuer zu gelangen, keiner Erweiterung[36]). Mit
der mehrfach aufgehobenen und thatsächlich sehr eng be=
grenzten Finanzgewalt der Einzelstaaten hat es überhaupt
seine eigenthümliche Bewandtniß. Jede Steuercompetenz
hat doch (oder sollte haben!) ihre ethische Richtschnur in
der Gerechtigkeit der Vertheilung und ihre natürliche
Begrenzung in der Leistungsfähigkeit der Bevölkerung.
Nun behaupte ich aber: beide, Richtschnur und Begren=
zung, sind in den Einzelstaaten gar nicht mehr zu finden,

sondern nur noch im Reiche. Seitdem wir nicht blos thatsächlich, sondern auch rechtlich ein einheitliches Handels=, Erwerbs= und Verkehrsgebiet bilden, ist sogar nicht ab= zusehen, wie eine gerechte Vertheilung der Lasten zu bewirken ist, wenn wir uns nach wie vor nur in den Grenzpfählen der Particularstaaten bewegen dürfen. Der hamburger Großhändler sendet seinen Caffee, der Bremer seinen importirten Tabak nach Bayern, der Bayer seine Zahlung sammt Agio nach Hamburg und Bremen, ohne daß der bayerische Steuereinnehmer das Recht hat, an dieses Agio seine Hand anzulegen; und so fluthen die Wellen des Verkehrs in tausend anderen Beziehungen des gewerblichen und Geschäftslebens fort= während über die bundesstaatlichen Grenzen hinweg und spotten jeder billigen Landessteuerveranlagung. Den= ken Sie an die Entwickelung der großen Börsenplätze, wie die hier aufgestapelten Reichthümer das Agio des Welthandels repräsentiren; denken Sie daran, daß in der Stadt Berlin allein fast viermal, in Hamburg fast dreimal soviel Wechselstempelsteuer zu entrichten ist, als in ganz Bayern zusammen, während diese Steuer — sofern sie nicht vom Großhandel überhaupt abgewälzt wird — doch nur eine sehr unbedeutende Belastung der Agiotage bildet. Vergessen wir namentlich nicht, daß die Vermögens= und Einkommensbildung nur beding= ungsweise auf der Freizügigkeit und Gewerbefreiheit beruht, daß dagegen eine Masse örtlicher Mono= pole existirt, theils in Folge unveränderlicher Natur= bedingungen (Lage am Meere, an Flüssen, in frucht= baren Gegenden 2c.), theils in Folge künstlich geschaf=

jener Verkehrsmittel (Eisenbahnen, Straßen, Canäle), theils endlich in Folge staatlicher Institutionen und Privilegien (Residenzen, Regierungscentren, Zollämter, Militärgarnisonen, Flottenstationen, Flottenschutz, Zettel= banken rc.). Es wäre — um das Verhältniß an einem Beispiele zu illustriren — müssig, den Anspruch der bayerischen Staatscasse auf den Gewinn am hamburgi= schen Caffeehandel mit dem Rathe abzuweisen, die Bayern mögen sich ihren Caffee doch selber aus Mocca holen: das geht eben nicht, weil Bayern nicht das Monopol der Rehderei hat, wohl aber zum Schutze der hamburgischen Rehderei die Reichsmarine mit unterhält. Mit einem Worte: die ängstliche Aufrechterhaltung der particularen Steuersysteme hat heute gar keinen Sinn mehr!

Nun hat man sich zwar mit verschiedenen Reichs= Steuerprojecten schwanger getragen, die auf den unbe= dingt nothwendigen Ausgleich zwischen Nord und Süd, Ost und West unseres Wirthschaftsgebietes abzielen. Lauter schwächliche Embryonen, diese Börsen=, Schluß= schein= und sonstigen Verkehrsanzapfungs=Steuern! So lange man sich nicht das Herz nimmt, jeden Reichs= bürger und Reichsinsassen auf den Kopf zu fragen, wie viel er einnimmt, um danach den Antheil des Staates zu bestimmen; so lange man die unbedingteste Rücksichts= losigkeit nur bei den kleinen Leuten und den Beamten kennt, nicht bei den Königen der Agiotage und den Latifundienbesitzern, so lange wird und muß das Re= sultat neuer Reichssteuern nicht nur die Staatscassen, sondern auch das Rechtsgefühl des Volkes unbefriedigt lassen. Das wird auch von einer Reichs=Gewerbe=

steuer gelten, wenn wir damit einen auch noch so sehr
verbesserten Abklatsch der particularen Gewerbesteuern,
und nicht etwa eine wirkliche Reichs = E i n k o m m e n = und
E r b s ch a f t s steuer zu erwarten haben. Mögen die
Staatsregierungen kühn den großen Schritt thun, der
ihren Cassen die lästigen Marticularbeiträge abnehmen
und reichliche Mittel zur Lösung unserer unabweisbaren
nationalen Aufgaben zuführen wird; sie sichern damit
nur den Bestand, die Bedeutung und das Ansehen der
Einzelstaaten als Erhalter und Mehrer deutscher Cultur!

Endlich noch ein ernstes und eindringliches Wort.
Trotz aller Schönfärberei und Selbstvergötterung, deren
sich gerade jene „Deutschesten" befleißigen, die alle Un=
tugenden der Phrase an unseren westlichen Nachbarn doch
so mannhaft zu rügen wußten — trotz ihrer, sage ich,
lastet wie ein Alp auf fast allen unseren Gesellschafts=
kreisen der Geist der Unzufriedenheit, der Enttäuschung,
der Blasirtheit. „Der Krieg", so hören wir täglich, „ist
allein daran Schuld, der Krieg mit seinen blendenden
Erfolgen, der Sieg mit seinen Milliarden, überhaupt
der Militarismus." Hüten Sie sich doch ja, meine Ver=
ehrten, in dieses oberflächliche einfältige Vorurtheil einzu=
stimmen, dessen weite Verbreitung unter den Gedanken=
losen von ultramontanen Hetzern und Social= und an=
deren Demokraten auf's Beste ausgebeutet wird, um
daraus Capital gegen Kaiser und Reich zu schlagen; hüten
Sie sich davor um der Wahrheit, um der gesunden Ent=
wickelung und Sicherheit unseres Vaterlandes willen.
Die Blasirtheit und die Unzufriedenheit sammt dem
Gründerthum wären uns auch o h n e den Krieg nicht

erspart geblieben, ja ich behaupte: sie waren längst im Anzuge, ehe an Königsgrätz oder Sedan zu denken war. Die heutige gesellschaftliche Misère wurzelt vielmehr in den gewaltigen Umwälzungen, die durch die Entfesselung der Arbeit und des Capitals, die wirthschaftliche Frei=heit und Gleichheit herbeigeführt worden sind, ohne daß vorher oder gleichzeitig Durchgreifendes geschehen wäre, um die realen Voraussetzungen zu schaffen, d. h. auch die Cultur zu demokratisiren und aus unserem öffentlichen Recht rücksichtslos alles hinauszuschaffen, was irgendwie den Charakter des Monopols oder des Pri=vilegs an sich trägt. Daß der Krieg sowohl die un=ausbleibliche Volksmißwirthschaft als die nothwendige Entnüchterung wesentlich beschleunigt hat, ist nicht zu leugnen, im Grunde aber doch nur ein Gewinn, wenn damit der Moment der Umkehr näher gerückt wird; die rapide Weiterentwickelung eines auf die Ausbeutung der uncultivirten und besitzlosen Volksclassen gerichteten Raub=systems unmittelbar nach einer großartigen, an blutigen Opfern aller Gesellschaftskreise überreichen nationalen Erhebung muß selbstverständlich das öffentliche Gewissen viel tiefer verletzen und demoralisiren, als zu irgend einer anderen Zeit. Gegenüber der tiefen socialen Verstimm=ung verfangen weder Phrasen noch Vorspiegelungen; hier hilft allein das offene Bekenntniß: „ja, es ist Vie=les faul"; und der ernste Wille: „es muß anders wer=den". Lassen Sie sich also nicht durch garstige Herab=setzungen der erhebenden Thaten verblüffen, welche uns die Einheit und die nationale Unabhängigkeit gebracht haben, sondern legen Sie ein Jeder an seinem Theile

Hand an die Reform unseres Rechts und rufen Sie
Ihren liberalen Führern zu: „Wollt Ihr Herren der
Bewegung bleiben, so thuet frisches Blut in Eure Adern!"

Angesichts der Reformen, die uns den socialen Frie=
den bringen sollen, wäre nun freilich nichts bedenklicher,
als die großen Schwierigkeiten zu verkennen, die zahl=
reichen Gegner zu unterschätzen, mit denen wir zu käm=
pfen haben werden. Ich nenne Ihnen nur den Einen:
R o m. Alles Fluchen, Schimpfen und Verläumden, das
wir jetzt aus schwarzem Munde hören, wird uns dann
ausgesuchteste Höflichkeit dünken, wenn erst das deutsche
Reich es unternehmen wird, die Nachteulen aus den
S c h u l h ä u s e r n zu verscheuchen. Wer die Jugend hat,
der hat die Zukunft — das wissen diese gefährlichsten
Feinde der Cultur leider viel besser, als unsere Staats=
männer und Volksvertreter. Die Göttin der Gerechtig=
keit wird uns in diesem Kampfe so wenig beistehen, als
unseren Gegnern das scheinheilige Beten zum Heiland,
dessen erhabene Lehren sie tagtäglich schändlich verrathen;
in diesem Kampfe haben wir nur diese zwei übermäch=
tigen Bundesgenossen: die N o t h und die E r k e n n t n i ß
d e r W a h r h e i t. Die Noth haben wir, und sie wächst;
möge uns auch die Wahrheit nie fehlen!

Von unserem herrlichen deutschen Reiche aber, von
unserem geliebten Deutschland, gilt recht eigentlich das
Wort Schillers:

„Aus dem Leben heraus sind der Wege zwei dir geöffnet;
  Zum Ideale führt einer, der andre zum Tod.
Siehe, daß du bei Zeit noch frei auf dem ersten entspringest,
  Ehe die Parze mit Zwang dich auf dem andern entführt."

Anhang.

Petition an den Reichstag,

betreffend Untersuchung resp. reichsgesetzliche Regelung des Zustandes der Volksschulen im deutschen Reiche.

Die vorstehend niedergelegten Anschauungen habe ich in die Form einer Petition gekleidet, welche im März 1874 aus verschiedenen Orten Deutschlands mit zahl= reichen Unterschriften bedeckt an den Reichstag gerichtet wurde:

In Erwägung

1) daß der Zweck des durch die Reichsverfassung geschlossenen ewigen Bundes „die Pflege der Wohlfahrt des deutschen Volkes" ist;

2) daß Verfassung und Gesetze des deutschen Reichs alle wesentlichen Schranken der Bewegung der Personen und des Capitals beseitigt und für die Bürger des Reichs ohne Ansehen des Standes, Berufs und Vermögens gleiche Rechte und Pflichten hergestellt haben, beziehungs= weise vollkommene wirthschaftliche Freiheit und sociale Rechtsgleichheit anstreben;

3) daß die somit hergestellte freieste Concurrenz der wirthschaftlichen Kräfte nothwendig zu den unerträglich= sten Mißständen führen muß, wenn und so lange nicht

dafür gesorgt wird, daß die in der Cultur zurückgeblie=
benen resp. vernachläſſigten Volksſchichten und Bezirke
den Bildungsgrad erlangen, welchen unſere Rechtsordnung
vorausſetzt;

4) daß die Gefahren, welche ungebildete, der frei=
heitlichen Geſetzgebung nicht gewachſene Maſſen mit ſich
bringen, nicht blos einzelne Gemeinden, Bezirke oder
Staaten, ſondern das ganze Reich bedrohen;

5) daß andererſeits vermöge der Einheitlichkeit unſe=
res Handels=, Gewerbe= und Verkehrsgebiets, vermöge
der Freizügigkeit, des allgemeinen Indigenats, des Nie=
derlaſſungs=, Verehelichungs= und Armenrechts ꝛc. jede
locale Fürſorge für das Verſtändniß und die Erträglich=
keit der Rechtsordnung des Reiches wiederum der Ge=
ſammtheit zu Gute kömmt;

6) daß insbeſondere das allgemeine directe Wahl=
recht auf die Dauer nur dann ſegenbringend wirken kann,
wenn es von einem geiſtig mündigen Volke ausgeübt
wird;

7) daß die allgemeine Wehrpflicht — bis jetzt nur
erſt auf dem Papier — zur unerläßlichen Vorausſetzung
hat, daß die Dienſtpflichtigen neben den körperlichen auch
die geiſtigen Eigenſchaften und den Bildungsgrad mit=
bringen, welche ihre Ausbildung zu tüchtigen Soldaten
in kurzer Zeit und mit geringen Koſten geſtatten;

8) daß alſo nicht blos der Aufwand für das Mili=
tär, ſondern auch die Wehrfähigkeit des Reiches gegen
äußere Feinde ganz weſentlich von dem Bildungsgrad
der Maſſen abhängt;

9) daß neben der häuslichen Erziehung, auf welche

der Staat direct keinen oder nur sehr geringfügigen Ein=
fluß auszuüben vermag, das wirksamste Mittel zur Heb=
ung der Volksbildung in guten Schulen zu suchen ist;

10) daß das Reich nicht· zuwarten kann, ob, wann
und wie es den einzelnen Staaten oder innerhalb dersel=
ben den einzelnen Gemeinden und Verbänden beliebt, die
Volksschulen auf einen den Culturbedürfnissen der Ge=
sammtheit entsprechenden Stand zu bringen;

11) daß bei der Einheitlichkeit unserer wirthschaft=
lichen und politischen Interessen es in der That nur
recht und billig ist, wenn die ärmeren und zurückgeblie=
benen Gegenden und Volkskreise des Reichs von den
wohlhabenderen und höher entwickelten zu Zwecken der
Volksbildung kräftig unterstützt werden;

12) daß bei der Kostspieligkeit guter Volksschulen,
tüchtiger Lehrkräfte und angemessener Schulhäuser, Lehr=
mittel ꝛc. viele der jetzt bestehenden Schulverbände selbst
beim besten Willen nicht die Kraft haben, höheren An=
forderungen zu genügen;

13) daß die Finanzgewalt der einzelnen Bundes=
staaten und selbstverständlich auch der Communalverbände
reichsrechtlich zwar nur theilweise, thatsächlich aber fast
ganz unterbunden ist, und daß einschneidende Steuer=
reformen, ohne welche eine großartige Reform der Volks=
schule undenkbar ist, nur noch auf dem Wege der Reichs=
gesetzgebung oder doch des allgemeinen bundesfreundlichen
Uebereinkommens zu Stande kommen können;

14) daß die Erlassung eines Reichsschulgesetzes und
die ausgiebige Dotirung der Bundesstaaten aus der
Reichskasse zu Schulzwecken — etwa nach dem Vorbilde

Oirth, Freisinnige Ansichten.   **17**

des preußischen Dotationsgesetzes vom 30. April 1873 —
durchaus nicht die Verwaltungsthätigkeit der einzelnen
Staatsregierungen schmälern oder die communale Selbst=
verwaltung der Schule beseitigen, vielmehr in der Weiter=
entwickelung der bestehenden Einrichtungen einen unbe=
rechenbar heilbringenden Aufschwung des Volksschul=
wesens herbeiführen würden;

15) daß, gerade weil eine gründliche Reform der
Schulen sehr zeitraubend ist und weil die guten Folgen
solcher Reform nur ganz allmälig zu Tage treten werden,
ein ernstlicher energischer Anfang nicht früh
genug gemacht werden kann, während jedes Jahr
weiteren Zauderns unseren Kindern und Enkeln unab=
sehbare Verlegenheiten bereiten muß, —

in Erwägung alles Dessen richten an den hohen
Reichstag die Unterzeichneten die ganz ergebenste Bitte:

Der hohe Reichstag wolle baldigst geeignete Schritte
thun,

a) um volle Klarheit zu gewinnen über den Zu=
stand des Volksschulwesens in den verschiedenen Staaten
und Gegenden des Reichs, insbesondere über die Zahl
und den geistigen Zustand der Schüler, über die Bild=
ung und Besoldung des Lehrerpersonals, über das Ver=
hältniß desselben wie der Schulen überhaupt zur Kirche,
über den Zustand der Schulgebäude und der Lehrmittel,
über die Unterhaltung der Schulen aus Gemeinde= und
Staatsmitteln, Stiftungen, Schulgeldern u. s. w.;

b) um festzustellen, was die Volksschule aller
Orten, vielleicht im Zusammenhalt mit einer obligatori=
schen Fortbildungsschule, leisten muß, damit jedem jungen

Reichsbürger das Rüstzeug mit auf den Weg gegeben werden könne, ohne welches für ihn das Leben eine Last, die Freiheit ein Fluch, das Gesetz ein todter Buchstabe, das Vaterland ein leeres Wort sein muß;

c) um Gesetze und Einrichtungen zu schaffen, welche eine diesen Anforderungen entsprechende Schulverwaltung gewährleisten, auf dem Grunde der communalen Selbstver= waltung, unter Mitwirkung der gesetzgebenden und Ver= waltungsorgane der Bundesstaaten, unter Ausschluß jeder centralistischen Entwickelung des Schulwesens — aber mit einem straffen Reichsschulgesetz und einem die Aus= führung desselben verbürgenden Reichsschulbudget.

Die Petitionscommission des Reichstags hat am 20. März 1874 über vorstehende Petition lebhaft berathen und auf Antrag des Referenten v. Schulte den Ueber= gang zur Tagesordnung, ohne Bericht an das Plenum des Reichstags, beschlossen, „weil sich die Competenz des Reiches nicht auf das Schulwesen erstrecke".

Das war uns nun freilich nichts neues; wir hatten auch nicht erwartet, daß der Reichstag dieser ersten An= regung begeistert Folge geben und daß sofort die ange= sehensten Parteiführer hervortreten würden, etwa mit den geflügelten Worten Gambetta's vom Juni 1871:

„Das wird ein großer Tag in unserer Geschichte, da man endlich allgemein begreifen wird, daß wir nur eine Aufgabe haben: das Volk zu unterrichten und die Bild= ung in Strömen zu verbreiten."

Nein, das hatten wir nicht erwartet, aber befremdet und mit aufrichtiger Besorgniß hat es uns erfüllt, daß

17*

es möglich war, diese große Sache so sang= und klang-
los in der Petitionscommission zu begraben. Ob und
wann sich ein deutscher Reichstag mit der Volksschule
beschäftigen wird? — Wer weiß es?

Es ist kaum ein Jahr her, daß Perrot und Witte
mich aufforderten, gemeinsam mit ihnen in eine Agitation
für die Erwerbung sämmtlicher Eisenbahnen durch
das Reich einzutreten. Wir wurden — todtgeschwiegen;
die Actien standen noch nicht tief genug!
Heute ist unsere Forderung in aller Mund, und man
fragt sich erstaunt, wer eigentlich auf die gescheidte Idee
gekommen?

Also unverzagt vorwärts Ihr wackeren Lehrer und
Schulfreunde! Einst wird kommen der Tag, an dem
unser deutsches Parlament beschließen muß, „die Bildung
in Strömen zu verbreiten." Hoffen wir, daß wir an
diesem großen Tage noch immer das können, was zu
besserer Zeit gekonnt, aber nicht gewollt zu haben wir
selbst einmal unverantwortlich, vielleicht nicht einmal be=
greiflich finden werden.

Das deutsche Reich und die Steuern.

I. Matricularbeiträge oder Reichs-Erwerbsteuer?

Der Artikel 70 der Reichsverfassung giebt dem Reiche die Befugniß, „Reichssteuern einzuführen", indem er zugleich bestimmt, daß, so lange solche Steuern nicht eingeführt sind, und soweit die Zölle und Verbrauchssteuern, sowie die sonstigen gemeinschaftlichen Einnahmen im Verein mit den etwaigen Ueberschüssen der Vorjahre zur Bestreitung der gemeinschaftlichen Ausgaben nicht hinreichen, diese letzteren durch Beiträge der einzelnen Bundesstaaten nach Maßgabe der Bevölkerung aufgebracht werden sollen.

Dieser Artikel gewährt dem Reiche eine unbeschränkte facultative Gesetzgebungscompetenz auf dem Gebiete des Steuerrechts, gleichzeitig führt er aber als vorläufiges Auskunftsmittel eine Societätsabrechnung ein, mit welcher kein rationeller Besteuerungsgrundsatz vereinbar ist[37]).

Der ursprüngliche Entwurf der norddeutschen Bundesverfassung ging, was die Steuercompetenz anbelangt, nicht so weit; in demselben war nur von „indirecten" Steuern des Bundes die Rede. Seine jetzige Fassung verdankt der Artikel 70 einem Antrage des Abg. Miquél,

dessen bezügliche Ausführungen darum von Wichtigkeit
bleiben.

„Der Bund" — dies sind die Worte des Herrn
Miquél — „führt eine Lastenvertheilung ein, welche
allen Grundsätzen der Volkswirthschaft in's Gesicht
schlägt. Der Bund verweist im Wesentlichen zurück in's
Mittelalter zu den ersten Anfängen der Steuergesetz=
gebung; er führt die Kopfsteuer ein, und damit ist
das Steuersystem des Bundes nach meiner Meinung
verworfen. Eine Umlage, welche 100,000 Bremer gleich=
mäßig trifft wie 100,000 Bewohner des thüringer
Waldes, eine solche Art der Umlegung der Lasten kann
unmöglich die dauernde Basis des Steuersystems des
Bundes sein. Wir brauchen mit einem Wort
eine Reichssteuer. Eine Reichssteuer kann die Lasten
gleichmäßig vertheilen; eine Reichssteuer begründet erst
eine volle wirthschaftliche Einheit der Nation. Die ver=
schiedene Tragung der Lasten macht wirthschaftliche Ver=
schiedenheiten, welche die Einheit des Productions= und
Consumtionsmarktes ausschließen. Eine Reichssteuer wird
beitragen zur Reform der Steuergesetzgebung der Einzel=
staaten; eine Reichssteuer wird in Wahrheit die Deut=
schen hinstellen und sich fühlen lassen als in einem deut=
schen Staate lebend. Eine Umlage dagegen wird neben
ihrer Ungleichheit die Budgets sämmtlicher Einzelstaaten
in eine ganz heillose Anarchie und Verwirrung stürzen.
Wenn es unmöglich ist, die Lasten, welche zu tragen sind,
für die einzelnen Staaten vorher zu berechnen, so muß
man jedes Jahr entweder mit colossalen Ueberschüssen
oder mit ebenso großen Deficits wirthschaften. Die

Umlage ist die Proclamation der finanziellen Zerrüttung und Anarchie in den sämmtlichen deutschen Bundes= staaten."

Hr. Miquél bezeichnete demgemäß die Matricular= beiträge als einen nur vorübergehenden Nothbehelf für die ersten Jahre des Bundes: „Eine Reichssteuer können wir in der Kürze der Zeit nicht schaffen; wir müssen uns nur verfassungsmäßige Garantien der dem= nächstigen Einführung einer Reichssteuer sichern."

In ähnlicher Weise sprach sich damals der Abg. Braun (Wiesbaden) aus. Er hielt „den Weg, auf welchem die Bundesgelder zur Zeit des Verfalls des deutschen Reichs und zu den Zeiten des alten, im Jahre 1866 glücklich beseitigten Bundes aufgebracht wurden, vielleicht als ein Uebergangsstadium für geboten, aber auf die Dauer für außerordentlich bedenklich."

„Ich glaube", sagte Herr Braun, „daß eine Nation nicht besser zusammenwächst, als durch gemeinsame allgemeine Wehrpflicht und durch gemeinsame allgemeine Steuer= pflicht; denn es sind nicht die Rechte, welche die Na= tion zusammenkitten — die Lasten und die Pflich= ten kitten sie zusammen". Der Redner erinnerte an den „gemeinen Pfennig" im alten deutschen Reich, und hob hervor, wie nach dem Wegfall dieser alten directen Reichssteuer der Kaiser schließlich auf den guten Willen und das bon plaisir der Territorialherrschaften ange= wiesen war, und wie mit dem Verfall der Reichsfinanzen der Verfall der politischen Macht des Reiches Hand in Hand ging. Hr. Braun wollte deshalb die Matricular= beiträge ersetzt sehen durch „eine bewegliche, jedes Jahr neu zu bewilligende, jedes Jahr neu auszuschreibende, von der Reichsgewalt bei den Bürgern des Bundesgebietes zu erhebende Steuer;" „denn die Erhebungsstellen sind ja schon da, der Zollverein hat dazu bereits die geeigneten Organe."

Besonders beachtenswerth sind auch die Aeußerungen des Grafen Bismarck im constituirenden Reichstage (11. März 1867): „Daß eine Contigentirung nach der Kopfzahl ein unvollkommener Modus, eine Aushülfe von vorübergehender Natur ist, gebe ich gern zu; das Beispiel von Bremen und von Hamburg mit seinen reichen Einwohnern im Vergleich zu den Thüringerwaldbewohnern ist vollständig zutreffend. Die Verhandlungen der Vertreter der Regierungen unter einander haben auch gezeigt, daß dieses Bedürfniß der Einführung von Reichssteuern ziemlich allgemein befunden wird, und man hat sich schon mit den Gegenständen, welche sie betreffen könnten, beschäftigt. Ich glaube daher, daß wenn es hier gelingt, die Schwierigkeiten zu überwinden, zu deren Ueberwindung wir bei den commissarischen Verhandlungen nicht Zeit hatten, namentlich eine solche Steuergesetzgebung sofort so weit auszuarbeiten, daß sie praktisch werden kann, daß bei den verbündeten Regierungen ein principieller Widerstand dagegen wenigstens nicht obwalten 'wird. Ich betrachte das als Sache der Zukunft und als Sache der Gesetzgebung, sobald wir constituirt sind."

Gegen das Miquél'sche Amendement sprachen sich vom Tische der Regierungsbevollmächtigten die Herren v. d. Heydt, v. Friesen (Sachsen) und Hofmann

(Hessen) aus, während Graf Bismarck es bei den eben
mitgetheilten Aeußerungen bewenden ließ, welche aller=
dings nicht besagen, welcher Art die von ihm gemeinten
„Reichssteuern“ — ob directe oder indirecte — sein
sollten. — (Sein „Steuerideal“ sucht der Reichskanzler,
wie er später — vgl. a. oben S. 174 ff. — ausgeführt
hat, in der indirecten Besteuerung und in einer
Einkommensteuer, welche nur die wirklich reichen Leute
treffen soll, und welche er „Anstands= oder Ehren=
steuer“ nennt.)

Seit jenen Verhandlungen ist nahezu ein Jahrzehnt
verflossen. Der norddeutsche Bund und später das Reich
haben von der durch Art. 70 verliehenen Gesetzgebungs=
Competenz nur einmal Gebrauch gemacht, nämlich durch
die Einführung einer Wechselstempelsteuer, einer Steuer
von mehr verkehrs=politischer als fiscalischer Bedeutung,
da ihr Bruttoertrag kaum den zehnten Theil der Ma=
tricularbeiträge ausmacht. Auch andere Reichsgesetze,
welche mittel= oder unmittelbar neue finanzielle Lasten
mit sich bringen oder die Finanzgebahrung der Bundes=
staaten beeinflussen — so die Gesetze über die Prämien=
anleihen, über Doppelbesteuerung, Spielbanken, Flößerei=
abgabe, Reichspapiergeld, Reichsbank, Paßwesen, den
Unterstützungswohnsitz u. s. w. — haben an dem ur=
sprünglichen Zustand nur sehr wenig geändert. Dieser
Zustand ist ein Zustand der Ungewißheit, der Erwart=
ung, der Spannung. Auf Seiten der Bundesstaaten
eine sehr wesentlich beschränkte Competenz, da die
Besteuerung der wichtigsten Consumtionsartikel dem Reiche
ausschließlich zusteht; auf Seiten des letzteren ein

gänzlich unbeschränktes Besteuerungsrecht, das heute oder morgen in unberechenbarer Weise in die Steuer= systeme der Einzelstaaten eingreifen kann. Es liegt auf der Hand, daß dieses Verhältniß eine gesunde Ent= wickelung des Steuerwesens in Deutschland nicht zuläßt.

Indessen hat es an Versuchen zur Beseitigung des Mißstandes doch nicht gefehlt. Hauptsächlich ist an die Steuermitrailleuse des Hrn. v. d. Heydt im Frühjahr 1869 zu erinnern[38]). Ein vorübergehendes, künstlich be= rechnetes Deficit der preußischen Finanzverwaltung sollte nicht weniger als acht Steuerprojecte plausibel machen, durch deren Annahme der Reichstag dem nord= deutschen Volke eine neue dauernde Steuerlast von anfänglich etwa 34 Mill. Mark aufgebürdet haben würde — und eine wachsende Last dazu, da alle diese Steuern und Steuerzuschläge auf Getränke, Zucker, Quittungen, Schlußscheine, Gas und Eisenbahnreisende, einmal gesetzlich eingeführt, mit dem von ihnen betrof= fenen Verkehr die Tendenz unbegränzter Zunahme gemein hatten, ohne daß von einer jährlichen Quotisirung die Rede gewesen wäre. Um diesen Vorgang zu verstehen, muß man sich den alten budgetrechtlichen Streit zwischen der Regierung und der Volksvertretung in Preußen vergegenwärtigen[39]). In Preußen werden nicht bloß die indirecten Abgaben, sondern auch die directen Steuern nach feststehenden Sätzen erhoben, welche nur abzuändern sind durch eine Revision der betreffenden Gesetze selbst. Zur Zeit ist nur die Classensteuer auf 14 Mill. Thaler „contingentirt", d. h. es kann von den Leuten, welche weniger als 3000 Mark Einkommen haben, ohne

Bewilligung des Landtags kein höherer Gesammtbetrag auf dem Wege der Classensteuer erhoben werden[40]). Gegenüber dem Streben der Regierung, das Recht der Steuererhebung in seinem vollen Umfange in der Hand zu behalten, stand und steht noch der Grundsatz der Volks= vertretung, neue Steuern oder Steuererhöhungen nur gegen Concessionen an das Princip des Einnahme= bewilligungsrechts, der Quotisirung, zu genehmigen. Diese Lage charakterisirt ein zu Anfang der Session 1868/69 von der nationalliberalen Partei im preußi= schen Abgeordnetenhause gestellter, aber in der Minder= heit gebliebener Antrag: „Im Interesse Preußens und des norddeutschen Bundes ist es bringend gerathen, daß die eigenen Einnahmen des Bundes vermehrt werden, jedoch nur unter der Voraussetzung, daß hierdurch keine Ueberbürdung in Preußen veranlaßt, vielmehr für den Fall einer Erhöhung der Steuern und Abgaben im Bunde gleichzeitig eine den Verhältnissen entsprechende Entlastung in Preußen sicher gestellt werde." -

Der preußische Finanzminister, anfangs nicht ab= geneigt, dem Antrage näher zu treten, zog sich, nachdem derselbe zu Falle gebracht war, sofort und zweifellos gern auf den alten exclusiven Standpunkt der Regier= ung zurück und trat nun mit jenen acht Projecten an den Bund und den Zollverein heran. Der Plan war bei aller Ungeheuerlichkeit gut ausgedacht: wäre er ge= lungen, so würden wir heute 60 bis 80 Mill. Mark indirecte Reichssteuern mehr haben; die Matricular= beiträge wären allerdings nahezu beseitigt, aber in Preußen wäre Alles beim Alten geblieben, d. h. es

wäre keine Steuererleichterung eingetreten und noch we=
niger wäre die von den Finanzmännern der alten Schule
so sehr gefürchtete Reform der directen Steuern zu einer
dringlichen Angelegenheit geworden. Unter diesen Um=
ständen ist es den damaligen Reichstagsabgeordneten
der anderen Bundesländer, in deren Mehrzahl die bud=
getrechtlichen Zustände eine entsprechende Lastenvermin=
derung wohl zugelassen haben würden, nicht genug zu
danken, daß sie sich mit ihren Collegen aus Preußen
vereinigten, um den gefährlichen Plan scheitern zu lassen.
Ohne diese That würde wahrscheinlich unsere heutige
Besprechung gegenstandslos, würde wahrscheinlich die
Steuerreform ad calendas graecas verschoben sein.

Bekanntlich schmolz noch im Jahre 1869 das Deficit
des Herrn v. d. Heydt auf 15 Mill. Mark zusammen,
wurde aber auch in dieser Höhe als ein andauernder
Ausfall nicht anerkannt: das Abgeordnetenhaus verwarf
die angesonnene Erhöhung der Classen= und Einkommen=
steuer, und derselbe Minister, der im Verlaufe von zwei
Jahren die Zukunft der preußischen und der Bundes=
finanzen in den glänzendsten wie in den düstersten Farben
zu malen verstanden hatte, legte nun sein Amt nieder.
Aber die Geschichte seiner Verirrungen bleibt ewig denk=
würdig und lehrreich: sie zeigt uns, wohin es führen
kann, wenn das Steuerwesen lediglich von plumpen
fiscalischen Anschauungen beherrscht und auf seine rechts=
philosophische Begründung gänzlich verzichtet wird; wenn
die berufenen Steuerreformer nur das geschäftliche In=
teresse ihres engeren Ressorts, nicht aber das allgemeine
Staatswohl im Auge haben.

Um nun für unsere Reformarbeit einen festen Aus=
gangspunkt zu gewinnen, müssen wir uns zuvörderst den
Zweck und die Bedeutung des Reiches klar vor Augen
zu stellen suchen. Denn das Ideal der Besteuerung
besteht doch offenbar darin, daß ein jeder Steuerzahler
womöglich nach Maßgabe der Vortheile, welche ihm
aus den öffentlichen Einrichtungen erwachsen, zu den
öffentlichen Lasten herangezogen wird — ein sicherlich
niemals erreichbares Ideal, schon weil der Begriff des
„Vortheils" immer auf subjectiven Erwägungen beruhen
wird, ein Ideal aber, das wir hier so wenig entbehren
können, wie auf dem Gebiete des Straf= und Privat=
rechts die Richtschnur der Gerechtigkeit.

Das deutsche Reich wurde gegründet „zum Schutze
des Bundesgebiets und des innerhalb desselben gültigen
Rechts, sowie zur Pflege der Wohlfahrt des deutschen
Volkes." Und wir haben es hier nicht mit einer bloßen
Phrase zu thun: der hohen Aufgabe entsprechen auch die
Hülfsmittel und Einrichtungen des Bundes. Niemals
waren Deutschlands Bürger so sicher auf dem ererbten
Boden ihrer Väter, niemals war den wirthschaftlichen
Kräften der Nation so weiter und freier Spielraum
zu ungehinderter Entfaltung gegeben, als unter dem
Schutze dieses neuen Reiches: Heer und Marine auf dem
Grunde der allgemeinen Wehrpflicht, Freizügigkeit und
Gewerbefreiheit, gemeinsames bürgerliches Recht, einheit=
liches Handels= und Verkehrsgebiet, wirksame Vertretung
im Auslande u. s. w., alle diese Einrichtungen zusammen
sind uns unentbehrlich geworden. Es nützt gar nichts,
in kindischer Verstocktheit die Segnungen des Reiches zu

leugnen: wer überhaupt in der deutschen Gesellschaft
und im deutschen Wirthschaftsleben wurzelt, der kann
sich den Wohlthaten des nationalen Staatswesens gar
nicht entziehen. Wir mögen unternehmen und voll=
bringen, was wir wollen, bis in die kleinsten Beziehungen
unseres Privatlebens rechnen und arbeiten wir, bewußt
oder unbewußt, mit diesem mächtigen Förderer unserer
Existenz.

In der That, wenn wir die politischen Verbände
nach ihrer inneren Bedeutung für die Gesellschaft wie
für jeden Einzelnen ordnen, so nimmt das Reich un=
zweifelhaft den ersten Rang ein; weder der Particular=
staat, noch der Kreis, noch die Gemeinde beherrschen so
unbedingt unser Leben und Treiben. Wenden wir aber
diese Einsicht auf das Recht der Besteuerung an, so
folgt nothwendig, daß das Reich auch mit mehr Recht,
als die genannten Verbände, die volle Persönlichkeit
seiner Angehörigen erfassen und zur Tragung der ge=
meinsamen Lasten heranziehen darf; und zwar gilt dies
nicht blos von der wirthschaftlichen Lebenssphäre, sondern
von dem Leben der Individuen selbst. Das Recht der
Blutsteuer ist ja das höchste Besteuerungsrecht.

Das Recht der Besteuerung bringt aber die
Pflicht der gleichmäßigen Lastenvertheilung
mit sich in einem Staatswesen, dessen gesammte Thätig=
keit auf dem Grundsatze der Gleichheit vor dem Gesetze,
der Rechtsgleichheit beruht. In einem Staate, wo mit
der Freiheit der Personenbewegung das allgemeine directe
Wahlrecht Hand in Hand geht, wird man unter „Volks=
wohlfahrt" doch nicht die Wohlfahrt einzelner bevor=

zugter Classen und Stände oder Territorien verstehen
können! Die möglichst gleichmäßige Besteuerung wird
aber noch dadurch zur Pflicht, weil jede Steuer eine
Beschränkung des individuellen Vermögens bedeutet und
jede Begünstigung an der einen Stelle nothwendig
Benachtheiligungen an anderen Stellen zur Folge haben
muß.

Wir haben also diese beiden Hauptgrundsätze des
Reichs-Steuerrechts: **Erfassung der ganzen Person,
des ganzen sittlichen und wirthschaftlichen
Vermögens der Reichsangehörigen, — und
gleichmäßige, gerechte Vertheilung der Lasten.**
Mit diesen Grundsätzen hat sich die fiscalische Empirie
zu vertragen, und daß dabei die ersteren nicht allzuschlecht
wegkommen, darüber eben wollen wir nach Kräften wachen.

Leider entspricht diesen Grundsätzen das gegenwärtige
Steuersystem des Reichs, wenn wir von einem solchen
reden dürfen, sehr wenig. Etwa 240 Mill. Mark, den
weitaus größten Theil der laufenden Ausgaben deckend,
werden durch indirecte Abgaben, durch Zölle und
Verbrauchssteuern aufgebracht. Gegenstände des allgemeinsten, zum Theil unumgänglichen Verbrauchs, wie
Salz, Zucker, Kaffee, Tabak, Bier, Spirituosen, ferner
Gewürze, Cacao, Thee u. s. w. sind mit diesen colossalen
Abgaben belegt. Ohne auf die Nachtheile und Vortheile
der indirecten Steuern hier näher eingehen zu wollen
(vgl. a. S. 173), werde ich später doch noch einmal kurz auf dieselben zurückkommen müssen und will hier nur daran erinnern,
daß die früher so beliebte Theorie der Ueberwälzung auf
die Wohlhabenden heute fast nirgends mehr ernsthaften

Glauben findet, und daß die Gedankenlosigkeit des Vol=
kes bei der Entrichtung dieser Abgaben immer mehr ab=
nimmt, seitdem die socialdemokratische Propaganda sich
dieses dankbaren Stoffes bemächtigt hat. Wir alle sind
wohl darin einig, daß die indirecten Steuern ein Uebel
sind, aber wohl für lange Zeit noch ein nothwendiges
Uebel, dessen sich das deutsche Reich, wenn jemals gänz=
lich, so jedenfalls nur ganz allmälig und mit Vorsicht
wird entledigen dürfen. Das hierbei zu beobachtende
Tempo aber wird wesentlich von dem Maße abhängen,
in dem es gelingen wird eine rationelle directe Be=
steuerung zur geachteten Institution zu erheben.

Der durch die eigenen Einnahmen nicht gedeckte Rest
der finanziellen Bedürfnisse des Reichs nun wird durch
die Matricularbeiträge aufgebracht [41]). Dieselben
machen, abgesehen von den höheren Beiträgen der süd=
deutschen Staaten wegen ihres theilweisen Ausschlusses
von der Verbrauchssteuergemeinschaft, in den Jahren
1868 bis 1874 durchschnittlich per Jahr etwa 2 Mark
auf den Kopf der Bevölkerung aus [42]). Haben wir bei
den indirecten Abgaben immer noch den wenn auch
schwachen Trost, daß der Wohlhabendere in Folge grö=
ßeren Verbrauchs auch einen verhältnißmäßig höheren
Steuerbetrag entrichte, so fehlt bei den Matricularbeiträ=
gen jede Garantie dafür, daß sie auf gerechter Grund=
lage zusammenkommen. Ganz bestimmt läßt sich dies in
Abrede stellen, wenn wir zunächst die einzelnen Staaten
und Territorien als abgeschlossene Steuergebiete unter
einander vergleichen. Mehrfach ist wohl behauptet wor=
den, der Unterschied in der Steuerkraft der einzelnen

Staaten sei nicht so groß, um als erhebliches Argument gegen die Matricularbeiträge ins Gewicht zu fallen. Das ist aber durchaus falsch. Besitzen wir auch noch keine deutsche Wohlhabenheitsstatistik, so läßt sich doch sehr leicht beweisen, daß in der Steuerkraft von Staat zu Staat, von Landschaft zu Landschaft ganz enorme Unterschiede bestehen. (Vgl. a. oben S. 124 ff.) Eine officielle Denk=schrift des preußischen Finanzministers vom Jahre 1867 giebt den Durchschnittsbetrag der Erträgnisse an Gebäude=, Gewerbe=, Classen= und Einkommen=, bezw. Mahl= und Schlachtsteuer für die ganze Monarchie auf 39,$\frac{1}{7}$ Sgr. an, dagegen variiren die einzelnen Regierungsbezirke zwischen 55,$_8$ und 24,$_8$ pro Kopf, abgesehen von Berlin, das schon damals mit 141 Sgr. pro Kopf aufgeführt wurde. Noch viel größere Unterschiede aber bestehen unter den einzelnen Kreisen, und zwar finden sich häufig die größten Gegensätze in unmittelbarer Nachbarschaft. Als eclatantes Beispiel führe ich Ihnen die Kreise des Regierungsbezirks Erfurt an: Hier haben Sie für Erfurt selbst 60,$_5$, für Langensalza 39,$_6$, Nordhausen 38,$_5$, Mühlhausen 33,$_5$, Weißensee 30,$_4$, Heiligenstadt 26,$_2$, Worbis 24,$_6$, Ziegenrück 23,$_5$ und Schleusingen=Suhl 21,$_5$, Sgr. pro Kopf — also auf einem verhältnißmäßig sehr kleinen Gebiet verschiedene Kreise, deren Steuerkraft sich verhält wie 1 : 3 und wie 1 : 2. Und ganz ähn=lich ist es in anderen Provinzen.

Wenn auch bei dem Mangel einer gemeinsamen Steuergrundlage der Vergleich von Staat zu Staat er=schwert ist, so lassen sich doch auch hier die größten Un=terschiede nachweisen. In Hamburg z. B., wo alle

Einkommen unter 200 Thaler von der allgemeinen Ein= kommensteuer befreit sind und die Steuerscala sehr all= mälig steigt, um erst bei 3,300 Thlr. 3 Procent zu er= reichen, hat diese Steuer auf Grund der Selbsteinschätzung den hohen Betrag von 1 Mill. Thlr. ergeben. Im Her= zogthum Gotha, wo so weit gehende Steuerbefreiungen nicht existiren und wo die Steuerscala bei 3,300 Thlr. Einkommen nahezu 4 Procent erreicht, ist der Ertrag der Classen= und Einkommensteuer, ebenfalls zum großen Theile auf Selbsteinschätzung beruhend, auf 167,000 Thlr. etatisirt. Das macht für Hamburg 90, für Gotha nur 40 Sgr. für den Kopf der Bevölkerung, so daß wir, unter Berücksichtigung der verschiedenen Steuerveranlag= ung, ohne Uebertreibung die Durchschnitts=Steuerkraft eines Hamburgers auf 3 bis 4 Mal so groß, als die= jenige eines Gothaers veranschlagen können; ein einleuch= tender Schluß, wenn wir u. A. erwägen, daß in Ham= burg allein 6,500 Steuerzahler mit mehr als 1200 Thlr. Jahreseinkommen zusammen 32 Mill. Thlr. Gesammt= einkommen repräsentiren. Solche und ähnliche statistische Belege, zu denen noch als weiteres Material die Sta= tistik des Bank= und Wechselverkehrs, des Versicherungs= und Sparcassenwesens, der Eisenbahn=, Post= und Tele= graphenbenutzung u. dgl. kömmt, liefern wohl hinlänglich den Beweis, daß Freizügigkeit und Gewerbefreiheit nicht hinreichen, um die territorialen Wohlhabenheitsunterschiede zu verwischen.

Und das ist auch ganz natürlich und wird wohl niemals anders werden. So sehr unsere Gesetzgebung allem Privilegienwesen feind ist, so wenig ist an die

Beseitigung der zahlreichen natürlichen und künstlichen Monopole zu denken, welchen wir auf Schritt und Tritt begegnen. Die Lage am Meere, an der Mündung eines Flusses, in einer fruchtbaren Ebene, an Eisenbahnen, Straßen und Canälen, ferner Residenzen und Regierungssitze, Militärgarnisonen und Flottenstationen, Zollämter und Freihäfen u. s. w. — alle diese Dinge bringen unvermeidliche örtliche Monopole mit sich, Monopole, die fast nirgends isolirt, sondern fast immer in einer vielfachen Verkettung auftreten und in ganz unberechenbarer Weise auf die wirthschaftliche Entwickelung des Volkes einwirken. (Vgl. a. oben S. 174 u. 250). So entsteht für die Hamburger und Bremenser aus hervorragend günstiger Lage am Meere und an großen schiffbaren Flüssen, sowie am Knotenpunkt wichtiger Eisenbahnlinien, ferner in Folge der Freihafenstellung und des Schutzes der deutschen Marine ein Handels- und Rhederei-Monopol, das ihnen kein anderer deutscher Seeuferstaat, geschweige denn etwa Bayern oder Württemberg mit Lindau und Friedrichshafen, jemals abgewinnen wird. Es wäre lächerlich, gegen solche Monopole ernstlich zu Felde zu ziehen, auch wenn sie nicht weitaus zum größten Theile das Product der Natur und einer Jahrhunderte alten Geschichte wären. Aber das können wir mit Fug und Recht verlangen, daß der Staat ihnen nicht noch das Privilegium eines dauernden Steuernachlasses hinzufüge, auf Kosten und zum empfindlichen Schaden der weniger günstig situirten Gebiete. Nichts anderes thut das Reich, wenn es von seinen Gliedern eine summarische Kopfsteuer erhebt, ohne alle Rücksicht auf

ihre wirthschaftliche Fähigkeit, auf ihre Steuerkraft. Jene
Monopole müssen ihren Ausgleich in einer gerechten Be=
steuerung finden, nur so sind sie in einem einheitlichen
Wirthschafts= und Rechtsgebiet erträglich.

Aber nehmen wir selbst an, es beständen unter den
Bundesstaaten keine oder keine erheblichen Unterschiede
in der Steuerfähigkeit, wäre es selbst in diesem Falle zu
rechtfertigen, daß das Reich die Art der Aufbringung
der resp. Quoten den einzelnen Staaten überließe? —
Gewiß nicht! Denn eine rationelle Besteuerung soll das
wirthschaftliche Gleichgewicht nicht alteriren, sie
soll die Garantie bieten, daß nicht durch ungleichmäßige
Belastungen zu denselben öffentlichen Zwecken die Beding=
ungen gestört werden, auf denen unsere gesammte wirth=
schaftliche Entwickelung beruht. Es ist durchaus nicht
gleichgültig, ob in dem einen Staate die Matricularbei=
träge vorwiegend durch Stempel und Gefälle, in dem
anderen durch schlecht veranlagte Ertragssteuern, in einem
dritten durch eine stark progressive Einkommensteuer auf=
gebracht und in einem vierten vielleicht größtentheils
durch den Gewinn aus Staatsgütern, Regalien oder
Zinsen ersetzt werden. Bedenken Sie, daß schon jetzt die
Matricularbeiträge eine Summe von nahezu 90 Mill.
Mark ausmachen und — täuschen wir uns darüber nicht
— vielleicht schon in wenigen Jahren um weitere 30 bis
50 Millionen Mark steigen werden. Um solche Summen
zu beschaffen, genügt nicht ein oberflächlicher Griff in
den Steuersäckel des Volkes, es handelt sich hier um
Leistungen, die etwa dem bisherigen Ertrage der Classen=
und Einkommensteuer in Preußen entsprechen. Wie

großes Gewicht z. B. in diesem Staate auf die Gleich=
mäßigkeit der Steuerveranlagung nicht nur zu staat=
lichen, sondern auch zu communalen Zwecken gelegt wird,
das erhellt aus einem 1874 publicirten Erlaß des Fi=
nanzministers, worin sehr nachdrücklich davor gewarnt
wird, die Gemeindezuschläze zur Einkommensteuer nach
anderen als den gesetzlichen, insbesondere progressiven
Steuersätzen zu veranlagen. Und doch handelt es sich
hier gar nicht mehr um staatliche Zwecke im engeren
Sinne, sondern um die Bestreitung communaler Bedürf=
nisse! Ich meine aber, was dem preußischen Steuer=
zahler recht ist, das ist dem Reichsbürger billig.

Daß aber jene möglichen Mißverhältnisse keine nur
eingebildeten sind, beweist schon ein flüchtiger Blick in
die Budgets der einzelnen Bundesstaaten. Hier fällt
namentlich die Verschiedenheit des Verhältnisses auf, in
welchen die Staatsbedürfnisse durch staatlichen Pri=
vaterwerb einerseits und durch Steuern andrer=
seits aufgebracht werden. Wir haben Staaten, in denen
die letzteren kaum 30 Prozent des Staatsbedarfs decken,
in denen also in Folge günstiger Vermögensverhältnisse
des Staates eine verhältnißmäßig sehr geringe Steuer=
last zu tragen ist. In solcher Lage sind beispielsweise
Anhalt, Braunschweig, die beiden Schwarzburg, Lauen=
burg, Sachsen ꝛc.; auch Oldenburg, Württemberg und
Bayern sind mit verhältnißmäßig bedeutenden Einnahmen
aus staatlichem Privaterwerb gesegnet. Allzuviel läßt sich
aus einer Statistik dieser Verhältnisse nicht schließen,
weil weder die Culturverhältnisse der verschiedenen Staa=
ten, noch die Theilung der verschiedenen Angelegenheiten

zwischen Staat und Gemeinden überall dieselben sind.
Man wird auch niemals verlangen, daß die Bundesstaa=
ten ihren Privaterwerb nach einem Reichsgesetze regeln
sollen, aber ebenso wenig darf das Reich, so viel an ihm
liegt, zu einer ungleichmäßigen Belastung seiner Ange=
hörigen dadurch beitragen, daß es sich nicht um den
Steuerdruck bekümmert, der denselben durch seine Umlagen
erwächst; der Reichsbürger soll im Verhältniß zu seiner
Steuerfähigkeit in Hamburg oder Anhalt nicht weniger
zu den Lasten des Heeres und der Marine beitragen als
in Weimar oder Coburg.

Zu welchen Sonderbarkeiten jenes systemlose laisser
aller auf fiscalischem Gebiete führen kann, beweist ein
Vertrag zwischen dem Großherzog von Mecklenburg und
seinen Ständen, wonach ersterer sich verpflichtet hat,
gegen 177,640 Thlr. jährliches Firum aus den Erträg=
nissen des (sehr verwickelten) Contributionsedicts von
1870 die Matricularbeiträge regelmäßig zu bestreiten, so
lange dieselben nicht über 600,000 Thlr. hinausgehen!
Ein „Finanzgeschäft", das vielleicht in das alte, aber
nicht in das neue deutsche Reich paßt.

Mehrfach ist nun der Vorschlag aufgetaucht, die
Matricularbeiträge zu „verbessern", d. h. mit Rücksicht
auf die Steuerkraft der einzelnen Staaten verschiedene
Kopfquoten festzusetzen. Man beruft sich hierbei auf die
Schweiz, wo zur Beschaffung eines Betrages von etwas
über 1 Mill. Francs die einzelnen Cantone nach Steuer=
stufen (von 15 bis 90 Centimes pro Kopf) gruppirt
sind. Indessen stehen diese schweizer Matricularbeiträge
nur auf dem Papier, schon seit Jahren ist von ihrer

Erhebung keine Rede mehr und die gewichtigsten Stimmen
verwerfen sie oder verlangen geradezu — wie der ehem.
Präsident Dubs[43]) — die Bundeseinkommensteuer. Daß
mit einer solchen Verbesserung der soeben berührte Uebel=
stand der verschiedenartigen Steuererhebung zu Reichs=
zwecken in keiner Weise abgestellt werden würde, mag
nur angedeutet werden. Aber ganz abgesehen davon
meine ich: Schlimmeres könnte der ärgste Feind Deutsch=
lands nicht ersinnen, um unter den Gliedern des Reichs
Zwietracht zu säen. Zunächst springt es in die Augen,
daß es ein großer Unterschied ist, ob an Matricularbei=
trägen (wie in der Schweiz) durchschnittlich 44 Centimes,
also nicht ganz 4 Sgr. pro Kopf, oder (wie bei uns)
etwa 20 Sgr., mehr als das Fünffache, zu erheben sind,
und sodann, ob jene Beiträge einfürallemal feststehen
oder alljährliche Veränderungen erleiden sollen. Ich habe
manche Versuche gemacht, für die Steuerkraft der deut=
schen Bundesstaaten angemessene Verhältnißzahlen zu
finden, und würde auch kein Bedenken tragen, eine uner=
hebliche Summe von ein paar Millionen Mark nach un=
gefährer Schätzung auf die einzelnen Staaten zu ver=
theilen, wenn von allen Seiten Einverständniß darüber
herrschte, daß es dabei auf einige Liter Goldstücke zu viel
oder zu wenig nicht ankäme. Wie man aber die Ver=
theilung von 80, bald vielleicht 120 oder 150 Millionen
Mark in ähnlicher Weise unternehmen möchte, ist mir
ganz unbegreiflich.

Zu diesen mehr finanztechnischen Zweifeln gesellt sich
ein politisches Bedenken schwerster Art. Das deutsche
Reich besteht nicht aus Cantonen von annähernd gleicher

Bedeutung, sondern aus Bundesstaaten, von denen der
erste fünfmal so stark bevölkert ist als der zweite und
zehnmal so stark als der dritte u. s. w. Dem ent=
sprechend ist auch der Einfluß auf die Regierung des
Reiches bei unseren Bundesstaaten anders geartet, als
bei den Cantonen der Schweiz. Nehmen wir z. B. an,
die für eines der nächsten Jahre aufzubringenden Matri=
cularbeiträge sollen pro Kopf im Durchschnitt 3 Mark
betragen. Für die einzelnen Bundesstaaten würden sich
bei der Vertheilung Stufen von $1\frac{1}{2}$ Mark bis 8 oder
9 Mark pro Kopf ergeben. In welche Stufe nun
würde sich Preußen einschätzen lassen? Sein Kopfbeitrag
würde sich zweifellos innerhalb der Gränzen von 2 bis
4 Mark zu bewegen haben: aber jeder Groschen auf
oder ab würde für seine gesammte Leistung 2,400,000
Mark bedeuten, und bei $\frac{1}{2}$ Mark mehr oder weniger
über den allgemeinen Durchschnitt würde die Differenz
für die preußische Staatscasse schon über 12 Mill. Mark
ausmachen! Bedenkt man nun, daß diese Einschätzung
bei dem Mangel unanfechtbarer Grundlagen schließlich
immer auf einem Compromiß beruhen müßte, bei dem
die Machtfrage eine nicht unwesentliche Rolle spielen würde;
erwägt man die Abhängigkeit gewisser Stimmen im
Bundesrath, ferner die alljährlich wiederkehrende Kritik
der Einschätzung im Reichstag und in den Landtagen
— welche unabsehbare Quelle von Unzufriedenheiten
und Verdächtigungen! Was würde der preußischen Re=
gierung die weitestgehende Uneigennützigkeit helfen, ihre
Gegner würden ja doch nie müde werden, über fis=
calische Vergewaltigung zu klagen. Nein, der liebe Gott

bewahre uns vor jeder „Verbesserung" der Matricular=
beiträge und damit die Herren Finanzminister vor aller
Versuchung, uns Deutsche insgesammt aber vor einem
bösartigen Zankapfel, mit dem verglichen die jetzigen
Matricularbeiträge geradezu als Nektar und Ambrosia
erscheinen.

Für die einheitliche, systematische Veranlagung der
Reichssteuern spricht aber noch ein überaus wichtiger
innerer Grund. Das Reich erhebt 240 Millionen Mark
i n d i r e c t e S t e u e r n. Von diesen Steuern hat zwar
der Abg. Reichensperger einmal gesagt, daß sie eine un=
merkliche Last seien, ähnlich derjenigen der Luftsäule, die
von der Wiege bis zur Bahre jeden Menschen begleite,
die er trage, aber nicht empfinde, — indessen der Ver=
gleich ist so sicher nicht zutreffend, als Hr. Reichensperger
von seiner Luftsäule sicher zu Brei zerdrückt werden
würde, wenn ihm Kopf und Brustkasten plötzlich zu
hohlen luftleeren Räumen würden. Thatsächlich bewirken
die indirecten Steuern eine bedeutende P r o g r e s s i o n
n a c h u n t e n. Bei uns in Bayern z. B. beträgt bei
einem Bierconsum von 2 Liter täglich (ein bescheidenes
Maß für unsere Verhältnisse) die Belastung für den
Inhaber eines Einkommens von 10,000 . Gulden $1/_{10}$
Procent, für denjenigen eines Einkommens von 500
Gulden aber 2 Procent jährlich. Aehnlich beim Consum
von Salz, Zucker, Kaffee. Der vornehme Raucher zahlt
kaum 20, der arme Raucher aber 100 Procent vom
Werthe seines Tabacks an Steuer[44]). (Vgl. oben S. 34
und 174). In manchen Industriebezirken beträgt der
spärliche Verdienst unreifer schulpflichtiger Kinder oder

schwangerer Frauen kaum mehr, als die indirecten
Steuern, die „von der Wiege bis zur Bahre" von den
Häuptern ihrer Familien getragen werden: das ist in
Wahrheit die „Luftsäule" des Herrn Reichensperger.
Die umgekehrte Progression der indirecten Steuern wird
denn auch jetzt ganz allgemein zugegeben, so daß sogar
principielle Gegner der Progression nach oben bei den
directen Steuern diese so lange gelten lassen wollen und
empfehlen, als jene Progression nach unten fortbesteht⁴⁵).
Wenden wir nun diese Erkenntniß auf unsere Frage an,
so ergiebt sich mit Nothwendigkeit die Forderung eines
förmlichen Systems der Reichssteuern, in der
Weise, daß eine an Stelle der Matricularbeiträge einzu=
führende directe Steuer gewissermaßen die socialrecht=
lichen Mängel der Zölle und Verbrauchssteuern wieder
gut zu machen, die mit ihnen verbundene Ueberlastung
der ärmeren Schichten des Volkes möglichst auszugleichen
hätte. Eine solche compensirende directe Reichssteuer
würde dann vorwiegend die wohlhabenderen, günstig
situirten Classen und Stände der Bevölkerung treffen
und nach unten hin entweder — und das wäre wohl
das einfachere — gänzliche Steuerbefreiungen ge=
währen oder nur sehr mäßige Sätze in Anwendung
bringen können. Daß eine solche Einrichtung den An=
forderungen der Wissenschaft wie der Gerechtigkeit besser
entsprechen würde, als das jetzige laisser aller oder die
Einführung weiterer indirecter Abgaben, liegt auf der
Hand; wenn aber trotzdem Männer der Wissenschaft,
gegen diese bessere Einsicht, von einer directen Reichs=
steuer abrathen, weil dieselbe die Liebe zum Reiche ab=

schwächen und demselben neue Gegner erwecken würde,
so bedauere ich aufrichtig, daß sich deutscher Idealismus
durch so traurige Gespenster schrecken lassen kann. Nein,
ich sehe vielmehr in einer solchen Steuer ein herrliches
Mittel zur Versöhnung der Classengegensätze, ich bin
überzeugt, daß sie „Saaten des Wohlwollens" in unseren
Arbeiterbevölkerungen ausstreuen und den Glauben an
das gute Recht im deutschen Reiche neu befestigen, und
daß Alles, was deutsch gesinnt ist in deutschen Landen,
ohne Murren den „gemeinen Reichs-Pfennig" ertragen
wird. Durch ungerechte Consumsteuern gewinnen wir
keinen einzigen Römling, eine gerechte Steuer aber wird
unsere sittlichen Kräfte stählen, wird unsere wohlhaben=
den und gebildeten Stände mehr und mehr mit dem
Bewußtsein erfüllen, daß sie an einem großen Staats=
wesen Theil haben; „denn" — denken Sie an den treff=
lichen Ausspruch des Abg. Braun vom Jahre 1867 —
„es sind nicht die Rechte, welche die Nation zusammen=
kitten, — die Lasten und die Pflichten kitten sie zu=
sammen".

Steht es also für uns fest, daß aus inneren Grün=
den der Ersatz der Matricularbeiträge durch eine directe,
nach der wirthschaftlichen Fähigkeit veranlagte, die in=
directen Abgaben systematisch ergänzende
Reichssteuer anzustreben sei, so handelt es sich nur
noch um Fragen der praktischen Durchführung.

Unter allen sogenannten directen Steuern kann hier
wohl nur eine einzige ernstlich in Betracht kommen: die
Steuer vom reinen Einkommen. Das wissen=
schaftliche Ansehen der sogenannten Rohertragssteuern

ist so entschieden im Niedergang begriffen, daß ich es
nicht unternehmen möchte, sie einem jugendlich aufstreben=
den Staatswesen zu empfehlen. Sie beruhen auf dem
Trugschluß, daß derselbe Rohertrag oder dasselbe Pro=
ductionsmittel in verschiedenen Händen gleich große Rein=
erträge liefern müsse, und daß die Steuern unter allen
Umständen auf die Consumenten übergewälzt werden.
Beides trifft nicht zu; sie belasten den Reichen und den
Armen, den Schuldenfreien und Verschuldeten, den Ge=
schickten und Ungeschickten in gleich plumper Weise; es
fehlt ihnen alle und jede sociale Biegsamkeit, und was
die Abwälzung anbelangt, so ist sie eine rein wirth=
schaftliche Machtfrage. Das gilt von der Grund= wie
von der Häuser= und Miethssteuer; damit, daß man diese
Steuern eine „Reallast" nennt, deren Aufhebung ein
„Geschenk an die Grundbesitzer" bedeuten würde, ist gar
nichts gesagt. Wer von uns denkt daran, die Classe der
Grundbesitzer n i c h t nach Maßgabe ihres Einkommens
und Vermögens zu besteuern? Wir wollen nichts ande=
res als eine g e r e c h t e Vertheilung der Lasten;
„Reallasten", die nicht auf diesem Grundsatze beruhen,
haben m. E. keine Berechtigung.

Auch die Gewerbesteuer, die ja dem Reiche so
oft zugemuthet worden ist, gehört zu den altersschwachen
Auflagen[16]). Schon die oberflächlichste Betrachtung sollte
doch ernste Bedenken hervorrufen, ob eine Besteuerung
des Gewerbebetriebs nach äußeren Merkmalen sich ver=
trägt mit der wirthschaftlichen Tendenz unseres Zeitalters.
Alles strebt hier nach der Befreiung von der Zünftelei
und der Bevormundung, um lediglich nach den rasch

wechselnden Bedürfnissen und Bedingungen des Augen=
blicks alle bereiten Kräfte ausgiebigst zu verwerthen.
Die Veranlagung einer Gewerbesteuer setzt bleibende
Verhältnisse voraus; der Gewerbebetrieb aber braucht
schrankenlose Beweglichkeit. Eine solche Gewerbesteuer
paßte wohl in den Rahmen des alten Zunft= und
Concessionswesens, heute ist sie ein Unding. Bietet schon
eine bloße statistische Darstellung des heutigen Gewerbe=
wesens fast unüberwindliche Schwierigkeiten[47]), so ist die
richtige Erfassung desselben zu Steuerzwecken nahezu
unmöglich, mag man auch noch so viel sinnen und
grübeln. Die Gewerbefreiheit, die unbeschränkte Arbeits=
theilung, der hoch entwickelte Verkehr, die Conjuncturen
des Welthandels, die unberechenbar fortschreitende Ma=
schinentechnik erhalten das gewerbliche Leben in einer
unausgesetzten Beweglichkeit, sie machen es so wechselvoll
und complicirt, daß alle äußeren Merkmale unsicher
werden und verschwimmen. Eine Classificirung der Ge=
werbe würde schon heute über 1000 verschiedene Num=
mern aufzählen müssen, während die Verbindungen bisher
verschiedener Gewerbsarten zu gemeinschaftlicher Leistung
gar nicht zu zählen sind. Niemand kann sagen, wohin
diese Entwickelung auch nur im Laufe eines Jahrzehnts
führen wird; eine einzige Erfindung oder Entdeckung,
ein einziges großes wirthschaftliches Ereigniß kann das
Gewerbeleben in neue Bahnen werfen. Was will man
nun eigentlich besteuern? Woran will man die Steuer=
fähigkeit eines Gewerbes bemessen? An den wirkenden
Menschen= und Maschinenkräften? — an den Arbeits=
räumen? — an dem Sitz des Gewerbes? — an dem

Anlagecapital? — an dem verarbeiteten Rohmaterial? — an der Höhe des Umsatzes? — an den Auslagen und Spesen? — Keine Frage, je umsichtiger und sorgfält= iger man bei der Auffindung der Steuermerkmale verfahren wird, desto umfänglicher und complicirter muß der ganze Veranlagungsapparat werden — der einzige einfache Weg aber, nämlich die Frage nach dem Reinertrag, ohne Rücksicht auf die Entstehung desselben, führt zur Einkommensteuer hin. Eine auch nur einigermaßen be= friedigende Theorie der „Gewerbesteuer nach äußeren Merkmalen" existirt nicht, und die Aufgabe, eine solche aufzustellen, wird mit jedem Jahre schwieriger werden. Wer aber glaubt, an diese Aufgabe mit abstracten Be= griffen und dem vorhandenen wissenschaftlichen Rüstzeug herantreten zu können, der irrt; unumgängliche Voraus= setzungen sind ein ganz neues realistisches Studium und die Heranziehung zahlreicher Praktiker in Form einer großartigen Enquête — und zwar einer permanenten Enquête, da die Gewerbebesteuerung, um nicht zur Cari= catur zu werden, in fortwährender Wechselbeziehung zur Entwickelung des Gewerbelebens selbst bleiben muß. Ich sage nicht zuviel, wenn ich behaupte: Die Reichs=Ge= werbesteuer wird eine Phrase bleiben, die nach dem ersten Versuch, sie lebensfähig zu machen, für immer begraben werden wird.

Die Uebernahme von Rohertragssteuern auf das Reich wird noch besonders erschwert dadurch, daß ein= zelne derselben in vielen Bundesstaaten theils gar nicht existiren, theils ihrer Abschaffung oder doch Beschränkung entgegensehen. Während die Steuer vom reinen Ein=

kommen (incl. Erbschaften) sich leicht in jedes Steuersystem
einfügen läßt, weil sie allgemein und gleichmäßig belastet,
bedingt die Einführung oder Verstärkung einer Ertrags=
steuer tiefgehende Aenderungen der Nebensteuern. Dazu
kömmt nun noch, daß die in verschiedenen Bundesstaaten
unter demselben Namen bestehenden Ertragssteuern häufig
ihrer Veranlagung nach grundverschieden sind. Beispiels=
weise theile ich mit, daß die Grund= und Gebäudesteuer
in Preußen 18¹/₂, in Bayern aber 27¹/₂ Sgr. für den
Kopf der Bevölkerung einbringt; dagegen die Gewerbe=
steuer in Preußen 5⁴/₅ Sgr., in Bayern nur 3⁴/₅ Sgr.
pro Kopf. Endlich würden unter allen Ertragssteuern
in Deutschland eigentlich nur die verschiedenen Grund=
steuern so ergiebig zu machen sein, um mit einigen
Zuschlägen nothdürftig die Matricularbeiträge zu ersetzen;
warum aber gerade diese Steuern noch viel weniger als
die sonstigen Ertragssteuern erhebliche Zuschläge, warum
sie überhaupt keine wechselnde Quotisirung ertragen, das
werden Ihnen die Herren Landwirthe und Grundbesitzer
wohl besser auseinandersetzen können, als ich es zu
thun vermag.

Von allen diesen Nachtheilen und Schwächen ist die
allgemeine Einkommen= oder Erwerbsteuer frei.
Den letzteren Namen würde ich vielleicht deshalb vor=
ziehen, weil er bestimmter die rechtsphilosophische Grund=
lage bezeichnet, auf der das Reich hier vorgeht: das
Reich besteuert allen und jeden „Erwerb" aus Capital
und Arbeit, aus Conjuncturen und Erbschaften, weil es
mit seinem Schutze nach außen und innen, mit seiner
Rechtsordnung jedem Erwerbenden als mächtiger stiller

Theilnehmer zur Seite steht. — Eine allgemeine Erwerb=
steuer alterirt weniger, als irgend eine andere Auflage,
die Steuersysteme der Einzelstaaten; sie ist — sobald
nur die Einschätzungsorgane gebildet und die Listen der
Steuerpflichtigen angefertigt sind — verhältnißmäßig
rasch und leicht zu veranlagen; ohne selbst eine zeit=
raubende und kostspielige Katastrirung zu erfordern, werden
für sie die Grundlagen etwaiger Ertragssteuern zweck=
mäßigst benutzt werden können; sie ist nach jeder Richt=
ung dehnbar und verträgt nicht nur alljährige Contingen=
tirung oder Quotisirung, sondern kann auch durch be=
liebige Steuernachlässe und Befreiungen mit den directen
Reichssteuern in inneren systematischen Zusammenhang
gebracht werden.

Einen sehr triftigen Grund aber, der für eine Reichs=
steuer vom reinen Erwerb spricht, finden wir in dem
Umstand, daß Einkommensteuern schon jetzt fast in allen
Bundesstaaten bestehen, daß sie fast überall auch den
Gemeinden als Norm für ihre Umlagen dienen und
daß, wo dieß nicht der Fall ist, über kurz oder über
lang das Einkommensteuerprincip zum Durchbruch kom=
men muß. Und damit wird zugleich das einzige be=
achtenswerthe Bedenken, welches gegen eine solche Reichs=
steuer geltend gemacht werden könnte, hinfällig. Denn
allerdings wäre es fraglich, ob die Einschätzungen zu
einer Reichseinkommensteuer allenthalben mit derselben
Sorgfalt und Gewissenhaftigkeit vorgenommen würden,
wenn sie nicht zugleich als Grundlage für die Steuer=
erhebungen der Staaten und der Gemeinden zu dienen
hätten. Und ganz besonders der Gemeinden! Ist hier

ein ernstes Interesse an richtiger Vertheilung der Lasten
vorhanden, so braucht uns auch vor Benachtheiligungen
des Reiches wahrlich nicht bange zu sein, denn die Ga=
rantien der Einkommensteuer sind viel weniger in den
staatlichen Aufsichtsorganen, als in der communalen
Selbstverwaltung zu suchen.

- Fassen wir zunächst Norddeutschland in's Auge,
so werden staatliche Einkommensteuern, zum Theil unter
dem Namen „Classen=“ oder „Personalsteuern“ 2c. 2c.
erhoben in Preußen, Sachsen, Hamburg, Bremen, Lübeck,
in Coburg=Gotha, Weimar=Eisenach, Meiningen, Alten=
burg, den beiden Schwarzburg, Reuß älterer und jüngerer
Linie, Lippe und Schaumburg=Lippe, Waldeck, Braun=
schweig, Lauenburg, Oldenburg. In allen diesen Staaten
ist der Ertrag der Einkommensteuer größer, zum Theil
sehr erheblich größer als der Betrag der Matri=
cularbeiträge, so daß also anzunehmen ist, daß auch
nach Einführung einer Reichseinkommensteuer eine Er=
hebung solcher Steuer für particularstaatliche Zwecke
fortdauern wird. Im Herzogthum Anhalt wird eine
„Ergänzungssteuer“ erhoben, gleichfalls eine Art Ein=
kommensteuer, und in den beiden Mecklenburg besteht
eine ganze Reihe von particllen Einkommensteuern, deren
Verwandlung in eine einzige keine großen Schwierig=
keiten verursachen dürfte. In ganz Norddeutschland sind
sonach die Verhältnisse sehr günstig für unsern Zweck,
und sie werden sich noch günstiger gestalten, da in den
Gemeinden, namentlich in den größeren Städten, immer
stärker die Tendenz hervortritt, auch die Communalauf=
lagen so viel als möglich in der Richtung der Ein=

kommensteuer zu entwickeln. Daß diese Bestrebungen durch das Vorgehen des Reichs, auch wenn das betref= fende Reichsgesetz hierüber keine bestimmten Vorschriften enthalten sollte, neuen und mächtigen Impuls erfahren würden, bedarf keiner Begründung.

In Süddeutschland hat augenblicklich allerdings nur Hessen eine Einkommensteuer, deren Ertrag seine Matricularbeiträge sehr erheblich übersteigt; indessen steht für Baden eine, unzweifelhaft dasselbe Resultat herbei= führende Steuerreform in sicherer Aussicht, und auch in Bayern trägt man sich mit dem Gedanken, das als gänzlich unpraktisch erkannte System von Einkommen= und Ertragssteuern gründlich zu reformiren 48). Alle Anzeichen deuten darauf hin, daß in Baden und Bay= ern, ebensowie in Sachsen nach längeren oder kürzeren Kämpfen das Princip der allgemeinen Einkommensteuer zum Siege gelangen werde, um so sicherer, wenn, wie zu hoffen steht, auch die Idee der Reichseinkommensteuer an Boden gewinnt. In Württemberg existirt ein leidlich gutes Einkommensteuergesetz, das indessen bei den außer= ordentlich hohen Erträgnissen der Grundsteuer und der sogenannten Wirthschaftsabgaben nur sehr mäßige An= wendung findet. Gehen aber Baden und Bayern mit der Reform ihrer Grund= und sonstigen Ertragssteuern voran, dann wird auch Württemberg nicht umhin können, von der Einkommensbesteuerung größeren Gebrauch zu machen; schon ist in den württembergischen Städten eine dahinzielende Agitation im Gange. Was endlich Elsaß= Lothringen betrifft, so hat es ja das Reich selber in der Hand, dort ein der Reichssteuer conformes Steuersystem

einzuführen. Zum Studium der bestehenden Ein=
kommensteuern empfehle ich angelegentlich die Denkschrift
von K. Burkart, welche dieser hervorragende Fachmann
auf Veranlassung des deutschen Steuerreformvereins be=
arbeitet hat [49]).

Man hat der Einkommensteuer vielfach den Vor=
wurf der Ungerechtigkeit gemacht, weil sie das Einkom=
men ohne Rücksicht auf seine Entstehung, weil sie den
Ertrag der harten Arbeit, den Gehalt des Beamten 2c.
ebenso stark heranziehe, wie den Ertrag aus Renten
und sonstigem mühelosen Gewinn. Dieser Vorwurf kann
aber doch nur die Einkommensteuer treffen, welche von
einer der wichtigsten Einkommensquellen: von den Erb=
schaften gänzlich absieht. Es ist richtig, die bestehen=
den Einkommensteuern thun das, und bedürfen daher in
dieser Richtung der Correctur. Die „progressive Er=
werbsteuer", die ich empfehle, soll auch das einmalige
und außerordentliche Einkommen aus Erbschaften, Schenk=
ungen 2c. treffen und damit zugleich den Charakter einer
Vermögenssteuer annehmen. Wollte man das Moment
des Besitzes bei der Besteuerung des laufenden Ein=
kommens zur Geltung bringen, so würde man nicht nur
die richtige Veranlagung der Steuer gefährden (weil jeder
Einzelne bestrebt sein würde, den höher zu besteuernden
Theil seines Einkommens möglichst gering erscheinen zu
lassen), sondern auch zu neuen Ungerechtigkeiten kommen.
Denn überall da, wo Capitalnutzung mit Arbeit verbun=
den ist (also bei allen Unternehmen der Industrie und
Landwirthschaft, des Handels und Verkehrs), ist es ganz
unmöglich, den relativen Werth der ersteren richtig zu

veranschlagen; einundbasselbe Capital, sei es in Geld oder
sonstigen Gütern, hat in verschiedenen Händen und unter
verschiedenen äußeren Bedingungen den verschiedensten
Werth; kein Kaufmann kann sagen, wie viel er mit seinem
Capital und wie viel er mit seiner Arbeit verdient, sein
„Zinsenconto" erschöpft durchaus nicht den productiven
Werth seines Anlage= und Betriebscapitals. Will man
die höhere Steuerfähigkeit des Capitalbesitzes gegenüber
dem Einkommen aus Arbeit praktisch werden lassen, so
verzichte man auf alle Steuerkünsteleien, als da sind
Renten=, Coupon= und Börsensteuer, und halte sich einfach
an das, was der Capitalist nicht mit in die Ewigkeit
nehmen kann, an seine Hinterlassenschaft, deren ausgiebige
Besteuerung ihm keinen Verdruß kostet und seinen lachen=
den Erben nichts nimmt, was sie vorher besessen haben.

Sachlich finde ich mich hier im Einklang u. a. mit
H. v. Scheel, der in einer sehr lehrreichen kleinen
Schrift[50]) für den Anspruch des Staats auf die Erb=
schaften eine dreifache Grundlage nachzuweisen versucht
hat: erstens die juristische aus dem Charakter des Erb=
rechts als einer staatlichen Schöpfung; zweitens die socialpolitische aus den Wirkungen desselben auf die Ver=
mögensvertheilung; drittens die volkswirthschaftliche aus
der Entstehungsart der Vermögen. „Wie kann nun der
Staat", fragt Scheel, „seinen Anspruch geltend machen,
wenn andererseits die Grundlage des Privateigenthums
und des — so gut wie unbegrenzten — Privaterbrechts bei=
behalten wird? Er kann das entschieden nur auf dem
Wege der Besteuerung, die den Vermögensbesitz gerade
in einem Momente ergreift, wo er dadurch, daß Capital

und Einkommen anderen Personen unentgeltlich zuwächst, sich social und wirthschaftlich am eigenthümlichsten äußert. Indem er vermittelst der Steuer einen Theil des Vermögens bei Gelegenheit des Besitzwechsels an sich zieht und bei der Belastung die Stellung des gegenwärtigen Besitzers zum früheren und die Größe des Besitzes berücksichtigt, wird er seine Ansprüche zum Ausdruck bringen können und weit entfernt von einem blinden Zugreifen nach günstigen Steuergelegenheiten mit den fiscalischen zugleich socialpolitische Erfolge erreichen, und zwar dieses sowohl dadurch, daß er eine ergiebige und rationelle Art von Steuern handhabt, als auch dadurch, daß er mittelbar andere Steuerobjecte leichter trifft und im Besonderen das System der directen Besteuerung, die auf dem Einkommen ruht, durch eine wirkliche, nicht nur wie die andern sogenannten Vermögenssteuern durch die rechnerische Veranlagung scheinbare, Vermögenssteuer ergänzt, welche das Vermögen als Besitz, nicht als Einkommenquelle trifft. Es wird auf diese Weise hergestellt oder kann hergestellt werden ein System der directen progressiven Besteuerung von Einkommen und Vermögen, wie es in der Idee des modernen Staats liegt, welche nicht nur eine gleichmäßige und gerechte, sondern auch eine den differenzirenden Tendenzen der modernen Volkswirthschaft entgegen arbeitende Besteuerung verlangt; und die Erbsteuer kann auch insofern als eine Fortsetzung und Vollendung der hauptsächlichen directen Steuer, der allgemeinen Einkommensteuer dienen, als sie in ihrer Eigenschaft als Vermögenssteuer eine bestimmte, besonders steuerfähige Quelle des Einkommens erfaßt und dadurch neben der Besteuerung nach der Größe auch diejenige nach der Art des Einkommens nach dem Progressions= princip in zweckmäßiger Weise durchführt. So gewinnt die Erbschaftssteuer eine bestimmte Stellung im Steuer= system der Gegenwart, sie bleibt nicht mehr ein rein fis= calischer Behelf, sondern erfüllt eine bestimmte volks= wirthschafts= und socialpolitische Aufgabe." (Wie ich mir den Ertrag einer Erbschaftssteuer als integrirenden Be= standtheils einer Reichs=Erwerbsteuer denke, habe ich weiter unten dargelegt.)

Als weitere große Vortheile einer allgemeinen Reichs= Erwerbsteuer führe ich noch an, daß erst im Rahmen einer solchen Steuer es möglich sein wird, die Frage der Doppelbesteuerung in einer den Staatscassen wie den Steuerzahlern vollständig gerecht werdenden Weise zu erledigen, und ferner die Möglichkeit einer gleichmäßigen Besteuerung der Actiengesellschaften und Commanditgesellschaften auf Actien, welche bekannt= lich, sobald sie in verschiedenen Bundesstaaten Nieder= lassungen haben wollen, aus den Collisionen mit den Steuerbehörden gar nicht herauskommen. Hier ganz be= sonders spricht für die Besteuerung durch das Reich der Umstand, daß die vom Reiche jenen Gesellschaften ge= währte rechtliche Stellung in alle privaten Erwerbsver= hältnisse tief eingreift und daß, wenn für dieses Aus= nahmsrecht ein Ausgleich in angemessener Besteuerung gesucht wird, hierzu in allererster Linie wiederum die Gesammtheit befugt ist[51]).

Wenn von den Gegnern dieser Idee behauptet wird, daß eine Reichs=Einkommensteuer die Vorrechte und

Interessen der Bundesstaaten schmälern würde, so kann ich dies in rein fiscalischer Beziehung nur bezüglich der=jenigen Staaten zugeben, die bei der jetzigen Lastenver=theilung ein „gutes Geschäft" machen; das ist aber gerade eine Rücksicht, die zu beobachten ich für unan=ständig halte. In staatsrechtlicher Beziehung eine mögliche Rechtskränkung anzunehmen, erscheint mir gänz=lich unstatthaft, ich möchte sagen „sentimental", nachdem doch sämmtliche Bundesstaaten die Reichsverfassung an=genommen haben, in der ja die „Einführung von Reichs=steuern" ausdrücklich vorgesehen ist. Gegenüber dieser Verfassungsbestimmung erscheint vielmehr der jetzige Zu=stand als ein dem Geiste der Verfassung nicht ent=sprechender. Wenn eine Verfassung eine definitive Rege=lung durch besonderes Gesetz verheißt und bis zum Erlaß solchen Gesetzes einen Nothzustand gelten läßt, so kann doch in der Beseitigung des letzteren keine Rechts=verletzung erblickt werden! Im Uebrigen soll ja den Bundesstaaten von ihren Hoheitsrechten Nichts genommen werden. Denn wir Alle denken uns wohl die Erhebung einer directen Reichssteuer nicht so, daß das Reich Tau=sende von Steuereinnehmern aussenden, sondern so, daß die Verantwortung für die richtige Erhebung, überhaupt die ganze Verwaltung der Steuer den einzelnen Regier=ungen gegen entsprechende Vergütung zufallen würde, wogegen das Reich nur eine Controle in ähnlicher Weise, wie durch die Vereinsbevollmächtigten über die Zölle und Verbrauchssteuern ausüben würde. Ob, wie der Abg. Braun 1867 meinte, zu Organen der Steuer=erhebung gerade die Zollämter geeignet sein würden,

möchte ich sehr bezweifeln; aber daran zweifle ich keinen
Augenblick, daß die einzelnen Regierungen unter allen
Umständen ihre Pflicht thun und sich nicht entfernt
dem Verdachte der Veruntreuung gegen das Reich aus=
setzen werden.

Gegenüber jenen unqualificirbaren Rechtsbedenken
sollte doch die Wohlthat gebührende Würdigung finden,
die den Bundesstaaten erwachsen muß, wenn sie endlich
einmal unabhängig vom Reiche ihre Finanzen ordnen
können, wenn das Reich nicht fortwährend mit unbe=
rechenbaren Anforderungen störend in ihren Privathaus=
halt eingreift. Und noch aus einem anderen Grunde
sollte eine Reichs=Steuerreform in unserem Sinne nicht
allein von den Regierungen sondern namentlich auch von
den Gemeinden freudig begrüßt werden: deshalb
nämlich, weil fast alle deutschen Einkommensteuern dring=
end der Reform oder Revision bedürfen. Ein wirklich
gutes Einkommensteuergesetz zu machen, ist gar nicht so
leicht, es ist dies eine Aufgabe, zu deren glücklicher
Lösung die allerbesten Kräfte der Wissenschaft, der Ver=
waltung und des praktischen Lebens herangezogen werden
müssen. Ohne ihrer Bedeutung zu nahe treten zu wollen,
glaube ich doch nicht, daß unsere Bundesstaaten solche
Kräfte in ausreichender Zahl zur Verfügung haben,
und noch weniger ist anzunehmen, daß die wenigen Ge=
lehrten und Beamten, die die Steuerfrage zum Gegen=
stande specieller Studien gemacht haben, gleichmäßig auf
alle Bundesländer vertheilt sind. Daher kömmt es zum
großen Theile, daß manche der bestehenden Einkommen=
steuergesetze lediglich Copien, z. B. des preußischen, sind,

und daß man da, wo durchaus Originelles geschaffen
werden sollte, nicht immer glücklich in der Gestaltung
war. Da ich gerade das preußische Gesetz erwähnt, so
will ich gleich hinzufügen, daß auch diesem Gesetze,
trotz der jüngsten Abänderungen vom Jahre 1873, eine
gründliche Reform sehr Noth thut[52]); diejenigen, welche
das Vergnügen haben, preußischen Steuercommissionen
anzugehören, werden dies gern bestätigen. Eine Reform,
zu der die besten und geeignetsten Kräfte aus ganz
Deutschland in der Presse und in den Vereinen, am
Bundesrathstisch und im Reichstag mitwirken, eine solche
Reform erscheint mir wohl des Schweißes der Edlen
werth, ja es müßte nicht mit rechten Dingen zugehen,
wenn dabei nicht ein hervorragendes Denkmal deutscher
Wissenschaft und deutschen Rechtssinnes zu Stande käme.

Zum Schlusse noch eine Mahnung: Halten wir
von dem Schicksale der großen Sache die Einflüsse der
Tagespolitik fern! Viel mehr, als es weise oder auch
nur nützlich ist, wird in die Bildung unseres so sehr
reformbedürftigen öffentlichen Rechts das Gift solcher
Einflüsse hineingetragen. Nichts ist freilich leichter, als
an die Stelle ernster sachlicher Gründe als ultima ratio
das grobe Geschütz der Parteidisciplin zu setzen. Aber
bedenken wir, daß hinter uns Millionen stehen, die von
solchem Kriegszustand in der Behandlung öffentlicher
Dinge nichts wissen und nichts wissen wollen, die einfach ihr gutes deutsches Recht erwarten und verlangen,
und wäre es auch um den Preis einer Reichs-Einkommen-
steuer! Diese Steuer ist gar nicht eine Frage der Politik,
sondern des öffentlichen Rechts; wer ihr aber den-

noch eine politische Seite abgewinnen zu müssen glaubt,
dem rufe ich die frischen Worte eines preußischen Ab=
geordneten vom Jahre 1847 zu: „Ich erblicke in dem
Muthe die Selbstbesteuerung einzuführen, nicht
nur die Folge der politischen Bildung, sondern auch
das Mittel, die politische Bildung zu ver=
mehren." Indem ich mit diesen Worten des damaligen
geheimen Finanzraths und jetzigen Finanzministers Camp=
hausen mein Referat schließe, hoffe ich Ihre Zustimm=
ung für den Satz zu finden:

„Als nächstes Ziel der Steuerreform im deutschen
Reiche erkennen wir die Ersetzung der Matricular=
beiträge durch eine allgemeine Einkommen= oder Erwerb=
steuer, welche derartig mit den Zöllen und Verbrauchs=
steuern zu einem System zu verbinden ist, daß jeder
Deutsche möglichst nach Maßgabe seiner wirthschaft=
lichen Fähigkeit zu den Lasten des Reiches heran=
gezogen wird."

II. Veranlagung der Reichs=Erwerbsteuer.

Die Veröffentlichung eines vollständigen Gesetzent=
wurfs über diese Steuer behalte ich mir vor. Ich kann
aber schon jetzt meine Ideen dahin präcisiren, daß die
Reichs=Erwerbsteuer dreierlei Arten von Einkommen unter
folgenden Modalitäten treffen soll:
1) Das fortlaufende ordentliche jährliche Einkommen der
  physischen Personen, gleichviel welchen Quellen ent=
  stammend, unter Anwendung eines progressiven Steuer=

fußes, mit jährlicher Contingentirung bez. Quotifirung
nach budgetrechtlichen Grundsätzen;
2) das einmalige und außerordentliche Einkommen der
physischen Personen (aus Erbschaften, Schenkungen ꝛc.),
gleichfalls unter Anwendung eines progressiven Steuer=
fußes, welcher indessen ein für allemall feststeht;
3) das Einkommen der juristischen Personen (Actien=
gesellschaften, Vereine, Stiftungen, Klöster ꝛc.), eben=
falls noch für die verschiedenen, feststehenden, aber
nicht progressiven Steuersätze.

Es kann nicht meine Absicht sein, in einer kurzen
Definition zu sagen, was ich unter fortlaufendem ordent=
lichen Einkommen verstehe. Ich halte einen solchen Ver=
such für Dilettantismus, weil erfahrungsmäßig mit sol=
chen Definitionen nichts Praktisches für die Gesetzgebung
gewonnen wird. Ich kann mich hier auf den volks=
wirthschaftlichen Congreß zu München (1875) berufen,
welcher auf meinen Antrag zu erklären beschloß: „Es ist
nicht die Aufgabe des Steuergesetzes, eine allgemeine
außerordentliche Definition des Begriffes „Einkommen=
steuer" zu geben. Die Aufgabe des Gesetzes besteht viel=
mehr — nach dem praktischen Vorgange aller neueren
einschlägigen Gesetze — darin, den Gegenstand der Steuer
so genau, ausführlich und gemeinverständlich zu beschrei=
ben, daß Zweifel über die Berechnung des steuerpflichtigen
Einkommens jedweder Art von Seiten der Steuerzahler und
der Verwaltung nicht entstehen können." Im Uebrigen ver=
weise ich auf die bereits erwähnte Arbeit K. Burkart's und
auf die Beschreibungen des steuerpflichtigen Einkommens in
den neueren Gesetzen (namentlich Sachsen, Bremen, Hamburg).

Die Besteuerung der Erbschaften muß schon des=
halb eine besondere Stellung im Gesetze erhalten, weil
man nicht umhin können wird, für die verschiedenen Ver=
wandtschaftsgrade zwischen Erben und Erblasser auch ver=
schiedene Steuersätze zu statuiren. Aber auch aus an=
deren Gründen ist diese gesonderte Behandlung räthlich,
so namentlich wegen der Zahlung der Steuer, wofür
man mit Rücksicht auf die wirthschaftlichen Verhältnisse
der Erben mehrjährige Fristen, Abtragung in Form von
Hypotheken oder Pfandbriefen wird gestatten müssen u. dgl.

Auch das Einkommen der juristischen Personen
bedarf einer besonderen Behandlung. Ihre Besteuerung
bildet gewissermaßen nur eine Gegenleistung an den
Staat dafür, daß dieser die eigenartige Existenz jener
Institute ermöglicht und ihre besonderen Rechte schützt,
ohne sie anderweitig (z. B. durch den Wehrdienst, den
Dienst in der Selbstverwaltung 2c.) zu den Staatslasten
heranziehen zu können. Namentlich die Vortheile, welche
die Capitalassociation der Actiengesellschaften genießt, recht=
fertigen es vollkommen, wenn der Staat resp. das Reich,
d. h. die staatlich organisirte Gesammtheit, ihre Existenz=
berechtigung an die Bedingung eines besonderen Beitrags zu
den Kosten des Staates knüpft. Von einer ungerechten Dop=
pelbesteuerung kann dabei durchaus nicht die Rede sein.

Die folgenden skizzenhaften Ausführungen haben
lediglich den Zweck zu zeigen, daß eine Reichs=Erwerb=
steuer auch dann, wenn mit Rücksicht auf die noch be=
stehenden indirecten Abgaben zu denselben vorwiegend
die wohlhabenderen Classen der Bevölkerung herangezogen
werden, denn doch keine Bagatelle ist.

A. Einkommen mit festem Steuerfuß.

Die Erbschaften und Schenkungen unter Le=
benden, welche in Deutschland durchschnittlich alljährlich
zur Besteuerung kommen könnten, dürften nicht unter
folgenden Ansätzen zurückbleiben:

	Erbschaften. Mill. Mark.	Schenkungen. Mill. Mark.	Zusammen. Mill. Mark.
In gerader Linie . .	2,000	800	2,800
unter Ehegatten . .	300	5	305
in Seitenlinien . .	600	50	650
unter Nichtverwandten	100	20	120
	3,000	875	3,875

Ich meine nun, daß die progressiven Steuersätze
etwa folgende sein und, ohne den Vorwurf der Härte
zu verdienen, die nebenstehenden Steuererträge liefern
könnten, wobei ja jede mögliche Erleichterung der Steuer=
zahlung nicht ausgeschlossen ist.

	Steuersätze.	durchschnittl. Ertrag. Mill. Mark.
in gerader Linie . . .	1 bis 12%	6%	168
unter Ehegatten . . .	2 = 15 =	8 =	24,4
in Seitenlinien	5 = 25 =	15 =	97,5
unter Nichtverwandten	15 = 40 =	25 =	30

Im Ganzen also ein jährlicher Steuerertrag von
etwa 320 Millionen Mark aus Erbschaften und Schenk=
ungen. Diese Beträge erscheinen vielleicht Manchem zu
hoch, weil er eine hohe Erbschaftssteuer als gefährlich für
die Erhaltung des Familienbesitzes ansieht. Aber wird
nicht der gute Familienvater, dem es um dessen Erhaltung
ernstlich zu thun ist, schon bei Lebzeiten sein Besitzthum
so ordnen, daß dereinst die Abführung der Steuer leicht

erfolgen kann? Ist nicht der reiche Mann, der zu
caritativen Zwecken hohe Legate aussetzt, ganz in derselben Lage? — Um nichtige Einwände ist der Egoismus
freilich nicht verlegen; der allernichtigsten einer aber ist
der, daß eine hohe Erbschaftssteuer den Geist der Sparsamkeit ertödten müsse! Es klingt kaum glaublich, aber
dieser Einwand ist mir wirklich von gescheidten Leuten
gemacht worden. Viel eher ließe sich das entgegengesetzte
Bedenken anhören, daß die Steuer die Besitzenden anspornen werde, nur um so mehr Güter an sich zu raffen
und auf diese Weise die sociale und volkswirthschaftliche
Bedeutung der Steuer zu paralysiren. Alle diese Einwände aber finden ihre Widerlegung in der menschlichen
Natur selbst; wir werden vielleicht etwas vorsichtiger,
sparsamer oder opferwilliger werden, unsere wirthschaftlichen Tendenzen aber werden sich im Ganzen ebenso
wenig ändern, als die allgemeine Wehrpflicht etwa vermocht hat, die Geburt von Knaben zu verhindern.

Das Einkommen der juristischen Personen,
insbesondere also. der Gemeinden (hinsichtlich des Rein-
ertrags ihres in Grundbesitz, in gewerblichem Betriebe 2c.
angelegten Vermögens, abzüglich der Zinsen etwaiger
Anleihen), ferner der Eisenbahn-, Versicherungs-, Bank-
und sonstigen Actiengesellschaften und Commanditgesellschaften auf Actien, der Erwerbs- und Wirthschafts-Ge-
nossenschaften, Consumvereine, liegenden Vermögensmassen,
Klöster u. s. w. veranschlage ich insgesammt zu etwa
1000 Mill. Mark jährlich, und glaube, daß — bei sehr
verschiedener Tarifirung der einzelnen Gesellschaftsarten
eine Gesammtsteuerleistung von durchschnittlich 3 Procent

= 30 Mill. Mark nicht unbillig und übertrieben sein würde.

Die Einkommensgattungen mit festem Steuerfuß würden hiernach wohl 350 Mill. Mark Steuern an das Reich bez. die einzelnen Staaten (falls, wie anfänglich bei der Wechselstempelsteuer, eine Theilung beliebt würde) liefern können.

B. Einkommen mit beweglichem Steuerfuß.

Die häuptsächlichsten Anforderungen, welche an die Besteuerung des gewöhnlichen jährlichen Einkommens der physischen Personen zu stellen sind, möchten etwa folgende sein:

1) Die Steuer muß in der Regel das wirkliche reine Einkommen aus dem letzten Kalenderjahre und den gesammten Erwerb aus persönlicher Arbeit und aus Vermögensnutzungen, sowie aus Renten und Pensionen zum Gegenstande haben, wobei ein Unterschied zwischen dem Ertrag der Arbeit und des Besitzes nicht zu machen ist.

2) Es sind Progressiv= beziehungsweise Degressivsätze einzuführen, welche zum Mindesten die in Folge der indirecten Reichssteuern hervorgerufene Ueberlastung der unteren Classen der Bevölkerung annähernd beseitigen.

3) die Steuer darf keine Intervallen für die Einkommensangabe statuiren, und ebensowenig dürfen die Steuersätze in einer Weise abgestuft sein, welche den Steuerpflichtigen die Versuchung zu falscher Declaration nahelegt.

4) Der Veranlagung muß die Selbstangabe der Steuerpflichtigen zu Grunde gelegt werden, so zwar, daß

Verweigerung derselben den Verlust des Reclamations=
rechtes für die betr. Einschätzungsperiode zur Folge hat.
Die Einschätzung erfolgt unter der Aufsicht und Ge=
nehmigung von Organen der communalen Selbstverwalt=
ung, denen Staatsbeamte beizugeben sind.

5) Die directen Steuern, welche von den einzelnen
Staaten und Communen erhoben werden, müssen auf
dieselben Einschätzungen basirt sein, wie die Reichssteuer.

6) Die Steuer muß im Ganzen und Einzelnen ein=
fach zu berechnen und so beweglich sein, daß ihre alljähr=
liche Contingentirung und Quotisirung zu Zwecken des
Reichshaushalts leicht erfolgen kann.

Ich würde nun mit Rücksicht auf den 2. Punkt von
jedem Einkommen die ersten 1000 Mark ganz steuer=
frei lassen, dann aber einen Progressionsmodus vor=
schlagen, welcher Classen und steuerfreie Intervallen ver=
meidet. Auch das sonst so werthvolle neue sächsische
Gesetz[53]) hat die Steuerclassen beibehalten, wonach z. B.
der einfache Steuersatz bei einem Einkommen von 800
bis 950 Mark = 40 Pf., für 950 bis 1100 Mark
= 60 Pf. beträgt. Wer hiernach 951 Mark zu de=
clariren hat, braucht nur 1 Mark zu verschweigen, um
die Steuer für eine ganze Steuereinheit zu sparen, was
selbstverständlich in Folge der Progression mit zunehmen=
dem Einkommen mehr und mehr ins Gewicht fällt. Auf
diese Dinge ist nicht sorgsam genug zu achten: die „kleinen
Vortheile" bei der Fatirung sind die Verführer zu immer
größeren Defraudationen, und der Gesetzgeber hat zunächst
viel weniger aus Rücksicht auf den Steuerertrag, als auf
die Erhaltung der Steuerlehre und also des Systems

selbst den größten Anlaß zur Vermeidung von Be=
stimmungen, welche jene „kleinen Vortheile" begünstigen.
Unerläßlich ist aber hierzu vor allen Dingen eine Pro=
gression, welche keine Sprünge zuläßt, sondern auch für
die kleinsten Einkommensunterschiede eine ebenmäßig fort=
schreitende Linie darstellt.

Um dies zu erreichen mache ich folgenden Vorschlag:

Die Steuereinheit, das „Simplum", bildet den
beweglichen Maßstab der Steuerausschreibung. Die=
selbe beträgt für alle Einkommenstheile über 1000 Mark
hinaus 1 Promille, erfährt aber für alle Einkommens=
theile

über	2,000 Mk.	hinaus einen	ersten	Zuschlag von	½ Promille,
„	5,000 „	„	zweiten	„ „	„ „
„	10,000 „	„	dritten	„ „	„ „
„	20,000 „	„	vierten	„ „	„ „
„	30,000 „	„	fünften	„ „	„ „

Es bleiben also die ersten 1000 Mark steuerfrei,
die ersten 2000 Mark frei von sämmtlichen Zuschlägen,
die ersten 5000 Mark frei vom 2. bis 5. Zuschlag u.
s. w., die Folge dieses Systems aber ist gleichmäßiges
Aufsteigen der Progression, ohne plötzliche Unterbrechung,
ohne Sprung, selbst ohne Ende, denn die Summe von
Einheit und Zuschlägen ist — so klein auch bei den
höchsten Einkommen die Progressionsunterschiede werden
mögen — rechnerisch unerreichbar, weil in Folge der
steuerfreien, bez. von Zuschlägen freien ersten 1000, 5000,
10,000, 20,000 und 30,000 Mark der einfache Steuer=
fuß niemals volle 3½ Promille erreichen kann. Ein
weiterer Vortheil dieses Modus besteht aber noch darin,
daß er im Gesetze jede Tabelle, jeden weitläufigen Tarif

20 *

überflüssig macht und jedem Steuerzahler die Möglich=
keit gewährt, ohne weitere Hülfsmittel seinen Steuerbe=
trag bis auf den Pfennig genau zu berechnen, sobald
die Ziffer der zu erhebenden Simpla officiell bekannt
gemacht ist.

Um ein klares Bild davon zu geben, wie bei einem
solchen Progressions=System das Einkommen auf ver=
schiedenen Höhen belastet würde, gebe ich nachfolgende
Uebersicht, welche auf 10 Simpla basirt ist. Danach
würde die Steuer betragen

für	1,500 Mark		5 Mark	oder	0,33 pCt.
"	2,000	"	10	"	"	0,50 "
"	3,000	"	25	"	"	0,83 "
"	4,000	"	40	"	"	1,00 "
"	5,000	"	55	"	"	1,10 "
"	10,000	"	155	"	"	1,55 "
"	15,000	"	280	"	"	1,86 "
"	20,000	"	405	"	"	2,02 "
"	30,000	"	705	"	"	2,35 "
"	40,000	"	1,055	"	"	2,64 "
"	50,000	"	1,405	"	"	2,81 "
"	100,000	"	3,155	"	"	3,15 "
"	200,000	"	6,655	"	"	3,32 "
"	300,000	"	10,155| "	"	3,38 "
"	400,000	"	13,655| "	"	3,41 "
"	500,000	"	17,155| "	"	3,43 "

Selbst 30 Simpla, welche einen Gesammtertrag
von nahe an 200 Millionen Mark ergeben würden,
würden erst bei dem Einkommen von 20,000 Mark 6
Procent erreichen, für 4000 Mark aber nur 3 pCt.,
für 3000 Mark nur 2½ pCt., für 2000 Mark nur 1½
pCt. ausmachen u. s. w.

Vergegenwärtigen wir uns nun den Vorgang, wie er sich bei der Calculation des Reichshaushalts abwickeln würde.

Der Reichstag bewilligt für das nächste Finanzjahr — sagen wir 60 Millionen Mark Steuer vom Einkommen der physischen Personen. Im Januar des betr. Jahres finden die Selbsteinschätzungen über das Einkommen des Vorjahres statt, im Laufe des Februar oder Mitte März findet die Veranlagung ihren Abschluß, Ende März werden die einzelnen Staatsregierungen in der Lage sein, dem Reichskanzleramte den Betrag sämmtlicher Veranlagungen anzugeben. Nehmen wir beispielsweise für das ganze deutsche Reich folgende sehr mäßige Ergebnisse an:

Einkommen von Mark.	Zahl der Steuerzahler.	Summa der decl. Einkommen. Mark.
1,000— 2,000	1,100,000	1,440,000,000
2,000— 5,000	630,000	1,800,000,000
5,000—10,000	120,000	840,000,000
10,000—20,000	24,000	330,000,000
20,000—30,000	8,000	190,000,000
über 30,000	9,000	400,000,000
	1,891,000	5,000,000,000

Von diesen Beträgen sind, nach Abzug der steuerfreien resp. von Steuerzuschlägen freien Summen, zu besteuern und ergeben sich daraus die nebenstehenden Steuersummen:

		Zu besteuern Mark.		Steuersumme. Mark.
zu 1	Promille	3109 Mill.	=	3109,000,000
" $\frac{1}{2}$	"	2769 "	=	1384,500,000
" $\frac{1}{2}$	"	1599 "	=	799,500,000
" $\frac{1}{2}$	"	879 "	=	439,500,000
" $\frac{1}{2}$	"	573 "	=	286,500,000
" $\frac{1}{2}$	"	391 "	=	195,500,000

Die gesammte Steuersumme beträgt 6214,500,000

Zur Beschaffung von 60 Mill. Mark aber sind von der vorstehend berechneten Gesammtsteuersumme 9,655, oder rund 10 Promille zu erheben, deren Vertheilung auf die verschiedenen Einkommen nach Maßgabe der gesetzlich festgestellten Einheiten resp. Zuschläge zu er= folgen hat.

Schon im April kann von der Reichsregierung der zur Durchführung des Etatsgesetzes nöthige Steuerfuß bekannt gemacht werden, und jeder Reichsbürger der mit einem Einkommen von mehr als 1000 Mark in den Steuerrollen verzeichnet steht, kann. ebenso genau, als (vermittelst der Decimalrechnung) schnell berechnen, welchen Betrag er auf die von ihm für das Vorjahr declarirte Summe zu entrichten hat. So werden beispielsweise zu zahlen sein für ein Einkommen von 31,186 Mark 40 Pfennigen:

$$31{,}186_{/40} \times 0_{/010} = 311 \text{ Mk. } 86_{/4} \text{ Pf.}$$

$$\left.\begin{array}{l} 30{,}186_{/40} \\ 27{,}186_{/40} \\ 22{,}186_{/40} \\ 12{,}186_{/40} \\ 2{,}186_{/40} \end{array}\right\} \times 0_{/005} = \left\{\begin{array}{l} 150 \text{ „ } 93_{/2} \text{ „} \\ 135 \cdot \text{ „ } 93_{/2} \text{ „} \\ 110 \text{ „ } 93_{/2} \text{ „} \\ 60 \text{ „ } 93_{/2} \text{ „} \\ 10 \text{ „ } 93_{/2} \text{ „} \end{array}\right.$$

Summa 781 Mk. 52,4 Pf.

oder 2,43 Procent des Einkommens. Man mag noch so viel gegen den hier vorgeschlagenen Modus einzuwenden haben — die größte Einfachheit und Durchsichtig= keit, worauf bei steuergesetzlichen Bestimmungen nicht genug Gewicht zu legen ist, wird ihm schwerlich abge= sprochen werden können.

So lange zu Zwecken des Reichs verhältnißmäßig so kleine Summen, wie sie die jetzigen Matricularbei=

träge barftellen, burch bie projectirte Einkommen= ober
Erwerbfteuer aufzubringen find, werben wohl bie für
bie nieberen Einkommen aus Rückficht auf Familienver=
hältniffe (vgl. z. B. § 7 bes preußifchen Gefetzes)⁵⁴) zu
ftatuirenben Nachläffe keine große Ausbehnung anzu=
nehmen haben. Dagegen wirb bei ber weiteren Behanb=
lung ber Einkommenfteuer zu particularftaatlichen unb
communalen Zwecken folchen Verhältniffen forgfältig
Rechnung zu tragen fein. Ob unb wie weit fchon bie
Reichsgefetzgebung Eventualbeftimmungen über bie Ein=
kommenfteuer für biefe Zwecke treffen folle, ift eine
Frage für fich; unerläßlich ift jebenfalls, baß ein unb
biefelben Einfchätzungen fowohl ber Reichs=, als ber
Lanbes= unb Communalfteuer zur Grunblage bienen;
hierüber zu wachen, würbe eine Hauptaufgabe ber Reichs=
controle fein müffen.

Mit bem Moment, wo bas Reich — von feinem
unbefchränkten Befteuerungsrecht Gebrauch machenb —
rationell veranlagte birecte Steuern einführt, muß auch
bie Steuerreform in benjenigen Staaten in Fluß kom=
men, welche etwa bie Reichseinkommenfteuer nur ge=
zwungen tragen follten; fo viel Kraft unb Gefunbheit
fteckt in einer vernünftigen unb gerechten Steuer, baß
fie fich überall, wo nicht bie öffentliche Gewalt in ben
Hänben einer felbftfüchtigen Clique liegt, unweigerlich
feften Boben erringt. Führt man uns ben Rückgang
ber Steuerreform in England an, fo finben wir barin
eben nur einen Beweis, baß bie große Maffe bes eng=
lifchen Volkes politifch unb wirthfchaftlich boch noch nicht
fo reif ift, um eine vernünftige Befteuerung zu verftehen,

festzuhalten und weiter zu entwickeln. Vom deutschen Volke habe wir eine bessere Meinung, und wir werden so lange daran festhalten, bis uns das Gegentheil bewiesen sein wird; ja wir meinen, daß augenblicklich kein anderer großer Staat so viel sittliche Kraft und so viel äußeren Anlaß hat, ernstliche Proben auf dem Felde der „Steuerehre" abzulegen, als gerade das deutsche Reich.

Die Vertheilung der Güter

und das

souveräne Gesetz der Preisbildung.

~~~~~~

Jedes Kind weiß, wie man eine Wanduhr in Gang bringt. Wenn man aber zehn Erwachsene fragt, welche Kraft das Werk in Bewegung erhalte, so werden von diesen Personen wahrscheinlich neun rasch antworten: „die Schwerkraft der Gewichte". Das ist indessen nur scheinbar der Fall; die Kraft, welche sowohl die Pendelschwingungen an der Wanduhr als die Spannung der Feder in der Taschenuhr bewirkt, ist in Wirklichkeit in der Hand zu suchen, die den Uhrschlüssel führt.

In ähnlicher Weise machen wir uns über viele andere alltägliche Dinge unklare Vorstellungen — vielleicht gerade weil wir von Kindheit an mit ihnen äußerlich vertraut·sind und ihre Existenz als etwas Selbstverständliches ansehen. Erst in neuerer Zeit wird in den Schulen und in Volksschriften darauf hingewirkt, die Ausbildung der Denkkraft mit der Erklärung des Alltäglichen zu beginnen. Ich halte diese Wendung in unserem Volksunterricht für den Beginn einer großartigen culturgeschichtlichen Entwickelung, so langsam auch die neue Uebung der Geister in die Massen des Volkes eindringen mag. Gewiß sehr langsam in einer Zeit und an Orten, wo ein geistlicher Lehrer und Volksvertreter den Beruf eines Virchow zur Kritik des Falles Lateau mit den

classischen Worten zurückweist: „Wer nicht an Wunder
g l a u b t, der hat überhaupt kein Urtheil über derlei
Dinge; denn wie kann man über etwas reden, was man
nicht v e r s t e h t!" Und solches wird bejubelt und be=
klatscht von großen Versammlungen Frommer, die aus=
nahmslos von ihrer Erfüllung mit heiligem Geist über=
zeugt sind. Gewiß, solche Herabwürdigung des mensch=
lichen Denkvermögens kann nur wieder gut gemacht
werden durch langjährige Erziehung. Bisher hat man
das Unerklärliche geglaubt und das Begreifliche nicht
begriffen — in Zukunft wird es umgekehrt sein.

Nun, zu den alltäglichen Erscheinungen, über welche
sich die meisten Menschen sehr unklare oder gar keine
Begriffe machen, gehört denn auch d i e G e s t a l t u n g d e r
P r e i s e, obgleich — oder eben weil unser ganzes
Leben an einer Kette von empfangenen und gezahlten
Preisen verläuft.

Um von diesem wichtigen Gegenstand überhaupt
klare Vorstellungen gewinnen zu können, müssen wir
zunächst eine allgemein verbreitete Meinung aufgeben.
In der Regel versteht man ja wohl unter einem „Preis"
eine gewisse Summe Geldes. Das Geld ist aber doch
nur M i t t e l zur Zahlung eines Preises, es vermittelt
nur den Umtausch der Werthe, welche angeboten und
verlangt werden. Wenn wir nicht sicher wären, dafür
andere Dinge umtauschen zu können, dann würden wir
uns wohl hüten, für unsere Arbeit mit Geld vorlieb
zu nehmen. Es ist gewissermaßen nur der g e m e i n =
s c h a f t l i c h e N e n n e r für den Tauschverkehr. Damit
soll nicht geläugnet werden, daß das Geld als solches

eine ungeheuer große Rolle bei der Bildung der Preise spielt. Es ist nämlich nicht blos Preismaß, sondern es stellt vermöge seiner Umlauffähigkeit und Theilbarkeit eine unbegrenzte praktische Gleichung unter allen Tausch= gütern her. So wichtig ist diese Rolle, daß man unsere gesammte heutige Volkswirthschaft als „Geldwirthschaft" zum Unterschiede von der primitiven „Naturalwirthschaft" bezeichnet; nicht mit Unrecht ist auch gesagt worden, daß keine Maschine so viel Arbeit erspare, als das Geld, und nicht minder treffend ist demselben in der Volks= wirthschaft dieselbe Bedeutung beigelegt worden, welche das Blut im Leben der thierischen Körper hat: es ist gleichsam das allgemeine Gebilde, worin die Nahrungsmittel erst aufgelöst und woraus hernach die Bildungs= und Erhaltungselemente der einzelnen Organe ausgeschieden werden[55]). Um sich einen Begriff von der Bedeutung des Geldes zu machen, denken Sie sich, dasselbe ver= schwände eines Tages plötzlich: die Arbeit und der Güter= umtausch würden sicherlich nicht stille stehen, aber so schwerfällig werden, daß die nächste Aufgabe der Gesell= schaft in der Erfindung neuer Tauschmittel bestehen müßte.

Vergessen wir also nicht, daß jede Geldzahlung nur eine Form der Gegenleistung für empfangenen Werth darstellt, welche es dem Verkäufer eines Gutes oder einer Arbeitsleistung ermöglicht, durch anderweiten Um= tausch sich in beliebiger Weise bezahlt zu machen. Nicht der Geldbetrag selbst ist der eigentliche Gegen= werth für eine Leistung, er stellt nur den abstracten Werth derjenigen Dinge dar, die wir für eben diesen Betrag eintauschen können; das Geld ist nur der Trä=

ger des Preises. Angenommen, ein Arbeiter habe eine
Tagesarbeit für einen Thaler geleistet und sich dann für
diesen Thaler ¹/₄ Pfund Caffee, 2 Maß Milch, 2 Maß
Bier, 1 Pfund Fleisch, 2 Pfund Brod und noch einiges
Andere gekauft, so sind alle diese Dinge zusammen durch
die freie Bestimmung des Arbeiters zum Preise der
von ihm geleisteten Tagesarbeit geworden.

Auch wenn vom Werthe des Geldes gesprochen
wird, müssen wir uns immer vergegenwärtigen, daß das=
selbe nur zur Ausgleichung von wirklichen Sachwerthen
dient. Man wird daher den Geldpreis eines Gegen=
standes niemals für sich allein als Maßstab für die
Höhe oder die Veränderung seines wirklichen Preises be=
nutzen dürfen, sondern immer danach fragen müssen,
was für das gezahlte Geld an anderweiten Gütern ein=
getauscht werden kann. Mit anderen Worten, man wird
den „Sachwerth des Geldes" untersuchen müssen.
Gesetzt z. B., ein Pfund Butter und ein Pfund Caffee
haben früher jedes 6 Groschen gekostet, kosten aber jetzt
je 10 Groschen, so ist Butter gegen Caffee im Preise
unverändert geblieben, obwohl der Geldpreis beider
Waaren ein höherer geworden und obwohl der Sachpreis
des Geldes in beiden Fällen gesunken ist. In ähnlicher
Weise muß die gesammte Darstellung der Preisbewegung
durchgeführt werden. Alles ist hierbei relativ, nichts
absolut. So wird z. B. ein Handarbeiter nur dann
über Steigerung der Preise zu klagen haben, wenn er
mit dem Ertrage ein= und derselben Arbeitsleistung ein=
und dieselben Bedürfnisse jetzt weniger ausgiebig be=
friedigen kann, als früher. Die Höhe des Geldmaßes

spielt für ihn keine Rolle, sobald dadurch seine K a u f =
f ä h i g k e i t keine Veränderung erleidet. Daher kann
es vorkommen, daß bei ein= und demselben Stande des
Geldwerthes im Großen und Ganzen, der Eine eine Er=
höhung, der Andere eine Herabminderung der Sachpreise
seiner Bedürfnisse erfährt; und was für die Einzelnen
gilt, das gilt auch für ganze Stände und Berufsclassen.
Ich erinnere nur an die verschiedene Lage, in der sich
augenblicklich z. B. der Beamtenstand und die ehren=
werthe Gilde der Maurer befinden. Je weiter man
aber den Kreis der Interessenten zieht, desto vorsichtiger
muß man bei der Beurtheilung der Preisverhältnisse
sein; wir haben es hier mit einem der schwierigsten Pro=
bleme der Soicalwissenschaft zu thun, zu dessen Lösung
die hauptsächlichste Voraussetzung — nämlich eine zu=
verläßige Lohn= und Consumtionsstatistik — erst im
Werden begriffen ist.

Nur flüchtig andeuten will ich noch, daß man bei
allen Untersuchungen über den Sachpreis des Geldes
nur dann zu praktischen Ergebnissen kömmt, wenn man
sich an gegebene sociale Verhältnisse anlehnt und das
Bedürfniß wie die K a u f f ä h i g k e i t derjenigen in Be=
tracht zieht, welche das Geld´ ausgeben. Hundert Thaler
im Besitze eines armen Taglöhners haben einen ganz
anderen relativen Sachwerth, als dieselbe Summe in
den Händen eines Millionärs, weil jener die ganze
Summe auf seinen Nothbedarf verwenden muß, dieser
damit vielleicht nur $^1/_{500}$ seines Nothbedarfs zu decken
braucht. (Vgl. S. 178). Die G e s c h i c h t e der Preise
wird daher, wenn sie nicht in das Nebelhafte ver=

schwimmen soll, von verschiedenen socialen Bedürfniß=
typen ausgehen und vor allen Dingen das Preis=
verhältniß zwischen harter Arbeit und nothwendigsten
Lebensbedürfnissen zu ermitteln haben.

Es giebt Partien in unseren Lehrbüchern der Volks=
wirthschaft, die jedem praktischen Geschäftsmann nicht
blos sehr langweilig, sondern auch sehr naiv vorkommen
müssen. Dazu gehört zum großen Theile auch die Lehre
vom Preis und vom Tauschverkehr. Es wird da sehr
umständlich auseinandergesetzt, wie Jemand für einen
Gegenstand nie mehr auszugeben pflegt, als er ihm
werth erscheint; wie man in der Regel für die Befrie=
digung von Bedürfnissen nicht mehr hergeben kann, als
man hat; wie man den billigen Einkauf dem theuren
vorzieht u. s. w. — lauter Dinge, die sich wohl von
selbst verstehen, die aber doch gründlich erörtert und in
ein übersichtliches System gebracht sein wollen. Das
Verdienst, ein recht klares System dieser Art aufgestellt
zu haben, gebührt dem verstorbenen bayer. Staatsrath
v. Hermann[56]). Als Bestimmungsgründe, welche auf
Seite der Begehrer wie der Ausbietenden beim Abschlusse
eines Preises obwalten, nennt er folgende:

A. Auf Seite der Nachfragenden:

   1) das Bedürfniß, der Bedarf und der Gebrauchs=
      werth des begehrten Gutes;

   2) die Zahlungsfähigkeit der Begehrer;

   3) die anderweitigen Anschaffungskosten oder die Con=
      currenz der Verkäufer.

B. Auf Seite der Ausbietenden:

1) bie Koſten beß außgebotenen Guteß;

2) bie anberweitigen Verkaufßpreiſe ober ber Wett=
bewerb ber Nachfragenben;

3) ber Tauſchwerth ber Preißgüter ober ber Zahl=
ungßmittel.

Wollte ich Ihnen bieſe Hermann'ſche Preißtheorie
auch nur einigermaßen außführlich barlegen, ſo müßte
ich Ihre Aufmerkſamkeit für mehrere Stunben in An=
ſpruch nehmen. Eß iſt aber gar nicht meine Abſicht,
Ihnen bie Preißbilbung im Einzelnen, wie Hermann
ſeine Theorie nennt, außeinanberzuſetzen, ſonbern ich will
ben Verſuch machen, Ihnen für bie großen ſocialen
Erſcheinungen ber Preißbilbung ben wichtigſten Erklärungß=
grunb zu geben.

Hermann unb faſt alle anberen bebeutenben Theo=
retiker auf bieſem Gebiete unterlaſſen eß nämlich, bem
hervorragenbſten Beſtimmungßgrunbe bei ber Preißbilb=
ung bie große volkß-wirthſchaftliche unb geſell=
ſchaftliche Bebeutung beizulegen, bie er ohne Frage
beanſpruchen barf. Ich meine bie Kauffähigkeit unb
beren ungleichmäßige Vertheilung auf bie einzelnen Pri=
vatwirthſchaften.

Daß ber wichtigſte Beſtimmungßgrunb nicht bloß für
bie Bilbung ber Güterpreiſe, ſonbern auch für bie
Erzeugung ber Güter, b. h. bie geſammte Probuction,
auf Seiten ber Begehrer, auf Seiten ber Nachfrage zu
ſuchen iſt, kann keinem Zweifel unterliegen. Auch Her=
mann erkennt bieß an in ſeiner lichtvollen Darſtellung,
inbem er zu bem Satze kömmt: „Die erſte unb weſent=
lichſte Grunblage ber Bewilligung eineß Preiſeß für ein

gegebenes Gut ist stets das Bedürfniß, selbst dann, wenn dieses erst mit der Verwendung des Gutes entsteht."

Untrennbar von dem Bedürfniß aber ist die Kauf= fähigkeit[57]): ja sie nimmt eine fast noch wichtigere Stelle ein, denn ein geschickter Verkäufer kann bei seinen Kunden durch Ueberredung und Zurschaustellung wohl neue Kauflust erwecken, aber nicht neue Kauffähigkeit er= zeugen. In der Gegenleistungsfähigkeit der Begehrer beruht überhaupt alle auf den Tauschverkehr angewiesene Production. Kein Fabrikant würde eine Waare her= stellen, kein Arbeiter eine Arbeit leisten, wenn er blos auf ein vorhandenes Bedürfniß, und nicht auf die Zahl= ungsfähigkeit der Bedürftigen, d. h. auf Entschädigung für seine Mühen und Rückerstattung seiner Auslagen rechnen könnte.

Angesichts dieses unzweifelhaft wahren Satzes er= scheinen sogar die Kosten und Mühen, welche auf die Erzeugung von Gütern verwandt werden, nur als Vor= schüsse Seitens des Producenten, während der eigent= liche Capitalfond von den letzten Abnehmern, von den Consumenten, erstattet wird. Und dies gilt von der ganzen Reihe von Zwischengeschäften, welche zur Herstellung eines Consumartikels gehören[58]). Nehmen Sie z. B. einen Tuchrock, so ist der, welcher das Ca= pital zuletzt ersetzt, dessen voraussichtlicher Kauf alle Be= theiligten in Bewegung setzt, der Beamte oder Arbeiter, der den Rock zu seinem Gebrauche erworben hat, während in umgekehrter Folge der Schneider, der Tuchhändler, der Tuchfabrikant, der Wollhändler und als erster der Besitzer der Schafe, welchen der Grundstoff abgeschoren worden ist, sämmtlich nur Vorschüsse für Löhne und sachliche Herstellungskosten geleistet haben. Diese Lehre, daß nämlich die Consumenten, einerlei, ob groß oder klein, arm oder reich, und nicht die Producenten es sind, welche den eigentlichen Capitalfond für unsere gesammte Gütererzeugung erstatten, ist von der allergrößten Wichtigkeit, und ich bitte Sie dringend, diesen Satz fest im Auge zu behalten. Ich weiß wohl, daß diese Lehre weder den landläufigen Theorien mancher Socialisten entspricht, welche in dem Capitale der Unternehmer die eigentliche Quelle des Lohnes sehen, noch nach dem Geschmacke mancher Fabrikanten ist, die sich in der Wahnvorstellung gefallen, als ob die von ihnen gezahlten Arbeitslöhne ihrer eigenen Munificenz zu danken seien; das ist eben entschieden nicht der Fall; wäre es so, dann würden die Producenten einfach ihr Capital verschenken. Der eigentliche Capitalist der Production ist und bleibt der Consument! „Es mag sein", sagt Hermann, „daß ein Unternehmer mit dem erforderlichen Capitale eine bisher noch nicht begehrte Waare oder von einer gangbaren Waare ohne Bestellung mehr als bisher zu Markte bringt; findet er aber den erwarteten Ersatz seiner Kosten und unter ihnen der Lohnauslage nicht, so ist es mit seinem Geschäfte und mit seiner Lohnzahlung an Arbeiter bald zu Ende. Es ist undenkbar, daß der Lohn abhänge von der Größe des disponiblen Capitals im Verhältniß zur Arbeiterzahl eines Landes, wie gesagt worden. Er hängt für die Dauer immer blos ab von dem Preise, den die definitiven Käufer für das Product zahlen wollen und können, in welchem die Arbeit enthalten ist."

Nach alledem müssen Sie mir Recht geben, wenn ich die Behauptung aufstelle: daß der vornehmste und unumgängliche, gewissermaßen der souveräne Bestimmungsgrund für die Erzeugung und somit auch für den Preis der Tauschgüter in der Kauffähigkeit, in der Kaufkraft der Begehrer zu suchen ist, und daß diese Kaufkraft auf dem Besitze verwendbarer Tauschgüter beruht, welche dann in dem Moment ihrer Veräußerung zugleich den Productions-Capitalfond für die dagegen eingetauschten Gebrauchsgüter darstellen.

Fragen wir nun aber, welcher Besitz von Gütern in der Regel zur Consumtion auf dem Wege des Tausches verwandt wird, mit anderen Worten: welche Tauschgüter es sind, die in der Regel die Kauffähigkeit ausmachen und die schließlich den Capitalfond der gesammten Tauschproduction bilden, so wird uns die Antwort: das ist das tauschbare Einkommen, mag dasselbe nun in Naturalien oder in Geld, in Renten oder in Unternehmergewinn, in festem Lohn oder in sonstigem Arbeitsertrag bestehen[59]). Unter Einkommen im weiteren Sinne des Worts verstehe ich allen und jeden Erwerb von Gütern, mit welchen wir unsere geistigen und materiellen Bedürfnisse befriedigen können, ohne unser wirthschaftliches und sittliches Vermögen zu verringern. Es ist nicht nothwendig, daß diese Güter immer sofort und unmittelbar Tauschwerth haben: eine wackere Hausfrau thut jahraus jahrein sehr viel für die Erweiterung der geistigen und materiellen Genußsphäre der Familie, sie producirt aber nur Güter, die in ihrem eigenen Hause consumirt werden oder erst nach längerer Zeit Factoren

zur Production von Tauschgütern werden. Ich habe das
an anderer Stelle (oben S. 14 ff.) weiter auszuführen
und nachzuweisen gesucht, daß auch der Familienhaushalt
eine „productive Anlage" sein müsse. Hochentwickelte
Familien und Gesellschaftsclassen können bei geringer
Kaufkraft doch reicheren Lebensgenuß haben. Ja ich
darf sagen: Wohl dem Volke, dessen Einkommen an solchen
nicht tauschbaren Gütern recht groß ist; solche Güter
tragen in der Regel mehr zu unserer nachhaltigen Glück=
seligkeit und Festigkeit bei, als das, was wir täglich und
stündlich mit Vortheil zu Markte bringen können, und
sie geben auch den Staaten eine solidere Grundlage und
Widerstandsfähigkeit, als das, was man so gewöhnlich
unter „Nationalreichthum" versteht. So nur läßt es
sich erklären, warum z. B. das deutsche Volk in vielen
Beziehungen, u. a. auch im Falle eines Krieges, sich
anderen, an „Kaufkraft" uns weit übertreffenden Nationen
überlegen zeigt. Die Summe der Tauschgüter oder der
in Geld ausdrückbaren Privateinkommen ist daher nicht
das Volkseinkommen, welches vielmehr die gesammte
Lebenshaltung des Volkes zum Inhalte hat.

Hier indessen, bei der Preisbildung, handelt es sich
um das Einkommen im engeren Sinne; nur das tausch=
bare Einkommen bildet unsere Kauffähigkeit, während
unser nicht umtauschbarer (objectiver wie subjectiver) Besitz
vielmehr für den Umfang und die Richtung unserer Be=
dürfnisse maßgebend ist. Ich sage nicht, daß dieses
tauschbare Einkommen immer sofort zur Consumtion ver=
wandt wird oder daß die Consumtion jedes Privathaus=
halts genau durch dasselbe begrenzt wird — sondern ich

sage: in der Regel und im Großen und Ganzen bildet
es die Kauffähigkeit und somit den souveränen Bestimm=
ungsgrund bei der Preisbildung.

Aber wie bestimmt das tauschbare Privateinkommen
die Preise? In der Regel wird doch kein Producent den
einzelnen Kunden fragen, wie viel er Einkommen habe, und
danach seine Preise entsprechend höher oder niedriger stellen.
Wo im gewöhnlichen Geschäftsverkehr solche „Ansehung
der Person" vorkömmt, wird sie als unsolid bezeichnet,
nur etwa bei Aerzten und Portraitmalern findet man es
am Platze, daß sie ihre Preise nach der Zahlungsfähig=
keit der Begehrer normiren. In der Regel wird der
Verkäufer das nicht thun, er wird nur ermitteln, ob für
sein Product die allgemeine Nachfrage steigt oder fällt,
mit anderen Worten: ob und wie viel überhaupt fremdes
Einkommen im Ganzen zum Ankauf seines Products
disponibel ist resp. bleiben wird, und danach allein wird
er seinen Preis einrichten.

Das heißt nichts anderes als: der Verkäufer faßt
die Sachpreise, die er für seine Tauschgüter erwartet, als
ein wirthschaftliches Ganzes auf, und überläßt es den
Käufern, ihre individuellen Aufwendungen im richtigen
Gleichgewicht zu erhalten. Dem Verkäufer ist es prin=
cipiell gleichgültig, ob bei den von ihm gestellten Preisen
individuelle Bedürfnisse ganz oder theilweise unbefriedigt
bleiben müssen, für ihn existirt nur die sachliche Gegen=
leistung aller Käufer als Ganzes.

Die Folge dieses durchaus natürlichen Verhaltens
auf Seite der Verkäufer ist die, daß unter den Käufern
eine rücksichtslose Concurrenz eintritt, daß ein Jeder seine

individuellen Bedürfnisse befriedigt, soweit ihm sein eigenes Einkommen dies gestattet, einerlei, ob durch höhere Preisangebote die Kauffähigkeit minder Bemittelter herabgedrückt wird.

Hermann — auf dessen Preistheorie ich mich gern beziehe, nicht weil, sondern obschon er als bedeutendste Autorität auf diesem Gebiete es unterlassen hat, die letzten Schlußfolgerungen zu ziehen, — Hermann be= stimmt den Grad der Kauffähigkeit einer Person für Verbrauchsgegenstände, die sie aus ihrem (umtauschbaren) Einkommen zahlt, folgendermaßen:

1) für Güter der Nothdurft, wenn man den Tausch= werth ihres reinen Einkommens durch den ihres Jahresbedarfs an solchen Gütern dividirt;

2) für alle übrigen Güter, wenn man den Rest des Einkommens nach Deckung des Nothbedarfs mit dem Tauschwerthe des Gutes dividirt, von dessen Ankauf die Rede ist.

„Es verhält sich also" — sagt Hermann — „der relative Werth eines Tauschgutes für zwei Personen wie die Quotienten, die man hierdurch erhält, oder um= gekehrt, wie ihre Zahlungsfähigkeit in Bezug auf das Gut."

Als Beispiel führt er an: Der Verdienst eines Tag= löhners sei jährlich 160 Gulden (ein Fall, der wohl heute nirgends mehr der Wirklichkeit entspricht); sein Jahresbedarf an Roggen sei 4 Scheffel zu 10 Glb., also 40 Glb., so wäre dessen Zahlungsfähigkeit für seinen Brodbedarf $^{160}/_{40} = 4$, während die Kauffähigkeit eines Beamten mit 3000 Gulden Gehalt für denselben Brod=

bedarf $^{3000}/_{40} = 75$ ist. Das Verhältniß der relativen Werthe des Roggenbedarfs ist für beide wie $^1/_4 : ^1/_{75}$ oder 75 : 4. Es sei nun 140 Gld. der Aufwand, der in demselben Lande den Nothbedarf deckt, so bleiben dem Taglöhner 20 Gld. für Bequemlichkeit, Erheiterung, Bildung 2c., dem Beamten 2860 Gld. Eine Flasche Wein zu 1 Gld. hat dann für jenen den Werth von $^1/_{20}$, für diesen von $^1/_{2860}$, oder sie ist für den Tag= löhner 143 mal soviel werth, als für den Beamten.

Nehmen wir nun an, der zum Lebensunterhalt des Taglöhners gehörige Nothbedarf steige im Preis bis zu 200 Gld., ohne daß sein Lohn von 160 Gld. erhöht würde, so würde er $^1/_5$ des Nothbedarfs entbehren, also wirkliche Noth leiden müssen, während der Beamte immer noch $^{14}/_{15}$ seines Einkommens über die Bestreitung des unum= gänglichen Nothbedarfs hinaus übrig haben würde. (Auf die Definition des „Nothbedarfs" komme ich später noch zurück.)

Sie werden mir aber wohl zugeben, daß diese Schluß= folgerungen nicht blos für den Vergleich zweier Pri= vatwirthschaften zutreffend sind, sondern daß wir die= selben auch auf 100, auf 1000, ja auf die Gesammt= heit aller Privatwirthschaften ausdehnen, daß wir in ähnlicher Weise, wie den Taglöhner mit 160 Gld. und den Beamten mit 3000 Gld., alle Gesellschafts= und Einkommensclassen mit einander vergleichen können. Im Großen wie im Kleinen gilt hier überall der Satz: daß Preise um so leichter gezahlt und Preisver= änderungen um so weniger empfunden werden, je größer das im Verhältniß dazu verwend= bare reine Einkommen ist.

Belege hierzu bietet schon der gewöhnliche Markt=
verkehr in Hülle und Fülle. Ich erinnere namentlich an
die Erfahrungen, die an Orten gemacht werden, wo
neben einer großen verhältnißmäßig armen Bevölkerung
eine Anzahl sehr wohlhabender Leute wohnt, z. B. in
Fabrikstädten, in Bade= und Vergnügungsorten: hier
wirkt jede Steigerung der Lebensmittel= und Wohnungs=
preise um so schlimmer, je größer der Unterschied zwischen
der Kauffähigkeit der Bemittelten und derjenigen der
Unbemittelten ist. Was dann etwa für die letzteren auf
dem Wege freiwilliger Mildthätigkeit geschehen mag, so=
viel wird es nie betragen, um das Mißverhältniß auch
nur vorübergehend vollständig auszugleichen.

Für den großen wirthschaftlichen Verkehr
tritt nun aber ein Moment auf, das meines Erachtens
nicht klar und scharf genug hervorgehoben werden kann.
Es ist der indirecte Einfluß der Kauffähigkeit des
Privateinkommens nicht blos auf die Bildung der Preise,
sondern auf die Gestaltung der ganzen Volkswirthschaft,
auf die Entstehung und Erhaltung ganzer Berufsclassen
und auf die Kopfzahl und Cultur des Volkes.

Wie haben wir uns z. B. die volkswirthschaftlichen
Folgen der Verausgabung eines Jahreseinkommens von
50,000 Thlr. zu denken? (Solche Einkommen, die der
Rente eines gewöhnlichen Millionärs entsprechen, sind —
wie wir bald sehen werden — durchaus nichts Seltenes.)
Auf den ersten Blick ist es klar, daß der Inhaber dieses
Einkommens dasselbe unmöglich als einzelner bescheiden
lebender Garçon verbrauchen könnte, ohne es zu ver=
schenken; er müßte denn ausschließlich Spieler oder Kunst=

mäcen sein, was nicht oft vorkömmt. Denn wenn wir den Geldpreis einer Arbeitskraft im Durchschnitt aller Berufsclassen auf 500 Thlr. jährlich veranschlagen, so kann sich der Inhaber jenes Einkommens volle hundert solcher Durchschnittskräfte dienstbar machen. Hundert Arbeiter mit den verschiedensten Kenntnissen und Fertig= keiten, jeder mit einer 3 bis 5 Köpfe starken Familie würden hinreichen, um eine kleine Colonie für sich zu bilden; in unserem vielverzweigten verkehrsreichen Wirth= schaftsleben aber würde eine solche Isolirung weder an= genehm noch vortheilhaft für den Besitzer des qu. Ein= kommens sein. So werden es in der Regel nur wenige Diener und Dienerinnen, vielleicht noch eine Gouvernante, ein Lehrer, ein Hausmeister, ein Gärtner 2c. sein, welche der Besitzer jenes Einkommens a u s s c h l i e ß l i c h zu seiner Verfügung hat, bezüglich der großen Mehrzahl seiner sonstigen materiellen, socialen und idealen Bedürfnisse aber wird er von der allgemeinen Arbeitstheilung Ge= brauch machen und heute diese, morgen jene freie Ar= beitskraft für sich in Anspruch nehmen, heute hier, morgen dort, heute mehr, morgen weniger einkaufen, ganz wie es ihm beliebt. Für die V o l k s w i r t h s c h a f t aber bleibt der Effect derselbe: der Mann kann sich für seine 50,000 Thlr. Einkommen so viele Tauschgüter ver= schaffen, als man für diesen Betrag zu gegebener Zeit und an gegebenem Orte überhaupt einkaufen kann, und er wird durch solche Verausgabung eine bestimmte Summe wirthschaftlicher Kräfte (einerlei, ob in ganzen Personen, oder auf eine Mehrzahl von Personen vertheilt) für sich in Anspruch nehmen und nach seinem Bedürfniß regu=

liren. Man kann vielmehr sagen: für die Stetigkeit
der wirthschaftlichen Entwickelung würde das Nebenein=
anderbestehen feudaler Wirthschaftscolonien viel mehr
Sicherheit darbieten, als das unbestimmte Eingreifen
großer massenhafter Kaufkräfte, deren Ausübung weder
an den Ort, noch an die Zeit gebunden ist und die,
wenn sie plötzlich in Bewegung gesetzt werden oder sich
in unerwarteter Weise zurückziehen, die traurigsten Folgen
für die Masse des Volkes herbeiführen können.

Der volkswirthschaftliche Vorgang bei der Bestimm=
ung der Production und der Preise durch das Ein=
kommen besteht also darin, daß die Arbeit (im allge=
meinsten Sinne des Wortes) von dem zum Güterum=
tausch verwendeten Besitz angezogen und in Bewegung
erhalten wird, wobei gewissermaßen nach dem Gesetze der
Gravitation Anziehungs= und Schwerkraft im Verhältnisse
der anziehenden und angezogenen Massen progressiv ab=
resp. zunehmen. Je flüssiger aber der Verkehr und je
leichter beweglich die Arbeit ist, desto wirksamer wird
die Anziehungskraft des zum Umtausch bestimmten Be=
sitzes zur Geltung kommen, so daß bei hoher Entwickel=
ung der Transportmittel und der Arbeitstheilung jede
Inanspruchnahme von Arbeitsleistungen unermeßlich weite
concentrische Kreise zieht und, wenn auch im Einzelnen
unmerklich, die gesammte Volkswirthschaft berührt. Wie
ein Stein, den wir in einen See werfen, genau so viel
Wasser verdrängt, wie sein Volumen beträgt, und wie
in Folge dessen der Wasserspiegel sich heben muß, so be=
dingt in unserer Volkswirthschaft jede Consumtion, so=
weit dieselbe Arbeit voraussetzt, mittelbar ein Steigen

der gesammten Arbeitsleistung. Und wie derselbe Stein,
obschon er unter dem Wasserspiegel unseren Blicken ent=
schwindet, sich an irgend einer Stelle dem Boden des
Sees einfügt, so wirken selbst die Aufwendungen für
höhere Bedürfnisse bis in die Tiefen der Volkswirth=
schaft: zuletzt sind es immer wieder die zur leiblichen
Nahrung und Nothdurft unentbehrlichen Güter, denen
durch neue Productionen auch neue Begehrer erstehen.

Es ist ein capitaler Irrthum, wenn den Aufwend=
ungen für Bedürfnisse außerhalb des absoluten Nothbe=
darfs ohne Weiteres die Kraft zugeschrieben wird,
„Brod zu schaffen". Durch jene Aufwendungen
wird nur die Nachfrage nach Brod 2c. beeinflußt. So
vortheilhaft daher die Ausgaben eines Verschwenders für
einzelne Privatwirthschaften sein können, so wenig darf
sich der Volkswirth mit den kleinbürgerlichen Auf=
fassungen des Broderwerbs, des Geldverdienens, des
Tauschverkehrs begnügen. Für die Gesammtheit kann
sogar die Vernichtung oder Zurückhaltung von Zahl=
mitteln, auf Geld lautenden Obligationen 2c. unter Um=
ständen sehr wohlthätig sein. Wer weiß, ob die französische
Kriegsentschädigung (vgl. S. 33) unsere Volkswirthschaft
so sehr irritirt hätte, wenn wir nicht 120, sondern 2000
Millionen Mark „unproductiv" in den Spandauer Julius=
thurm eingesperrt, oder wenn wir zum wenigsten Alles
aufgeboten hätten, um in den kritischen Jahren 1871 bis
1874 die Sündfluth von Banknoten und Staatspapiergeld
zu beseitigen. Wenn heute alle Geldsorten und Schuld=
titel, die sich in den Händen von Millionären befinden,
spurlos verschwänden, so wäre die Weltwirthschaft um

einiges Edelmetall, im Uebrigen aber um keinen Deut ärmer: wohl aber wäre ihre Tributpflichtigkeit gegenüber jenen Millionären weggefallen und die vorhandenen Pro= ductionsmittel würden mehr, als bisher, den Bedürfnissen der Massen dienstbar werden.

Ich will keinem meiner geehrten Leser zu nahe treten, aber ich müßte mich sehr täuschen, wenn nicht der Eine oder Andere von Ihnen im Stillen bei sich dächte: „wie kann man nur dagegen eifern, daß Geld unter die Leute gebracht wird." Mögen Sie dieser Ver= urtheilung nun huldigen oder nicht, sie ist in solcher Allgemeinheit eine ebenso falsche als gefährliche. Nicht daß Geld überhaupt, sondern daß es für gute Dinge verwandt wird, ist die Hauptsache; darunter verstehe ich solche, durch die es uns möglich wird, ein menschen= würdiges Dasein zu fristen und durch die wir bessere und glückseligere Menschen werden[60]); und ich meine ferner, daß so lange noch Tausende und Abertausende unserer Mitmenschen in leiblicher und geistiger Armuth schmachten, der guten Dinge noch eine endlose Zahl zu thun ist. Was aber das „Geld unter die Leute bringen" anbe= langt, so prägen Sie sich folgenden volkswirthschaftlichen Grundsatz fest ein: „Je mehr Geld für unnütze und überflüssige Dinge ausgegeben wird, desto mehr muß der Preis für nützliche und noth= wendige Bedürfnisse steigen."

Vergegenwärtigen Sie sich nur immer wieder, daß das Geld nur Tauschmittel ist; wenn aber damit über= flüssige Dinge eingetauscht werden, so müssen doch Leute existiren, deren Production eine überflüssige ist, und da kein Mensch nur von der Luft lebt, so muß es wieder andere Leute geben, die für die überflüssigen Producenten überflüssiger Dinge mindestens das tägliche Brod und wohl auch noch etwas mehr herbeischaffen. Beiläufig bemerkt nimmt der Futterbau für ein Pferd ungefähr so viel Boden und Arbeitskraft in Anspruch, wie die Er= zeugung der für den Unterhalt einer Familie erforder= lichen landwirthschaftlichen Producte. Wenn für ganz Deutschland neben 108,748 Militärpferden nur 96,286 Luxuspferde aufgeführt werden, so ist das sicherlich viel zu wenig; als solche sind zweifellos auch viele von den 2,347,775 landwirthschaftlichen und 338,363 Pferden zu gewerblichen und Verkehrszwecken zu betrachten. Nehmen wir aber nur 100,000 Luxuspferde à 1000 Thlr. jährl. Unterhaltungskosten (incl. Züchtung, Bedienung ꝛc.) an, so verursachen dieselben einen etwa ebenso großen Auf= wand an wirthschaftlichen Kräften, als die Beschaffung des Nothbedarfs für eine Million Menschen. In ähn= licher Weise kann man den Nachtheil, den der Luxus Weniger der großen Masse bringt, für ganze Consumtionen nachweisen. Ohne den Champagner= und Austerngenuß z. B. würden die Champagnerfabrikanten und Austern= fänger überflüssig sein und entweder nicht leben oder sich mit der Production nützlicherer Dinge beschäftigen. Schon Th. Morus meinte, daß, wenn Alle fleißig sein und nur wahrhaft nützliche Geschäfte treiben wollten, sich Niemand sehr anzustrengen brauchte; während jetzt die wenigen „wahren" Arbeiter sich großentheils für die Eitelkeit der Reichen abmüheten und ebenso schlecht ge= nährt, wie abgehetzt würden. So gewiß auf dem Acker

Land, wo Hafer und Heu für Luxuspferde wachsen,
nicht zu gleicher Zeit Korn und Weizen für Menschen
gedeihen können; so gewiß die Diener eines reichen Herrn
oder die Arbeiter in einer Fabrik für Luxusartikel nicht
zugleich Bauern oder Lehrer sein können, — so gewiß ist
jede überflüssige Consumtion ein Schaden für die Ge=
sammtheit.

Ausdrücklich verwahre ich mich dagegen, daß ich hier
der Mißachtung des Schönen und der Idealgüter über=
haupt das Wort rede. Ich habe es mehr als einmal
ausgesprochen, daß uns die Pflege der Ideale so nöthig
ist, wie das tägliche Brod. Aber ich meine, daß man
nicht thatenlos in Saus und Braus leben muß, um sich
an den Schöpfungen eines Schiller, Goethe und Beetho=
ven aufzurichten; und daß gerade der mit Glücksgütern
Gesegnete viel mehr Veranlassung hat, etwas für die
Unsterblichkeit zu thun, als zu seiner eigenen Bequem=
lichkeit eine unnöthig große Zahl von Händen der nütz=
lichen Arbeit zu entziehen.

Es gab eine Zeit — lang ist's nicht her — wo es
für ein Zeichen der Vornehmheit galt, nur zu genießen
und jede nutzbringende Thätigkeit gnädigst Anderen zu
überlassen. Der fortwährend weiter und weiter sich voll=
ziehende Umschwung ist unverkennbar, schon heute hat
man vor Jedem, der sein Brod auf anständige Weise er=
arbeitet, aufrichtigen Respect, und selbst Damen höheren
Ranges, denen die Volkswirthschaft im Uebrigen kein
sympathischer Gegenstand sein mag, können sich dieser
Anerkennung nicht mehr verschließen. Verlassen Sie sich
darauf, es wird noch eine Zeit kommen, wo man sich

schämen wird, als überflüssiges Mitglied der Gesellschaft herumzuwandeln, wo man sich schämen wird, einen Ueber= fluß im Genießen zur Schau zu tragen, der doch nichts weiter ist, als der Widerschein des Schweißes und der Entbehrungen anderer Menschen[61]). Gelobt sei die Zeit, wo solche Erkenntniß zur öffentlichen Macht wird; das ist eine unverfälschte Frucht am Baume christlicher Lebens= weisheit, die dem Gründer der Religion, weilte er unter uns, sicherlich mehr Freude bereiten würde, als ihm die angebliche Verfolgung der Kirche und das Blutschwitzen in Bois d'Haine Kummer verursachen könnte.

Lassen Sie mich hier gleich noch einen andern Ein= wand berühren, der mit dem „Geld unter die Leute bringen" sehr nahe verwandt ist. Man sagt mir: „Wenn Ihnen als volkswirthschaftliches Ideal ein großer Mittel= stand vorschwebt, welchem weder die sehr Armen noch die sehr Reichen in erheblicher Zahl zur Seite stehen, so wollen Sie, wohl ohne es zu wissen, die Mittel= mäßigkeit in allen Dingen und vor Allem auf dem Ge= biete der Kunst und der Wissenschaft, welche ohne die Unterstützung des Privatreichthums nicht gedeihen können." Das letztere nun bestreite ich eben ganz entschieden, so groß auch die Autoritäten sind, denen ich entgegen zu treten wage. Ich führe nur Roscher an, der bei allem Gefühl für das Richtige doch immer wieder auf das spieß= bürgerliche ceterum censeo zurückkömmt: „Nur keine wirthschaftliche Gleichheit!" So in seinen „Grundlagen" § 166: „Dann müßten aber die Grundbesitzer und Capi= talisten ganz wie Arbeiter leben, und ihr Luxus könnte höchstens in der Ernährung von Müssiggängern bestehen";

und § 203: „dann würde aber auch Niemand Luft
haben, sich den gröberen, unangenehmeren Geschäften zu
widmen; man müßte diese entweder ganz unverrichtet
lassen, oder allen reihum aufbürden. Damit fiele also
der Hauptnutzen der Arbeitstheilung weg, daß sich die
höheren Talente ausschließlich mit höheren Arbeiten be=
schäftigen. Auch ist es sehr zu bezweifeln, ob die meisten
Kunstleistungen dann noch eine zahlungsfähige Nachfrage
fänden. Ebenso wenig könnte die Capitalersparung bei
solcher Gleichheit gedeihen. Die Meisten betrachten den
Durchschnitt dessen, was ihres Gleichen auszugeben pfle=
gen, als unvermeidliches Bedürfniß, und sparen nur
insofern, als ·sie eben mehr besitzen. (?) Hätten alle
daher ein ganz gleiches Einkommen, so würde fast Nie=
mand etwas übrig zu haben meinen. Derselbe Gedanke
würde auch die Menschen vor jedem wirthschaftlichen
Wagnisse zurückhalten; und doch ist kein bedeutender
Fortschritt ohne Wagniß möglich." — Zu solchen Phan=
tasien (geschichtliche Erfahrungen liegen ja hier nicht vor)
konnte Roscher wohl nur kommen, indem er erstens die
Verschiedenheit der individuellen Fähigkeiten und Neig=
ungen und zweitens die wirthschaftliche bez. politische
Association ganz außer Acht ließ. Es wird immer wohl=
habende Menschen geben, die lieber Brod backen, als
Bücher schreiben, und immer Unbemittelte, die lieber bei
ihren Büchern arm bleiben, als bei einer mechanischen
Thätigkeit wohlhabend werden; und immer wird es spar=
same Arme und verschwenderische Reiche geben; auch
sehe ich nicht ein, warum ein gebildetes Volk mit gleich=
mäßig verbreitetem Wohlstand nicht auf dem Wege pri=

vater Association wie staatlicher Organisation großen
wirthschaftlichen Unternehmungen (z. B. Eisenbahn=, Canal=
und Brückenbauten) gewachsen sein sollte.

Gewiß: wollte man die wirthschaftliche Gleichheit
künstlich oder gewaltsam herstellen, dann wäre der
Untergang nicht nur der Kunst, sondern des größten
Theils unserer geistigen Errungenschaften so ziemlich
sicher. Vollzöge sie sich aber als ein allmäliger Proceß,
durch die höhere Einsicht und Bildung der großen Masse
des Volkes, durch einen großartigen „Culturschub", durch
Unterricht und Erziehung, — dann würden an die Stelle
des privaten Mäcenenthums viel wirksamer und mit
größeren Zielen der Staat und die Gemeinde treten kön=
nen, was heute naturgemäß nur in bescheidenem Umfange
stattfindet; denn ich halte es für sehr unbillig, immer
und immer den Vertretern eines in der großen Masse
noch sehr ungebildeten Volkes (wie in Deutschland, Frank=
reich, England u. s. w.) Vorwürfe darüber zu machen,
daß sie nicht genug für die Kunst thun, während doch
Millionen ihrer Wähler die wichtigste Voraussetzung,
einen guten Unterricht, noch ganz entbehren. Man kann
vielmehr jenem Einwande Folgendes entgegen halten:
Nach den Lehren der Geschichte ist ein hochentwickeltes
Mäcenenthum der untrügliche Begleiter gefährlicher socialer
Mißstände, wo nicht der Vorbote der Revolution; da=
gegen gedeihen nicht nur Kunst und Wissenschaft in den
Händen eines gebildeten, von allgemeinem Wohlstand
getragenen Gemeinwesens, sondern sie werden als öffent=
liche Angelegenheit auch erfolgreicher auf die Hebung der
Volkscultur wirken, eine größere Anzahl von Berufenen

zu ihrer Pflege finden und namentlich mehr, als in pri=
vaten Händen, vor der Entsittlichung geschützt sein.

Wenn wirklich die Vereinigung großer wirthschaft=
licher Macht in einzelnen Händen allein es wäre, die die
Kunst und die schönen Wissenschaften zu hoher Blüthe
zu treiben vermöchte, ei! warum hat unsere Zeit der
Millionäre keinen Rafael, keinen Shakespeare, keinen
Schiller oder Goethe aufzuweisen? Man kann es aus
dem Munde der ehrlichsten Kritiker hören, daß unsere
Zeit künstlerisch verhältnißmäßig arm sei und troß der
hohen Virtuosität einzelner Kunstjünger an Verflachung
leide. Aber man sollte gerecht sein und nicht verlangen,
daß auf der ganzen Linie menschlicher Fortschritte
tagtäglich Heroenarbeit geleistet werde. Jede Zeit trägt
ihre Signatur: wir leben in einer Zeit mächtigen Auf=
schwunges der Naturwissenschaften, der Technik und des
öffentlichen Rechts, zu deren Pflege und Weiterentwickel=
ung die bedeutendsten Geister unwiderstehlich herangezogen
werden. So erscheint es mir viel wichtiger, daß die
unsterblichen Schöpfungen eines Schiller durch millionen=
fache Verbreitung seiner Schriften zum wirklichen Gemein=
gut der Menschen werden, als daß ein neuer Schiller,
anstatt sich den praktischen Aufgaben der Zeit zu widmen,
den alten als Dichter zu überbieten sucht. Genug, daß
unsere großen Naturforscher, Staatsmänner, Strategen
und Ingenieure auf dem classischen Boden schöngeistiger
Bildung stehen; nicht daß dieser Boden tagtäglich in's Unge=
messene sich erweitere, sondern daß er uns als unveräußer=
liches Erbstück der Väter ungeschmälert erhalten bleibe, —
darüber lassen Sie uns mit Eifer und Sorgfalt wachen!

Wie Kunst und Wissenschaft, so soll nun aber auch die Selbstverwaltung, überhaupt jede bedeutende öffentliche Thätigkeit nur gedeihen können unter dem Schutze einer großen Classe wirthschaftlich mächtiger, sehr reicher Leute. Auch das bestreite ich, und zwar auf Grund einer nicht unerheblichen Kenntniß thatsächlicher Zustände. Ich habe nämlich gefunden, daß unsere Reichen ein im Verhältniß zu ihrem wirthschaftlichen Können sehr geringes Contingent hervorragender Kräfte an den freiwilligen Staats= und Gemeindedienst abgeben; und ich sehe das für ein Glück an, denn ich kann mich weder für die englische Schablone der Selbstverwaltung, noch für deren Ausfüllung mit geburts= und geldaristokratischen Elementen begeistern, ich bin vielmehr der Ueberzeugung, daß die besten Kräfte zur Weiterbildung des Rechts, wie zur umsichtigen Leitung einer gerechten Verwaltung aus den breiten Schichten eines gesunden starken Bürgerthums hervorgehen sollen.

Viel näher liegt der Einwand, daß erst durch die ungleiche Vertheilung des Einkommens, erst durch die Entfaltung großer Kaufkräfte in einzelnen Händen auch solche Productionen angeregt und solche Bedürfnisse allgemeiner und billiger werden, welche den großen Massen niemals zugänglich geworden wären, wenn nicht der Reichthum anstoßgebend vorangegangen wäre. Darin liegt viel Wahres. Aber forschen wir im Einzelnen nach, so gewahren wir als eine Folge dieses Vorgangs ebenso viel Schatten als Licht. Wir sehen nämlich, daß es viel mehr die rein materielle, als die geistige Genußsphäre ist, welche, sehr häufig zu ihrem Schaden, bei den großen

Maſſen auf ſolche Weiſe eine Erweiterung erfahren hat; das Beiſpiel des Wohllebens in den höheren Einkommens= claſſen offenbart ſich zunächſt mehr in dem Rufe „panem et circenses", als in der Verallgemeinerung einer wirk= lich ſegensreichen leiblichen und geiſtigen Diät des Volkes. Der ungebildete gemeine Mann denkt eher daran, es den Reichen äußerlich an berauſchenden Genüſſen nach= zuthun, als ſich eine geſunde luftige Wohnung zu ver= ſchaffen und ſeinen Kindern eine tüchtige Erziehung zu geben. Solche Bedürfniſſe werden bei der Maſſe durch das Beiſpiel der Reichen in der Regel weder allgemeiner, noch auch billiger, ſie werden dies viel eher und gründ= licher durch wirkliche Erhöhung der Volksbildung und durch Verallgemeinerung eines geſunden Wohlſtandes. Daß aber die Lebenshaltung der großen Maſſe in dieſem Sinne neben einer hochentwickelten Plutokratie ſehr niedrig und ohne eine ſolche verhältnißmäßig hoch ſein, ja daß, während die höheren Stände entarten und verſumpfen, die moraliſche Wiedergeburt der Geſellſchaft gerade nach unten hin ihre beſten Stützen finden kann, — dafür liefert uns die Culturgeſchichte aller Völker zahlreiche Belege. Unverkennbar iſt dieſe Frage nur im Zuſammenhange mit der ganzen ſocialen und politiſchen Entwickelung, nament= lich nach dem Zuſtande der Verkehrsmittel und der wirth= ſchaftlichen Aſſociation zu beurtheilen. Auf keinen Fall wird man ſagen können, daß in unſerer verkehrsreichen Zeit zunehmende Gleichmäßigkeit der Einkommensver= theilung ernſtliche Gefahren für den Fortſchritt in der Richtung einer geſunden, bedürfniß= und genußreichen Lebenshaltung des Volkes herbeiführen müſſe!

Wieder ein sehr beliebter Einwand, den man nicht nur von sehr gescheidten Leuten aussprechen hört, sondern auch gedruckt lesen kann, besagt: „Was würde dem Volke die Gleichheit helfen; theilen Sie das Einkommen der Reichen, und Sie werden finden, daß die große Masse noch lange nicht wohlhabend, sondern kaum etwas weniger arm geworden sein wird." Zum Ueberfluß führt man die nette Anekdote vom alten Rothschild an, der einem communistischen Proletarier einige Thaler als „Antheil" an seinem Vermögen auszahlte, mit der Bemerkung, die anderen vierzig Millionen Deutschen mögen sich gleich= falls melden. Nun ist es doch aber gänzlich verkehrt, den Consum bei eingetretener wirthschaftlicher Gleichheit nach der jetzigen Production zu beurtheilen; diese Pro= duction müßte ja eben bei gleichmäßiger Einkommens= vertheilung eine ganz andere, für den vulgären Con= sum viel günstigere werden, weil die große Masse von Kräften, welche jetzt direct und indirect dem luxuriösen Consum dienen muß, sich dann der Production von nütz= lichen Dingen (Brod, Schuhen 2c.) zuwenden müßte.

„Aber", höre ich endlich einwenden, „so lange noch Tausende von Händen bereit und geübt sind, den Launen des Ueberflusses zu dienen, so lange ist doch dieser Ueber= fluß nicht nur innerlich berechtigt, sondern selber ein dringendes Bedürfniß; denn was sollte aus den großen Volksschichten werden, deren Arbeit seiner Befriedigung gehört, wenn er aufhören würde, als Käufer auf dem Markte zu erscheinen?" — Gewiß, antwortete ich, leben und arbeiten nicht Tausende, sondern Millionen unserer Mitbürger direct oder indirect für die Befriedigung von

Bedürfnissen, welche mit einer gleichmäßigeren Vertheilung des Einkommens hinwegfallen würden. Hier sehen wir nun das Merkwürdige, daß die starren Vertheidiger der bestehenden Classenunterschiede und die Socialisten, daß ein Treitschke und ein Marx sich gesinnungsverwandt begegnen: Beide wollen die Erhaltung der für den Ueberfluß Arbeitenden durch die übrige Gesammtheit; nur in der Form unterscheiden sie sich: die Einen wollen diese Erhaltung durch schrankenlose Preisüberwälzungen im freien Verkehr, die Anderen wollen sie durch directe Staatshülfe bewerkstelligen. Hier Gesellschaftshülfe mit dem Zwange des bestehenden Privatrechts ohne alle und jede socialrechtliche Beschränkung — dort Staatshülfe mit dem Zwange eines utopischen öffentlichen Rechts; — hier wie dort grobe Versündigung an den Principien der Gerechtigkeit und grobe Verstöße gegen die volkswirthschaftliche Logik. Wie ist es zu rechtfertigen, daß der einzelne Wirthschafter auf die eine oder andere Weise — hier durch Herabdrückung seiner Kauffähigkeit, dort durch Besteuerung — für die Erhaltung der überflüssigen Production aufkommen solle? — So mag man denn im einzelnen Falle noch so viel Mitleid mit einem arbeitslos werdenden Menschen haben, vom Standpunkte der Volkswirthschaft muß man das Princip festhalten: daß die Existenz, die sich nicht als nützliches Glied in jede wirthschaftliche Ordnung einfügen kann, im Grunde genommen eine überflüssige ist. Wäre dieser Satz falsch, dann müßten wir ja die zunehmende Anwendung der Maschine in den meisten Zweigen der Production tief beklagen. Der Zweck der-

selben besteht ja gerade darin, Menschenarbeit zu er=
sparen, zu verdrängen, überflüssig zu machen, und es ist
kein Zweifel, daß die Maschine fast überall, wo sie ein=
greift, zunächst Einzelexistenzen schädigt, vielleicht ganz
verkümmern läßt. Und dennoch erfüllt sie eine unendlich
große menschenfreundliche Mission, indem sie unbarm=
herzig und unablässig den Kreis der niederen Handarbeit
beschränkt: denn wenn wir, wie es dem Volkswirthe ge=
ziemt, den Blick in die Zukunft wenden, so ist es be=
ruhigender, die Unfähigkeit ersterben, als auf kommende
Geschlechter sich vererben zu sehen.

Alle diese Einwände — beachten Sie das wohl —
habe ich angeführt und zu widerlegen gesucht, nicht weil
ich etwa der Gleichmacherei huldigte (vgl. Seite 160)
und eine gewaltsame Abschaffung der bestehenden
großen Einkommensunterschiede für nützlich oder auch
nur für möglich hielte, sondern weil ich in der öffent=
lichen Meinung einer Rechtsordnung die Wege ebnen
helfen möchte, welche allerdings früher oder später eine
gerechtere, d. h. den angebornen Fähigkeiten und dem wirk=
lichen Verdienst entsprechende Vertheilung des Einkommens
herbeiführen kann. Wer sich vor diesem immerhin mög=
lichen Ergebniß fürchtet, der wird auch ein Gegner
der neuen Rechtsordnung sein; daher ist es wichtig,
unrichtige Vorstellungen, welche jene Furcht erzeugen oder
nähren können, zu beseitigen. Im großen Zusammen=
hang unserer politischen und Culturbestrebungen ist solche
Klärung von der allerhöchsten Bedeutung. Sie stellt
uns namentlich ganz unmittelbar der Forderung gegen=
über, daß der Staat endlich Ernst mache mit der Volks=

bildung und in dieser Richtung vor Allem das Bündniß mit der Kirche aufgebe, die ihm auf der neuen Bahn eine wirksame Stütze weder sein will, noch ihrer Natur nach jemals werden kann. Wird aber durch einschnei= dende Reformen der Schule. und des wirthschaftlichen Rechts allmälig eine Hebung der breiten Schichten des Volkes ins Werk gesetzt, so müssen auch die Verhältnisse der Einkommensvertheilung, des Bedürfnisses und Ge= nusses, der Gütererzeugung und der Volksvermehrung tiefeingreifende Veränderungen erleiden, harte Arbeit und Uncultur werden sich nicht mehr decken, und das Mal= thusische Gesetz[62]) wird wie eine graue Ruine er= scheinen, so wenig gefürchtet, wie die verfallenen Burgen unserer ehemaligen Zwingherren.

Ja, wir leben in einer merkwürdigen Zeit, deren großartige sociale Umbildungen wohl erst von späteren Geschlechtern vollständig klar erkannt werden können. Mitten in diesem Uebergang aus einer Culturepoche in die andere müssen wir uns doppelt und dreifach davor hüten, uns voreilig durch unerwartete Erscheinungen blenden oder abstoßen, uns beirren zu lassen in der Verfolgung der höchsten Ziele — sagen wir es nur — des Christen= thums. Die künstliche Niederhaltung der großen Masse des Volkes läßt sich länger nicht ins Werk setzen, ohne den Fortbestand auch der höheren Cultur in Frage zu stellen. Alles geht unaufhaltsam vorwärts; der Mensch, der über den Blitz gebieten und mit der Kraft des Dampfes eiserne Arme bewegen gelernt hat, kann nie mehr zurückkehren in die „gute alte Zeit", die doch so häufig nicht blos schlecht, sondern geradezu niederträchtig

war. Ein Thor, der heute über „schamlose Halbbildung"
klagt, nicht erkennend, daß der dornenvolle Weg aus
der Finsterniß in das Licht von Völkern unmöglich im
Sprunge zurückgelegt wird; ein Thor, der sich mit der
Hoffnung schmeichelt, die großen Massen auch heute noch
bei harter Arbeit mit dem alten Kirchenglauben und hie
und da mit einem herzhaft sinnlichen Genuß [63]) abspeisen
zu können! Wenn Jene, deren Mund so voll ist des
„gleichen Rechts für Alle", ohne zu erröthen dem Mann
aus dem Volke in's vertrauende Auge sehen und ihm
die schwielige Hand drücken, derweil ihr falsches Herz
für seine Kinder und Kindeskinder feudale Pläne schmiedet
— so mögen sie das mit ihrem Gewissen abmachen. An
den Ehrlichen und Hellsehenden aber ist es, vor der
drohenden Gefahr rechtzeitig zu warnen: nicht der Staat,
nicht die höhere Cultur, nicht das wahre Christenthum
wird erstarken, wenn wir das leibliche und geistige Leben
der unteren Classen auf die Dauer als eine niedere
Welt von der Lebenssphäre der Gebildeten und Besitzen=
den abschließen, — erstarken werden damit nur die fin=
steren Mächte des Aberglaubens und des Neides. So
führt uns die Klärung jener Bedenken und Vorurtheile
gegen eine gleichmäßigere Vertheilung des Einkommens
in die Tiefen der Volkswirthschaft nicht blos, sondern
des gesellschaftlichen und Staatslebens überhaupt, und
wir erkennen den innigen Zusammenhang aller Fragen
der Freiheit und des Rechts.

––––––––

Wenn nun die Lehre, daß in erster Linie die Ver=
theilung und Veränderung des Einkommens und somit

der Kauffähigkeit unſer Wirthſchaftsleben beherrſcht, wenn
dieſe Lehre in den bisherigen Preistheorien eine kaum
nennenswerthe Rolle ſpielt, ſo mag daran wohl haupt=
ſächlich die Unkenntniß der wirklichen Einkommensvertheil=
lung ſchuld geweſen ſein. Noch heute können wir häufig
die Anſicht ausſprechen hören, daß der Antheil der hohen
Einkommensclaſſen am geſammten Volkseinkommen ein
durchaus unerheblicher ſei, und Roſcher hat noch vor
Kurzem den Ausſpruch drucken laſſen, daß die Vertheil=
lung des nationalen Einkommens und jede Veränderung
derſelben einen der wichtigſten, freilich aber auch dunkelſten
Gegenſtände der Statiſtik bilde⁶⁴). Das letztere iſt nun
doch nicht der Fall. Namentlich für einige Staaten
Deutſchlands haben wir ſehr werthvolle ſtatiſtiſche Unter=
lagen, um uns danach ein Bild von der Bedeutung
der beſtehenden Einkommensunterſchiede zu machen. Für
Preußen haben wir ſolche in den Einſchätzungen zur
Claſſen= und Einkommenſteuer, wobei indeſſen zu be=
merken iſt, daß dort die Selbſtangabe des Einkommens
noch nicht eingeführt iſt und daß, auch wenn dies der
Fall wäre, doch immer noch der Unterſchied zwiſchen
dem Geldbetrag und dem wirklichen Sachwerth der
Privateinkommen zu ermitteln bliebe. Dieſer Sachwerth
findet weder bei kleinen Landwirthen, noch bei den Be=
ſitzern großer Jagdgründe und Parkanlagen ſeinen voll=
kommenen Ausdruck; Sachverſtändige ſind deshalb
der Anſicht, daß in Preußen die Einkommen faſt aller
Claſſen, namentlich aber die der höheren, gegen die
Wirklichkeit viel zu niedrig eingeſchätzt ſind.

Nach der Veranlagung der Claſſenſteuer für 1875

und der Einkommensteuer für 1874 waren von 24¹/₂ Millionen Preußen etwa über 6¹/₂ Millionen von jenen Steuern befreit, weil die Selbstständigen unter ihnen weniger als 420 Mark Jahreseinkommen hatten. Daß bei diesen Steuerbefreiungen nicht überall ganz gleich= mäßig verfahren wird, darf bei der Unsicherheit der Grundlagen nicht Wunder nehmen; so soll in den west= lichen Provinzen eine stärkere Tendenz bestehen, die un= tersten Einkommensclassen scharf heranzuziehen, als in den östlichen Provinzen [65]).

Die steuerfreien [66]) und steuerpflichtigen Censiten lassen sich auf folgende große Gruppen vertheilen:

Einkommen von Mark	Personen.	Ges.=Einkommen. Mark.
I. [67]) unter 420	2,000,000	800,000,000
II. 420 bis 1200	4,207,163	2856,640,000
III. 1200 „ 3000	643,628	1119,786,000
IV. über 3000	139,556	1030,734,000
	6,990,347	5807,160,000

Auf die Personen der vier großen Gruppen entfallen hiernach im Durchschnitt etwa 830 Mark, auf diejenigen der einzelnen Gruppen aber 400 bez. 680 bez. 1740 bez. 7400 Mark. Namentlich der letzte Durchschnitt giebt aber keine richtige Vorstellung. Denn 40,300 Personen haben ein Einkommen von nur 3000 bis 3600 Mark, dann folgen

22,300 Pers.	mit	3600 bis 4200	Mark
16,286	„	„ 4200 „ 4800	„
11,041	„	„ 4800 „ 5400	„
7,825	„	„ 5400 „ 6000	„
10,814	„	„ 6000 „ 7200	„

Da haben Sie also schon 108,564 Personen oder nahezu ⁴/₅ der Gesammtheit von 139,556, welche unter, zum größten Theile sehr weit unter dem Durchschnitts=einkommen figuriren. Gehen wir dann die höheren Steuerstufen durch, so finden wir z. B., daß ein Einkommen von 30,000 Mark noch 582 Personen, ein solches von 34,000 Mark noch 425 Personen, ein solches von 39,000 Mark noch 520 Personen haben u. s. w. Mit 40,000 Mark etwa beginnen die soge=nannten Millionäre — d. h. Millionäre in Reichs=währung! Solcher Personen weisen die preußischen Steuerlisten im Ganzen 2399 auf, es mögen ihrer aber ein gut Theil mehr sein. Aber auch unter ihnen giebt es noch gewaltige Abstände und Steigerungen: so finden wir z. B. noch 454 Inhaber eines Einkommens von über 100,000 Mark, und unter diesen wieder 23 mit mehr als 600,000 Mark, einen sogar mit einem jährl. Einkommen von 5¹/₂ Mill. M. (der Mann wohnt im Re=gierungsbezirk Düsseldorf und zahlt 151,200 M. Steuer), ein anderer mit 2¹/₄ Mill., dann drei mit je 2 Mill. M. Einkommen u. s. w. In Berlin allein giebt es 71 Per=sonen, welche nach den Steuerlisten jede mehr als 150,000 Mark Einkommen haben; diese 71 Höchstbesteuerten haben zusammen mindestens 23 Mill. Mark jährl. Einkommen. Aehnliche Nachweise giebt die Hamburger und Bremer Steuerstatistik; dort tritt der Reichthum in einzelnen Händen verhältnißmäßig noch mächtiger auf, wie denn z. B. 1872 in Hamburg [68]) nach ihrer eigenen Declaration 100 Personen jede ein Einkommen von mehr als 120,000 Mark hatten; ein Einkommen von mehr

als 30,000 Mark hatten überhaupt 617 Personen; dieselben repräsentirten zusammen 60 Mill. Mark Einkommen, fast den dritten Theil des gesammten für den
hamburgischen Staat nachgewiesenen Privateinkommens.
Jene schon aufgeführten 100 Wohlhabendsten allein haben
zusammen 25 Millionen Jahreseinkommen declarirt, jeder
also durchschnittlich 250,000 Mark.

Von der ersten Einschätzung im Königreich Sachsen
liegt augenblicklich nur erst eine vorläufige Zusammenstellung vor, welche die Vertheilung des Einkommens
nach Classen noch nicht erkennen läßt. Es ist aber
zweifellos, daß wir hier ein sehr werthvolles Material
zu erwarten haben, welches die in Preußen, Hamburg
und Bremen gemachten Wahrnehmungen bestätigen dürfte.
Wenn wir z. B. schon jetzt wissen, daß in Leipzig (bei
110,000 Einwohnern) 117$^1/_3$ Mill. Mark, also pro Kopf
über 1000 Mark, als jährliches Einkommen declarirt
worden sind, so ist schon hieraus auf eine sehr ungleichmäßige Vertheilung zu schließen. Daß in dieser Stadt
Veranlassung war, sehr hohe Einkommen progressiv zu
besteuern, geht ferner daraus hervor, daß für Leipzig
der einfache Steuersatz 1,596 pro Mille beträgt, während er für das platte Land nur 0,731 pro Mille
ausmacht.

Auch für Großbritannien bieten die Veranlagungen zur Einkommensteuer sehr willkommene Nachweise
dar, obwohl dort schon alle Einkommen von weniger
als 100 Pfd. St. (2050 Mark) steuerfrei sind. Für
Steuerfreie und Steuerpflichtige wurde die Einkommensvertheilung wie folgt veranschlagt[69]:

Einkommen von Mark.			Personen	Gesammtbetrag. Mark.
I.	unter	740	4,529,000	2001,620,000
II. von	740 bis	1,030	5,087,000	3293,336,000
III. „	1,030 „	1,500	1,345,000	1360,236,500
IV. „	1,500 „	2,050	1,497,000	1667,060,000
V. „	2,050 „	6,150	1,026,400	2274,475,000
VI. „	6,150 „	20,500	178,300	1798,321,500
VII. „	20,500 „	102,500	48,800	1708,142,000
VIII.	über	102,500	8,500	2586,218,500
		Summe	13,720,000	16689,439,500

Im Vergleich mit den preußischen sind diese Ziffern außerordentlich hoch; das relative Plus entfällt hier hauptsächlich auf die höheren Einkommensclassen, was im Zusammenhalt mit der größeren Kostspieligkeit des Lebens in England meiner Theorie ja vollkommen ent= sprechen würde. Indessen sind die beiderseitigen Ziffern doch nicht ohne Weiteres vergleichbar, einmal wegen der Verschiedenartigkeit der Grundlagen, zweitens weil der Werth des Geldes in England ein anderer ist als bei uns, sodann wegen des Zeitunterschiedes der Schätzungen. Die preußischen Schätzungen beziehen sich auf die Jahre 1874/75; die englischen auf 1866/67. In Großbritannien war aber allein der Nettoertrag der Actiengesellschaften, Eisenbahnen, Gruben ꝛc. in den drei Jahren 1867 bis 70 von 966 auf 1173 Millionen Mark gestiegen, woraus sich ein ungefährer Schluß auf die weitere Zunahme des Privateinkommens in den höheren Classen machen läßt.

Aehnliche Belege lassen sich mehr beibringen, und sie werden an Vollständigkeit und Zuverlässigkeit in dem Maße gewinnen, als eine rationelle Besteuerung des Ein= kommens allenthalben zum Durchbruch kommen wird.

Von der allergrößten Wichtigkeit ist es nun zu wissen, wie groß die Beträge sind, welche in den verschiedenen Einkommensclassen a) für den absoluten Nothbedarf an Kleidung Nahrung, Wohnung 2c. aufgewandt werden müssen, und b) für die höheren Bedürfnisse aufgewandt werden können. Ich kann mich hiebei auf die Schätz= ung beziehen, die ich auf Grund der preußischen, ham= burgischen 2c. Steuerveranlagungen für Deutschland angestellt und bereits an anderer Stelle (oben S. 309) mitgetheilt habe. Dieselbe umfaßt nur die Inhaber eines reinen Jahreseinkommens von 1000 Mark, nach meinem Ueberschlag etwa 1,891,000 Steuerzahler resp. Familien. Rechnen wir für jede derselben auf den Nothbedarf nur 600 Mark, so würden wir folgendes Resultat erhalten:

Einkommen von Mark.	Zahl der Per= sonen.	Summa des Einkom= mens. Mill. Mark.	Summa des Einkom= mens zur Bestreitung	
			a) des Noth= bedarfs. Mill. Mark.	b) and. Be= dürfnisse Mill. Mark.
1,000— 2,000	1,100,000	1440	660/0	780/0
2,000— 5,000	630,000	1800	378/0	1422/0
5,000—10,000	120,000	840	72/0	768/0
10,000—20,000	24,000	330	14/4	315/6
20,000—30,000	8,000	190	4/8	185/2
über 30,000	9,000	400	5/4	394/6
Summa	1,891,000	5000	1134/6	3865/4

Nach dieser Schätzung (bei der die höheren Ein= kommen eher zu niedrig als zu hoch in Anschlag gebracht sind) würden also von allen Einkommen über 1000 Mark etwa $^4/_5$ oder fast 4 Milliarden für höhere Bedürfnisse verwandt werden können; von dieser Summe aber würde nahezu eine Milliarde auf etwa 40,000 Personen der höheren Einkommensclassen (mit über 10,000 Mark Einkommen) entfallen, während die Inhaber eines eben nur den Nothbedarf deckenden Einkommens, die in vorstehender Schätzung gar nicht mit enthalten sind, in Deutschland wohl die Ziffer von 10 Mill. Köpfen erreichen dürften.

Ein vollkommen klares Bild von der Bedeutung der bestehenden Einkommensunterschiede erhalten wir erst dann, wenn wir uns jedes Einkommen als eine Anzahl von concentrischen Ringen denken, welche in immer weiteren Kreisen die über die Befriedigung des absoluten Nothbedarfs hinausgehende Kauffkraft darstellen. Betrachten wir unter diesem Gesichtspunkt z. B. die englische Einkommensvertheilung, indem wir uns jene Ringe mit je 1000 Mark ausgefüllt denken, so sind von $13^3/_4$ Millionen Selbstständigen $9^1/_2$ Millionen nicht in der Lage, den ersten Ring zu überschreiten; sie machen über zwei Drittel der Gesammtheit aus, aber ihre Kauffkraft verhält sich zu der der Gesammtheit wie 5 : 17 und ist daher zehnmal geringer, als sie bei gleichmäßiger Vertheilung des Volkseinkommens sein würde. In den zweiten Ring gelangt das Einkommen der übrigen 4 Millionen Personen, aber nur $1^1/_4$ Millionen von ihnen treten in den dritten Ring ein. In diesem und den weiteren Ringen sind noch beinahe 6 Milliarden Mark zur Verfügung, mehr, als das ganze Einkommen der $9^1/_2$ Millionen des ersten Ringes betrug. Nun wird die Zahl der Auserlesenen immer geringer, aber die Zahl der Ringe scheint eine unendliche zu sein. Den sechsten Ring überschreiten noch 135,000, den 20. Ring noch)

Hirth, Freisinnige Ansichten. 23

58,000, den 100. Ring nur noch 9000. Gäbe es in England ein Gesetz, welches keinem Staatsbürger mehr als 100 Ringlein einzunehmen gestattete, so würden sofort alljährlich fast 2 Milliarden Mark frei, übrig genug, um damit alle Steuern und Zölle entbehrlich zu machen! Dieser Ueberschuß über das Einkommen der kleinen Zahl von 100=Ring=Männern beträgt in der That beinahe so viel, als $6\frac{1}{2}$ Millionen Handlanger jahraus=jahrein zu verzehren haben.

Ich will es unterlassen, Sie schon hier mit weiteren Zahlen zu ermüden und zur Vergleichung beispielsweise nur noch anführen, daß der einzige Höchstbesteuerte in Preußen alljährlich über eine so große Einnahme ver=fügt, um die gesammten Kosten des Münchener Stadt=haushaltes viel reichlicher zu bestreiten, als wir es mit 80 Procent Steuerzuschlag (die Frage, ob 70 oder 80 pCt. Zuschlag zur Staatssteuer, war in München lange Zeit der Angelpunkt des öffentlichen Interesses!) vermögen, und daß allein ein paar hundert hamburger oder berliner Millionäre soviel Einkommen haben, wie alle Elementar=lehrer und Lehrerinnen in Preußen — beiläufig etwa 50,000 Personen — zusammengenommen.

Soviel über die thatsächlich bestehende Ungleichheit der Einkommensvertheilung. Ebenso wichtig und inter=essant wäre es nun, genau zu wissen, wie dieselbe in früheren Perioden beschaffen war. Leider fehlt es dazu an den nöthigen statistischen Nachweisen, und was etwa darüber gesagt werden kann, beruht mehr oder weniger nur auf Vermuthung und Conjectur. Die verschieden=sten Ansichten stehen sich hier gegenüber: die Einen be=

haupten, daß namentlich seit der Beseitigung der alten wirthschaftlichen Zwangsrechte (einschließlich der „Frei= heiten" im mittelalterlichen Sinne des Worts) der Wohl= stand der großen Massen relativ bedeutend zugenommen, daß der Reichthum „demokratische" Tendenzen angenom= men habe; die Anderen dagegen wollen wissen, daß ge= rade in Folge der unbeschränkten Concurrenz aller wirth= schaftlichen Kräfte die Macht des Besitzes eine viel stärkere Position, als früher, gewonnen und noch mehr, als früher, geneigt sei, sich in wenigen Händen zu abmassiren; noch Andere wollen eine relative Verbesserung der Lebens= haltung wohl bei den untersten Volksschichten, dagegen einen bedeutenden Rückgang des sog. Mittelstandes be= obachtet haben u. s. w. Es muß beachtet werden, daß den letzteren Anschauungen nicht blos socialistische Auto= ritäten, sondern auch praktische Geschäftsmänner der hohen Geldaristokratie huldigen, wie mir denn ein Ver= treter derselben noch vor Kurzem seine feste Ueberzeugung dahin äußerte, daß wir unaufhaltsam einer ähnlichen gesellschaftlichen Krisis zusteuerten, wie jene war, an der das classische Römerthum schließlich zu Grunde gehen mußte. Dieser Ansicht bin ich nun nicht, sondern ich bin überzeugt, daß wir durch eine angemessene Rechts= ordnung die Revolution und den Verfall recht wohl verhüten können. Aus dem für die Beurtheilung der Frage neuerdings beigebrachten Beweismaterial führe ich hier an, daß von einer Seite, auf der man nichts we= niger als socialistische Neigungen vermuthen wird, für die Entwickelung der Einkommensvertheilung in Preußen in den Jahren 1852 bis 1873 allerdings eine verhält=

23 *

nißmäßig um das Doppelte und Dreifache stärkere Zu=
nahme der höheren gegenüber den kleineren Einkommen
ziffernmäßig behauptet worden ist[70]. Nach dieser Quelle
sollen in Preußen die verschiedenen Einkommensclassen
folgendermaßen zugenommen haben:

		Im Verhältniß			
		der Haus=		des Ein=	
	Thaler.	haltungen.		kommens.	
		1852	1873	1852	1873
Kleines Einkommen,	unter 600	100	115	100	144
Mäßiges Eink.,	von 600— 1,500	100	125	100	140
Mittleres Eink.,	„ 1,500— 6,000	100	220	100	223
Beträchtl. Eink.,	„ 6,000—24,000	100	296	100	289
Sehr großes Eink.,	über 24,000	100	576	100	665

Aehnliche Resultate liefert die Vergleichung der Ein=
schätzungen zur Classen= und Einkommensteuer in Preu=
ßen seit 1852, wobei freilich nur die alten Landestheile
in Betracht kommen können und bezüglich der Einkommen
unter 1000 Thlr. die Städte, in denen früher Mahl=
und Schlachtsteuer bestand, unberücksichtigt bleiben müssen.
Nach Engel[71] zeigten in den letzten 22 Jahren die
Einkommen verschiedener Stufen folgende relative Zu=
nahme (in Procenten der veranlagten Personen):

Einkommensstufe. Mark.	1852 auf 1855	1855 auf 1860	1860 auf 1865	1865 auf 1870	1870 auf 1873	1852 auf 1873.
unter 1,200	$4_{/0}$	$5_{/8}$	$7_{/1}$	$5_{/5}$	$0_{/1}$	$122_{/8}$
1,200— 3,000	$20_{/0}$	$28_{/8}$	$8_{/8}$	$9_{/1}$	$8_{/2}$	$175_{/5}$
3,000— 4,000	$14_{/0}$	$20._{7}$	$20_{/0}$	$32_{/3}$	$23_{/2}$	$210_{/2}$
4,000— 9,600	$14_{/8}$	$25_{/2}$	$20_{/7}$	$32_{/2}$	$39_{/3}$	$232_{/3}$
9,600— 18,000	$19_{/6}$	$22_{/7}$	$32_{/4}$	$32_{/4}$	$46_{/8}$	$253_{/9}$
18,000— 36,000	$17_{/4}$	$40_{/9}$	$37_{/4}$	$42_{/7}$	$86_{/4}$	$324_{/8}$
36,000— 72,000	$32_{/3}$	$34_{/4}$	$66_{/3}$	$81_{/5}$	$156_{/1}$	$470_{/6}$
72,000—156,000	$33_{/8}$	$41_{/2}$	$31_{/3}$	$88_{/7}$	$281_{/3}$	$576_{/3}$
156,000—300,000	$5_{/3}$	$52_{/6}$	$10_{/5}$	$73_{/7}$	$326_{/3}$	$568_{/4}$
300,000—600,000	$(-16_{/8})$	$66_{/8}$	$0_{/0}$	$150_{/0}$	$233_{/3}$	$533_{/0}$
über 600,000	$300_{/0}$	$(-100_{/0})$	$100_{/0}$	$300_{/0}$	$1500_{/0}$	$2200_{/0}$

Diese Uebersicht giebt zugleich bemerkenswerthe An=
haltspunkte bezüglich des Wachsthums der Einkommen in
den kleineren Zeitabschnitten, wie denn das colossale Ueber=
gewicht, das die höheren Classen gewonnen haben, haupt=
sächlich in den Jahren 1870 bis 73 entstanden ist. Die
allgemeine Bevölkerungszunahme betrug seit 1852 19,1
Procent, die Preise der Lebensmittel sind von 1852 bis
73 um etwa 30—50 Procent, diejenigen der Manufac=
turwaaren um ca. 20 Procent, diejenigen der Wohnungen
ebenfalls sehr bedeutend, wenn auch von Ort zu Ort
äußerst verschieden, gestiegen. Selbstverständlich war die
Entwickelung der Einkommmensvertheilung von Provinz
zu Provinz, von Kreis zu Kreis, von Stadt zu Stadt
nicht gleichmäßig; so ragt denn z. B. Berlin in der
Begünstigung nach den höheren Classen über den Durch=
schnitt des Staates ganz ungeheuer hinaus: während
auf der Stufe 3000 bis 4800 die Zunahme auch hier
nur 212,2 betragen hat, weisen die folgenden Stufen
für 1853/75 der Reihe nach 307, 373, 410, 730, 994,
900, 1600 Procent Zunahme auf!

In Hamburg bildeten die Einkommen von mehr
als 12,000 Mark im Jahre 1862 nur 24,80, im Jahre
1869 41,00, im Jahre 1872 aber 47,57 Procent des
gesammten versteuerten Einkommens, obschon in diesen
zehn Jahren die Zahl der kleineren Steuerzahler sich
sehr vermehrt und die Inhaber eines Einkommens von
12,000 Mark 1866 3,86 Procent, 1872 aber nur 3,39
Procent aller Steuerzahler ausmachten. [72])

Ohne die Bedeutsamkeit dieser Nachweise in Frage
stellen zu wollen, muß ich doch betonen, daß dieselben

den Veranlagungen einer Steuer entstammen, deren
Erfolg wesentlich auf langjähriger besonderer Erzieh=
ung beruht, einer Erziehung, deren gerade die besitzenden
Classen am meisten bedürfen; und ich muß wiederholt
hervorheben, daß in Preußen alle Veranlagungen von
1852 bis 75 ohne das rationelle Mittel der Selbst=
angabe der Steuerpflichtigen, lediglich durch fremde Ein=
schätzungen entstanden sind. Wie fehlerhaft das ist, er=
hellt zur Genüge aus dem Umstand, daß manche Ber=
liner Bankiers, welche in den Jahren 1871 bis 73
notorisch Millionen gewonnen haben, in den Veran=
lagungen auch dieser Jahre nur mit der Rente jener
Gewinne figuriren. Die Steuercommissionen sind so
großen, ohne Selbstangabe der Pflichtigen nicht zu er=
mittelnden Einkommen gegenüber von einer gewissen
Schüchternheit befangen, die sie nur allmälig ablegen —
waren doch in Preußen früher alle Einkommenstheile
über 240,000 Thlr. hinaus steuerfrei! Es ist deßhalb
nicht blos möglich, sondern sehr wahrscheinlich, daß ein
guter Theil der für die höheren Steuerclassen nachge=
wiesenen Zunahme auf Rechnung genauerer resp. weniger
behutsamer Veranlagung zu setzen ist. Aehnliche Zu=
nahmeverhältnisse weist auch die englische Einkommen=
steuerveranlagung auf [73]), und wenn auch hier nicht Alles
dem inneren Wachsthum, sondern ein Theil der zu=
nehmenden Ehrlichkeit und verbesserten Methode zuzu=
schreiben ist, so wiegt doch schon eine wirkliche Ver=
doppelung in den höheren Classen schwerer, als selbst
eine Verdreifachung in den unteren Classen, weil
nach Unten hin der Nothbedarf, zumal bei steigen=

den Preisen, verhältnißmäßig viel schwerer in die Wag=
schale fällt.

Daß für mich die Versuchung nahe liegt, den Be=
weis für das relativ stärkere Anwachsen der
großen Einkommen als vollständig erbracht zu sehen,
ist begreiflich; im Verein mit der überall stattgehabten
Erhöhung der Preise (auch der Sachpreise für geleistete
Arbeit) des Lebensunterhalts würde ja auch diese That=
sache in hohem Grade zu Gunsten meiner Theorie spre=
chen. Indessen bescheide ich mich gern, die Frage bis
auf Weiteres noch als eine offene zu betrachten, und will
nur noch ein Moment hervorheben, das bei der Beur=
theilung derselben in der Regel übersehen wird: Wenn
die Lebenshaltung der unteren Classen absolut eine
reichere geworden ist, wenn diese Classen gegen früher
absolut mehr consumiren, so beweist dies nämlich doch
noch nicht, daß ihr Consum auch relativ zum Gesammt=
güterverbrauch größer geworden ist, als der Consum der
höheren Classen, weil mit der fortschreitenden Maschinen=
technik und Arbeitstheilung die gesammte Güter=
erzeugung immens gewachsen ist. Nach Engel
schließt das erste Jahrhundert des Dampfes ab mit einem
Bestande von 200,000 Dampfmaschinen aller Art von
mehr als 12 Millionen Pferdekräften, „die der stetigen
Kraft von ca. 100 Millionen fleißigen arbeitsamen Men=
schen entsprechen!" Diese wie jede andere Vermehrung
der Production wird man doch in Anschlag bringen müssen,
wenn man die frühere und jetzige Gütervertheilung unter=
sucht. (Vgl. a. Seite 86.) In der That macht unser
heutiges Gesellschafts= und Verkehrsleben auch den Reichen

eine verhältnißmäßig größere Masse von Genüssen (z. B.
weite Reisen) möglich, als irgend eine Zeit vorher. Hier,
wie bei der Steuerleistung, ist nicht die absolute, sondern
die relative Zahl ausschlaggebend.

Warnen möchte ich davor, die Entwickelung der
beiden letzten Jahrzehnte ohne Weiteres als eine regel=
mäßige, bleibende anzusehen und daraus gegen die wirth=
schaftliche Freiheit, am Ende gar für das Schutzzoll=
system Capital zu schlagen: die großen Umwandlungen
auf den Rechtsgebieten der Personen= und Güterbeweg=
ung sind noch viel zu jungen Datums, um schon nach
den ersten Probejahren ihre endgiltige Wirkung be=
messen zu können. Unberechenbar ist namentlich, wie die
(nicht dringlich genug zu fordernde) Verbesserung des
Unterrichtswesens im Laufe der Jahrzehnte auf die Ein=
kommensverhältnisse einwirken wird. In dieser Bezieh=
ung ist es gewiß vom größten Interesse bestätigt zu sehen,
daß bis zu einem gewissen Grade Volksbildung und
Einkommensvertheilung harmoniren, — selbst=
verständlich nur im Großen und Ganzen und sicherlich
mehr zutreffend für die Vertreter des lediglich durch eigene
Arbeit erworbenen, als für diejenigen des ererbten und
erschlichenen Besitzes. Zu dem von Engel[74]) gemachten
Versuch, eine ziffermäßige Uebereinstimmung zwischen
Volksbildung und Einkommensvertheilung nachzuweisen,
scheint mir indessen doch das verfügbare Material nicht
hinreichend. Die Schule legt nur den Grund zur Bild=
ung, sie giebt einen besseren Anlauf; zudem ist das,
was man in Preußen unter „Elementarunterricht"
versteht, doch nicht klar genug abgegrenzt, um danach

für die Erwachsenen bestimmte Bildungsgruppen zu for=
miren. —

Da Bildung Macht ist, und da die neue wirth=
schaftlich = freiheitliche Rechtsordnung neben einer hochge=
bildeten Minderheit eine große ungebildete Mehrheit vor=
fand, so ist es erklärlich, daß bei der unumgänglich noth=
wendigen Auseinandersetzung über die Herrschaft in Staat
und Gesellschaft die zugleich Gebildeten und Besitzenden,
trotz ihrer kleinen Zahl, zunächst den Sieg davon trugen.
Arbeiterstrikes und Coalitionen erscheinen hiergegen nur
als eine berechtigte, freilich oft genug zum eigenen Schaden
der sie Gebrauchenden angewandte, Waffe der Nothwehr.

Wie nun diese außerordentlich ungleiche Vertheilung
des Einkommens nach und nach entstanden, in welchem
Maße dabei die harte Arbeit, die sogenannte Grundrente,
Monopole und Privilegien, Dienstbarkeiten, Fideicommisse,
Capitalzinsen, Heirathen, Erbschaften und Erbschleicherei,
Bettel, Speculation und Agiotage, Conjuncturen, Differenz=
geschäfte und alle möglichen Formen des Börsenschwindels,
Schutzzölle, Steuern und Taxen, Betrug, Bestechung, Er=
pressung, Prostitution, Protection und Mißbrauch öffent=
lichen Einflusses, Arbeitseinstellungen und =Ausschließungen,
Kriege und Vergewaltigungen aller Art betheiligt sind, —
das haben wir hier nicht zu untersuchen; zweifellos ist sie
ein Product jahrhundertelanger Entwickelung,
und nicht bloß der neuesten angeblich „freien" Concurrenz;
zweifellos ist sie ebensowohl eine Folge der bisherigen
Regierungssysteme, Machtverhältnisse und Rechtsordnungen
(des gesammten Privatrechts, insbesondere des Erb=, Vor=

mundschafts= und ehelichen Güterrechts, des Handels= und
Concursrechts, sodann des Strafrechts, des Niederlassungs=
und Gewerberechts, des Expropriations=, Associations=
und Coalitionsrechts, des Rechts der Actiengesellschaften,
Eisenbahnen und Banken, des Versicherungsrechts, der Be=
steuerung, des öffentlichen Unterrichts u. s. w.), als sie
eine Folge ist der wirthschaftlichen und sittlichen Fähig=
keiten, und zweifellos hat an ihr gerade die fortgesetzte
Beeinflussung der Preise durch die ungleiche
Einkommensvertheilung selbst wieder einen großen,
wenn nicht den größten Antheil. Nur Unkenntniß und
Gedankenlosigkeit können zu der irrigen Meinung verleiten,
daß unter dem Drucke des mit tausend eisernen Klammern
zusammengehaltenen Gerüstes von Gesetzen und Rechten,
dieser „ewigen Krankheit", sich ein gesunder, frischer und
fröhlicher „Kampf um's Dasein" entwickeln und jeder
ursprünglichen Kraft ihre vollkommen freie Entfaltung
werden könne. Auch der Stärkste arbeitet, indem er sich
der unentbehrlichen Ordnung fügt, an seiner eigenen Be=
schränkung. Wie weit aber unsere heutige Einkommens=
vertheilung davon entfernt ist, sich mit der Arbeits=
leistung zu decken, das beweist eine auf amtlicher
Schätzung beruhende Uebersicht für das Königreich Sachsen,
welche sich nach einer mit Rücksicht auch auf Preußen vorge=
nommenen Correctur Engel's[75]) folgendermaßen gestaltet:

I. Fundirtes Einkommen:

aus Grund und Boden	19/12 pCt.
aus Renten von Capitalien u. s. w. .	5/23 „
Betrieb der Landwirthschaft	5/97 „
aus Handel und Gewerbe	37/02 „
	67/34 pCt.

II. Unfundirtes Einkommen:

aus Gehalten und Löhnen und aller anderen Arbeit . . . . 32,₆₈ pCt.

Summa 100,₀₀ pCt.

Die Ergebnisse der Einschätzung in Sachsen (vgl. oben S. 127) scheinen diese Aufstellung lediglich zu be= stätigen. Und nach einer Denkschrift der Handelskammer zu Chemnitz[76]) setzt sich das Gesammteinkommen in Sachsen zu g l e i c h e n Theilen aus Renten und Arbeits= erträgen zusammen, wonach also die Arbeit geradezu die Hälfte des gesammten wirthschaftlichen Erfolgs an das Capital (d. h. an den Besitz von Grund und Boden und von Producten früherer Arbeitsleistungen) abzutreten in der Lage wäre. Der Geldwerth des gesammten Privat= eigenthums in Frankreich darf nach den Erhebungen wegen der Erbschaftssteuer auf mehr als 100 Milliarden Francs veranschlagt werden[77]), für den Kopf 2700, für die Familie 10 bis 12,000 Francs Capital, das wir in= dessen bei der großen Masse des Volkes umsonst suchen. Erwägen wir nun, wie diese Verhältnisse doch nur Be= stand haben können durch die Sicherheit, welche die staat= liche Ordnung gewährt, so wird nur böser Wille den vielfach (so auch von mir oben S. 170 und 218) auf= gestellten, neuerdings von Ad. H e l d gut formulirten Satz als „socialistische Lehre" verketzern können: „daß das Einkommen der Einzelnen nicht Etwas ist, was dem isolirten Individuum durch seine selbstständige Thätigkeit kraft eigenen Rechts und durch eigenes Verdienst allein zufließt, sondern nur ein Theil des durch das Zusammen= wirken Aller entstehenden Gesammteinkommens, welches

der Einzelne, nach Maßgabe der bestehenden Rechtsein=
richtungen, durch geschickte Benutzung der Verhältnisse,
aber nicht durch eigene Kraft allein erwirbt"; und ebenso
wenig wird man die Behauptung anfechten können, die
Engel diesem Satze anreiht: „daß jede Art von Ein=
kommen eine Art Ausbeutung der Mitlebenden in sich
schließt, und daß diese um so größer ist, bezw. wird, je
größer das Einkommen ist und je rascher es anwächst."

Angesichts jener, wie gesagt, erst seit neuerer Zeit
statistisch nachweisbaren Thatsachen aber wird uns so
mancherlei erklärlich, was unsere älteren Volkswirthe
kaum ahnen, geschweige denn beweisen konnten. Mit
dieser Kenntniß der wirklichen Einkommensvertheilung
würde wohl schwerlich Hermann den ganz unhaltbaren
Satz aufgestellt haben: „daß nach Abzug des gleichen
Nothbedarfs (für Kleidung, Nahrung, Wohnung)
alles übrige Einkommen gleich verwendbar, also auch
zur Bestreitung der öffentlichen Bedürfnisse gleich dis=
ponibel sei!" Glauben Sie wirklich, daß wenn man
für solchen Nothbedarf etwa 600 Mark von einem Ein=
kommen von 1000 Mark und von einem Einkommen
von 100,000 Mark abzieht, daß dann die zurückbleiben=
den 400 Mark resp. 99,400 Mark in den Händen der
beiden Inhaber „gleiche Verwendbarkeit" haben? So
gewiß nicht, als jene 600 Mark bei dem einen Ein=
kommen mehr als die Hälfte, bei dem andern aber nur
$^1/_{166}$ repräsentiren. Es wird vielmehr jedes neue, dem
Nothbedarf hinzutretende Bedürfniß zu den beiderseitigen
Einkommen sich verhalten wie 4 : 994; es wird immer
jede neue Ausgabe bei dem einen Mann einer fast 200=

mal größeren Kauffähigkeit als bei dem anderen gegen=
überstehen, mit anderen Worten: der eine würde bei
dem Wettbewerb um jedes Gut den anderen um das
zweihundertfache überbieten können.

Uebrigens ist es nicht schwer, jenen Satz Hermann's
mit seinen eigenen Worten zu widerlegen. Es würde
schon genügen, an seine vorhin (S. 327) angeführte
Auseinadersetzung über die durch das Einkommen einer
Person bedingte Kauffähigkeit zu erinnern. Aber auch
an anderer Stelle sagt er: „Im Allgemeinen wird man
behaupten können, daß gemeine Arbeit gegen weniger
Arten von Gütern vertauscht wird, als höhere, und daß
überhaupt das Einkommen, das Capitalnutzungen ge=
währen, im Austausch mannichfaltigere Verwendung zu=
läßt, als Arbeitsleistungen. Der Sachwerth des Ein=
kommens wird sich daher als eine Reihe von Gleichungen
zwischen ihm und Gütern des unmittelbaren Verbrauchs
darstellen, deren Anzahl desto mehr abnimmt, je kleiner
der Betrag des Einkommens ist." — Ich glaube mich
nicht zu täuschen, wenn ich die Hauptquelle irrthümlicher
Auffassungen dieses Punktes bei Hermann wie Anderen
in der Einseitigkeit ihres Begriffes vom „Nothbedarf"
suche. Der Nothbedarf, den Hermann als Existenz=
minimum voraussetzt, bezieht sich nur auf den physi=
schen Menschen; der Culturmensch [78]) hat aber, wenn
seine Eigenschaft als solcher nicht zerstört werden soll,
einen weitaus größeren Nothbedarf, wozu vor Allem
Erziehung und Unterricht, Rechtsschutz und Transport=
mittel rc. gehören. Ich möchte den letzteren den rela=
tiven, den ersteren den absoluten Nothbedarf nennen.

Während dieser bei allen Menschen fast gleich ist, richtet sich jener nach der Bildungsstufe, nach dem geistigen Leben der Individuen, Familien und Verbände. Während für den absoluten Nothbedarf eines Volkes a priori ein ungefährer Durchschnitt pro Kopf angenommen werden kann, ist der mittlere relative Nothbedarf nur zu finden durch Zusammenfassung aller individuellen relativen Nothbedarfe einschließlich derjenigen öffentlichen Aufwendungen, welche zur Culturerhaltung unumgänglich nothwendig sind. Es ist einleuchtend, daß der mittlere relative Nothbedarf eines Deutschen, der dieses Namens würdig bleiben soll, größer sein muß, als derjenige eines Eskimos oder Hottentotten. Man kann die Unterschiede zwischen dem absoluten Nothbedarf und dem im Laufe der Culturentwickelung sich immer mehr erweiternden relativen Nothbedarf eines Volkes mit den Jahresringen eines Baumes vergleichen: mit jedem neuen Ringe wächst auch die Kraft der Wurzeln und Zweige, wächst das Leben der Blätter und die Widerstandskraft gegen Wind und Wetter, welche selbst dann noch, wenn der Kern morsch geworden, das mächtige Geäste vor gänzlichem Verfalle schützt. In dem Unterschied zwischen absolutem und relativem Nothbedarf liegen die wichtigsten volkswirthschaftlichen Probleme, hier haben die zahllosen Streitigkeiten ihren Ursprung, mit denen die verschiedenen volkswirthschaftlichen „Schulen" ihre zweifelhafte Berechtigung zu bescheinigen streben. Freilich, der Staat und die Gesellschaft „ohne Herz, ohne Nieren und ohne Gewissen" [79] — diese mamuthartigen Wesen brauchen nicht mehr Nahrung, als zur Knochen- und Fettbildung gehört!

Viel schärfer als Hermann faßt Schäffle[80]) die sociale Bedeutung des Verhältnisses zwischen Kaufkraft und Preisen auf. Nach ihm stellt sich der Gebrauchs= werth nur fest, indem jeder Einzelne seine gesammte An= schaffungsmacht, seine Kaufmittel, mit der Bedürfniß= ordnung in ein Gleichgewicht setzt und mit Rücksicht auf die Gesammtquantität der Erwerbsmittel Dringlichkeit und Quantum der einzelnen Bedürfnisse ordnet. Erst in Folge dieser Ponderation der ganzen Kaufkraft (Erwerbsmacht) mit dem Grad und dem Umfang der Bedürfnisse sind bestimmte Quantitäten Güter gesucht, begehrt, actuell werth auch für den Gebrauch. Der „effective Ge= brauchswerth" wird so nur in der zahlungsfähigen Nachfrage ökonomisch relevant und wirksam. „Je nach der Verschiedenheit des Einkommens (der Zahlungsfähig= keit) haben dieselben Gütereinheiten für verschiedene Per= sonen sehr ungleichen effectiven Gebrauchswerth. Die für eine bestimmte Gütermenge entfallende Kaufkraft ist von der Größe des Einkommens und von dem Preise der Gütereinheit bedingt. Mit dem Fallen der Preise und dem Steigen des Einkommens gehen daher latente Ge= brauchswerthe in effective über und umgekehrt." Und erläuternd fügt Schäffle diesen Sätzen hinzu: „Aender= ungen großer Einkommen haben für weit mehr Güter= arten eine Preisänderung zur Folge, als Aenderungen kleiner Einkommen; denn nur größeres Einkommen ge= stattet eine Mannichfaltigkeit effectiven Begehrs. Da aber die großen Einkommen die selteneren sind, so sind die begehrten Gesammtmassen überhaupt kleiner, und relativ kleine Einkommensänderungen oder veränderte Einkommens=

eintheilungen bei Veränderung des effectiven Gebrauchs=
werthes vermögen schon ziemlich bedeutende Preisänder=
ungen herbeizuführen. Jede Veränderung in der Ver=
theilung des Nationaleinkommens hat, wenn auch die
absolute Größe des Nationaleinkommens dieselbe bleibt,
sehr wesentliche Verschiebungen der effectiven Bedarfe zur
Folge, — bald in der Richtung demokratischen, bald in
der Richtung aristokratischen Consums; die Productions=
verhältnisse müssen sich dann quantitativ nach Güterarten
wesentlich ändern."

Auch H. Roesler erkennt an, daß das äußerliche
Verhältniß von Angebot und Nachfrage allein kein er=
schöpfendes Preisgesetz darstelle[81]); dasselbe könne ebenso
gut mit den Ausdrücken Bedarf und Vorrath, Geld und
Waare, Baisse und Hausse bezeichnet werden; das sog.
Gesetz von Nachfrage und Angebot sei mithin nur die
Oberfläche der Dinge. Indessen begnügt er sich nicht
damit, die zunächst nachweisbaren Ursachen dieser beiden
Factoren zum Ausgangspunkte seiner Preistheorie zu
machen, sondern er wirft die Frage auf, welche Kraft
Abweichungen von der constanten Werthbewegung
hervorbringt und nach welchem Gesetze diese Kraft wirkt.
Roesler's „constantes Preisgesetz" lautet: „Der pro=
ductive Besitz wird in der Richtung des Werthes mit
einer Kraft vorwärts getrieben, welche durch das Gewicht
der zusammenhängenden Arbeit regulirt wird." Jede
Störung des Gleichgewichts zwischen Besitz und Arbeit,
bei welchem das Gesetz der constanten Preisbildung zum
reinen und vollen Vollzug kommen würde, müsse auch
eine Abweichung von der constanten Preisbildung ver=

ursachen. Die allgemeinen Ursachen solcher Störungen sucht Roesler in der gesellschaftlichen Doppelnatur des Besitzes, vermöge deren der letztere gezwungen ist, auf dem Markte sowohl sein eigenes Interesse, als das Interesse der Arbeit zu vertreten. Gewiß wäre es ein wunderbares Gesetz, dieses „Steigen des Werthniveaus in dem Maße, als die Menschheit ihre Kräfte einheitlich zusammenlegt" [82]. Aber ich halte es für bedenklich, wenigstens mit Rücksicht auf die Aufgaben der Praxis, in dem Hauptgesetz der Preisbildung auch das große Problem der Beziehungen zwischen Capital und Arbeit mit einem Male zum Austrag bringen zu wollen. Die Bildung der Preise geht auf Grund gegebener Verhältnisse vor sich, auf Grund der bestehenden Rechtsordnung, der Vermögens= und Einkommensvertheilung und der individuellen Bedürfnißempfindungen. Ich möchte diese Verhältnisse als eine historische, die Preisbildung selbst dagegen als eine logische Kategorie bezeichnen; gerade weil ich in einem Gesetze der Preisbildung ein mächtiges Werkzeug zur Kritik des nach und nach Gewordenen und einen Wegweiser für das Werdende zu finden hoffe, muß ich bestrebt sein, jene beiden Kategorien sorgfältig auseinander zu halten. Der Hauptwerth sogen. „volks= wirthschaftlicher Gesetze" besteht für mich in der durch sie gebotenen Möglichkeit, Mißstände zutreffend zu beurtheilen und zu beseitigen, und deshalb glaube ich — im Gegensatz zu der Methode der exacten Wissenschaften — die Gesetzmäßigkeit von den Punkten aus nachweisen zu sollen, wo etwa die Hebel zur Abhülfe eingesetzt werden können.

Eine höchst erfreuliche Uebereinstimmung mit meinen Grundanschauungen habe ich bei Ab. Samter gefunden, deſſen „Sociallehre"[83]) unter den neueren volkswirth= schaftlichen Schriften in erſter Reihe genannt· zu werden verdient. Dieſe Uebereinſtimmung, auf die mich Herr Samter ſelbſt nach dem erſten Erſcheinen meiner Ab= handlung aufmerkſam machte, iſt für mich um ſo werth= voller, als wir beide in durchaus ſelbſtſtändiger Weiſe, aus eigenem Nachdenken und eigenen Beobacht= ungen des praktiſchen Lebens, in faſt allen weſentlichen Punkten zu denſelben Reſultaten gekommen ſind. Es liegt darin für mich wieder ein Beweis, daß die von uns vertretenen Anſchauungen jedem energiſch denkenden und lebenserfahrenen Manne, der ſich des Wuſtes von alten Schulmeinungen und ſocialen Vorurtheilen zu er= wehren weiß, mit zwingender Gewalt ſich aufnöthigen. Ich empfehle das Samter'ſche Buch meinen Leſern ange= legentlich namentlich auch mit Rückſicht auf die darin enthaltenen ſocialpolitiſchen und ſtaatswirthſchaftlichen Reformvorſchläge, welche im Munde des Verfaſſers — er iſt Bankier und Kenner des „Geſchäfts"! — doppelte Bedeutung haben. Was aber die vorliegende Frage an= belangt, ſo führen folgende Sätze Samter's nothwendig zu meinem „ſouveränen Geſetz" hin: „Weſentlicher faſt, als die Größe des Gütervorraths, iſt für das Ein= kommen der Arbeit, in welchen Händen ſich derſelbe befindet, da hiervon abhängig iſt, wie ſich der Bedarf nach Arbeit geltend macht. Mit der größeren Ver= theilung des Gütervorraths ſteigt der Arbeitsbedarf und mit ihm das Einkommen der Arbeit. Alle

Maßregeln, welche die Vertheilung des Gütervorraths befördern, heben den Arbeitswerth und somit das Ein= kommen der Arbeiter."

Ein hervorragender Gelehrter auf volkswirthschaft= lichem Gebiete, dem ich meine Ideen mitgetheilt, schrieb mir: „Ich möchte weniger einen großen Einfluß auf die Preise, als auf die ganze Production zugeben. Wenn viel Luxusartikel durch eine ungleiche Einkommens= vertheilung begehrt werden, so wird der einzelne Luxus= artikel, wenn er billig in Menge zu produciren ist, nicht theurer, aber ein Theil des Capitals und der nationalen Arbeit, mit denen die Brod=, Tuch=, Schuhe= 2c. Er= zeugung für die Menge erhöht werden könnte, kömmt in den Dienst der Reichen und producirt Luxusartikel." — Genau besehen, stimmt das ja vollkommen mit meiner Theorie, es kömmt nur darauf an, was man unter „Preis" und „Preisbildung" versteht. Die beschränkte Auffassung Ad. Smith's und Anderer, welche unter „Preis" nur denjenigen Tauschwerth verstehen, welcher in Geld ge= geben wird, ist doch wohl längst überwunden. Ich kann vielmehr, wie ich schon früher (oben S. 316 ff.) ausge= führt habe, das Geld nur als das Mittel zur Zahlung von Preisen betrachten. Ad. Wagner nennt in seiner vortrefflichen „Volkswirthschaftslehre"[85]) den Preis eines Gutes einfach „die Menge anderer Güter, für welche es wirklich vertauscht wird"; nach ihm verhält sich der Tausch= werth zum Preise, wie die bloße Möglichkeit für ein Gut, ausgetauscht zu werden, zur Wirklichkeit des Ausgetauschtwerdens, und sehr richtig sagt er: „An und für sich kann ein Gut soviel Preise haben, als es Güter giebt, gegen welche es umgetauscht wird ... Der Begriff des Preises ist also so allgemein zu fassen, daß jedes Tauschäquivalent, es sei Geld oder etwas Andres, unter ihn gebracht werden kann." Ein schönes Dichterwort nennt die Liebe der Liebe Preis; warum soll nicht auch die Arbeit der Arbeit Preis sein können? — Auch ich behaupte ja nun nicht, daß die Vertheilung des Ein= kommens sofort und unter allen Umständen direct und ausschließlich die Höhe der Güterpreise bestimme; das könnte nur der Fall sein, wenn die Kaufkraft der ein= zige Bestimmungsgrund bei der Preisbildung wäre, während ich ihn nur als den vornehmsten hinstelle. Den indirecten Einfluß aber giebt mein verehrter Cor= respondent selbst zu, indem er von der ungleichen Ein= kommensvertheilung sagt, daß sie der Production vulgärer Bedürfnisse Capital und Arbeit entziehe, d. h. doch nichts anderes, als die Mehrproduction für solche Be= dürfnisse und das Billigerwerden derselben beeinträch= tige. Die Einführung einer (menschlichen) Arbeitskraft in eine Production, an welcher die Consumenten lediglich zum Leben nothwendiger Dinge kein Interesse haben, wirkt für diese indirect sogar doppelt auf die Bildung der Preise: positiv durch ihren Consum, negativ durch ihre Abwendung von der Production nützlicher und nothwen= diger Dinge, deren Nachfrage sie also steigert, ohne ihr Angebot zu vermehren. Das großartigste Beispiel dieser Doppelwirkung müßten wir in unseren Heereseinrichtungen erblicken, wenn wir nicht von deren absoluter Nothwen= digkeit überzeugt wären: sie produciren eben Rechtsschutz nach außen und innen, und dieser Rechtsschutz ist uns etwa so viel werth, wie uns die Erhaltung des Militärs kostet und uns durch den Heeresdienst der Leute an wirth= schaftlichen Kräften entzogen wird. Gewiß hängt die Schätzung des „öffentlichen Werths" einer Production, wie in diesem Beispiele von politischen, so in anderen Fällen von socialen, religiösen 2c. Anschauungen ab; so wird der Papst sein Jesuitenheer und die Klöster, der Feudalherr seine reichgalonnirte Dienerschaft für sehr nütz= lich, vielleicht unentbehrlich halten; diese subjectiven Werth= schätzungen aber werden immer nur eine Rechtfertigung oder Mißbilligung der fraglichen Productionen und Con= sumtionen, nicht aber die Läugnung des Einflusses der= selben auf die Bildung der Preise zulassen.

Daß wir von Seiten der Socialisten, bei aller Schärfe ihrer Kritik, gerade für die vorliegende Frage keine durchschlagende Aufklärung erwarten dürfen, ist einleuchtend, wenn wir uns ihre praktischen Ziele ver= gegenwärtigen. Karl Marx nennt die Güter und Werthe „incarnirte Arbeitszeit", „geronnene Arbeit", „Arbeits= gallerte". Auch namhafte Vertreter anderer Richtungen huldigen der Lehre, daß alles Ureinkommen auf Arbeit fundirt sei. Ich theile diese Ansicht nicht, ich erkenne vielmehr drei durchaus verschiedene Factoren der Werth= bildung an: 1) die Natur (die wir doch nur umgemodelt, nicht gemacht haben), 2) die Arbeit und 3) die Ver= kettung von Umständen, welche weder von der Natur gegeben, noch mit besonderer menschlicher Anstrengung verbunden sind. Wenn eine Gesellschaft Vergnügungs= reisender von Räubern nur deßhalb nicht angefallen wird, weil der ersteren große Zahl die letzteren abge=

schreckt hat, so war schon das Zusammensein an sich ein
werthbildender, resp. wertherhaltender Factor, ohne daß
man hier von Arbeit oder von einer elementaren Natur=
spende reden könnte; und ähnlich lassen sich zahllose
Werthbildungen nachweisen, ja das ganze Gebäude des
gesellschaftlichen Nutzens beruht darauf, daß durch künst=
liche Verkettungen und Theilungen Arbeit frucht=
bringender gemacht, d. h. also Mehrarbeit erspart
wird. Daß an den meisten Gütern und Werthen der
Antheil, welchen jene drei Factoren an ihrer Erzeugung
genommen haben, äußerlich nicht mehr nachweisbar ist,
liegt nur an der Beschränktheit unseres Erkenntnißver=
mögens.

Aber selbst wenn es wahr wäre, daß alle Tausch=
werthe nur durch Arbeit entstanden seien und noch ent=
stehen, so wäre damit doch nicht erwiesen die Richtig=
keit der socialistischen Forderung des Rechts auf Arbeit
und des vollen Arbeitsertrags. Man versuche des
letzteren Feststellung beispielsweise nur einmal für die
Arbeiten an einer Zeitung: Verleger, Redacteure, Cor=
respondenten, Correctoren, Setzer, Drucker, Maschinen=
meister und Heizer, Expeditionspersonal, Colporteure bilden
hier doch nur die letzte Reihe von Arbeitern; nicht minder
nothwendig zur Herstellung des Productes sind die Ver=
fertiger des Papiers, der Lettern, der Druck= und Dampf=
maschinen, der Druckerschwärze und Walzenmasse, hinter
denen wieder die Lumpensammler und Hüttenarbeiter
stehen u. s. w. Das Product eines Eisenhüttenarbeiters
aber geht in hunderterlei Maschinen über, welche nur
zum Theil direct für die schließliche Consumtion arbeiten;

so vermitteln Eisenbahnschienen und Locomotiven den millionengestaltigen Güterverkehr. Aber wo hört der Proceß der Production auf? Auch die Zeitung wird wieder vermakulirt und tritt als Halbfabrikat wieder ein in den unendlichen Kreislauf der Gütererzeugung. So wird die socialistische Forderung des vollen Arbeitsertrags zum ungreifbaren Phantom und drängt consequenter Weise zur gleichen Lohnung der niedrigsten und höchsten Leistung, also zur completen Ungerechtigkeit. Es wäre interessant zu erfahren, wie zur Sicherung des vollen Arbeitsertrags die Lohnverhältnisse z. B. bei dem Personal des „Volksstaat" geordnet sind!

Nehmen wir nun wirklich an, es ließe sich in allen oder vielen Fällen der innere Antheil des einzelnen Arbeiters am Erfolg der privatwirthschaftlichen Unternehmungen feststellen, so bliebe doch immer noch der volkswirthschaftliche Werth seiner Arbeit kritisch zu untersuchen. Was aber, so frage ich billig, hat die Gesammtheit für ein Interesse daran, daß z. B. ein Verfertiger von Luxusarbeiten recht hoch gelohnt werde? Der Mann würde dadurch nur in die Lage kommen, nun seinerseits wieder recht viele fremde Arbeit für sich in Anspruch zu nehmen, mithin einen Druck auch auf Diejenigen auszuüben, die ein Interesse an seiner Thätigkeit nicht haben. Solche Kritik freilich können die Socialisten nicht üben, ohne ihre ganze Beglückungstheorie aufs Spiel zu setzen; sie müssen sich davor hüten, das in der Production wirkende Capital, dem sie Feindschaft geschworen haben, einfach, wie es sich gehört, in den Händen der letzten Consumenten zu suchen, weil nach dieser Auffassung jede künstliche Aufbesserung der socialen Lage der unteren Classen zum größten Theile wieder von denen zu bestreiten sein würde, denen sie zu Gute kommen soll. Die Soci= alisten wollen wohl die Einkommensunterschiede abschaffen, aber sie übersehen, daß diese Unterschiede bisher die eigentliche Quelle großer überflüssiger Productionen und überflüssiger Bevölkerungen waren. Sicherlich würde ein großer, vielleicht der größte Theil des sogenannten Pro= letariats ohne diese Quelle gar nicht leben können. Dieses Proletariat muß, so hart es auch klingen mag, als eine ungesunde Wucherung am Leibe unserer Gesellschaft be= trachtet werden; nicht dadurch, daß diese wirthschaftlich ungefügige Masse direct in ihrer materiellen Exi= stenz unterstützt wird, sondern durch die Hebung ihrer Productionsfähigkeit gewinnt sie ein bleibendes Anrecht auf reichere Lebenshaltung.

Die von den Socialisten geforderte bedingungs= lose Beseitigung der Einkommensunterschiede würde nichts anderes bedeuten, als die Erhaltung der Unfähigen durch die Fähigen, während eine weise Wirthschaftslehre überall das wirkliche Verdienst, die wirkliche Leistung nach ihrer Bedeutung für die Gesammtheit zu belohnen suchen muß. Dafür, daß die Leistungen der unteren Classen im Volkshaushalt einen höheren Rang einnehmen können, kann und soll der Staat durch reiche Erziehungsmittel sorgen; aber er soll auch dafür sorgen, daß der hier= durch bedingte Proceß des Empfangens und des Opferns möglichst auf jene Gesellschaftsschichten beschränkt bleibe, deren sociale Wechselbeziehung den inneren Verpflichtungs= grund enthält. (S. 242.) „Der Mittelstand kann's nicht

leisten" — dies geflügelte Wort ist nirgends mehr am
Platze, als bei dieser Frage ausgleichender Gerechtigkeit.
Er würde es leisten müssen und dabei vielleicht zu
Grunde gehen, wenn nach dem Recepte der Socialisten
den annoch Unfähigen das ohne Weiteres in den Schooß
gelegt werden sollte, was sie auf die Dauer doch nur
behalten können im ebenbürtigen Kampfe um's Dasein.
Diesen Kampf ihnen zu ermöglichen, ist die Haupt=
aufgabe der Socialgesetzgebung.

Soweit ich die volkswirthschaftliche Literatur zu über=
sehen vermag, ist mir irgend eine erschöpfende Dar=
legung des Einflusses der Einkommensvertheilung auf
die Bildung der Preise nicht vorgekommen[86]). Es ist
zwar möglich, daß mir ein irgendwo im Verborgenen
begrabener Versuch unbekannt geblieben ist, denn bis zu
einem gewissen Grade halte ich es gern mit der Ansicht
J. B. Say's: „Nach dem, was andere Leute gemeint
haben, forscht man nur aus eigenem Mangel an festen
und klaren Begriffen." Indessen dürfte in diesem Falle
auch die sorgfältigste Nachforschung kein nennenswerthes
Ergebniß liefern, da weder die bekannteren Lehrbücher
der Nationalökonomie den Gegenstand bei der Lehre vom
Preis systematisch behandeln, noch auch die neueren
Schriften über Steuern zur Begründung der Progressions=
theorie ihn hervorheben.

Es ist also für die Bildung der Preise und für die
Entwickelung der Production durchaus nicht gleichgültig,
ob der Theil des gesammten Volkseinkommens, welcher
nach Deckung eines allgemein angenommenen „gleichen"

Nothbedarfs" (oder auch der Existenzbedürfnisse ersten und zweiten Grades nach Ad. Wagner) für die Befrie= digung höherer Bedürfnisse noch übrig bleibt, gleichmäßig oder ungleichmäßig unter sämmtliche Privatwirthschaften vertheilt ist. Nur wenn das erstere der Fall wäre, könnte auch von gleichmäßiger Vertheilung der Kauffähigkeit die Rede sein; jede erhebliche Ungleichmäßigkeit der Einkom= mensvertheilung dagegen läßt bedeutende Schwankungen in der Kauffähigkeit und mithin in der Preisbildung zu, und zwar progressiv in dem Maße, als der Procent= antheil des Nothbedarfs bei den höheren Einkommens= classen geringer und bei den niederen Einkommensclassen größer wird.

Wir können noch weiter gehen und eine staffel= förmige Beeinflussung der Preisbildung für alle ein= zelnen Einkommensclassen behaupten. Denn wenn es richtig ist, daß ein Mann mit 4500 Mark Einkommen eine um die Hälfte größere Kaufkraft als ein Mann mit 3000 Mark hat, so muß von allen Besitzern des letzteren Einkommens die Summe dessen, was Andere über 3000 Mark hinaus verausgaben, als mehr oder minder großer (directer oder indirecter) Druck auf ihre Kauffähigkeit empfunden werden. Es werden daher nicht nur die In= haber der kleinsten Einkommen, sondern auch besser situirte Einkommensbesitzer sich nach dem relativen Plus der mit ihnen beim Einkauf Concurrirenden zu erkundigen haben, um etwaige Veränderungen ihrer Kaufkraft richtig beurtheilen zu können. Im Rahmen eines größeren Wirthschaftsgebietes ist dies allerdings von bedeutendem Belang. So waren z. B. in Preußen pro 1874, wie

wir gesehen, im Ganzen 139,556 Personen zu einem
Einkommen von me hr als 3000 Mark (um bei diesem,
für viele Beamtenexistenzen rc. zutreffenden Einkommens=
typus stehen zu bleiben) eingeschätzt. Dieselben hatten
nahezu 28 Mill. Mark Einkommensteuer zu zahlen für
ein Gesammteinkommen von 1030 Mill. Mark. Rechnen
wir davon 139,556 $\times$ 3000 ab, so bleiben also etwa
612 Mill Mark übrig, um welche ihre Kauffähigkeit
g r ö ß e r war, als diejenige der Inhaber eines Ein=
kommens von nur 3000 Mark. Daß so bedeutende
Summen beim Wettbewerb der Käufer sehr schwer in
die Wagschale fallen müssen, liegt auf der Hand. Der
Druck der überlegen concurrirenden Kaufkräfte wächst,
je weiter nach unten wir die Einkommensgrenze ziehen;
am schwersten wird er empfunden, wo Einkommen und
Nothbedarf sich decken oder wo der letztere kaum noch
befriedigt werden kann. Wie es aber für die Preis=
bildung im G a n z e n nicht gleichgültig ist, in welcher
Weise das Volkseinkommen sich auf die verschiedenen
Privatwirthschaften vertheilt, so wichtig ist dies für
jede einzelne Einkommensclasse. So würden z. B. jene
612 Millionen Mark viel weniger drückend sein, wenn
sie unter 139,000 Personen g l e i c h m ä ß i g vertheilt
wären, als bei ihrer in Wirklichkeit sehr ungleichen
Vertheilung.

Uebrigens kann eine einmal ungleiche Einkommens=
vertheilung auch o h n e daß sie von Jahr zu Jahr wesent=
liche Veränderungen erleidet, dennoch die heftigsten Preis=
schwankungen herbeiführen. W i r t h s c h a f t l i c h e K r i s e n
werden sich je nach der Gleichmäßigkeit der Einkommens=

vertheilung schwächer oder stärker fühlbar machen, weil
bei gleichmäßiger Kaufkraft auch der Verbrauch im Allge=
meinen gleichmäßige Reductionen erfahren wird; je gleich=
mäßiger eine Last auf viele Schultern vertheilt ist, desto
leichter wird sie getragen werden. Tritt z. B. in Folge
eines Krieges oder einer schlechten Ernte Mangel an
Nahrungsmitteln ein, so ist es den übermächtigen Ein=
kommensbesitzern ein Leichtes, auf einen Theil ihres ge=
wöhnlichen Bedarfs an entbehrlichen Gütern zu verzichten
und sich und alle Diejenigen, die sie für ihre Bedienung 2c.
noch unterhalten wollen, durch Zahlung höherer Preise
vor wirklicher Noth zu schützen. (Vgl. S. 330.) Es
tritt nun die doppelt schlimme Folge ein: erstens, daß
ganze Berufszweige, welche für den regelmäßigen Consum
jener höheren Einkommensclassen eingerichtet waren, auf
einmal eine Schmälerung ihrer Einnahmen erfahren, und
zweitens, daß die Besitzer der solchergestalt geschmälerten,
sowie aller übrigen kleinen Einkommen mit der nun relativ
noch größer gewordenen Kauffähigkeit der höheren Ein=
kommensclassen nicht concurriren können. Daher können
selbst leichte wirthschaftliche Krisen, die von den Reicheren
schmerzlos überwunden oder gar zu ihrem Vortheil aus=
gebeutet werden, den weniger Bemittelten tiefe und
dauernde Wunden schlagen — was ja u. a. vom Mi=
nister Graf Eulenburg für die Folgen des 1870er Krieges
ausdrücklich anerkannt worden ist (vgl. oben S. 169).
Daß dann in solchen Fällen das sog. fundirte Ein=
kommen eine verhältnißmäßig größere Beständigkeit zeigt,
als das unfundirte, versteht sich von selbst; ebenso wie
es klar ist, daß bei steigender Gesammtproduction

das Einkommen des nicht vermehrbaren Besitzthums (Grund und Boden) die Tendenz zu steigen, dasjenige des vermehrbaren Besitzthums die Tendenz zu sinken hat [87]). Sehr gut sagt S a m t e r, daß schon die „Unsicherheit" der gesellschaftlichen Verhältnisse (also z. B. in Folge von Kriegsgerüchten u. dgl.) eine relative Erhöhung des Einkommens des Besitzthums zur Folge habe.

Welche geradezu verheerenden Folgen nun gar eine plötzliche großartige V e r ä n d e r u n g in der Einkommens= vertheilung nach sich ziehen kann, das haben wir an der letzten österreichischen Krisis erlebt, die ja ihre sehr dunk= len Schatten auch auf unsere trotz Adele Spitzeder immer= hin noch etwas solidere Volkswirthschaft geworfen hat. Dort hatte ein aus verschiedenen Ursachen, namentlich auch in Folge der durch die französische Kriegsentschädig= ung frei gewordenen Capitalien (vgl. S. 33) entstandenes Speculationsfieber in kurzer Zeit zu einer großen Zahl von ungesunden, unwirthschaftlichen Anlagen geführt. Massenhafte Arbeitskräfte aller Branchen wurden auf einmal verlangt, hoher Lohn verlockte Tausende von Ar= beitern theils ihre alten gesicherten Beschäftigungen zu verlassen, theils Familien zu gründen; schwindelhaft hohe Tantièmen an Verwaltungsräthe und Gehälter an Bank= und Eisenbahnbeamte ließen eine bis dahin unerhörte Nachfrage nach Wohnungen und comfortablen Einricht= ungen entstehen; „Kunstindustrie" ward die allgemeine Parole; die durch Agiotage und Differenzgeschäfte plötz= lich steinreich gewordene Börsenbaronie fand keinen Preis zu hoch, um sich in aristokratischen Glanz zu hüllen, und

brachte selbst die edle Kunst und ihre Jünger in die
Bahnen eines heillosen Gründerthums; Paläste wurden
gebaut, prachtvolle Bazare eröffnet, zahllose neue Existenzen
gegründet, — nur um dann um so kläglicher zu ver=
fallen; die schwersten Wunden wurden dem Beamten=
stand und allen Jenen geschlagen, die, um den Hexen=
tanz mitmachen zu können, ihre Ehre verkauften und
allen möglichen Arten der Corruption anheimfielen. Und
das Alles, weil für kurze Zeit die Einkommensverhält=
nisse und damit die Kaufkräfte des Volkes künstlich ver=
schoben waren, weil vor Allem die großen Einkommen
eine schwindelhafte Höhe erreicht hatten!

Umfassende und rapide Verschiebungen in
der Einkommensvertheilung sind der Werth=
bildung und =Erhaltung nachtheilig, weil sie
die Kaufkräfte unstät auf diese und jene Pro=
duction lenken und daher einerseits Ueberpro=
ductionen, andrerseits Werthzusammenstürze
veranlassen.

Fragen wir: ob denn in der Zeit jenes wunderbaren
„Aufschwungs", der allgemeinen „Fructificirung" des
Handels und der Industrie an Gütern des soliden Ver=
brauchs wirklich mehr producirt worden, als sonst, so
müssen wir das entschieden verneinen; vielmehr haben
wir, um für den unsoliden (d. h. schlecht fundirten, nicht
nachhaltigen) Verbrauch arbeiten zu können, unser Deficit
an soliden Verbrauchsgütern zum großen Theile aus
Ländern beziehen müssen, welche dem Speculationsfieber
nicht verfallen waren.[88]) Der Gang unserer wie der
österreichischen wirthschaftlichen Krisis von 1871 bis 1874

war etwa folgender: 1) Freiwerden bisher gebundener
Capitalien durch die Rückzahlung von früheren Staats=
anleihen aus der Kriegsentschädigung; 2) Speculation auf
jene frei gewordenen Privatcapitalien und auf den Rest
der Kriegsentschädigung, soweit dieselbe für den Inva=
lidenfonds ꝛc. zinsbar angelegt werden soll; dieser Specu=
lation kömmt die neue rechtliche Stellung zu Hülfe, welche
soeben erst die Actiengesellschaften erhalten hatten, und
nicht minder die durch die glücklichen kriegerischen und
politischen Erfolge genährte Hoffnung auf einen groß=
artigen Umschwung aller wirthschaftlichen Verhältnisse;
auch ehrliche Leute verfallen dem Wahne, daß man blos
durch geschickte Geldanlagen rasch reich werden könne, ohne
Andere zu benachtheiligen; die Zettelbanken machen glän=
zende Geschäfte; zu allem Ueberfluß an Papiergeld und
Gelegenheit zur Wechselreiterei gesellt sich die Einführung
einer neuen Währung, Gold und Silber coursiren neben=
einander in großen Massen; die Organisation des Credits
übersteigt alles Dagewesene, es giebt „Geld wie Heu";
3) neben den Retablissementsarbeiten, Festungsbauten ꝛc.
der Regierung veranlaßt jedes neue Privatunternehmen
neue Nachfrage nach Arbeitern; der gewöhnlichste Hand=
langerdienst bei Eisenbahnbauten ꝛc., welche nun doch
programmmäßig begonnen werden müssen, wird unver=
hältnißmäßig hoch gelohnt; hohe Belohnungen werden
ausgesetzt für angesehene und einflußreiche Personen, welche
zu den unsoliden Gründungen ihren Namen hergeben; 4)
die allgemeine Steigerung der Löhne, die schwindelhaften
(aus ihrem eigenen Capitale gezahlten) Zinsen der ver=
führten Capitalisten und die Gewinne der Gründer werden

von den verblendeten Betheiligten wie reguläres Ein= kommen zur Erweiterung ihrer persönlichen Bedürfnisse und Genüsse verwandt und geben nun auch den für den gewöhnlichen Consum arbeitenden Industrien eine neue Richtung; dieser Umschwung im Consum und die durch die Weiterführung der primären Gründungen veranlaßte Nachfrage nach Fabrikaten (namentlich der Eisen= und Stahlindustrie) veranlassen 5) zahlreiche secundäre Gründungen (Eisenwerke, städtische Bauten, Luxus= fabrikation 2c.), welche zum größten Theile auf der falschen Voraussetzung beruhen, daß der veränderte und gesteigerte Bedarf von Dauer sei. 6) Entnüchterung. Während die eingeweihten Spieler, die von Anfang an den Gang der Verhältnisse voraussahen, sich mit ihren Gewinnen salviren, werden von den Betrogenen immer noch An= strengungen gemacht, das sinkende Schiff über Wasser zu halten; es folgt 7) mit dem allgemeinen Zusammensturz die Periode der Anklagen und Verwünschungen und als schließliches Brillantfeuerwerk eine großartige schutzzöll= nerische Agitation, von der natürlich weder die „glücklichen" Gründer, noch die direct nicht Betheiligten etwas wissen wollen.

Trotz ihres rapiden Verlaufs können wir übrigens doch an dieser Krisis lernen, wie die Vertheilung des Einkommens auf die Gestaltung der ganzen Volkswirth= schaft wirkt. An die Stelle der raschen braucht man sich nur eine ruhige Entwickelung und Eingewöhnung zu denken. In Wien und Berlin 2c. freilich haben wir nach dem wilden Aufflackern einer schlecht fundirten Kauf= fähigkeit gesehen, daß ganze Industrien ebenso wie die

darauf begründeten einzelwirthschaftlichen Existenzen als
ungesund und überflüssig aufgegeben werden mußten.
Das beweist aber nicht, daß eine allmälige und stetige
Entwickelung des Privateinkommens nicht doch zu ähn=
lichen aber dauernden Zuständen führen kann, wie
wir sie dort — ich möchte sagen zum Glück — bald
haben verschwinden sehen. Man denke an England!
Wehe diesem Lande, wenn eines Tages das künstliche,
erst durch Schutzzölle, dann durch politische Vergewaltig=
ung großgezogene Prohibitivsystem zusammenbricht, welches
der heimischen Industrie die Kaufkräfte großer Colonien
und Vasallstaaten dienstbar gemacht hat. Sind doch
übrigens auch viele der bei uns so rasch „erworbenen"
Vermögen in den glücklichen Fingern hängen geblieben,
und selbst einem Ofenheim und seinen Nachkommen ist
es gestattet, mit einer Jahresrente von — wie man sagt
— 100,000 Gulden dauernd etwa zweihundert Menschen
für ihren Comfort arbeiten zu lassen und also auch an
ihrem „bescheidenen" Theile die Bildung der Preise zu
beeinflussen. Auch bei uns giebt es diverse in den Jahren
1871/74 zu Millionären gewordene Leute, die allerdings
nicht auf der Anklagebank gesessen haben: schmutzige
Seelen in glänzenden Gefäßen, von denen man, wenn
sie ihr Gewissen in der Nase trügen, sagen könnte: suus
cuique odor bene olet.

Unter allen Umständen müssen wir anerkennen, daß
die Gliederung unserer Industrie, im Wesentlichen also
unsere ganze wirthschaftliche Cultur das Product nicht
etwa einer im Stillen wirkenden sittlichen Vorsehung,
sondern einfach der Vertheilung des Einkommens, der

Kaufkraft, also ein Product roher wirthschaftlicher Mächte ist, die eine sittliche Ergänzung durch die Rechts= ordnung des Staates viel mehr erfordern, als bisher angenommen wurde. Um uns einen Begriff von un= sinniger Verschwendung menschlicher Arbeitskraft zu machen, brauchen wir gar nicht auf den babylonischen Thurmbau zurückzugehen, das können wir in jeder „Welt= stadt" mitansehen. In der modernen Geldwirthschaft ist bei der Preisbildung die Kauffähigkeit an die Stelle des Zwanges getreten, den ehedem die Bauherren der Pyra= miden und später die geistlichen und weltlichen Feudal= herren ausübten: der Bestimmungsgrund hat nur mildere, gewissermaßen constitutionelle Formen angenommen, an Souveränetät hat er nichts eingebüßt. Die Verdunkel= ung dieser Wahrheit gehört zu den geschicktesten Ma= növern, mit denen man lange Zeit auch sehr gebildete Leute über die Natur unserer Volkswirthschaft und über ihre Correcturbedürftigkeit zu täuschen gewußt hat.

Der Umstand, daß heutzutage von abgeschlossener Volkswirthschaft einzelner Staatsgebiete oder Nationen nicht die Rede sein kann, daß die Volkswirthschaft immer mehr zur Weltwirthschaft[89]) wird, giebt der Kaufkraft (dem Einkommen) nur größere Freiheit und erhöhte Schwungkraft bei der Bethätigung des Einflusses auf die Preisbildung. Die Folgen der Einkommensvertheil= ung auf die Bildung der Preise werden von einem Land auf das andere nach Maßgabe der unter ihnen bestehenden mittel= oder unmittelbaren wirthschaftlichen Beziehungen übertragen. Der Einfluß nimmt zu und ab im umgekehrten Verhältniß wie die „wirthschaftliche

Entfernung", welche ja durchaus nicht mit der räum=
lichen Entfernung zusammenfällt, oder im geraden Ver=
hältniß wie die Summe aller privaten wirthschaftlichen
Wechselbeziehungen nach dem Grade ihres Aufwandes
an Capital und Arbeit und ihrer relativen Bedeutung
und Intensität. So können räumlich weit entfernte
Wirthschaftsgebiete vermöge des zwischen ihnen bestehen=
den lebhaften Verkehrs einander sehr nahe gerückt sein,
also bezüglich der Bildung der Preise sehr wesentlich
von einander abhängen. Niemand wird bestreiten wollen,
daß z. B. eine durchschlagende Umwandlung der Ein=
kommensvertheilung in England nicht allein die Pro=
ductions= und Consumtionsverhältnisse dieses Landes,
sondern mittelbar auch aller mit ihm im Güteraustausch
lebenden Länder, also die Preisbildung der ganzen civili=
sirten Welt beeinflussen würde, und umgekehrt. Ohne
es zu ahnen, sind wir selbst den Millionären der Fidschi=
Inseln — wenn es solche dort giebt — tributpflichtig;
die Schwingungen aber, die die Kaufkraft der Nationen
wie aller Einzelnen über den Erdball sendet, werden
durch Zollschranken und zahllose natürliche und künst=
liche Monopole wohl abgeschwächt, vorübergehend viel=
leicht gelähmt, aber nicht aufgehoben. Das ist das Körn=
lein Wahrheit, das der Lehre von der internationalen
Solidarität der Arbeit innewohnt, ein Körnlein,
allerdings fruchtbar genug, um in ferner Zukunft zu den
großartigsten völkerrechtlichen Abmachungen auf dem Ge=
biete der Socialgesetzgebung zu führen.

Das souveräne Gesetz der Preisbildung
aber mag lauten:

„Bei gleichbleibenden Verkehrs= und Cultur=Beding=
ungen haben die in Arbeitsleistungen bestehenden Preise
für alle Bedürfnisse und insbesondere für diejenigen des
absoluten Nothbedarfs die Tendenz, in ähnlichem Ver=
hältniß zu steigen und zu fallen, wie die Summe der
Einkommenstheile, welche über den allgemeinen Durch=
schnitt fallen, und in dem Maße; wie sich die äußere
Grenze derselben vom Durchschnitt entfernt."

Oder:

„Die in Arbeitsleistungen bestehenden Preise steigen und
fallen wie die Summe der Unterschiede zwischen den
einzelnen Quotienten, welche man bei Division des
Tauschwerths des Einkommens jeder Privatwirthschaft
durch deren Bedarf an Gütern der Nothdurft erhält,
und dem allgemeinen Durchschnitts=Quotienten."

Oder:

„Bei unbeschränkter Verkehrsfreiheit wird dem Arbei=
tenden (ohne Rücksicht auf seinen relativen Besitz) die
Lebenshaltung um so schwieriger, je ungleichmäßiger,
und desto leichter, je gleichmäßiger die Vertheilung des
Gesammteinkommens vor sich geht."

Oder endlich:

„Im Verhältniß zur Gesammtheit der objectiven Tausch=
güter und ceteris paribus steigt der Tauschwerth
der Arbeit, je gleichmäßiger, und er fällt, je ungleich=
mäßiger die Vertheilung des Einkommens vor sich geht."

Diese Versuche einer Fassung des wichtigen Gesetzes
mögen unbehülflich, ja uncorrect sein; es kömmt darauf
zunächst nicht zu viel an, wenn nur der Kern der Theorie
anerkannt wird. Nahe genug liegt die Versuchung, schon

jetzt eine mathematische Formel dafür zu finden, und es wäre nicht schwer, dem reichen Erkenntnißschatz der exacten Wissenschaften eine solche zu entlehnen. Aber ehe man hier etwa das „Parallelogramm der Kräfte", das „Quadrat der Entfernungen" oder ˙sonst einen mathematisch-physikalischen Begriff einführen kann, wird eine lange Reihe von Untersuchungen erforderlich sein, von denen bei der Complicirtheit der Verhältnisse noch nicht einmal vorausgesagt werden kann, ob sie jemals eine andere als ganz allgemeine, nur die Tendenz kennzeichnende Fassung zulassen werden. Auch die Naturwissenschaften können nicht für jedes klar erkannte Gesetz einen zugleich die Richtung und den Umfang seiner Wirkung bestimmenden Ausdruck geben, sobald diese Wirkung durch anderweite concurrirende Einflüsse verdunkelt und dadurch ihre Messung vereitelt wird. So möchte ich denn den ¸in der Einkommensvertheilung beruhenden Factor bei der Preisbildung vergleichen mit der Einwirkung der Sonne auf die Bildung des Klimas. Das Klima eines Erdstriches ist ja auch noch von vielen anderen Einflüssen abhängig, von der Vertheilung von Wasser und Land, von den geologischen Verhältnissen, von der Beschaffenheit und Vegetation der Oberfläche, von Meeresströmungen und Windrichtungen u. s. w.; der hauptsächlichste Factor bleibt aber, so wenig man seinen Antheil quantitativ bestimmen kann, doch die Lage zur Sonne, deren erwärmende Strahlen am Aequator keinen ewigen Winter dulden, wie ohne sie an den Polen nimmermehr eine tropische Pflanzenwelt erstehen kann.

So erscheinen auch bei der Preisbildung neben dem

hier erörterten Gesetz alle anderen Regeln und Bestim=
mungsgründe von untergeordneter Bedeutung. Es gilt
dies also namentlich von der Concurrenz der Verkäufer,
von der Arbeitstheilung, von der Interessencoalition, von
dem gegenseitigen Verhältniß der vermehrbaren und der
nicht vermehrbaren Güter, von dem Zustand der Ver=
kehrs= und Zahlungsmittel u. s. w. (Vgl. a. S. 23 ff.)
Immer wird man, um sich über die Bedeutung dieser
ineinandergreifenden Einflüsse Klarheit zu verschaffen,
zuerst die mit der gewohnten Geldwirthschaft verknüpften
Vorstellungen aufgeben und sich ein Bild von dem
wirklichen Arbeits= und Güteraustausch wie von
der wirthschaftlichen Schichtung der ganzen Gesell=
schaft machen müssen. So beweist, wie ich schon S. 318
ausgeführt habe, eine allgemeine Entwerthung des
Geldes durchaus nicht eine Steigerung der Güterpreise
gegenüber der Arbeit im Allgemeinen, und ebenso wenig
beweist eine allgemeine Steigerung der Geldlöhne für
sich, daß die Lage der Arbeit gegenüber dem Besitz eine
vortheilhaftere geworden ist. (Es kann sogar — vgl.
S. 359 — die wirkliche Lebenshaltung der unteren Classen
gegen früher eine reichere geworden sein und trotzdem ihr
Antheil am Gesammteinkommen relativ abgenommen haben,
wenn die Production im Ganzen erheblich gestiegen ist.)
Hierfür bietet auch das Steigen und Fallen des Zins=
fußes keinen untrüglichen Anhalt dar, da zwischen der
Masse resp. der Begehrtheit des Capitals (d. i. hier der
objectiven tauschbaren Besitzgüter) zu Zwecken der Pro=
duction und Consumtion und dem Arbeitsertrag eine noth=
wendige Harmonie nicht besteht. Eine solche wäre nur

vorhanden, wenn Besitz und Arbeit so gleichmäßig ver=
theilt wären, daß sie bei allen wirthschaftlichen Unter=
nehmungen das gleiche Interesse in gleichem Umfang zu
vertreten hätten, während bei der bestehenden ungleich=
mäßigen Vertheilung vielmehr jede Verlegenheit auf der
einen Seite auf der anderen die Neigung hervorruft, die
Lage so rasch und nachdrücklich als möglich auszubeuten.
Um diese fortwährenden Schwankungen, dieses Auf= und
Abwogen im großen gesammtwirthschaftlichen Erfolg schein=
bar unzertrennlicher, in Wirklichkeit aber oft feindlicher
Interessen ganz und vollkommen würdigen zu können,
haben wir kein besseres Mittel, als sorgfältige Kenntniß
und Kritik der Einkommensvertheilung. „In dem Ein=
kommen" — sagt Schmoller [90]) — „sehen wir die
Wägung der ganzen wirthschaftlichen Schwere, die Messung
der totalen wirthschaftlichen Kraft der Persönlichkeit."
Man kann hinzufügen: Die wirthschaftliche Macht, welche
uns in den Unternehmern der Production entgegen=
tritt, ist nur eine von den Einkommensbesitzern (den Con=
sumenten) übertragene; sie schwindet, wenn mit den
Aufträgen bez. mit der Nachfrage der Grund der Ueber=
tragung wegfällt; der Unternehmer erscheint somit nur
als Bevollmächtigter der Consumenten, und seine Kunst
besteht darin, seine Vollmacht zu erhalten resp. zu er=
weitern. Mithin liefert das gegenseitige Verhältniß aller
Einzeleinkommen an tauschbaren Gütern den wirklichen
Maßstab zur Abwägung der volkswirthschaftlichen Kräfte
und zeigt die wirkliche Vertheilung der wirthschaftlichen
Macht, die trotz aller sogenannten „Rechtsgleichheit" eine
sehr ungleichmäßige sein kann.

Zur besseren Veranschaulichung dieses auch für die Preisbildung so wichtigen Verhältnisses füge ich eine graphische Darstellung von vier Grundtypen der Ein= kommensvertheilung bei. Auf jeder der vier Figuren bedeuten die schraffirten Millimeter=Gevierte gleich viele (jedesmal 2500) Personen mit einem für alle gleichen absoluten Nothbedarf. Die weiß gebliebenen Gevierte be= deuten die für höhere, über den Nothbedarf hinausgehende Bedürfnisse verfügbaren Einkommenstheile. Jede wage= recht liegende Reihe von dunklen und hellen Gevierten läßt das in den verschiedenen Einkommensclassen sowohl für den Nothbedarf, als für höhere Bedürfnisse verfüg= bare Einkommen erkennen. Auf allen vier Figuren sind die Summen dieser beiden Einkommenskategorien ebenso wie die Zahl der Personen gleich, nur die Vertheilung des Einkommens für höhere Bedürfnisse ist eine ungleiche, so zwar, daß die Breitenausdehnung dieses letzteren zu= gleich den Druck darstellt, den die ungleiche Vertheilung bei der Preisbildung auf die unteren Einkommensclassen ausübt. In der Figur A., welche die ideale, nirgends bestehende und wohl niemals erreichbare gleichmäßige Einkommensvertheilung darstellt, ist ein solcher Druck überhaupt nicht vorhanden. In Figur B. zeigt die glockenförmig gruppirte Gesellschaft zwar schon er= hebliche Ungleichmäßigkeiten nach oben wie nach unten, indessen nehmen die Classen des Proletariats und des hohen Reichthums nur wenig Raum ein im Verhältniß zu dem compacten Körper der mittleren Einkommens= classen. Figur C. mit der pyramidenförmig ge= schichteten Gesellschaft stellt eine von Classe zu Classe gleich=

mäßig zu- resp. abnehmende Vertheilung dar, in Figur D.
endlich sehen wir einen spitzbogenförmigen Aufbau
mit steigender Spitze, in dessen weiter Ausbauchung unten
die große Masse der Gesellschaft Platz nimmt. Diese
letzte Figur ist für uns von besonderem Interesse, weil
sie — mit mehr oder weniger bedeutenden Variationen
— den Zustand unserer modernen Einkommensvertheilung veranschaulicht. Denken wir uns nun
jedes der 5000 kleinen Gevierte in diesen Figuren als
eine Einheit volkswirthschaftlicher Kraft, und theilen wir
die 50 horizontalen Reihen von Gevierten in zehn große
Einkommenclassen, jede mit 500 Theilchen, $\frac{1}{10}$ des gesammten Volkseinkommens vertretend, so erhalten wir
bei den drei Typen mit ungleicher Vertheilung folgende
Zahlen für das Verhältniß zwischen den Personen
jeder Classe und ihrer über die Befriedigung des absoluten Nothbedarfs hinausreichenden wirthschaftlichen
Macht (Kauffkraft, Beeinflussung der Production und
des Preises der Arbeit u. s. w.):

Classe.	Figur B.		Figur C.		Figur D.	
	Perf.	Macht.	Perf.	Macht.	Perf.	Macht.
I.	400 :	100	475 :	25	498 :	2
II.	324 :	176	425 :	75	487 :	13
III.	286 :	214	375 :	125	464 :	36
IV.	260 :	240	325 :	175	426 :	74
V.	251 :	249	275 :	225	349 :	151
VI.	249 :	251	225 :	275	151 :	349
VII.	240 :	260	175 :	325	74 :	426
VIII.	214 :	286	125 :	375	36 :	464
IX.	176 :	324	75 :	425	13 :	487
X.	100 :	400	25 :	475	2 :	498
Sa.	2500 :	2500	2500 :	2500	2500 :	2500

Die Summen der Differenzen zwischen den Per=
sonenzahlen jeder Classe und den bez. Zahlen für die
wirthschaftliche Anschaffungsmacht beträgt hiernach
bei der glockenförmigen Vertheilung . . 1084
bei der pyramidenförmigen Vertheilung 2500
bei der spitzbogenförmigen Vertheilung 3896.

Ueber der Mitte betragen die Differenzen 542,
1250 und 1948; diese Ziffern geben nicht nur einen
Maßstab für die ungleichmäßige Vertheilung der
Kaufkraft, für den Druck, den die nach oben hin sich
vergrößernde Kaufkraft nach unten hin ausübt, sondern
sie zeigen auch das Verhältniß, in welchem innerhalb der
drei Vertheilungstypen die Kaufkraft eine größere oder
geringere Elasticität entwickeln, je nach den Neigungen
ihrer Inhaber stärker oder schwächer auftreten, somit die
Production nach den Tiefen hin beeinflussen und die
ganze Volkswirthschaft ins Schwanken bringen kann —
eine Fähigkeit, die mit steigenden Differenzen deshalb
um so stärker und nachhaltiger wird, weil nach oben
hin der verhältnißmäßige Antheil des auf Besitzthum
fundirten Einkommens immer größer, der Antheil des
bloßen Arbeitsertrags immer geringer zu werden pflegt.

Nach alledem halte ich dafür, daß an der Richtigkeit
meiner Theorie nicht zu zweifeln ist. Weitere Forschungen
werden sie vervollkommnen und vertiefen, aber schwerlich
umstoßen.

———

Sie werden nicht annehmen, daß ich zu diesen Er=
gebnissen gekommen bin, ohne mir Gedanken über etwaige
Mittel zur Abhülfe der bestehenden Mißstände zu machen,

Wie mich erst die lebhafte Empfindung der letzteren, namentlich die Ueberzeugung, daß die gegenwärtige Vertheilung der Güter auch nicht entfernt den natürlichen Anlagen, den Leistungen und Verdiensten der Menschen entspricht, auf das Gesetz hingeleitet hat, so ist ja auch das Denken auf Abhilfe in mir älter, als die Gewißheit über das Gesetz, deren ich nun doppelt froh bin, weil sie der bloßen Forderung der Gerechtigkeit eine feste, unabweisbare wissenschaftliche Grundlage giebt.

Die Consequenzen, die ich schon heute aus dem souveränen Gesetz der Preisbildung ableite, sind in aller Kürze folgende:

Für den einzelnen Menschen die Mahnung, unter allen Umständen neben festen sittlichen Grundsätzen sich (bez. seinen Kindern) eine möglichst tüchtige und vielseitige wirthschaftliche Bildung anzueignen, um zu jeder Zeit zum Uebergang aus einem Productionszweig in den anderen geschickt zu sein; und die weitere Mahnung, sich nicht ohne dringenden Anlaß einer Thätigkeit zuzuwenden, die den Launen des Ueberflusses dient. Nicht genug kann ich namentlich vor der sogenannten „Kunstindustrie" und dem Handel mit deren Produkten warnen; wer hier nicht mit außerordentlichem Talente begabt und im Besitze von Capital ist, der läuft täglich Gefahr, um sein unsicheres Brod zu kommen. Mäßigkeit in allen sinnlichen Genüssen, Vorsicht bei der Uebernahme von Verpflichtungen (namentlich bei der Begründung eines eigenen Heerdes), Sparsamkeit — das sind lauter Dinge, die, wenn sie mehr und mehr in Fleisch und Blut des Volkes übergehen, dem ehernen

Preisgesetz entgegenwirken können. Hier ist weites Feld
für die vortrefflichen genossenschaftlichen Bestrebungen
eines Schulze = Delitzsch, für Bildungsvereine, Hülfs=
cassen, Gewerkvereine u. s. w. Die Arbeitseinstellung ist
mit äußerster Vorsicht zu üben; in den meisten Fällen
stärkt sie nur Diejenigen, auf deren Schwächung es ab=
gesehen war. So verwerflich es ist, der ehrenwerthen
socialen Selbsthülfe Schwierigkeiten zu bereiten (und das
geschieht leider auch. von Seiten der socialdemokratischen
Arbeiterpartei), so verhängnißvoll ist der Irrthum, als
ob die genossenschaftliche Selbsthülfe der Besitz=
losen allein jemals im Stande sein werde, eine richtige
Einkommensvertheilung herbeizuführen: jeder neue erfolg=
reiche Gewaltstreich des modernen Raubritterthums von
der Börse macht solche Hoffnungen zu Schanden. An die
glücklichen Besitzer großer Einkommen aber tritt
angesichts jenes Gesetzes in eindringlichster Weise die sittliche
Pflicht heran, jeder nutzlosen Verschwendung, jeder über=
müthigen Inanspruchnahme fremder Dienste zu entsagen
und ihren Ueberfluß mehr als bisher öffentlichen Zwecken,
vor Allem den hohen Aufgaben der Volksbildung zu
widmen.

Die politischen Parteien werden an der Hand dieses
Gesetzes einsehen müssen, daß große Reformen un=
seres öffentlichen Rechts unumgänglich sind, aber
auch nur Reformen, kein Umsturz. Denn es ist klar,
daß unsere Gesellschaft, so wie sie ist, mit allen verkehrten
Entwickelungen, sich unmöglich in eine Commune ver=
wandeln kann. Wenn wir erkannt haben, daß unter dem
Drucke jenes souveränen Gesetzes ganze Industrien, ganze

Berufsclassen, ganze Arbeiterbevölkerungen doch eigentlich nur eine **fehlerhafte Existenz** fristen, wie könnten wir es unternehmen wollen, diese schwerfälligen historischen Bildungen urplötzlich in einen neuen Zustand der Dinge hinüberzuleiten, in dem Alles Erleuchtung und Beweglichkeit sein müßte? Die meisten Menschen, auch jene, die mit einem Tropfen socialdemokratischen Oels gesalbt sind, bestimmen ihren definitiven Beruf nicht nur nach kleinen egoistischen Gesichtspunkten, sondern auch in einem Alter, wo Denkvermögen und Anlagen noch nicht zur Reife gebracht sind; so lange das aber der Fall ist, wäre es eine sehr üble Humanität, das kleine Häuflein wirthschaftlich Selbstständiger mit der Leitung einer ungefügigen schweren Masse theils unmündiger, theils überflüssiger Existenzen zu erdrücken. Als einzig richtiger Weg zur Besserung erscheint mir die **Versöhnung der wirthschaftlichen Freiheit** mit den Forderungen der Gerechtigkeit durch die Vermittelung des öffentlichen Rechts: Ermöglichung und Erleichterung jedes anständigen Erwerbs nach freier individueller Neigung, vollkommenste Freiheit der Personen- und Güterbewegung, keine Prüfung und Berichtigung des Glückes im einzelnen Fall, — aber energische Geltendmachung der Rechte des Staats als Erhalter der Cultur, als Beschützer der Schwachen und als Theilhaber an dem gesammten Volkseinkommen. Nicht die Organisation der Gesellschaft selbst, sondern die **Bedingungen freiester gesellschaftlicher Bewegung** soll der Staat schaffen. (S. 160.) In diesem Sinne dürfen wir die „Staatshülfe" so wenig ablehnen, als den Schutz des Eigenthums. Dabei werden nicht nur die

Principien der persönlichen Freiheit gerettet, sondern die
Gesellschaft wird auch bessere Geschäfte machen, es wird
mehr gearbeitet und mehr genossen werden, als wenn wir
uns — der liebe Gott behüte uns vor dem Unverstand!
— in ein großes Zwangs-Arbeitshaus verwandeln wollten.

Die schönsten Reformpläne finden nun freilich ihre
natürliche Grenze in der Möglichkeit der Durchführung,
da „alles Recht nur anwendbar ist, wenn es in relativ
wenigen klaren Sätzen sich formuliren läßt"[91]. Indessen
hat der Staat gerade dann, wenn er die wirthschaftliche
Bewegung der Person nicht antastet und sich im Wesentlichen nur auf Correcturen des privatwirthschaftlichen Erfolgs beschränkt, die wirksamsten Mittel an der Hand,
um direct oder indirect eine dem wirklichen Verdienst
mehr entsprechende Einkommensvertheilung herbeizuführen.
Hauptsächlich nach zwei Richtungen hin hat die Gesetzgebung alte Sünden wieder gut zu machen: auf dem Gebiete der Volkserziehung und auf dem der Besteuerung. Nach den in den früheren Abschnitten gegebenen
Ausführungen über diese Gegenstände kann ich es hier
bei der bloßen Andeutung bewenden lassen. Was insbesondere die Besteuerung anbelangt, so habe ich für die
Nothwendigkeit der Progression (S. 178 u. 300) bisher noch keinen triftigeren Beweis gefunden, als in dem
hier entwickelten Gesetz der Preisbildung. Ja ich gehe
so weit zu sagen: Der Staat thut sehr übel daran, die
heutige privatrechtliche Entwickelung des Einkommens in
alle Ewigkeit fortwirken zu lassen und unsere Kinder
und Kindeskinder für die Zufälligkeiten und Mißverhältnisse der früheren und gegenwärtigen Einkommensbildung

verantwortlich und ganze Gesellschaftsclassen einander tri=
butpflichtig zu machen. In unserer vielverzweigten Ge=
sellschaft erscheint mir der Privatbesitz als eine Art
Lehen, dessen die rechtmäßigen Erwerber sich vollauf
erfreuen dürfen, das aber im Laufe der Generationen
allmälig zurückgezogen werden und endlich ganz an die
Gesammtheit fallen sollte, wenn seine Inhaber es nicht
verstehen, durch fortgesetzte Arbeit sich das Erbe der
Väter zu erhalten. Der Staat hat weder ein Recht
noch ein Interesse daran, den Besitz ohne Arbeit zu
verewigen und also auf Generationen hinaus die Preis=
bildung zu Ungunsten der Arbeit zu beeinflussen. So
ehrenwerth der Erwerb eines rechtschaffenen Mannes ist
— so weit dürfte doch der Staat nicht gehen, ihm als
Prämie die Erhaltung seiner Nachkommen auf allgemeine
Kosten in Ewigkeit zu gewährleisten. Im einzelnen Falle
mag ja das Verdienst weit über gewöhnliches Maß
hinausgehen; da aber gerade die allerhöchsten Verdienste
in der Regel nicht mit irdischen Gütern gelohnt werden,
so wird man von der großen Mehrzahl der realiter Er=
werbenden nicht sagen können, daß sie ein größeres Ein=
kommen verdienen, als sie für sich und die Heranbildung
ihrer Kinder und Kindeskinder brauchen; was darüber
ist, gehört von Rechtswegen der Gesellschaft, welche das
Eigenthum weder mit einem Heiligenschein zu umgeben,
noch als Diebstahl zu brandmarken hat. Haben wir
nicht schon praktische Gestaltungen dieser Ansicht in
unserem literarischen Urheberrecht? Warum soll nur das
Recht an dem mühsam erworbenen geistigen Eigen=
thum, und nicht auch an materiellen Gütern ver=

jähren? Die Nachkommen unserer Capitalisten sollten in dieser Beziehung vor denen unserer Classiker nichts voraushaben. Ich bin deshalb für eine Besteuerung, welche, unter gleichmäßiger Reform des privaten Erbrechts, die Erhaltung des Eigenthums von der fortwähren= den Verbindung seiner Inhaber mit der Arbeit abhängig macht, oder praktisch gesprochen: für progressive Einkommensteuer und für einen anständigen „Pflichttheil" des Staates bei jeder Erbschaft (S. 293 u. 303), eben= falls steigend mit der Größe des Vermögens, auf daß das schöne Wort Goethe's sich erwahre:

> „Was du ererbt von deinen Vätern hast,
> Erwirb es, um es zu besitzen."

Und erscheint nicht die fortwährende Hebung der ge= sammten Volkscultur mit Hülfe einer ausgiebigen Be= theiligung des Staats am privatwirthschaftlichen Erfolg als ein Tribut, den wir allen selbstlosen Denkern früherer Zeiten schuldig sind? Haben die großen Märtyrer, Ent= decker und Lehrer der Weisheit nur gelebt, daß wir die Früchte ihres Geistes fort und fort dem Götzen „Privat= eigenthum" opfern? „Selbst in den alltäglichsten Ver= richtungen des täglichen Lebens", sagt Schiller, „können wir es nicht vermeiden, die Schuldner vergangener Jahr= hunderte zu werden." So viel wir auch immer für die Menschheit thun mögen, diese uralte, ewig lastende, von Geschlecht zu Geschlecht anwachsende Schuld können wir nie vollständig tilgen!

Uebrigens giebt es kaum eine Frage des öffentlichen Rechts, die nicht irgendwie in Beziehung zur Einkommens= und Preisbildung stände und eine den Ansprüchen der

Gerechtigkeit dienende Lösung finden könnte; fast überall ist noch mit offenen und versteckten Monopolen und Privilegien aufzuräumen. Da ist das ganze Verkehrsrecht und voran die Frage, ob Staats- oder Privatbetrieb der Eisenbahnen?[92]) Da ist die Frage der Verwandlung der Freiheits- in Geldstrafen, welche für Besitzende und Nichtbesitzende ungleiches Recht schafft. Zum mindesten sollten die Geldstrafen sich nach dem wirthschaftlichen Vermögen der zu Bestrafenden richten, also etwa in Procenten ihres Einkommens oder ihrer Steuerleistung ausgedrückt werden. Ich erinnere an die Mißbräuche, die sich auf den Gebieten der Börse und der Actiengesellschaften eingeschlichen haben, Mißbräuche, welche zum großen Theil durch bessere Gesetze abgestellt werden können. Ich erinnere ferner an den unlauteren Gewinn, der durch die Verfälschung der wichtigsten Lebensmittel erzielt und vom Staate nicht energisch genug verhindert wird. Das ganze, noch so wenig angebaute Gebiet der hygieinischen Gesetzgebung und Verwaltung ist von der allergrößten Wichtigkeit für die Lebenshaltung und für die Erwerbsfähigkeit des Volkes, mithin für die Einkommensvertheilung. Ich erinnere endlich an jene großartige Reformidee, welche der edle John Stuart Mill in den letzten Jahren seines Lebens so eifrig vertreten hat (S. 182), und welche darauf hinausgeht, den Großgrundbesitzern die unbeschränkte Verfügung über unsere Mutter Erde zu nehmen, nicht zu gestatten, daß der Grund und Boden, auf dem menschliche Nahrung gedeihen könnte, lediglich den Launen und aristokratischen Neigungen seiner Besitzer anheimgegeben bleibe. Von dem noch immer bestehenden Fideicommiß-Unwesen ganz zu schweigen!

Sie sehen, an Punkten, wo der Staat seine bessernde Hand anlegen kann, fehlt es nicht. Aber alle solche Reformen lassen sich nur in's Werk setzen, wenn der natürliche Widerstand Derer, welche die bestehenden Vorrechte genießen, durch eine starke öffentliche Meinung gebrochen wird. Diesem Bruch mit Sonderinteressen und Vorurtheilen ist durch unser modernes Verfassungssystem, durch das allgemeine Wahlrecht, durch das Coalitions=, Vereins= und Versammlungsrecht und durch die Freiheit der Presse freie Bahn gemacht — nun liegt es nur am Volke selbst, ob es die Einsicht und die Ausdauer entfalten wird, um sich aus den letzten wirthschaftlichen Fesseln loszumachen.

Ich wende mich zum Schluß.

Ueberblicken wir die zahlreichen Gebiete menschlichen Strebens, so muß es uns befremden, daß gerade die gesellschaftlichen und wirthschaftlichen Verhältnisse, an deren Gestaltung ja der Geringste unter uns thätigen Antheil nimmt, der „wissenschaftlichen" Behandlung so außerordentlich große Schwierigkeiten bereiten. Während die Erforschung der uns umgebenden Natur täglich neue Triumphe feiert, steht die Volkswirthschaftslehre nahezu auf dem Punkte, ihr stark ins Wanken gekommenes Ansehen vollends einzubüßen. In der That — wenn wir erwägen, wie z. B. unsere Astronomen Jahre lang vorher einen Venusdurchgang auf Minute und Secunde voraussagen und dann auf Grund ihrer wunderbaren Beobachtungen uns über Entfernung und Beschaffenheit des Sonnenkörpers belehren, und wie nun zu gleicher

Zeit unsere „Volkswirthe" uneinig und rathlos dastehen vor einem Börsenkrach und vor der Aufgabe, für die Wiederkehr oder noch besser für die Vermeidung solcher Störung feste Regeln und Formeln anzugeben — dann in der That haben wir allen Anlaß, uns über die Wissenschaft des praktischen Lebens ernste Gedanken zu machen.

Können wir aber auf diesem Gebiete überhaupt eine Wissenschaft erwarten in dem Sinne, wie die Astronomie, die Chemie, die Physik? Ich möchte das verneinen, aus dem einfachen Grunde, weil uns in der Volkswirthschaft keine unbeugsame Gesetzmäßigkeit entgegentritt, keine Gesetzmäßigkeit, die nicht durch menschliche Kräfte und Satzungen verändert werden könnte. Wie der einzelne Mensch, so ist auch die Gesellschaft unberechenbar; unbegrenzt ist ihre Bahn und Entwickelung, und was wir an der Hand der Geschichte etwa an Meinungen und Lehren gewinnen können, das trifft doch nur zu für Geschlechter, die uns wohl die Leidenschaft und die Plage vererbt, die aber keine Ahnung hatten von dem gewaltigen Herzschlag des heutigen Verkehrs. Jede neue Generation zerbröckelt die überlieferten Formen und Gesetze, „und neues Leben blüht aus den Ruinen". Was heute noch als Regel erscheint, das kann morgen Ausnahme und übermorgen unmöglich sein. Nicht immer werden wir uns der Wandlungen sofort bewußt, und oft genug wird selbst der gelehrte Forscher durch ungeahnte Bildungen überrascht. Menschliche Kräfte und Schwächen in millionenfacher Verkettung, Recht und Sitte in nimmer rastender Entwickelung, die immer weiter schreitende Verwendung der Naturkräfte — welche unendliche Fülle der Erscheinungen tritt uns hier entgegen!

Und zu dieser Massenhaftigkeit und Verwickelung des zu beherrschenden Stoffes gesellt sich noch eine ungeheuer große Schwierigkeit, die wir in uns selber tragen. Es ist der „persönliche Fehler", der weder bei der Beobachtung der Himmelsbahnen noch in irgend einer anderen Wissenschaft so schwer in's Gewicht fällt, wie auf dem Gebiete volkswirthschaftlicher Erkenntniß. Wir mögen uns noch so viel Mühe geben, uns loszureißen von den besonderen Gewohnheiten, Erwartungen und Gefühlen, mit denen wir aufgewachsen und ins Leben getreten sind — immer wird uns das eigene Schaffen, werden uns die eigenen Familien=, Standes= und Berufsinteressen es erschweren, mit dem vollkommen klaren Blicke eines Unparteiischen das wirthschaftliche Getriebe um uns zu durchschauen; denn ohne daß wir selbst es wünschen, wird uns „der Wunsch zum Vater des Gedankens". Auch Alter und Studium schützen vor dieser Fehlerquelle nicht. Mehr als irgendwo bedarf es hier der Kraft, das liebe Ich zu verläugnen und einen erhabenen Standpunkt außerhalb der eigenen Lebenssphäre zu gewinnen. Phantasie und freudiges Selbstvergessen — der Volkswirth kann ihrer so wenig entrathen, als der Dichter; auch er muß die Liebe zu seinen Mitmenschen zum Grundton seines Denkens nehmen, mit dem Unterschiede, daß der Dichter sich spielend und gefahrlos in den blauen Aether der Ideale vertiefen mag, während der Volkswirth, Praktiker vom Scheitel bis zur Zehe, überall die Erwägung der

Möglichkeit voranstellen und darauf gefaßt sein muß, wirkliche Interessen zu verletzen. Mit scharfem Verstand allein kann kein Mensch die letzten Probleme der Volks= wirthschaft lösen; ja ich kenne geistreiche und gelehrte Männer, welche die einfachsten volkswirthschaftlichen Grundwahrheiten nicht begreifen können: sie weinen helle Thränen an der Leiche eines geliebten Kindes, aber das christianische „liebe deinen Nächsten ·wie dich selbst" ist ihnen zeitlebens ein leerer Schall. Wer mit den Con= sequenzen seines Denkens sich nicht in's eigene Fleisch schneiden mag, wer nicht durch alle Enttäuschungen dieses Lebens hindurch sich fest und unerschütterlich bewährt in der Liebe zu den Menschen — der bleibe fern von dieser anspruchsvollen Wissenschaft. Die Wahrheit bleibt dem ein blasses Gespenst, der sie nicht um ihrer selbst willen liebt; der Muthige allein vermag das verschleierte Bild zu schauen, dem die herrliche Gottesgabe zu Theil ward: im Kopfe immer kühler, im Herzen immer wärmer zu werden.

Anmerkungen.

1) Um die Preisveränderungen der einzelnen Artikel gegen einander besser zu veranschaulichen gebe ich hier einige Zahlen nach den **Hamburger Engros-Marktpreisen.**

Für einen Centner	1847/50 Mark	1851/55 Mark	1856/60 Mark	1861/65 Mark	1866/70 Mark	1871/74 Mark
Butter	60,96	71,16	87,00	90,03	97,86	106,44
Caffee	37,08	44,40	52,14	66,90	52,71	77,68
Roggenmehl	5,67	11,19	12,21	10,02	11,70	11,83
Reis	16,83	14,37	11,70	11,88	11,13	11,33

Es sind dies die Durchschnittspreise für sämmtliche in Hamburg zur Einfuhr gelangten Quantitäten und Sorten; die besten Caffee- und Reissorten sind allerdings im Preise gestiegen, so Carolina-reis von 22 auf 40 Mark pro Centner; mit diesen Sorten wird aber der Massenconsum nicht versehen. Es ist wohl zu beachten, daß beim Detailverkauf z. B. in München außer dem Geschäftsge-winn des Kleinhändlers noch Zoll, Transportkosten, Zinsen ꝛc. dem Hamburger Engrospreis hinzutreten.

2) Diese Ansicht habe ich auf S. 320 ff. ausführlich begründet.

3) Seite 220 ff.

4) Rud. v. Ihering, in seiner vortrefflichen Abhandlung „Der Kampf um's Recht". Wien, 1873.

5) Ueber die wirthschaftliche Krisis von 1873 vgl. auch Seite 379 ff.

6) Vgl. Weiteres über die indirecten Steuern Seite 173 ff. und 283 ff.

7) Wie der altrömische gemeine Codex accepti et expensi, auf welchem der Literalcontract beruhte, eigentlich beschaffen war, ist meines Wissens bis heute noch nicht festgestellt und dürfte, bei dem Mangel klarer Beschreibungen, schwerlich festzustellen sein. Soviel ist sicher, daß aus den Aufschreibungen, welche von jedem „guten Haus-vater" gemacht wurden, contractliche Verpflichtungen hervorgingen.

8) Dadurch, daß ich die **drohende Unzufriedenheit** als

Merkmal für die sociale Frage festhalte, unterscheide ich mich sehr wesentlich von jenen Volkswirthen, welche diese „Frage" überhaupt nur da anerkennen, wo ein wirthschaftlicher Nothstand äußer= lich zu Tage getreten ist, und welche die einschlägigen Er= scheinungen von Fall zu Fall behandeln, was bei der Schnelllebig= keit unserer Zeit zur nothwendigen Folge hat, daß ihre „sociale Frage" von Tag zu Tag ein anderes Gesicht annimmt — wogegen ich in allen oder den meisten Erscheinungen jener Art nur oberfläch= liche Symptome einer Krankheit begreife. Meiner Ansicht nach sind die großen Arbeitseinstellungen, die Bierkrawalle, die Gründungs= schwindeleien, die Massenauswanderung, die ultramontanen Wahl= excesse und vieles andere lediglich darauf zurückzuführen, daß unsere Volkscultur weit hinter der wirthschaftlichen und constitutionellen Entwickelung zurückgeblieben ist; ebenso natürlich finde ich es, daß eine künstlich erhaltene Classe, welche an dem Emporkommen zur Gesellschaftssphäre der Gebildeten und an dem guten Willen des Staates, ihr dabei behülflich zu sein, verzweifelt, die Freude am Vaterland verliert und „international" wird. Manche meiner Gegner zeichnen sich noch dadurch aus, daß sie eine Art Censur über die Berechtigung zum Anspruch des Nothstandes ausüben; so können wir es oft hören, daß irgend ein Strike als unmotivirt verurtheilt und von der Liste der „berechtigten Fälle" gestrichen wird, weil die Veranstalter keinen Grund hatten, sich über schlechte Löhne zu beklagen; jenen Socialpolitikern ist also nicht die Thatsache bestehender Unzufriedenheit in den wirklich betheiligten Kreisen, sondern lediglich ihr eigenes subjectives Ermessen die Richtschnur bei der Bestimmung des Umfangs socialer Uebel.

9) Franz Wirth („Arbeitgeber" Nr. 836) hat diesen Satz für falsch erklärt, „denn — sagt er — gewisse Handdienste werden selbst beim ausgedehntesten Gebrauch von Maschienen immer bleiben; je mehr es also Gebildete und Reichere giebt, desto mehr wird Nach= frage nach solchen Händen sein; dasselbe tritt ein beim Steigen des Nationalcapitals." Wirth begeht hier den großen Fehler, daß er das Verhältniß zwischen Lohn und Lebensbedürfniß rein materia= listisch auffaßt. Wie verkehrt dies ist, habe ich S. 86 und 220 dargelegt.

10) Rud. v. Jhering, „Der Kampf um's Recht." Wien, J. G Manz'sche Buchhandlung.

11) Auch dieser Ausspruch hat die lebhafte Mißbilligung des Herrn Franz Wirth in Frankfurt gefunden (vergl. seinen „Arbeit= geber", Nr. 836). „Es ist, sagt er, geradezu unbegreiflich, wie sich heute ein zur freisinnigen Partei zählender Mann soweit verirren kann. Der Erfolg blendet zwar sehr, allein ganz blind sollte er doch nicht machen. Wer irgend einmal den Einfluß des Kasernenlebens

kennen gelernt hat, der wird zugeben, daß eine solche Behauptung eine starke Zumuthung an den gesunden Menschenverstand ist," ꝛc. — Ich erwidere darauf: Wer selbst Soldat gewesen ist und den „socialen Zustand" kennt, in dem sich die Mehrzahl der in Reih und Glied eintretenden jungen Leute befindet, der wird zugeben, daß schon die Disciplin allein eine wahre Wohlthat für dieselben ist. Das nie versagende Pflichtgefühl kann den Leuten in vorgerücktem Lebensalter nur schwer beigebracht werden, daß es dennoch unseren Mannschaften bis zu einem gewissen Grade beigebracht wird, ist nicht zu leugnen, und das eben macht unseren Militärdienst zu einer confessionslosen Fortbildungsschule. Daran zu zweifeln gebe ich Keinem das Recht, der nicht sorgfältig beobachtet hat, ob und wie der Heeresdienst um= bildend auf die Landbevölkerung wirkt; in manchen stockkatholischen Gegenden sind die Reservisten und Landwehrleute fast die einzigen Stammhalter des socialen und politischen Fortschritts; die „geistlichen Herren" in Ober= und Niederbayern ꝛc. können das nicht genug be= klagen. (Vgl. hiezu auch S. 150 und 230.)

12) Vgl. das Programm und den Organisationsplan der ver= einigten socialistischen Arbeiterpartei in Deutschland in meinen „An= nalen" 1875 S. 1715 ff.

13) bis 15) Ueber die Betheiligung der Arbeiter am Unter= nehmergewinne, über die Hülfscassen, das Lehrlings= wesen, den Arbeitsvertragsbruch ꝛc. hat der „Verein für Socialpolitik" in den Jahren 1873 bis 1875 eine Reihe sehr be= achtenswerther Sammlungen von Gutachten veröffentlicht, welche bei Duncker und Humblot in Leipzig erschienen sind. Was die Ver= handlungen des Reichstags, namentlich die bez. Berichte der Commission über die Reform der Gewerbeordnung, anbelangt, so sind dieselben auszugsweise in meinen „Annalen" abgedruckt. Die erwähnte Rede von Schulze=Delitzsch über den Contractbruch findet sich daselbst Jahrg. 1874 S. 1262 ff.

16) „Die Selbstverwaltung der Volksschule", Berlin, 1869.

17) Strafgesetzbuch des Deutschen Reichs §. 218 ff. Es handelt sich hier nicht blos um die Ahndung einer unsittlichen Handlung, sondern um den Schutz, welchen der Staat dem Leben eines werdenden Menschen gewährt; daher auch die Bezeichnung als „Verbrechen wider das Leben".

18) Die Falk'schen Lehrpläne sind in meinen „Annalen" 1873 S. 897 ff. abgedruckt.

19) Vgl. m. „Annalen" 1876 S. 91.

20) Ausführliches in m. „Annalen" 1873 S. 1392 und 1444, ferner 1875 S. 1635. Ueber die sächsischen Kreisdotationen 1875 S. 1291.

21) „Wie es mit Schule und Lehrern besser wird." Von einem Lehrer. München 1875 (Lindauer'sche Buchhdl.).

22) Vgl. dieselben in meinen „Annalen" 1873 S. 935.

23) In diesem Irrthum ist auch J. Bona Meyer befangen; vergl. seine äußerst interessante Schrift „Die Fortbildungsschule." Berlin bei Habel. 1873.

24) „Ueber Militärbildung und Wissenschaft," 1. Beiheft zum „Militär-Wochenblatt." 1873.

25) So heißt es z. B. in dem Wahlaufrufe der Fortschrittspartei (März 1873): „Der materielle Verkehr, fast auf allen Gebieten von hemmenden Schranken befreit, pulsirt in einer Kraft und Lebendigkeit, welche die Sicherheit gewähren, daß auch gewisse beunruhigende Erscheinungen des Augenblicks bald werden überwunden werden."

26) Vgl. seine interessante und lesenswerthe Schrift: „Die Reform der Finanzen" (aus den Veröffentlichungen des Cobden Clubs), im Auftrage des ständigen Ausschusses des Congresses deutscher Landwirthe übersetzt vom M. Brömel. Berlin, 1872.

27) In der Sitzung des Reichstags vom 22. November 1875.

28) Früher waren sogar in Preußen die großen Einkommen nur bis zu 240,000 Thaler steuerbar, darüber hinaus ganz steuerfrei, so daß z. B. ein Einkommen von 1 Mill. Thlr. nur 0,72 Prozent Steuer zu entrichten hatte!!

29) Ueber Steuerprogression, in der Tübinger Zeitschrift für Staatswissenschaft 1875 S. 273. Das vollständigste Material in Ad. Neumann's „Progress. Eink.=Steuer", Leipzig 1874.

30) Vgl. über Hamburg meine „Annalen" 1874 S. 101 und 1875 S. 335; über Sachsen 1876 S. 95.

31) In der in Note 4 angeführten Schrift.

32) Vgl. die Bemerkungen W. Endemann's über Normativbestimmungen, in meinen „Annalen" 1873. S. 397, und die Denkschrift der Chemnitzer Handelskammer über Mißbräuche des Actienwesens, ebendas. S. 606.

33) Vgl. Note 18.

34) Vgl. meine Andeutungen bez. der Mitwirkung der Militärbehörden bei der Volksbildung oben S. 150, sowie die Vorschläge des Mittelrheinischen Fabrikantenvereins, „Annalen" 1873 S. 1543. Die Prämiirung allgemeiner Vorbildung und Anstelligkeit durch Abkürzung der Dienstzeit ist eine alte Forderung der Turnvereine und ist 1870, durch eine Petition angeregt, im Reichstage verhandelt worden (Drucksachen Nr. 89, stenogr. Ber. S. 698).

35) Vgl. die sehr interessanten Verhandlungen der PetitionsCommission des Reichstags über § 106 der Gewerbeordnung, in meinen „Annalen" 1873 S. 1504 ff.; vgl. a. ibid. S. 1543.

36) und 37) Vgl. P. Laband's Ausführungen in seinem „Finanzrecht des deutschen Reichs", „Annalen" 1873 S. 447 u. 456.

38) Die bez. Denkschrift in m. „Annalen" 1869 S. 403.

39) Vgl. Lasker's Bericht der nationalliberalen Partei in m. „Annalen" 1870 S. 602.

40) Vgl. über das preußische Classen= und Einkommensteuer= gesetz m. „Annalen" 1874 S. 927 und 944.

41) Vgl. über die rechtliche Natur derselben Laband, in meinen „Annalen" 1873 S. 519.

42) Vgl. m. „Annalen" 1874 S. 1010.

43) Vgl. m. „Annalen" 1875 S. 785 ff.

44) Vgl. m. Aufsatz über Tabackbesteuerung in m. „Annalen" 1873 S. 755.

45) Vgl. „Annalen" 1874 S. 1016 u. 1739.

46) Vgl. die Abhandlungen Helferich's über die Reform der directen Steuern in Bayern, in der Tübinger „Zeitschrift" 1873, und Burkart's über denselben Gegenstand in meinen „An= nalen" 1874.

47) Vgl. hiezu Engel's Bericht über die Organisation der Gewerbestatistik in m. „Annalen" 1872 S. 365.

48) Vgl. Burkart, „Die Reform der directen Steuern" 2c., „Annalen" 1874 S. 1681.

49) Abgedruckt in m. „Annalen 1876 S. 21 ff.

50) „Die Erbschaftssteuer." Jena, Mauke 1875.

51) Vgl. a. S. 302.

52) Vgl. Note 40.

53) Vgl. den Bericht J. Gensel's über das sächsische Gesetz in m. „Annalen" 1874 S. 1373 und 1875 S. 1519.

54) Vgl. „Annalen" 1874 S. 948 und 965.

55) Roscher, Grundlagen, 9. Aufl., §. 117.

56) Staatswissenschaftl. Untersuchungen, 2. Aufl., S. 394 ff. Das Buch ist in der neuen (1874 von Helferich und Mayr besorgten, bei Ad. Ackermann in München erschienenen) Ausgabe so billig — es kostet nur 3 Mark — daß es sich schon deßhalb zur weitesten Verbreitung eignet.

57) Vgl. a. S. 367 die Bezugnahme auf Schäffle.

58) „Es giebt keine Arbeit, deren Leistung nicht als Dienst oder als Element eines Productes an einen letzten Consumenten gelangt, der sie auf sein eigenes Bedürfniß verwendet." Hermann a. a. O. S. 473.

59) Darüber, was unter „reinem Einkommen" zu verstehen sei, vgl. die betreffenden Abschnitte bei Hermann, Schäffle, Roscher 2c., sowie die Definitionen in verschiedenen Einkommen= steuergesetzen. Wer sich gründlicher mit dem Einkommensbegriffe be= schäftigen will, muß vor Allem die vortreffliche Abhandlung G. Schmoller's: „Die Lehre vom Einkommen in ihrem Zusammen= hang mit den Grundprincipien der Steuerlehre" (in der Tübinger

Zeitschrift, 1863, S. 1—86) durchstudiren, von der wir wünschen, daß der Verfasser sie recht bald in einer neuen, seinen späteren social= politischen Studien entsprechenden Umarbeitung veröffentlichen möge. Eine kritische Uebersicht der in den bestehenden Steuergesetzen enthal= tenen Definitionen des Einkommensbegriffs von K. Burkart ist in meinen „Annalen" 1876 S. 30 ff. enthalten.

60) Schäffle (System, §. 340) sagt: „Höchster Nutzen heißt höchste Befriedigung im Geiste der sittlich persönlichen Entfaltung der ganzen Gemeinschaft nach der harmonischen Verzweigung ihrer eigen= thümlichen Glieder: höchste virtuelle Entwickelung."

61) Interessant ist ein Brief Karl August's von Weimar an J. H. Merck vom 17. Juni 1781, worin der Herzog als eine Con= sequenz der Reformen des Kaisers Joseph II. die gründliche Um= wandlung im Leben der Regierenden erkennt. Er sagt: „Es lautet mir immer was wie ein Freicorps=Dicton: „Der Teufel hol die Pfaffen!" oder wie ein philosophischer Begriff, daß niemand Unnützes im Staate leben solle (beides klingt an table d'hôte nicht übel). Mit den sogenannten unnützen Mäulern ist's aber ein besonder Ding; man glaubt zwar von Herrschaftswegen, daß alles unnütz seye, was nicht hacke und grabe, und nicht effective die herrschaftlichen Ein= künfte vermehre, und ich habe auch für diese allgemeine Finanzüber= sicht vielen Respect, aber mir dünket doch, daß — verführe der liebe Gott so financialisch scharf mit uns — die Großen Herren, welche eigentlich durch die Umstände blos genießen, faullenzen und nichts einbringen sollen und gewöhnlich blos aus Langeweile thätig sind, übel dabei wegkämen. Sie würden wahrscheinlich wie die Pfaffen behandelt und wie diese jetzt von den Großen, so von Gott als Sachen angesehen werden, welche eines Besitzthums und einer Existenz unfähig wären. Es möchte wohl alsdann etwas willkürlich mit ihnen verfahren, sie von allen weltlichen Bedienungen und Geschäften ausgeschlossen und blos zum Beten angehalten werden." — Wie be= fangen der gute Herzog noch in den Gewohnheiten seiner Zeit war, kann Jeder ermessen, der sich an der pflichttreuen Berufsthätigkeit unseres Kaisers Wilhelm ein Beispiel nimmt.

62) Malthus lehrt: „Die Volksvermehrung hat die Tendenz, in geometrischer Progression zu wachsen; die Unterhaltsmittel, selbst unter den günstigsten Umständen, blos in arithmetischer Progression." Den Vordersatz kann man, wenn man hier das Wort „Tendenz" so auffaßt, wie Roscher es thut (Grundlagen, §. 242), passiren lassen; auch der Nachsatz, allein betrachtet, hat manches für sich, wenn man es mit dem Begriff der Progression nicht allzu genau nimmt. Dagegen das Ganze leidet an der Fiction, daß der Mensch schon dann die „Tendenz" unbegrenzter Vermehrung ausübe, wenn die zum nackten Leben unbedingt erforderlichen Unterhaltsmittel vor=

handen sind. Ich möchte vielmehr den Satz aufstellen: „Die Schwierig=
keit, Kinder aufzuziehen, nimmt mit der Erweiterung der Bedürfnisse,
also mit der Steigerung der Cultur zu; und je gebildeter und sitt=
licher ein Volk ist, desto stärker werden die präventiven, desto schwächer
die regressiven Gegentendenzen gegen eine die gewohnte Bedürfniß=
befriedigung gefährdende Volksvermehrung sich entwickeln", — d. h.
es werden nicht viel mehr Kinder gezeugt und geboren werden, als
herangezogen werden können. Sehr gut sagt Rümelin (Reden
und Aufsätze, 1875), daß die verschiedenen Völker ihren Werth und
Charakter an nichts so deutlich abspiegeln, wie in der Art, mit der
sie den Conflict zwischen dem Geschlechtstrieb und den übrigen For=
derungen der menschlichen Natur zur Lösung bringen und von welchen
Gefühlen und Gründen sie dabei geleitet werden. Mit Recht be=
zeichnet er es als einen Krebsschaden, daß bei uns in Deutschland
von den Neugebornen im ersten Lebensjahre mindestens 30 pCt. hin=
wegsterben müssen, während bei den Franzosen, Engländern, Belgiern
und Skandinaviern nur 20 pCt. sterben. Ich sehe darin ein min=
destens ebenso großes moralisches Gebrechen, wie Andere ein solches
in dem sog. Zweikindersystem der Franzosen erblicken — bei diesen
unterläßt man die Kindererzeugung, weil sie von Uebel sein würde,
bei uns läßt man es darauf ankommen, daß der Tod die schwachen
Lebenslichter schon auslöschen werde, wenn das Leben sie nicht brauchen
kann. Rümelin berechnet die Zahl der Kinder, die in Deutschland
alljährlich mehr, als im Verhältniß zu andern Ländern, dieser Form
des modernen Molochdienstes und den unmoralischen „regressiven
Checks" von Malthus zum Opfer werden, auf 170,000; „würden sie
nicht geboren, so würde der gleiche Zuwachs erzielt, wie vorher, aber
unter Ersparung einer Unsumme von Leiden, Sünden und wirth=
schaftlichen Nachtheilen." — Für eine der wichtigsten socialstatistischen
Aufgaben halte ich eine Untersuchung darüber, aus welchen Ständen
und Einkommensclassen sich diese übergroße Kindersterblichkeit recru=
tirt; ich vermuthe, daß dabei der niedere Bildungsgrad der Eltern,
wenn auch vielfach nur (bei unehelichen Geburten) der Mutter, vom
größten Einfluß ist.

63) Man denke an die Moralübungen bei Wallfahrten und
Bittgängen und an die Messer der Ober= und Niederbayerischen
Burschen, die „im Griffe stehen". Als ein mir nahe befreundeter
Geistlicher einen armen hungrigen Fabrikarbeiter bei der Anmeldung
seines zehnten Kindes ermahnte, nun endlich der Vermehrung seines
häuslichen Elends Einhalt zu thun, erhielt er die cynische Antwort:
„Ja sehen Sie, Herr Pfarrer, das ist unser Schweinebraten".

64) Roscher, Grundlagen S. 450.

65) Der preuß. Abg. Berger erklärte dies durch die hohen
Communalsteuern (vgl. a. S. 128) und das Streben der Einschätz=

ungscommissionen, die höheren Einkommensclassen zu schonen. Er forderte deshalb ein Communalsteuer-Gesetz, welches fest-setzen müsse, daß die unteren Classen nicht stärker zu den Communal-steuern als zu den Staatssteuern herangezogen werden dürfen. Vgl. die sehr interessanten Materialien hierüber in Engel's Zeitschr. d. Kgl. statist. Bureaus 1875 S. 112—128.

66) und 67) Die Steuerfreien (I.) machen mit ihren Angehörigen 6,582,066 Köpfe aus; ich habe die Zahl der unter ihnen befindlichen Selbstständigen ganz ungefähr auf 2 Mill. Köpfe geschätzt.

68) Vgl. m. „Annalen" 1875 S. 335.

69) Nach Dudley Baxter, National income of the United Kingdom, London 1868.

70) Deutsches Handelsblatt (Organ des Handelstags) vom 20. August 1874.

71) Zeitschrift des Kgl. preuß. statist. Bureaus 1875 S. 142 ff.

72) Vgl. „Annalen" 1874 S. 116 u. oben S. 335.

73) Vgl. hierzu auch die älteren Daten bei Roscher, Grund-lagen § 205 Anm. 6.

74) Zeitschrift des Kgl. preuß. statist. Bureaus 1875 S. 146.

75) Zeitschr. d. Kgl. preuß. stat. Bureaus 1875 S. 138.

76) „Annalen" 1873 S. 609.

77) Hiernach erscheint eine Kriegsentschädigung von 5 Mil-liarden doch nicht so ungeheuer, selbst wenn sie lediglich von Frank-reich allein und nicht auch vom Auslande geliehen wäre. Ich habe schon Anfang September 1870 diese Summe als Minimum der deutschen Forderung zuerst öffentlich hingestellt (vgl. mein Tage-buch des deutsch-französischen Kriegs, II. Bd., S. 2004), was mir damals in französischen Zeitungen die schmeichelhafte Bezeichnung eines verrückten „Docteur teuton" eintrug.

78) Vgl. auch Schäffle's Ausführungen über die Bildung als Element der Consumtion, über das natürliche Bedürfen und seine Versittlichung 2c. in § 50 ff. seines „Systems"; ferner über die Gliederung des Gesammtbedarfs der menschlichen Gesellschaft und die Berufsgattungen § 341 ff. Ferner Ad. Wagner's (Volks-wirthschaftslehre I. S. 119 ff.) Unterscheidung von Existenz- und Culturbedürfnissen, unter ersteren wieder solche ersten und zweiten Grades.

79) Ausspruch Al. Meyer's, vgl. meine „Annalen" 1874 S. 35.

80) Das gesellschaftl. System, III. Aufl., 1. Bd. § 100.

81) Vgl. Roesler's bez. Ausführungen oben S. 393 ff.

82) Diese Definition entnehme ich einem Briefe Roesler's.

83) Leipzig, Verlag von Duncker und Humblot, 1875. Ganz besonders S. 326—330.

85) Leipzig, Winter'sche Buchhdl., 1875.

86) Roscher's „Geschichte der Nationalökonomie" berichtet nichts darüber. Die interessante Controverse zwischen **Léon Walras** und **W. St. Jevons** (Journal des Economistes, 1874, 34. Bd. S. 5 und 417) bietet für diese Frage keine Ausbeute dar. Auch das Schriftchen von Fr. X. Neumann über „Die Theuerung der Lebensmittel" (Berlin 1874), worin die wichtigere Literatur über Preise benutzt ist, enthält keine bezügliche Andeutung. Die wichtige Schrift Schmoller's „Ueber einige Grundfragen des Rechts und der Volkswirthschaft" (Jena, 1875) behandelt die Frage der gerechten Einkommensvertheilung sehr geistvoll, ohne aber den hier erörterten Gegenstand zu berühren. Flüchtige Andeutungen sollen sich hie und da bei Rodbertus finden, es war mir aber nicht möglich, zu sehen wo? — Daß fast alle nationalökonomischen Schriftsteller (voran Ad. Smith, dann Mill, Carey, von deutschen auch Nordenflycht u. a.) mehr oder weniger klar die Kauffähigkeit als Bestimmungsgrund bei der Preisbildung betonen, ist selbstverständlich.

87) Vgl. Samter, Sociallehre S. 358 ff. und 364 ff.

88) Hier erinnere ich an die ausgezeichnete kritische Untersuchung Ad. Soetbeer's über die deutsche Handelsbilanz in meinen „Annalen" 1875 S. 731 ff., ferner an E. Nasse's Arbeit über Wechselcourse, ibid. S. 595. Unter den zahlreichen Schriften über die Krisis von 1873 nenne ich diejenige M. Schulze's (Mainz 1875). Vgl. a. die zum Theil sehr zutreffende Darstellung aus dem Journal des Débats in meinen „Annalen" 1876 S. 95 ff.

89) Vgl. über Weltwirthschaft Roscher, Grundlagen, § 12, und Ad. Wagner, Allg. Volkswirthschaftslehre S. 62 ff.

90) In der in Note 59 citirten Abhandlung.

91) Von Jhering betont; vgl. auch Schmoller, Ueber einige Grundfragen des Rechts und der Volkswirthschaft, S. 65.

92) Vgl. den Aufruf zur Gründung eines deutschen Eisenbahn-Reformvereins (Witte und Perrot) in m. „Annalen" 1875 S. 935. Zunächst handelt es sich um Durchführung des reinen Staatsbahnsystems; ich glaube nicht, daß die Freunde desselben an eine Mediatisirung der bayerischen ꝛc. Staatsbahnen durch das Reich denken; wohl aber halte ich es für richtig, daß die Privatbahnen solcher Staaten, welche eine eigene Eisenbahnverwaltung nicht unterhalten können, vom Reiche, und nicht etwa von Preußen, erworben werden.

93) Vgl. a. S. 99 u. 161. Näheres in L. Stein's Handbuch der Verwaltungslehre 1870, S. 393 ff. Originelle und höchst beachtenswerthe Ausführungen über agrarische Reformen in den Schriften K. Walcker's (u. a. „die sociale Frage", Berlin 1873). Viel Anregendes auch in H. Contzen's „Sociale Bewegung" ꝛc., (Zürich 1876).

Alphabetisches Register.

Druckfehler-Berichtigung.

Seite 163 Zeile 11 v. o. lies Statik.
„ 168 „ 17 „ „ „ Anthropophagen.
„ 193 „ 9 „ „ „ **1870** (nicht 1879).
„ 251 „ 11 u. 12 v. o. lies Rhederei.
„ 273 „ 4 v. unten lies **173** (nicht 137).
„ 301 „ 9 u. 10 v. oben lies: „... nach verschiedenen feststehenden, aber nicht progressiven Steuersätzen.“
„ 301 „ 12 bis 10 von unten lies: „.. eine allgemeine wissenschaftliche Definition des Begriffes Einkommen zu geben. Die Aufgabe“ .. u. s. w.
„ 400 „ 4 v. oben lies gleichzeitiger (nicht gleichmäßiger).